U0635360

# 高中数学教材
## 国际比较研究

王建磐◎主编

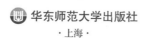

华东师范大学出版社

·上海·

**图书在版编目(CIP)数据**

高中数学教材国际比较研究/王建磐主编.—上海:华东
师范大学出版社,2021
　ISBN 978-7-5675-4423-9

Ⅰ.①高… Ⅱ.①王… Ⅲ.①中学数学课-教材-对比
研究-高中 Ⅳ.①G633.602

中国版本图书馆 CIP 数据核字(2021)第 115866 号

高中数学教材国际比较研究
GAOZHONG SHUXUE JIAOCAI GUOJI BIJIAO YANJIU

主　　编　王建磐
策划编辑　李文革
责任编辑　平　萍
审读编辑　周　鸿
装帧设计　卢晓红

出版发行　华东师范大学出版社
社　　址　上海市中山北路 3663 号　邮编 200062
网　　址　www.ecnupress.com.cn
电　　话　021-60821666　行政传真 021-62572105
客服电话　021-62865537　门市(邮购)电话 021-62869887
地　　址　上海市中山北路 3663 号华东师范大学校内先锋路口
网　　店　http://hdsdcbs.tmall.com

印 刷 者　上海龙腾印务有限公司
开　　本　787×1092　16 开
印　　张　30.25
字　　数　458 千字
版　　次　2021 年 11 月第一版
印　　次　2021 年 11 月第一次
书　　号　ISBN 978-7-5675-4423-9
定　　价　88.00 元

出 版 人　王　焰

(如发现本版图书有印订质量问题,请寄回本社客服中心调换或电话 021-62865537 联系)

# 前　言

几次重大的数学教育国际比较研究,如国际教育成就评价研究(International Assessment of Educational Progress,简称 IAEP)、国际数学和科学趋势研究(Trends in International Mathematics and Science Study,简称 TIMSS;1999 年及之前称为第三届国际数学与科学研究,即 Third International Mathematics and Science Study,简称 TIMSS)、国际学生评估项目(Program for International Student Assessment,简称 PISA)等都表明,一个国家的课程和教材对学生的学习和成就有重大的影响,为此,在国际学术界提出了"学习机会"的概念。研究显示,"学习机会"是影响学生数学成就的一个主要因素,而课程的设计与教材的编写又是影响学生"学习机会"的一个重要因素。例如,美国著名数学课程专家施密特(W. H. Schmidt)等指出[1]:"高水平的成就不仅与社会阶层和个体能力有关,而且与课程学习机会有很大的联系。美国学生之所以表现不佳的一个重要原因是没有统一的核心课程。美国八年级学生主要学习的是算术,而其他国家的八年级学生都已经在学习代数和几何。"也正因为如此,一些学者呼吁[2]:"教材事关重大。"

在课程研究领域,一般有以下几种课程划分[3]:

---

[1] Schmidt, W. H., McKnight, C. C., Valverde, G. A., Houang, R. T. and Wiley, D. E. (1997). *Many Visions, Many Aims: A Cross-National Investigation of Curricular Intentions in School Mathematics*. Norwell, MA: Kluwer Academic Press.

[2] 可参见 Schmidt, W. H., McKnight, C. C., Cogan, L. S., Jakwerth, P. M. and Houang, R. T. (1999). *Facing the Consequences: Using TIMSS for a Closer Look at US Mathematics and Science Education*, Dordrecht, Netherlands: Kluwer Academic Press.

[3] Cogan, L. S. and Schmidt, W. H. (1999). An examination of instructional practices in six countries, in: G. Kaiser, E. Luna and I. Huntley (Eds). *International Comparisons in Mathematics Education*. London: Falmer.

比较研究的课题研究可以说是水到渠成。

　　2010 年,全国教育科学规划领导小组在年度项目指南中设立了"主要国家高中数学教材比较研究"这一国家社会科学基金"十一五"规划 2010 年度教育学重点招标课题。华东师范大学王建磐牵头的数学教育研究团队联合了人民教育出版社、杭州师范大学、宁波大学、苏州大学等单位的相关学者,共同组成竞标团队,递交了竞标书。经过答辩和专家评审,全国教育科学规划领导小组批准了该团队投标的这一项目,项目号为 ADA100009。

　　本次研究的主要目的在于了解主要国家高中数学教材编写的主要特点及发展趋势;在此基础上与我国教材进行全面的比较,认识其共同之处,了解其差异之处;对于我国教材与发达国家和地区教材的差异做出恰当的价值判断,以便深入思考我国教材改革、改进与发展的方向。

　　本课题主要以子课题的形式分别就高中数学教材的各个方面进行比较研究。子课题的研究主题与主持人见下图:

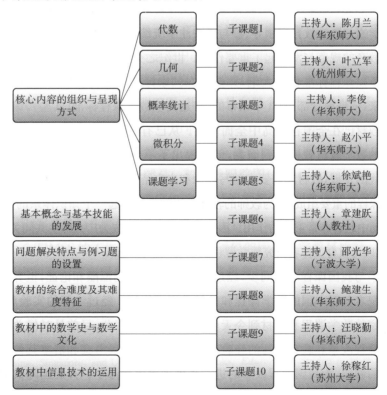

由于本课题涉及多个国家的高中数学教材并且分为多个子课题相对独立地进行研究,因此,需要多方面的支持和子课题之间的密切合作。研究的基本思路如下:

第一步,进行相关的文献梳理与分析,寻找合适的数学教材比较的研究方法,其中包括分析框架和研究工具,并综合已有的研究结果。

第二步,明确各子课题研究的问题,形成分析框架、指标体系和编码方案。

第三步,在各子课题的编码方案的基础上,有选择地编译各国的高中数学教材,采集相关的数据与案例,进行编码和分析。

第四步,在收集到相关的教材数据与案例后,各子课题分别进行定量和定性分析,并根据需要到高中进行实证研究,撰写相关的论文,完成子课题的研究报告。

第五步,在子课题研究报告的基础上完成课题总报告和以本课题研究为核心内容的学术性专著。

这五个步骤可图示如下:

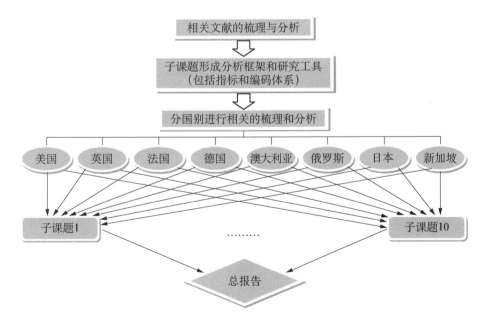

除了进行相对独立的子课题研究外,子课题之间的联系沟通和对总课题的研讨也是我们工作的常态。在课题研究期间,每年举行2～3次总课题研讨会。

　　上述研究的基本思路以及具体的分析框架、指标体系和编码方案就是在若干子课题试行研究的基础上,于总课题的研讨会上讨论形成的。

　　参加本课题研究的除了课题主持人和子课题负责人外,还有一支庞大的来自全国许多单位的研究队伍。名单如下(以姓名音序排列,职务以参加项目时间段为准):

安婷婷　华东师范大学硕士研究生/北京市西城区师范学校附小教师

敖剑波　华东师范大学硕士研究生/上海民办华二初级中学教师

程翠婷　杭州师范大学硕士研究生/浙江省杭州古荡小学教师

程　靖　华东师范大学讲师

董玉成　华东师范大学博士研究生/新疆师范大学副教授

高雪芬　华东师范大学博士研究生/浙江理工大学副教授

郭佳一　华东师范大学在读研究生/河南省郑州外国语学校教师

洪燕君　华东师范大学博士研究生/石河子大学师范学院副教授

胡佳靖　华东师范大学在读研究生/上海市久隆模范中学教师

黄　华　上海市教委教研室教研员、特级教师

江　流　华东师范大学硕士研究生/上海市大同中学教师

蒋璐妮　华东师范大学硕士研究生/浙江省杭州第十四中学教师

乐培正　华东师范大学硕士研究生/江苏省南京第九中学教师

李新芳　华东师范大学硕士研究生/山东省日照第五中学教师

林迪迪　苏州大学硕士研究生/浙江省永嘉县罗浮中学教师

柳　笛　华东师范大学博士研究生/讲师

刘　姣　华东师范大学博士研究生/博士后

龙正武　人民教育出版社副编审

娄满想　华东师范大学硕士研究生/四川省成都市龙泉第一中学教师

卢　萍　宁波大学硕士研究生/浙江省永康一中教师

路伟利　宁波大学硕士研究生/浙江省舟山第一初级中学教师

卢伟玲　苏州大学硕士研究生/苏州工业园区娄葑实验小学教师

鲁小莉　华东师范大学硕士研究生/香港大学博士研究生

马　玮　华东师范大学硕士研究生/上海外语大学附属中学教师

马玉潇　华东师范大学在读研究生/云南省昆明第十四中学教师

倪　明　华东师范大学出版社编审

任慧芳　华东师范大学在读研究生/上海市风华初级中学教师

沈春辉　华东师范大学硕士研究生/上海市向明中学教师

沈　丹　华东师范大学硕士研究生/浙江省宁波第七中学教师

斯海霞　华东师范大学博士研究生/杭州师范大学讲师

宋莉莉　人民教育出版社副编审

随倩倩　华东师范大学硕士研究生/深圳第二外国语学校教师

涂俊甫　宁波大学硕士研究生/浙江省宁波春晓中学教师

王丹丹　华东师范大学硕士研究生/浙江省台州市路桥实验中学教师

王　华　上海市晋元中学特级教师

王　慧　华东师范大学硕士研究生/北京理工大学附属中学教师

王健萍　宁波大学硕士研究生/浙江省金华市宾虹小学教师

王娇娇　杭州师范大学硕士研究生/杭州师大附属东城中学教师

王　嵘　人民教育出版社副编审

王晓楠　杭州师范大学硕士研究生/浙江省杭州文海实验学校教师

王越男　华东师范大学硕士研究生/北方交通大学附属中学教师

吴颖康　华东师范大学副教授

韦　芳　江苏省苏州中学教师

谢　珺　华东师范大学硕士研究生/浙江省杭州第十四中学教师

谢正敏　华东师范大学硕士研究生/北京市第八十中学教师

叶事一　浙江省温州市教育科学院高级教师

应丹蓉　华东师范大学硕士研究生/浙江省台州中学教师

虞佳玮　华东师范大学教育硕士研究生/上海田家炳中学教师

袁思情　华东师范大学硕士研究生/上海市闸北第八中学教师

袁智强　华东师范大学博士研究生/湖南师范大学副教授

张广祥　西南大学教授

张　莉　华东师范大学硕士研究生/山东省莱芜凤城高级中学教师

张　齐　上海市平和双语学校教师

赵纪诺　华东师范大学硕士研究生/上海市建青实验学校教师

周　超　苏州大学副教授

周　丹　华东师范大学硕士研究生/上海市嘉定区封浜高级中学教师

周芳丽　杭州师范大学硕士研究生/浙江省杭州学正小学教师

周　慧　华东师范大学硕士研究生/上海交大附中嘉定分校教师

周晓旭　华东师范大学硕士研究生/上海市嘉定区留云中学教师

周姝姝　苏州大学硕士研究生/江苏省盐城市第一中学教师

朱广天　华东师范大学物理系副教授

朱雪芳　浙江省台州广播电视大学副教授

朱娅梅　华东师范大学硕士研究生/美国德州农工大学博士研究生

邹佳晨　华东师范大学讲师

本书是以本课题研究成果为核心内容的学术专著。

全书共分 10 章,各章基本上是按照子课题安排的,但子课题 6(主题略作调整后)调为第 1 章。因此,各章的主题为:

第 1 章至第 5 章是一个有机的整体,是数学知识内容的比较研究。第 1 章先从整体上比较了数学核心知识的选择和从知识体系角度出发的教材设计框架,包括了"核心概念"界定的比较,核心知识选择标准和具体核心知识集的比较,以及教材结构设计的比较等。第 2 章至第 5 章分别就代数、几何、概率统计和微积分对数学核心内容的组织与呈现方式进行了细节的比较,总结了研究结论,并基于研究成果对我国的课程设计和教材编写提出了一些建议。

第 6 章和第 7 章尽管不是针对特定知识领域,但还是数学内容的比较研究。第 6 章对教材中的探究活动进行比较研究,这是目前课程设计与教材编写中比较热门的话题,也是课程改革与教材发展中非常值得强调的一个侧面,希望我们的研究对国内这方面的工作有正面的作用。第 7 章涉及数学教材的一个传统但非常独特的话题,即例习题的设置,我们特别对俄罗斯、德国和美国的四套教材的习题设置进行了量化和质性的分析,总结出对我国教材编纂的一些启示。

第 8 章和第 9 章是教材特色的比较研究。第 8 章聚焦于教材的综合难度与难度特征,在背景、数学认知水平、运算水平、推理水平和知识综合水平五个维度上进行不同教材的对比,进而总结出各国教材综合难度上的差异。数学文化在数学教材中的呈现也是目前的热门话题,同时也是各国教材中特色各异的方面。第9章就比较了教材中的数学文化,特别选定中、法教材进行细节的比较,得出了我们的结论并提出了建议。

随着现代信息通信技术的快速发展,在数学课程中恰当地渗透和运用现代技术已经是学界的共识了。本书最后一章即第10章比较了中国和日本、澳大利亚、新加坡、美国、英国教材中这方面的做法,为我国探索一条更好的现代技术与数学教材的整合之路提供了"他山之石"。

参加各章写作的人员如下:

第1章:章建跃、周丹、王嵘、宋莉莉;

第2章:陈月兰、谢珺;

第3章:叶立军、程翠婷;

第4章:李俊、程靖、安婷婷、周丹、娄满想;

第5章:赵小平、倪明、龙正武、张广祥;

第6章:徐斌艳;

第7章:邵光华、卢萍、王健萍、路伟利、涂俊甫;

第8章:鲍建生、鲁小莉、朱娅梅、张莉、王慧、王越男;

第9章:汪晓勤、邹佳晨、沈春辉、谢正敏;

第10章:徐稼红、周超、吴颖康、卢伟玲、周姝姝、林迪迪。

统稿工作由王建磐、鲍建生和柳笛完成。

作为总课题的负责人,我感谢各子课题主持人和参与者对研究工作的投入和取得的成绩,感谢本书各章的执笔者和他们的团队。华东师范大学柳笛博士自始至终承担了本课题的秘书工作,并完成了大量繁琐的工作,对课题的推进和协调发展起到了重要的作用,我也要对她表示由衷的谢意。

✳　　　　　✳　　　　　✳

本书于2015年完成初稿,以上文字写于2015年11月(现略有变动)。但由于当时正是申办第14届国际数学教育大会(14th International Congress on Mathematical Education,简称ICME-14)的关键时期,本书的主编与核心作者都深深陷入其中,所以书稿的修改工作迟迟未能完成。原想利用ICME-14的

# 第 1 章

## 高中数学核心知识的选择与教材设计

课程内容是构成数学课程的基本要素,是实现"数学育人"的基本载体。因此,课程内容的选择和组织是数学课程编制的核心问题。数学课程内容是以数学课程目标为依据,从基础数学体系中精选出核心部分,并按照一定逻辑次序组织编排而成的数学知识和经验体系。因此,数学核心内容的确定和组织在数学课程编制中又是重中之重,目前已引起国际数学教育界的普遍关注和研究。本研究围绕高中数学核心内容中的三个基本问题展开:(1)核心内容的选择标准是什么;(2)哪些是核心内容;(3)核心内容该如何组织。

### 1.1 国内外关于中小学数学核心内容的研究综述

目前,关于"核心内容"的研究聚焦在"核心概念"上,相应的英文词汇是"big ideas""key concepts""core concepts"等。

#### 1.1.1 什么是"核心概念"

Charles(2005)认为,big idea 位居数学学习的中心,它使各种数学理解连接为连贯的整体,因此具有强大的联系性。NCTM[①](2006)指出:big ideas 是一些非常重要的数学主题,这些主题是各年级所有学生数学学习的焦点。它们是有联系的想法、概念、技能和程序,形成了数学理解、终身学习和进一步成功地学习数学的基础;它们对于问题解决能力、推理和批判性思维的发展是必不可少

---

① 美国数学教师协会,即 National Council of Teachers of Mathematics,简称 NCTM.

的元素。NCTM(2009)则把高中数学焦点落在数学推理与意义建构上,理由是:(1)它能帮助学生应对未来挑战;(2)它是数学能力的内在成分,能使学生发现数学的整体连贯性,引导其建立新概念与现有知识间的联系;(3)它是学习数学的有效方式。可以看出,虽然推理与建构并不是一种特定的知识焦点,但其界定与 NCTM(2006)对焦点内容的界定具有一致性。2010 年,全美州长协会最佳实践中心与州首席教育官员理事会联袂发布美国首部《州共同核心数学标准》(CCSS Initiative,2010),它吸纳了 NCTM 的观点,但追求"更聚焦更一致"(toward greater focus and coherence)。在这份文件的导言中指出:学生应该被教些什么以及如何教授,不仅要考虑特定学科范畴内的主题,而且还要包括关键概念(key ideas),这些关键概念决定着这个学科中的知识是如何生成和组织的。

AAMT[①](2009)在"National Mathematics Day 2009"的讨论文件中指出:数学中的 big ideas 就是连接数学其他方面的关键,介于数学概念(mathematical concepts)和数学活动(mathematical actions)之间。big ideas 是一种总体性的概念,既不是"概念"也不是"活动"。大多数的 big ideas 渗透到许多数学概念领域,并使它们建立联系。例如数学的四个领域都有对称的观念。

在我国《义务教育数学课程标准(2011 年版)》中,提出了十个数学核心概念,并阐释了它们的具体含义。该文件的研制组专家对这些核心概念的内涵进行了权威解读,如黄翔(2012)认为:核心概念往往是一类课程内容的核心或聚焦点,它有利于研究者理解课程内容的本质,把握课程内容的线索,抓住教学中的关键;王尚志和胡凤娟(2012)也提到:核心概念能聚焦课程的内容,体现数学的本质及思想,并能集中反映课程的达成目标;张丹和白永潇(2012)认为:核心概念不是指具体的内容本身,而是指内容本身所反映出来的基本思想、思维方法,也是指学生在数学学习中应该具备的感悟、观念、意识、能力等。核心概念反映了一类课程内容的核心,是学生数学学习的目标,也是数学教学中的关键。

国内较有影响的一项课题"中学数学核心概念、思想方法结构体系及教学设计理论与实践"提出,某一数学概念是否具有中学数学的核心"身份",需要符

---

① 澳大利亚数学教师协会,即 Australian Association of Mathematics Teachers,简称 AAMT.

合一定的条件。这些条件是：(1)对数学学科本身而言，具有重要性，处于主干地位；(2)对学生头脑中的数学认知结构而言，具有重要的、不可或缺的基础地位；(3)属于数学概念逻辑链条上的"自然的一环"，并且与学生的思维发展水平相适应，是学生能够接受的(章建跃，2007)。

显然，对"核心概念"目前并没有一致明确的界定(可能也不会有被公认的界定)，但从已有研究中不难看出，对"核心概念"的认识具有一些共性，即：基础性、联系性、一种观念、一种思想、有广泛使用性的方法等。

### 1.1.2　关于核心内容的选择

美国从2006年到2010年的三份课程标准及其解读都给出了关于核心概念的列表。例如 Big Ideas in Mathematics(PDE[①]，2009)梳理了 K–12 个年级中的 big ideas 以及与其联系的概念或主题；CCSS Initiative(2011)详细罗列了不同课程模式的内容，并用斜体字标注了所有课程焦点，如代数的课程焦点有：一次与一次、一次与二次方程组，用表达式、方程与函数进行基本演算，一次式、二次式与指数式，一元一次不等式、一次方程文字题、有实数根的一元二次方程，一次函数与指数函数、算术数列和几何数列、绝对值、阶梯与分段函数，型如 $f(x)=b^x+k$ 的函数，实系数多项式，用关键特征选择适当的函数模型，简单的根式、有理式、指数式函数，对数和三角函数，等等。AAMT(2009)给出的 big ideas 是：维度、对称、变换、算法、模式、等价、表示。我国《义务教育数学课程标准(2011年版)》给出的十个核心概念是：数感、符号意识、空间观念、几何直观、数据分析观念、运算能力、推理能力、模型思想、应用意识和创新意识。

研究者往往有自己心目中的核心概念。例如，查尔斯(Randall I. Charles)给出了21个 big ideas(Charles，2005)：数、十进制记数法、相等(等价)、比较、运算的意义和关系、性质(如运算)、基本事实和算法、估计、模式、变量(数)、比例、关系和函数、方程和不等式、(平面和立体)图形、方位和定位(如坐标)、变换、度量、数据收集、数据描述、数据分布、机会。美国芝加哥大学的尤西斯金(Usiskin)教授在亚太经济合作组织(Asia-Pacific Economic Cooperation，简称

---

① 宾夕法尼亚州教育部，即 Pennsylvania Department of Education，简称 PDE。

APEC 或亚太经合组织)数学教育大会上的报告中给出了中学数学课程的九条主线,以说明中学数学课程的"big ideas"(鲁小莉,2010):整数—有理数—实数—复数和向量,数的表示—代数表达式—作为关系的函数—作为对象的函数,个别图形的性质—某一类图形的性质,归纳推理—演绎推理—数学系统内的演绎,数的应用—运算的应用—建立函数模型,对一次测量的估计——组数的统计—描述性统计—推断性统计,简单几何图形的全等与相似—所有图形的全等与相似以及几何变换,科学计算器—图形计算器—计算机代数系统,把数学看成一堆事实的记忆—把数学看作可以通过不同方式得到的一些相互关联的思想。

　　可以看到,不同国家、不同学者对于核心内容的选择有同有异,有宏观的也有微观的,造成差异的主要原因是对内容在数学中的地位以及它的教育价值的不同认识。不过,关于不同国家课程中核心概念内容选取和组织的比较研究几乎没有。

### 1.1.3　关于核心内容的组织和呈现

　　关于核心概念的组织方式,张颖之和刘恩山(2010)认为:"课程内容应该围绕各学科的核心概念进行选择,具体事实应该作为铺垫来帮助学生发展深层理解。"该文引用麦凯希(McCathy)和莫里斯(Morris)提出的梳理核心概念的思路,"想象一下,一把大雨伞下面有一把小雨伞,下面还有一把更小的雨伞",用以说明应该将上位的核心概念拆分为一系列较为具体的概念。刘超和王志军(2010)从核心概念学习的角度发表了类似观点:核心概念学习的最终结果是形成一个概念系统。学生要理解一个数学概念,就必须围绕这个概念逐步建构一个概念网络,网络的节点越多,通道越丰富,概念理解就越深刻。我们在本文的一个前期研究中,提出了围绕核心概念建立教材的结构体系的具体建议(王嵘,章建跃等,2013):主要可以从两个角度入手,一是明确以核心概念为中心的"概念图",包括纵向发展主线和横向联系节点,以形成一个主线明确、联系通道顺畅的网状体系;二是要有一个一以贯之的数学教育观念的统领,使教材在内容确定、素材选择、栏目设置、呈现方式等各方面都能为实现相应的数学教育目标而提供恰当的学习方式。

　　有的研究者认为,根据"文化重演律",教育过程的本质是人类文化的重演,因此在教材核心概念的组织和呈现中,应注重概念发展的历史追溯。例如,陈振宣(2009)在探讨三角函数的发源、初期的形式的基础上,分析了受到函数思想、坐标思想的影响后三角函数定义的变化过程,从概念历史发展的角度揭示了三角函数概念在三角学中的核心地位,并据此提出了三角函数教材的编写建议。又如,贾随军(2008)分析了函数概念的历史演变阶段和早期演变的主要动力,据此提出函数教材应注重从丰富的现实背景及具体的函数入手抽象概括函数的本质,并从不同角度认识函数概念。

　　通过对现行教材的分析,可以发现围绕数学核心概念的教材组织和呈现方式主要有以下两种:一种是以统领某一领域的核心概念为中心组织课程内容;另一种是综合不同领域的相关核心概念组织课程内容。前者可称为"直线式",后者可称为"混合式"。例如,美国芝加哥大学中学数学项目(简称 UCSMP)教材将整个代数领域的知识组织成以"函数"为核心的辐射状的网络体系,并以"函数"的某些子概念与其他领域知识的联系为载体,发展不同领域间的联系,同时以运算贯穿整个代数领域,用由算术的运算法则和运算性质发展而来的代数性质统辖符号运算、方程和不等式以及函数的运算(章建跃,宋莉莉等,2013)。美国有代表性的、"基于标准"的高中数学教改项目"核心—强化数学计划"(Core-plus Mathematics Project,1999)的课程(聂必凯等,2010),每个年级都涉及代数、几何与三角函数、统计与概率,以及离散数学等各数学分支,各分支的具体内容往往通过一个共同的课题、类似的思想方法或者重要的数学题材糅合起来呈现,不同分支的内容通过诸如对称、递归、函数、数据分析、图象逼近等重要数学概念进行串联,从数学思维和数学行为的角度出发,找到它们的共同之处。

　　综上所述,国内外数学教育研究者对数学核心内容的含义、核心内容的选择以及围绕核心内容的教材组织与呈现等都已有了一定的研究。但从整体上看,这方面的研究还需要进一步加强。

　　虽然不同的环境、民族特性、社会发展水平会造成学生发展的差异性,但从人类学角度看,人的认知发展有着普遍的规律,而数学的核心内容是由数学学科内在的客观规律所决定的,所以通过数学课程标准、代表性教科书的国际比较研究,得出中小学数学的共同核心内容,进而构建一个符合大众认知发展水平和社会发展需要的数学课程,是一项有意义且值得期待的研究课题。以下我们将在确定高中数学核心知识选择标准的基础上,通过对高中数学教材的国际比较,析出高中数学核心知识集,并就核心知识的教材组织和呈现方式展开研究。

## 1.2　高中数学核心知识的选择标准

数学课程的发展历史表明,虽然从数学科学本身看,一种数学知识、方法、思想或观念的核心与非核心有一定的客观标准(至少数学共同体内部会有共识),但是一种数学核心知识是否能纳入到数学课程中来,还有别的制约因素。下面我们按照从宏观到微观的顺序讨论高中数学核心知识的选择标准问题。

### 1.2.1　高中数学核心知识的基本特征

宏观上,高中数学核心知识的选择反映了社会发展、数学发展和学生发展等三个方面的需求。例如 NCTM(2006)提出的"课程焦点"是:

- 在数学领域是很重要的,具有广泛的应用价值,能为进一步的数学学习打下基础;
- 是适合作为数学课程学习的;
- 是前后年级数学学习逻辑链条中必不可少的。

我国传统上一直遵循的内容选择原则(课程教材研究所,2001)是:

精选那些在现代社会生活、生产和科学技术中有着广泛应用的,为进一步学习所必需的,在理论上、方法上、思想上是最基本的,同时又是学生所能接受的基础知识。

2003 年颁布的《普通高中数学课程标准(实验)》(以下简称《课程标准2003》)提出的内容选择原则是:

必修课程内容确定的原则是满足未来公民的基本数学需求,为学生进一步的学习提供必要的数学准备;选修课程内容确定的原则是满足学生的兴趣和对未来发展的需求,为学生进一步学习、获得较高数学素养奠定基础。

在我们的课题研究中,对内容的选择也提出了三条标准(课题组,2012):

- 基础性——在代数、几何、统计与概率等领域具有基础地位,是信息化社会公民所需要的;

- 发展性——是进一步学习必不可少的,具有自我生长的活力,容易在新情境中引发新思想和新方法;

- 可行性——与学生的思维发展水平相适应,是学生可学、能学的。

如果从数学课程内容的结构体系角度看,就像细胞是组成生物体结构和功能的基本单位,而细胞核是细胞的控制中心,在细胞的代谢、生长、分化中起着重要作用,是遗传物质的主要存在部位一样,高中数学核心知识是高中数学课程内容结构和功能的基本单位,而核心概念是数学核心知识的"控制中心",在数学知识的发生、发展中起着重要作用,是数学知识的主要生长点。

基础数学是随着科学文明的不断进展而逐步扩展的,其内容非常庞大。例如微积分在过去是大学才开始学习的,而现在它的初步知识已经进入了高中数学课程。高中数学是提供给高中生学习的,所以必须是高中生学得了的;高中有三年的时间限制,因此它又必须是学生在有限的时间里能掌握的。这样,从学生的角度考虑,高中数学核心知识是那些与广大高中生的思维发展水平相适应的,是基础数学核心部分的精中求简,不仅能反映基础数学的本质和基本思想,而且是好学好懂的,在探索大自然的各种各样问题以及数学规律中是非常有用的。

以上是宏观角度的讨论。下面从中观角度讨论制约高中数学核心内容选择的因素。

### 1.2.2 高中数学核心内容选择的主要影响因素

无论哪门学科课程的内容选择,社会、学生和学科都是主要的影响因素(廖哲勋,田慧生,2003)。高中数学核心内容的选择也应从这三个方面考虑(章建跃,2011)。

#### 1.2.2.1 社会因素

中学数学教育要为学生在信息化社会中的生活作好准备。信息化社会对公民数学素养的一般要求,是数学课程内容选择的客观依据。信息化社会是一个加速变化的时代,研究和交流数学的新知识、新工具、新方法也不断出现和发展。例如,随着智能手机与平板电脑大行其道,人们越来越习惯于通过互联网查阅资料,进行学习,沟通与交流。以往属于保密性质的各种统计数据(如生产统计数据、消费数据、投资数据、人口统计数据等),现在通过新闻发布方式在电视、网络等大众媒体被广泛传播。社会的迅速发展和变化对人们理解和应用数学的要求也空前提高。日常生活越来越需要数学和现代科技的支持;各种专业领域也越来越需要数学思维和问题解决能力;不仅是数学家,科学家、统计学家、经济学家、工程师、金融保险从业者……都需要通过教育途径为他们做好充分利用数学的准备。

为了使学生在数学学习中获得适应社会发展需要的能力,为参与社会、实现美好人生做好准备,数学课程内容的选择必须以社会现实和发展需要为依据。历史表明,数学课程内容总是随社会历史条件的变化而变化,面对社会发展的新需求,人们会自觉地思考"哪些数学知识最有价值"这一类问题。

#### 1.2.2.2　学生的心理发展规律

重要的数学内容很多,但学生不一定能接受。学生的思维发展水平制约着数学课程内容的深度和广度。例如,新数运动失败的原因之一就是因为不顾学生的思维发展水平和年龄特征,过早地让学生学习抽象程度高的内容。同时,内容的选择还要考虑促进学生发展的需要,理想的课程内容应处于学生思维最近发展区内,是学生经过努力能学会的。应把满足学生的兴趣、爱好和发展需要当成数学课程内容选择的主要依据之一。

#### 1.2.2.3　数学的学科特点和发展趋势

数学核心知识是数学课程的基本要素,是制约数学课程内容选择的基本因素。这种制约作用在内容的范围、结构和更新的速度等方面都会体现出来。例如,以往数学课程内容主要集中在代数和几何范围内。现代数学的发展,迫切需要更新内容,把向量、统计、概率、微积分等学科的基础知识纳入到中学数学课程中来,同时要对平面几何、数式运算的内容削枝强干,而且更新周期越来越短。数学课程内容的结构也随着数学知识的发展而变化,从古代的简单综合到近代的分科再到现代的分科与综合并存,都与数学知识的发展状况紧密相关。

下面再从"微观"上考察数学课程内容的选择标准。

### 1.2.3　高中数学核心内容选择的具体标准

概括已有的相关研究(施良方,1996;郝德永,2000;廖哲勋,田慧生,2003;

奥恩斯坦,2002;豪森,1991;泰勒,1994;张孝达,2000;张永春,1996),我们得出中学数学课程核心内容选择的如下标准。

### 1.2.3.1　基础性

基础性主要体现在满足学生个性需求和适应社会需要两个方面:第一,满足学生对数学的基本需要,这就要求所选内容必须是学生感兴趣的,是与学生的现实紧密联系的;第二,所选内容能促进数学课程目标的实现,即通过这些内容的学习,能促进学生理解数学的基本思想和方法,发展数学能力和理性精神,从而形成适应社会和未来发展所必须具备的数学素养。

### 1.2.3.2　可靠性

可靠性是指核心内容必须是被公认正确的,在学生的发展中能发挥确切的作用。尚处于研究过程中的内容不能选入中学数学课程;也不能按课程编制者个人喜好或学科倾向选择内容,否则会因为内容选择的随意性而损害课程的育人价值。例如,将"三等分角与数域扩充""统筹法与图论"等选入高中数学课程就有一定的随意性,因为这些内容在学生的发展中是否能发挥确切作用是不明确的。

### 1.2.3.3　发展性

发展性是指核心内容应与时代发展、数学学科发展合拍,应当注意吐故纳新。核心内容的选择必须考虑到数学在社会各领域的应用需要,特别是信息技术与数学课程整合对数学教学所带来的变化,把那些适应时代发展需要的内容及时纳入课程,同时扬弃那些过时的内容。例如,为了适应信息时代发展的需要,应把数据处理、统计与概率等作为核心内容;同时,那些技巧性的代数变形、三角恒等变形等,应让计算机(器)完成。

### 1.2.3.4　适应性

适应性主要是从适应学生的年龄特征和认知发展水平考虑的,这样才能对学生有意义,从而引起学习兴趣。同时,还要考虑形成数学学习经验、拓宽兴趣范围。也就是说,核心内容在将学生最近发展区转化为现有发展水平时要发挥作用。这就要考虑"学生现有的兴趣是否具有持续的个体价值和社会价值"的问题。

### 1.2.3.5　实用性

首先,核心内容应在后续数学学习中发挥持续作用,学以致用是主要标准。要选择那些能解决生活、生产、科技和社会中各种问题的知识,例如导数、微分方程在解决实际问题时很有用,应把它们纳入中学数学核心知识的范围。数学教学的最大用途是"育人",因此核心内容应能激发学生的潜能,培养学生的数学能力,帮助学生获得自信等。就当前我国数学教学过分注重形式化训练的现状看,强调核心内容的实用性具有现实意义。

### 1.2.3.6 可行性

可行性是指是否具有实施的客观条件。例如,如果没有足够的胜任教师,那么再重要的内容也是无法实施的;又如,信息技术与数学课程的整合可以有效地促进学生的数学理解,但如果没有相应的硬件设备,或者教师的操作水平达不到要求,那么相应的教学内容也无法实施。这说明内容的选择要顾及师资、教育投入等问题。

以上我们研究了高中数学核心内容的选择标准,这些标准都是原则性的,可以为具体内容的选择提供指导。下面我们通过国际课程教材比较,给出"可供选择的具体内容的集合"。

## 1.3 基于国际比较的高中数学核心知识集

### 1.3.1 研究方法

本研究的对象为与国家有关的数学课程标准解释性文件和教科书的内容,通过文本分析和比较分析进行研究。具体过程是先绘制各国高中数学基本知识的概念图,然后列举各国高中数学课程的核心知识集,再求各国数学核心知识集的并集,并绘制各国核心知识表。这样可以得到相关国家教材的内容及其组织结构,同时在表格中可以直观地发现各国数学核心知识的交集。

概念图的绘制步骤如下:

第一步,列举知识点。选取代数、几何、统计与概率、微积分等领域中的基本知识作为绘制概念图的节点[*]。

---

[*] 这里所说的"基本知识"内容很广泛,包括概念、技能和思想方法等,基本知识的维度也不同,如"复数"与"整数间的关系"两个维度的知识可能同时被析出。用于描述基本知识的关键词是从课程标准所界定的具体知识点中概括的,如"度量"标准中"应用'逐次逼近''上下界''极限'等概念",说明本学段的重点不在于认识这些概念本身,而是在度量情境中使用它们。

第二步,确定知识等级。根据知识的概括性和包容性确定知识的等级,按照从上位到下位逐渐分化的原则对知识进行分层。每个知识点在概念图中只能出现一次。

第三步,建立层级连接。用线条将相关概念连接起来,这种连接可以是建立在同一模块间的连接,也可以是建立在不同模块间的交叉连接。连线类型一般为单向,表示同一模块概念间的上下位从属关系或概念间的相关关系,必要时在连线上用连接词标明概念之间的关系。

本研究约定:领域名称(如"代数")为"根概念",属于第 0 层,与根概念直接连接的概念为第 1 层概念。由于第 1 层概念在概括性和包容性上是最高的,我们将其作为该领域的核心知识集;与核心知识集直接连接的概念,则看成由核心知识集生长出的子概念。通过代数、几何、统计与概率和微积分四个内容领域的概念图呈现出高中数学核心知识集的纵向发展脉络。

### 1.3.2　用于比较的七国教材

考察一些具有代表性的国家的高中数学教材中包含的数学知识,可以在比较中获得对高中数学核心知识的认识。我们用于比较的教材如表 1-1 所示。

表 1-1　样本教材信息

| 国家 | 出版者 | 代码 | 教材名称、涉及代数的分册 |
|---|---|---|---|
| 中国 | 人民教育出版社 | CN-PEP | 普通高中课程标准实验教材数学 A 版:<br>必修 1,3,4,5;选修 2-1,2-2,2-3 |
| 美国 | Pearson Education | US-PHM | Prentice Hall Mathematics: Algebra 1, Algebra 2, Geometry |
| 美国 | Wright Group/Mc Graw Hill | US-SMP | Advanced Algebra |
| 日本 | 数研出版社 | JP-SKS | 新编数学 Ⅰ, Ⅱ, Ⅲ;<br>新编数学 A, B, C |
| 英国 | Cambridge University Press | UK-SMP | Core 1,2,3,4 for AQA;Statistics 1, 2;<br>Mechanics 1, 2;<br>Further Pure Maths 1,2,3 |

续　表

| 国家 | 出版者 | 代码 | 教材名称、涉及代数的分册 |
|---|---|---|---|
| 法国 | Editions Belin<br>Hachette Livre | FR - EDB<br>FR - HLT | Maths $2^e$, Math $1^{re}$ S<br>Declic Maths Terminale S Enseignement Obligatoire |
| 德国 | Ernst Klett Verlag | DE - LBS | Lambacher　Schweizer　Mathematik　für Gymnasien 10,11,12 |
| 俄罗斯 | Просвещение Издательство | RU - MGU | МГУ—Школа<br>Алгебра и начала анализа, класс10, класс 11;<br>Геометрия, классы 10—11 |

选择上述教材的基本依据是：以往十年里在课程改革背景下编写，能较好地反映本国课改精神。例如，美国 Prentice Hall 出版公司是世界知名的教育出版机构，以出版中学教科书为主，占美国中小学教科书出版市场的较大份额；在1.4.2 与 1.4.3 我们还引用了教材 US - SMP 的 Advanced Algebra，英国剑桥出版社的 Core 系列教材全面完整地覆盖了 A 水平课程中的数学内容，同时也是通用教育证书（General Certificate of Education，简称 GCE）考试的推荐教材；德国 Klett 出版集团的历史可以追溯到 1897 年，是德国教育出版行业的先驱以及欧洲最重要的出版集团之一，Lambacher Schweizer - 10，11，12 使用面较广；法国高中数学教材有十几套，Belin 出版社出版的 Math $1^{re}$S、Maths $2^e$ 和法国 Hachette 出版社出版的 Maths terminale 是使用最广的，是根据 2009 年的全国教学大纲 Nouveau Programme 2009（2008 年 8 月 10 号公布的）编写的；数研出版社是日本比较权威的教科书出版机构，所选的这套教科书从 2003 年起使用，2007 年版；俄罗斯的教材选择了现行典型高中数学两用教材，由尼科利斯基（C. M. Никольсский）等主编，俄罗斯教育部出版社出版（2006 年版）；我国的"人教 A 版"教材，目前有 70％的中国高中学校在使用。

### 1.3.3　高中数学知识列举

限于篇幅，本文直接呈现通过比较后得出的上述高中数学教材中涉及的主要知识点。"各国高中数学基本知识的概念图"可参阅相关研究报告[①]。

### 1.3.3.1 代数领域

**复数**：复数的概念，代数、三角和指数表示，复数的模和辐角，复数的几何意义，复数的运算。

**数论**：整数性质，不定方程，同余，整数分解和欧氏除法，二进制，最大公约数和最小公倍数，高斯定理（Gauss theorem）和裴蜀定理（Bezout theorem），数的性质和顺序。

**多项式理论**：因式分解，多项式的乘法、除法，因式理论，余数定理，有理式化简。

**方程、不等式**：方程的求解，不等式的求解，方程、不等式与函数的关系，方程、不等式与平面区域，平均不等式，高次方程，不等式证明。

**函数**：函数概念，函数表示，函数图象，函数性质，函数运算，初等函数（多项式函数、指数函数、对数函数、三角函数、分式函数等）。

**三角**：锐角三角比，单位圆定义，诱导公式，和（差）角公式，倍角公式，半角公式，万能置换公式，正弦定理，余弦定理。

**数列**：数列的概念和表示，数列的前 $n$ 项和公式，等差数列，等比数列，数学归纳法。

**矩阵**：矩阵的概念、表示，矩阵的运算，矩阵与线性方程组，矩阵与图象变换。

**集合**：数集，集合的关系，集合的运算。

**常用逻辑**：命题及命题的四种形式，充分必要条件，反证法，推理与论证。

**算法**：算法的基本含义，程序框图，基本算法语句，算法案例（二进制、欧几里得除法与辗转相除法）。

### 1.3.3.2 几何领域

**平面几何图形**：平行线与垂线，图形关系，圆及其相关性质，扇形，仿射定理和相似变换，全等三角形，相似三角形，三角形性质，作图。

---

[①] 国家社会科学基金"十一五"规划 2010 年度教育学重点课题"主要国家高中数学教材比较研究"（课题批号 ADA100009，主持人：王建磐）子课题"主要国家高中数学核心内容的比较研究"研究报告（主持人：章建跃）。

**空间中的点、直线、平面的位置关系**：公理化系统的演绎推理，几何推理，空间直线和平面方程，空间直线、平面的平行或垂直，用空间向量处理问题。

**空间几何体**：欧拉公式，多面体，旋转体，圆柱，圆锥，棱柱，棱锥，台体，球，几何体的平面截面，立体图形的画法，平行投影，投影面积。

**向量**：向量的定义与表示，加、减、数乘运算，内积运算，外积运算，向量法，向量组的线性相关和线性无关，向量分解定理。

**坐标几何**：直线的方程，圆的方程，圆锥曲线的方程，球和球面方程，圆锥体和圆柱体的代数表示，参数方程，笛卡儿坐标系，极坐标系。

**图形变换**：平移变换，旋转变换，反射变换，伸缩变换，简单变换及变换的复合。

**度量**：距离，面积和体积，角度。

### 1.3.3.3　概率统计

**计数**：排列与组合，组合数，二项式定理。

**数据分析**：数据的收集，抽样，数据整理，数据表示，常用统计量，变量相关性，聚类分析，回归分析。

**统计评估**：独立性检验，假设性检验，弃真和去伪，统计评估的质量。

**事件的概率**：古典概型，几何概型，独立性试验，独立事件、互斥事件、对立事件，条件概率，概率公式。

**概率分布**：随机变量及其期望、方差，离散型概率分布和连续型概率分布。

### 1.3.3.4　微积分

**极限**：极限的概念，极限性质，极限运算，函数极限，函数连续性，数列极限，逼近的思想。

**导数**：导数的概念，曲线的切线和物理意义，微分和导数运算，初等函数导数，二阶导数以及导函数应用。

**积分**：定积分的概念和应用（求曲线所围面积），不定积分，积分性质，分部积分法和置换积分法，微积分基本定理，广义无穷积分和积分应用。

**微分方程**：常微分方程中的一阶和二阶线性微分方程，微分方程的应用。

### 1.3.4　不同国家教材的核心知识选择

上述核心知识点，各国教材有各自的选择。表1-2列出了不同选择的基本信息。

表 1-2　七国教材中的核心知识集合

| 领域 | 核心知识集 | US-PHM | UK-SMP | DE-LBS | FR-EDB/HLT | JP-SKS | RU-MGU | CN-PEP |
|---|---|---|---|---|---|---|---|---|
| 代数 | 复数 | ✓ | ✓ |  | ✓ | ✓ |  | ✓ |
|  | 数论 | ✓ |  |  | ✓ | ✓ |  |  |
|  | 多项式理论 |  | ✓ | ✓ |  | ✓ |  |  |
|  | 方程、不等式 | ✓ | ✓ | ✓ | ✓ | ✓ | ✓ | ✓ |
|  | 函数 | ✓ | ✓ | ✓ | ✓ | ✓ | ✓ | ✓ |
|  | 三角 | ✓ | ✓ | ✓ | ✓ | ✓ |  | ✓ |
|  | 数列 |  | ✓ |  | ✓ | ✓ |  | ✓ |
|  | 矩阵 | ✓ | ✓ |  |  |  |  |  |
|  | 集合 |  |  |  | ✓ | ✓ |  | ✓ |
|  | 常用逻辑 |  |  |  | ✓ | ✓ |  | ✓ |
|  | 算法 |  |  |  |  | ✓ |  |  |
| 几何 | 平面几何图形 | ✓ | ✓ | ✓ | ✓ | ✓ |  |  |
|  | 空间中的点线面关系 |  |  | ✓ |  | ✓ | ✓ | ✓ |
|  | 空间几何体 | ✓ |  | ✓ | ✓ | ✓ | ✓ | ✓ |
|  | 向量 | ✓ | ✓ | ✓ | ✓ | ✓ |  | ✓ |
|  | 坐标几何 | ✓ | ✓ | ✓ | ✓ | ✓ |  | ✓ |
|  | 图形变换 | ✓ | ✓ |  | ✓ | ✓ |  | ✓ |
|  | 度量 | ✓ | ✓ | ✓ | ✓ |  |  | ✓ |
| 概率统计 | 计数 | ✓ |  | ✓ | ✓ | ✓ |  | ✓ |
|  | 数据分析 | ✓ | ✓ |  | ✓ | ✓ |  | ✓ |
|  | 统计评估 | ✓ |  | ✓ |  | ✓ |  | ✓ |
|  | 事件的概率 | ✓ | ✓ | ✓ | ✓ | ✓ |  | ✓ |
|  | 概率分布 | ✓ | ✓ | ✓ | ✓ | ✓ |  | ✓ |
| 微积分 | 极限 | ✓ |  |  | ✓ | ✓ |  | ✓ |
|  | 导数 |  | ✓ | ✓ | ✓ | ✓ |  | ✓ |
|  | 积分 |  | ✓ | ✓ | ✓ | ✓ | ✓ | ✓ |
|  | 微分方程 |  |  | ✓ | ✓ |  |  |  |

说明:"集合""常用逻辑""算法"等内容,在美、英、德、法、俄的教材中没有独立作为一章出现,而是被渗透在相关内容中。

### 1.3.5　比较后得到的几点结论

通过比较,我们得出如下初步的结论:

(1) 高中数学核心内容仍然以传统基础数学内容为主,但各国都注意用现代数学思想方法来处理。这是因为"个体认识结构的发展要重演人类认识过程",只有这些内容才与高中生的思维发展水平相适应。而用现代数学观点进行处理,例如用变换的观点处理几何内容,用向量联系三角、复数和几何等,这样又可以使数学教材满足数学发展和社会发展的需要。

(2) 代数内容,各国教材都以函数为核心。具体函数的类型各国都包括指数函数、对数函数、三角函数,而多项式函数、分式函数等也是多国教材所包含的。与这些函数相对应的方程、不等式的内容,各国教材的重视程度不一。把算法、推理与证明、常用逻辑用语等单独设章,只有中国等个别国家的教材采用。

(3) 几何核心内容,各国的差异较大。从内容到处理方式都是如此。重视用代数的方法处理几何问题是一个趋势。比较而言,中国立体几何教材的内容和处理方式比较"中性",既有用综合几何方法处理直线、平面的平行、垂直等位置关系,又有用向量解决立体几何问题(包括度量、位置关系)。各国把向量作为核心内容,具体内容基本一致,少数国家教材有向量的外积。

(4) 统计与概率得到各国的重视,但各国教材的核心内容选择存在较大差异。比较而言,中国教材包含的内容已经比较齐全,主要差异在素材选择方面,与现实紧密联系的材料尚待加强。

(5) 微积分部分,各国差异也较大。美国作为大学先修课程(AP 课程,表中未包含),内容齐全,不追求理论的严密性,注重应用。法国、俄罗斯和日本的教材有极限理论;导数内容也各不相同,有的国家有二阶导数及其应用(中国教材不讲);积分部分,许多国家教材都讲了不定积分(中国教材不讲)、积分性质、分部积分法和置换积分法等积分方法;美、英、德、法等国教材都有微分方程(中国不讲)。

## 1.4　高中数学核心知识的教材结构设计与组织

### 1.4.1　教材结构的不同类型

数学教材结构可以有不同的设计,它反映了不同的教育哲学和课程观(章建跃,2011)。

#### 1.4.1.1　以知识为中心的教材结构

这种教材结构强调知识的系统性和逻辑的严密性。它以代数、几何、统计、概率和微积分的"一般观念"贯穿始终而构成教材的基本结构,并按数学核心内容的逻辑顺序组成知识系统,使前一个内容的学习成为后继学习的基础,而这些后继问题则是开始所掌握的观念的特例,也就是说使教材成为一个用基本的和一般的观念来不断扩大和加深知识的系统结构。这种教材的理论依据是布鲁纳提出的"任何学科的基本原理都可以用某种形式教给任何年龄的任何人"。新数运动受挫表明,这种做法太理想化了。实际上,教材既要有"一般观念",也要有"感性材料"(问题情境、直观材料等)、应用材料(各种形式的练习)。教材是为学生编写的,在考虑数学的严密性、系统性的同时,必须考虑学生的兴趣、感受,考虑学生的数学学习规律。

#### 1.4.1.2　以经验为中心的教材结构

这种教材强调以学生日常生活经验为教学素材,注重数学与学生现实生活的联系性。杜威是这种教材的积极倡导者,他明确提出以学生的个体经验为教材主线,认为教材兼有经验的逻辑方面和心理方面,前者是教材本身,后者是教材与学生的关系。只有促进教材设计的心理化,才能实现逻辑和心理的有机联系。经验教材依次划分为儿童阶段(以社会和人为中心的经验组织)、成人阶段(更客观的知识组织)、学科专家阶段(科学逻辑知识)。这样的教材设计思想对数学教材有一定的借鉴意义。实际上,各国数学教材都力图以核心内容为主线设计教材的结构体系,在联系学生的周围世界,从学生生活经验中选择数学学习素材,根据学生学习心理呈现教材内容等方面进行积极探索。

#### 1.4.1.3　人本中心式教材结构

这种教材设计以发展学生的个体禀赋和适应学生个性差异为原则,是人本主义思想在教材设计中的体现。这种教材设计强调尊重学生的完整人格,要求着眼于学生的全部生活经验,充分发挥智力因素和非智力因素的协同作用,把教材与学生的生活经验联系起来,使教材内容与学生身心成长过程联系起来,并把学生当成教材设计的参与者,从而真正实现教材心理化。这种教材设计思想对数学教材设计的借鉴意义在于强调重视学生的个性差异,强调非智力因素在组织教学内容中的作用,但要注意克服其忽视数学知识的系统性、完整性的缺陷。

### 1.4.2  以数学核心概念为结点的教材结构设计

核心知识应理解为一个"有核知识群",而核心概念就是"核"。因此核心知识是由核心概念及其生长出的子概念组成的知识体系。前已指出,围绕核心概念建立教材的结构体系,主要可以从两个角度入手:一是明确以核心概念为中心的"概念图",包括纵向发展主线和横向联系节点,以形成一个主线明确、联系通道顺畅的网状体系,这是关键;二是要有一个一以贯之的数学教育观念的统领,使教材在内容确定、素材选择、栏目设置、呈现方式等各方面都能为实现相应的数学教育目标而提供恰当的学习方式。例如,"函数"这一核心知识,各国教材都十分注重发挥函数概念的强大生长力,建立了以函数概念为"核"的辐射状的教材结构体系,这一体系具有概念联系的紧密性、多向性的特点,成为学生理解数学、应用数学解决问题的一个典型载体。

核心概念位居数学概念体系的中心点,自我生长能力强,可以生成一个"概念群"。因此,核心概念的组织和呈现,不仅要考虑此概念的发生和形成,还要从整体入手,考虑如何以此概念为中心,形成概念网络的体系和节点。下面我们以US‑SMP 中的 Advanced Algebra(高等代数)为例,讨论一下核心概念图的构建。

### 1.4.3  US‑SMP 的代数领域核心概念图

图 1‑1 是 US‑SMP 代数领域的核心概念图。由图可见,整个代数领域的核心知识构成了一张纵横交错的网,这张网中有 4 个明显的节点——"代数符号""函数""数学模型"和"各种情境中的变化关系",其中"函数"处于整张网的核心位置。由函数生成了 4 个子概念,这些子概念通过各种通道与其他核心概念及其子概念,以及其他领域产生联系。

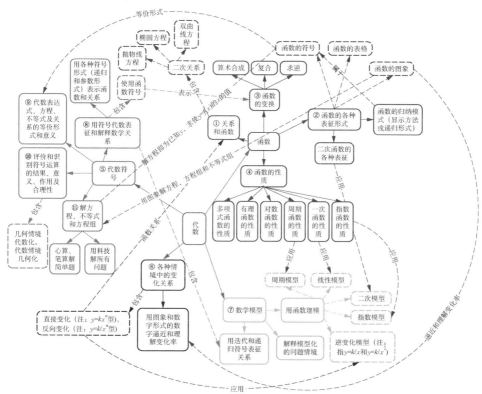

图 1－1　US－SMP 代数领域核心概念图

说明：

1. 图中的序号①②③……指示图中相应的节点。

2. 关系和函数①这个子概念说明 UC－SMP 教材将函数定位为一种特殊的关系，而由其中的"二次关系"出发讨论二次曲线和二次曲线的分类，体现了代数与几何的联系。

3. 函数的各种表征形式②显示函数主要包括三种表征形式——符号、表格和图象，US－SMP 教材关注的用显示形式定义（explicitly defined，如 $y = ax^2 + bx + c$）或递归方式定义（recursively defined，如 $b(n, m) = \begin{cases} 26\,355, & n = 0, \\ b(n-1, m) - m, & n > 0 \end{cases}$）的函数归纳模式属于函数的符号表征。而函数的符号表征与代数表达式和方程具有等价形式，这表明了函数与代数符号⑤的联系。这种等价形式也使得解方程成为"已知函数值求相应的自变量的值"的过程，并且使借助函数图象求解部分方程、方程组和不等式组等成为可能。函数的图象表征还可以用于理解逼近和变化率等概念，为分析变化关系提供了手段，而各种情境中的变化关系⑥中主要涉及两种变化关系，即直接变化（direct variation，$y = kx^n$ 称为 $y$ 直接随着 $x^n$ 的变化而变化）和反向变化（inverse variation，$y = \dfrac{k}{x^n}$ 称为 $y$ 随着 $x^n$ 的变化而反向变化），它们都是函数关系，其中的反向变化关系是构建逆变化模型的基础。在函数的各种表征形式②中还特别关注了二次函数的各种表征，其中涉及的二次函数知识被应用于构建二次模型，体现了函数与数学模型⑦的联系。

4. 函数的变换④主要包括算术合成、复合和求逆，函数符号的使用使得这些变换的形式表示成为可能。例如，函数的四则运算可以表示为 $f \pm g$，$f \cdot g$ 和 $\dfrac{f}{g}$，从而体现了函数与代数符号⑤的联系。

5. 函数的性质④包括多项式函数、有理函数、对数函数、周期函数、一次函数和指数函数的性质，其中一次函数、周期函数和指数函数的知识分别为构建线性模型和指数模型提供了基础，体现了函数与数学模型⑦的联系。

此外,US-SMP 教材的代数领域概念的发展中还反映出两条主线:一是"代数表达式→作为关系的函数→作为对象的函数"(鲁小莉,2010),这条主线蕴含于用符号代数表征和解释数学关系⑧、关系和函数①、函数的变换③等概念中;二是运算贯穿整个代数领域,算术的运算法则和运算性质也是进行符号运算,以及方程、不等式和函数运算的依据,主要体现于用符号代数表征和解释数学关系⑧,代数不等式、方程、不等式及关系的等价形式和意义⑨,评价和识别符号运算的结果、意义、作用及合理性⑩,解方程、不等式和方程组⑪,以及函数的变换③等概念中。在代数符号⑤这个核心概念的子概念中,则体现了代数与几何的一个联系点:评价和识别符号运算的结果、意义、作用及合理性⑩包含了"几何情境代数化,代数情境几何化,利用代数和几何的联系解决问题"的推理,例如利用面积模型解方程 $x^2 + 10x = 144$。

总之,US-SMP 的 Advanced Algebra 教材在构建代数领域的知识体系时,选取"函数"为核,将整个领域的知识组织成以"函数"为核心的辐射状的网络体系,并以"函数"的某些子概念与其他领域知识的联系为载体,发展不同领域间的联系;同时,以运算贯穿整个代数领域,用由算术的运算法则和运算性质发展而来的代数性质统辖符号运算、方程和不等式以及函数的运算。这样的知识体系,充分发挥了核心概念的强大组织功能,借助核心概念的自我生长能力和有力的联系纽带作用,把数学知识组织成为纵向综合贯通、横向紧密联系的网络结构,知识之间的逻辑关系比较清晰,不同领域知识的联系也比较明确,非常有利于学生了解知识的发展脉络,有利于学生自主学习。

## 1.5  高中数学核心知识的教材设计案例——向量

各国高中数学教材中,向量都是核心知识之一。我们通过向量教材的比较,讨论核心知识教材设计中的几个问题。

### 1.5.1  向量的具体内容及其逻辑线索

为了简洁,同时不失代表性,我们选取法、德、日、中四国的教材进行比较分析。表1-3是四国教材中向量的具体内容及其逻辑线索。

表 1 - 3　四国教材中向量的内容及逻辑主线

| 国家 | 内容和逻辑线索 |
|---|---|
| FR - EDB/HLT | 向量的有关概念→向量的坐标(两点坐标公式)→向量运算(加法和数乘的定义、性质和坐标表示)→有向角和向量的夹角(借助向量研究三角)→向量的数量积(定义、性质和坐标表示)→数量积的应用(直线和圆的方程,三角形中的度量关系如中位线长度定理和余弦定理等,三角公式)→空间向量的概念和线性运算→空间向量的共面→空间向量坐标表示(规范正交基,两点距离公式)→空间坐标方程(与坐标轴平行的平面方程,球心在原点的球面方程,轴为坐标轴的圆柱方程,轴为坐标轴的圆锥方程)→平面和空间中的重心(两个点、三个点以及 $n$ 个点加权后的重心)→向量与变换(伸缩变换和平移变换)→点到线的距离→空间向量的模和数量积运算→平面的点式方程→空间直线方程(点法式和参数方程)→空间的平面关系(用代数方程讨论几何关系) |
| DE - LBS | 向量的有关概念→向量的线性运算(加法,减法,数乘向量)→向量的模和夹角→向量的内积和外积→利用向量研究圆和球的方程→向量组的线性相关和线性无关→向量在坐标几何中的应用(空间直线和平面的方程、位置关系、距离和夹角) |
| JP - SKS | 有向线段与向量→向量的运算(加法,减法,数乘向量)→零向量和平行向量→平面向量分解定理→向量的坐标(坐标表示和坐标运算)→向量的内积(内积定义、坐标表示和运算性质,向量的模和夹角)→内、外分点的坐标公式和三角形重心公式→向量在图形几何中应用(三点共线,内积与垂直,直线的参数方程、点方向式方程、点法式方程)→空间向量(与平面向量的结构类似,具体有概念、分解、坐标表示、坐标运算、内积等)→空间向量的应用(与坐标平面平行的平面方程、球面方程) |
| CN - PEP | 平面向量的实际背景→定义→相关概念(零向量、单位向量、相等向量、共线向量等)→线性运算和运算律→平面向量基本定理(平面向量的正交分解)及其坐标表示→平面向量数量积及其坐标表示→应用(几何、物理);空间向量的概念及其表示→线性运算→空间向量基本定理(空间向量的正交分解)及其坐标表示→空间向量数量积及其坐标表示→空间向量的应用(解决立体几何中的问题,主要是直线的方向向量与平面的法向量,平行和垂直的位置关系,线线、线面、面面的夹角的计算问题) |

从表 1 - 3 可见,各国教材中向量的逻辑主线基本一致:向量的概念及其表示→向量的线性运算及其坐标表示→向量的数量积(外积)及其坐标表示→应用,而且都是从平面向量到空间向量。但是在网络节点上的概念选择有较大差异,典型的是德国教材中有外积、向量的线性相关和线性无关等;在用向量工具解决的问题上差异更大,除了用向量处理距离、夹角、直线与平面的平行或垂直关系等共同内容外,还用向量建立直线、平面、圆、球面、圆柱面、圆锥面等方程

进而研究有关问题,法国教材很全面,而中国教材没有涉及。

因为各国的国情、数学教育理念、教育的传统乃至教材编者对数学知识的认识和定位都是不同的,所以出现差异很自然。这些"不同"所造成的差异不仅体现在核心概念网络体系的构建上,也体现在对核心概念本身的关注点、为学生构建的学习方式等方面。但无论差距多大,把解决几何和物理中的问题所需要的向量知识完整地介绍给学生,注重结构体系的逻辑合理性,把数学讲好等,都是各国教材的共同追求。

### 1.5.2 向量教材设计中关注的问题

#### 1.5.2.1 作为解决几何问题、物理问题的工具

向量是既有大小又有方向的量,兼有几何和代数的特征。因此,以向量为工具研究几何问题是各国教材的共识。具体表现在:

第一,将相关内容安排在向量中,用向量法进行研究。各国教材均用向量研究三角、空间几何体。例如,中国教材用向量推导和(差)角的三角函数公式、正弦定理和余弦定理等;法国教材借助向量引入三角函数的单位圆定义;德国教材将向量的内积和外积运算用于研究空间线面的位置关系(距离、夹角),由外积运算给出棱柱的体积公式(图 1 - 2);日本、德国和法国教材都将向量用于直线方程、平面方程和球面方程的研究等;法国教材还借助向量定义图形变换中的平移和伸缩。

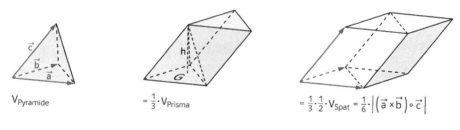

$$V_{Pyramide} \qquad = \frac{1}{3} \cdot V_{Prisma} \qquad = \frac{1}{3} \cdot \frac{1}{2} \cdot V_{Spat} = \frac{1}{6} \cdot \left| (\vec{a} \times \vec{b}) \circ \vec{c} \right|$$

图 1 - 2  德国教材举例

第二,用向量解决相关学科问题。例如各教材都注意借助位移、物体受力等介绍向量概念;向量的加法运算、平面向量的正交分解、平面向量的数量积等都与相应的物理问题建立联系;向量加法的三角形法则和平行四边形法则与位

移的合成、力的合成相联系。德国教材在向量章节后的主题中专门研究了物理学中的向量,具体有力的合成与分解、功、向心力、电场力等。

### 1.5.2.2　构建逻辑连贯的学习过程

数学中,不同核心知识的教材可以有相同的结构体系,具体内容的展开也可以有相似的逻辑线索,具体问题的研究方法也有很大的可类比性。这是数学的学科特点,也为教材设计中构建前后一致、逻辑连贯的学习过程提供了可能。各国教材在向量内容的设计中也充分地关注了这一点。例如,日本、中国教材对空间向量的安排,基本是类比平面向量来展开的,从平面向量的运算和坐标表示类比到空间向量的运算和坐标表示,平面向量的分解定理延伸到空间向量的分解定理,平面位置向量和内外分点到空间位置向量和内外分点,平面向量在平面几何中的应用到空间向量在空间几何中的应用等,在知识、过程、方法等方面都体现了前后一致的逻辑连贯性。中国教材还明确提出用向量法解决几何问题的"三步曲",即"形到向量"——"向量的运算"——"向量和数到形"。为了强调运算及运算律的重要性,教材指出:"因为有了运算,向量的力量无限;如果没有运算,向量只是示意方向的路标。"

### 1.5.2.3　加强与现实的联系性

加强与现实的联系性,使学生感受到学习向量的必要性,可以激发学生强烈的学习心向,各国的教材设计都充分注意到这一点。例如,与其他概念的处理一样,德国教材在向量的每一节课前,都安排了一定的实际问题,旨在体现"为了解决这个问题,我们需要学习本节内容",其落脚点是问题解决。同时教材还安排了有各种背景的实际生活问题,如图1-3。

图1-3　德国教材举例

### 1.5.2.4　注意适度形式化的逻辑表达

各国的向量教材在概念发展的逻辑关系上基本一致,而且注意适度形式化的表达要求。例如,法国教材一以贯之地从定义到性质、定理,分别用 DEFINITION、PROPERTY、THEOREME 标注,逐条罗列、按章排序,多采用符号语言加以叙述,简洁明确,如图 1-4 所示。

DÉFINITION 6

Soit $\vec{u}$ et $\vec{v}$ deux vecteurs non nuls du plan.

Parmi toutes les mesures $x + 2k\pi$, avec $k \in \mathbb{Z}$, de l'angle orienté de vecteurs $(\vec{u}, \vec{v})$, il en existe une et une seule qui appartient à l'intervalle $]-\pi\,;\,\pi]$; elle est appelée **la mesure principale** de l'angle orienté $(\vec{u}, \vec{v})$.

*Exemple* :

$(\overrightarrow{OA}, \overrightarrow{OB}) = (\overrightarrow{OA}, \overrightarrow{OB_1})$ et $(\overrightarrow{OA}, \overrightarrow{OB_1}) = -\dfrac{\pi}{2} + 2k\pi$, $k \in \mathbb{Z}$;

or : $-\dfrac{\pi}{2} \in ]-\pi\,;\,\pi]$;

donc la mesure principale de $(\overrightarrow{OA}, \overrightarrow{OB})$ est $-\dfrac{\pi}{2}$.

图 1-4 法国教材举例

**译文** **定义 6.** 设 $\vec{u}$ 与 $\vec{v}$ 是平面中的两个非零向量。在这两个向量的有向角 $(\vec{u}, \vec{v})$ 的度量值 $x + 2k\pi$(此处 $k \in \mathbf{Z}$)中,存在唯一的值落在区间 $[-\pi, \pi]$ 中。这个值称为有向角 $(\vec{u}, \vec{v})$ 的**主度量值**。

例,

$(\overrightarrow{OA}, \overrightarrow{OB}) = (\overrightarrow{OA}, \overrightarrow{OB_1})$,而 $(\overrightarrow{OA}, \overrightarrow{OB_1}) = -\dfrac{\pi}{2} + 2k\pi$, $k \in \mathbf{Z}$;

由于 $-\dfrac{\pi}{2} \in ]-\pi; \pi]$,所以 $(\overrightarrow{OA}, \overrightarrow{OB})$ 的主度量值是 $-\dfrac{\pi}{2}$。

另外,在例题解答中,法国教材也标明重点步骤采用的定理(性质),突出逻辑推理,如图 1-5 所示。

我们认为,高中阶段加强数学的形式化逻辑表达训练,正是数学学科不同于其他学科的育人价值所在。同时,由于高中阶段学生的抽象思维已经得到较好的发展,这样的要求也是与学生的认知水平相一致的。

#### 1.5.2.5 加强自主探究的学习方式

教材在改进学生的学习方式上负有责任,应通过安排有层次的学习活动,引导学生开展自主探究。各国教材在这方面都有一些可借鉴的做法。例如,法

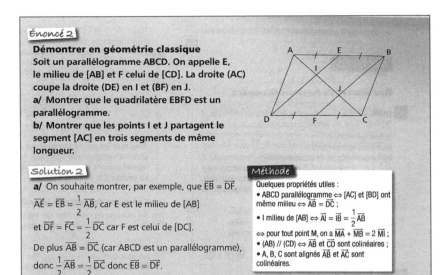

图 1-5　法国教材举例

**译文**　*问题 2*

**一道经典几何的证明题**

给定平行四边形ABCD。边[AB]的中点为E，边[CD]的中点记为 F。设 (AC)交(DE)于I，交(BF)于J。

a/ 证明EBFD是平行四边形。

b/ 证明I与J三等分线段[AC]。

解答 2,

a/ 我们要证，例如，$\overrightarrow{EB} = \overrightarrow{DF}$。

因为E是[AB]的中点，$\overrightarrow{AE} = \overrightarrow{EB} = \frac{1}{2}\overrightarrow{AB}$；

因为F是[DC]的中点，$\overrightarrow{DF} = \overrightarrow{FC} = \frac{1}{2}\overrightarrow{DC}$。

我们又有 $\overrightarrow{AB} = \overrightarrow{DC}$ （因为 ABCD 是平行四边形），所以 $\frac{1}{2}\overrightarrow{AB} = \frac{1}{2}\overrightarrow{DC}$，

从而 $\overrightarrow{EB} = \overrightarrow{DF}$。

由此得知，EBFD 是平行四边形。

方法

一些有用的性质,

● ABCD是平行四边形 ⇔[AC] 与 [BD] 互为平分线 ⇔ $\overrightarrow{AB} = \overrightarrow{DC}$。

● I 是 [AB]的中点 ⇔ $\overrightarrow{AI} = \overrightarrow{IB} = \frac{1}{2}\overrightarrow{AB}$ ⇔ 对任意点 M, $\overrightarrow{MA} + \overrightarrow{MB} = 2\overrightarrow{MI}$。

● (AB) // (CD) ⇔ $\overrightarrow{AB}$ 与 $\overrightarrow{CD}$ 共线。

● A, B, C 共线 ⇔ $\overrightarrow{AB}$ 与 $\overrightarrow{AC}$ 共线。

国教材每一章都划分为三部分：介绍活动、课程知识、练习问题，将活动与知识讲解分离。"介绍活动"包括一些小的探究、实践或认知活动，重点是对知识在各种背景下的表征方式的认识和问题解决。教材不给出"介绍活动"的分析和

解答,这样就给学生提供了更大的自主探索空间,而且许多活动的解答方式乃至答案都可以不同,这也加大了学习方式多样性的力度。有调查[1]指出,法国教师对"介绍活动"最为关注且经常使用。

类似的,德国教材选择了各种具有现实背景的实例,引导学生开展问题解决活动;中国教材以"观察""思考""探究"等栏目将问题穿插在正文叙述中,引导学生进行思考和探索活动。例如,平面向量基本定理的引入,先让学生思考:"给定平面内任意两个向量 $e_1$、$e_2$,请作出向量 $3e_1 + 2e_2$、$e_1 - 2e_2$。平面内任一向量是否都可以用形如 $\lambda_1 e_1 + \lambda_2 e_2$ 的向量表示呢?"

另外,安排"课题学习",让学生通过知识的综合应用,以实践、交流等方式展开概念的进一步学习,实现知识的综合贯通,也是加强自主探究学习方式的好措施。例如德国教材中的"课题:物理学中的向量",涉及了"力的合成、力的分解、功、向心力、电场力"等,与向量的线性运算、数量积和外积运算密切相关;"课外阅读:开启了新时代的数学家和哲学家",介绍了笛卡儿、开普勒、伽利略、欧拉等数学家和物理学家的事迹,渗透了与向量相关的数学史和数学文化。再如日本教材中的"研究"和"专题"为学生提供了自主学习的平台。章末专题"向量与圆的方程"和"平面的点法式方程"分别介绍向量在平面和空间几何中的应用,让学生了解向量的更多应用。而向量的内积一小节后的专题将向量的内积与现实生活中的做功联系起来,体现出向量是物理学的工具。而且每个专题都配有形象的插图,吸引学生学习的兴趣,如表 1-4。

表 1-4 日本教材举例

| 教材专题 | 教材原文 |
| --- | --- |
| 向量内积的应用 | Column コラム ベクトルの内積の利用 |

---

① Birgit Pepin, Oxford; Linda Haggarty, Milton Keynes. Mathematics textbooks and their use in English, French and German classrooms. ZDM 2001 vol. 33(5).

续　表

| 教材专题 | 教材原文 |
|---|---|
| 圆和向量 | |
| 平面方程 | |

## 1.6　总结

本研究讨论了高中数学核心内容的选择标准、核心内容集合和围绕核心内容的教材组织和呈现等三个方面的问题,得出的主要结论如下:

1. 高中数学核心知识是高中数学课程结构和功能的基本单位,而核心概念是数学核心知识的"控制中心",是数学知识的主要生长点。

2. 高中数学核心知识的选择需要考虑学生发展、数学发展和社会发展等三方面的需求。在具体确定高中数学核心内容时,应当从基础性、可靠性、发展性、适应性、实用性、可行性等角度细致考虑。

3. 高中数学核心内容仍然以传统基础数学内容为主,但要注意用现代数学思想方法来处理。在内容的更新方面,应本着"精简传统内容,增加、渗透现代内容"的思想,把微积分、统计、概率、向量、矩阵、逻辑代数等方面的初步知识作为重点考虑对象。

4. 数学教材结构体系可以有不同的构建方式,但一定要注意系统性、逻辑的连贯性。围绕核心概念建立教材的结构体系,主要可以从两个角度入手:一是明确以核心概念为中心的"概念图",包括纵向发展主线和横向联系节点,以形成一个主线明确、联系通道顺畅的网状体系,这是关键;二是要有一以贯之的数学教育观念的统领,使教材在内容确定、素材选择、栏目设置、呈现方式等各方面都能为实现相应的数学教育目标而提供恰当的学习方式。

5. 围绕核心知识的高中数学教材设计,应充分发挥核心概念的自我生长能力,为学生构建前后一致、逻辑连贯的学习过程;应关注不同核心知识的不同育人功能;加强与学生现实(生活的现实、数学的现实)的联系性,激发学生的学习热情,提高学习效果;教材应加强对学生的形式化逻辑表达训练,锻炼学生的逻辑思维,使之养成数学思维方式;同时,还要安排有层次的学习活动,引导学生开展自主探究式的学习活动。

本研究没有利用核心内容选择的具体标准,从七国教材知识点集中提炼"核心知识",也没有对这些知识在各教材中的重视程度和组织方式进行比较,只是采取举例方式,对教材的内容结构(概念图)和呈现方式作了初步说明。这是本研究的主要遗憾之处,今后将对三个方面的问题的关联性进行系统研究。

## 参考文献

艾伦·C. 奥恩斯坦,费朗西斯·P. 汉金斯(2002). 课程:基础、原理和问题(第三版)[M]. 柯森主译,钟启泉审校. 南京:江苏教育出版社.

陈振宣(2009). 三角函数在中学数学中的核心地位[J]. 数学通报,48(6):25 - 30.

邓冠铁,高志强,张淑梅,马宇韬(2009). 法国数学课程标准简介[J]. 数学通报,48(1):12 - 16.

郝德永(2000). 课程研制方法论[M]. 北京:教育科学出版社.

杰弗里·豪森,等(1991). 数学课程发展[M]. 陈应枢译. 北京:人民教育出版社.

黄翔(2012). 数学课程标准中的十个核心概念[J]. 数学教育学报,21(4):16 - 19.

课程教材研究所(2001). 20 世纪中国中小学课程标准·教学大纲汇编,数学卷[S]. 北京:人民教育出版社.

课题组(2012). "中小学数学课程核心内容及其教学的研究"课题研究思路设计[J]. 中学数学教学参考(上旬),(6):2 - 5.

拉尔夫·泰勒(1994). 课程与教学的基本原理[M]. 施良方译,瞿葆奎校. 北京:人民教育出版社.

廖哲勋,田慧生(2003). 课程新论[M]. 北京:教育科学出版社.

刘超,王志军(2010). 论核心数学概念及其教学[J]. 中学数学研究,(10):1 - 4.

鲁小莉(2010). 中学数学课程发展的九条主线——美国 Usiskin 教授在泰国 APEC 会议上的报告[J]. 数学教学,(9):19 - 22.

贾随军(2008). 函数概念的演变及其对高中函数教学的启示[J]. 课程·教材·教法,

(7):49-52+72.

聂必凯,郑庭曜,孙伟,蔡金法(2010).美国现代数学教育改革[M].北京:人民教育出版社.

施良方(1996).课程理论——课程的基础、原理与问题[M].北京:教育科学出版社.

王奋平(2009).英国 AQA 数学 A 水平考试内容介绍[J].中小学数学(高中版),(C2):77-78.

王嵘,章建跃,宋莉莉,周丹(2013).高中数学核心概念教材编写的国际比较——以函数为例[J].课程·教材·教法,(6):51-56.

王尚志,胡凤娟(2012).理解把握数学课程中的核心概念(一)——《义务教育数学课程标准(2011 年版)解析之三》[J].小学数学教育,(Z2):8-11.

于琛(2012).日本中小学学习指导要领制定简介——21 世纪两个 10 年修改的比较[J].课程·教材·教法,(2):113-116.

张丹,白永潇(2012).新课标的核心概念及其变化——《义务教育数学课程标准(2011 年版)解读(三)》[J].小学教学(数学版),(6):4-8.

章建跃(2007)."中学数学核心概念、思想方法及其教学设计研究"课题简介[J].中学数学参考,(9):51-53.

章建跃(2008)."中学数学核心概念、思想方法结构体系及教学设计理论与实践"中期研究报告[J].中学数学教学参考,(13):1-4.

章建跃(2011).中学数学课程论[M].北京:北京师范大学出版社.

章建跃,宋莉莉,王嵘,周丹(2013).美国高中数学核心概念图[J].课程·教材·教法,(11):115-121.

张孝达(2000).为了大众掌握数学[M].北京:人民教育出版社.

张颖之,刘恩山(2010).核心概念在理科教学中的地位和作用——从记忆事实向理解概念的转变[J].教育学报,(1):57-61.

张永春(1996).数学课程论[M].南宁:广西教育出版社.

朱文芳(2009).俄罗斯国家数学教育标准简介,高中部分[J].数学通报,48(1):17-19.

AAMT(Australian Association of Mathematics Teachers)(2009). Discussion paper, School mathematics for the 21st century [R/OL]. Retrieved from http://makeitcount. aamt. edu. au/ Library/Other/Maths-for-the-21st-century/Discussion-paper-School-mathematics-for-the-21st-century/.

Charles, R. I. (2005). Big ideas and understandings as the foundation for elementary and middle school mathematics[J]. *Journal of Mathematics Education Leadership*, 7(3): 9-24.

CCSS Initiative(Common Core State Standards Initiative)(2010). Common Core State Standards for Mathematics [S]. *Common Core State Standards Initiative*, 4(4): 148.

CCSS Initiative(Common Core State Standards Initiative)(2011). Common Core State Standards for Mathematics. Appendix A, Designing High school mathematics courses Based on the common core state standards [R]. *Common Core State Standards*

*Initiative*，4(4)：148.

NCTM(National Council of Teachers of Mathematics)(2006). *Curriculum Focal Points for Prekindergarten through Grade* 8 *Mathematics*，*A Quest for Coherence* [M]. Inc. ，Reston，VA.

NCTM(National Council of Teachers of Mathematics)(2009). *Focus in High School Mathematics*，*Reasoning and Sense Making* [M]. Inc. ，Reston，VA.

PDE(Pennsylvania Department of Education)(2009). Big ideas in mathematics. Retrieved from http：//www. education. pa. gov/Pages/default. aspx.

# 第 2 章

高中数学核心内容的组织与呈现方式——代数

## 2.1　研究的意义

罗比塔耶(D. F. Robitaille)曾指出:"在每一个国家,教材都会对数学的教与学产生巨大影响,所以理解不同国家教材在内容和方法上的差异是研究的一个重要领域。"(Howson, 1995)以 TIMSS 对课程的定义为例,可以发现,课程被划分为期望课程(intended curriculum)、实施课程(implemented curriculum)和获得课程(attained curriculum)。而在期望课程和实施课程之间还存在"潜在实施课程"(potentially implemented curriculum),即教材及其相关辅助材料。因此,作为连结期望课程与实施课程的桥梁,教材的重要性毋庸置疑。

代数是数学的基本和重要内容,数、式、方程和函数构成了我国学生学习代数的主要进程,是一条"基于方程"的体系,而美国则不然,他们走的是"基于函数"的代数体系路线,采用的是螺旋式编排方式(潘玮炜,2006)。随着社会、科学和新技术的发展,代数内容也相应地发生着变化。比如:日本在 20 年前就已删除了繁、难、偏的方程,引入了算法、向量等新内容,函数内容的教学更偏向函数思想的培养,函数概念的建立帮助学生学会建立模型、选择模型等。为了回答新内容如何设置、如何呈现、与已有的内容如何融汇才符合科学等问题,我们将对世界上有代表性的七个国家(中国、美国、英国、法国、德国、日本和新加坡)数学教材中的代数内容进行系统的比较研究,这对我国代数教材的编写是非常有意义的。

## 2.2 文献综述

随着 TIMSS、PISA 的发展,越来越多的研究者对各国教材进行研究分析,近几年来,国内也有许多研究者开始与国际接轨着手研究外国的教材,从而为我国的教材建设提出意见。

分析现有数学教材比较的丰富文献发现,既有宏观研究和微观研究,又有相关背景研究与混合型研究。其中有代表性的,比如,Stevenson 和 Bartsch (1992)比较了日本和美国中小学数学教材中的主要内容,结果发现,日本教材对于知识的引入相对超前,而美国教材具有冗长、重复的特点。

Cai et al. (2005)专门建立了一个三维框架,从具体目标(Goal specification)、内容范围(Content coverage)和过程范围(Process coverage)这三个层面分析了中国、韩国、新加坡、俄罗斯与美国小学教材是如何引入代数概念的。研究者发现,五个国家的教材都旨在加深学生对量的关系的理解,但在侧重点与方式上存在较大的差异。基于该框架,Nie et al. (2009)比较了标准教材(Connected Mathematics Program,简称 CMP)和传统教材(Glencoe Mathematics)在对变量这个概念的处理方式上的差异。结果表明:CMP 将变量看作是变化的数量,并应用变量来表征关系;而 Glencoe Mathematics 主要将变量看成是占位符或未知数,并用变量来表示方程中的未知数。

Li(2000)运用三维框架,从数学特征、背景特征、行为要求这三个维度对美国的五套教材及中国的四套教材中整数加减法部分的问题进行了比较分析。结果表明,中美数学教材在问题上的差异主要集中在"行为要求"上,较中国教材而言,美国教材中问题的行为要求更多样化。借鉴 Li(2000)的研究成果,Son (2005)从内容的组织呈现和问题的设置类型这两个角度出发,分析比较了韩美两国数学教材中分数乘除法的内容。研究发现,虽然两国课程都试图促进学生对分数乘除法的概念性理解,但在两国教材中,纯数学问题仍占主导地位,这说明课程期望与教材所呈现的内容之间存在差距。

Charalambous et al. (2010)建立了一个"横向+纵向"的二维框架,以分数的加减法为例,对塞浦路斯、爱尔兰和中国台湾三个国家和地区的数学教材进行比较分析。研究者从主要内容及其顺序、分数概念的建构、范例、任务的认知要求及作答类型等方面重点考察教材内容的呈现方式和相关任务对学生的期望。结果发现，相对于塞浦路斯和爱尔兰的教材而言，中国台湾地区的教材能够给予学生更多的学习机会。

Li(1999)对中国香港、中国大陆、新加坡和美国的八年级教材的研究表明，美国代数教材中代数章节所占比例最高，最为强调代数，与之相反，美国的其他四本教材是最不强调代数内容的。研究也表明，与这一致的是虽然教材覆盖的代数主题并不相同，但美国代数教材在代数主题覆盖上也是最为广泛的。

Li，Chen 和 An(2009)以分数除法为载体，对中国、日本和美国教材的知识建构和呈现进行研究。研究围绕教材在选择和建构概念时强调了什么、是如何呈现内容主题的、对学生的期望表现又是什么这三个问题展开。研究发现，分数除法在中国和日本教材中是通过逆运算来建构的，而美国仅是作为运算的一种来建构分数除法。研究具体是从范例类型、范例作答类型、范例目的三方面来解释各国教材内容呈现特点的，其中范例类型分为文字题和纯数学题两种，范例作答类型分为作图回答、语言回答和数值回答三种。

综上所述，一方面不少研究者针对教材比较展开了一系列研究(如 Li，Cai，Fan 等)，教材研究的角度也呈多样化，如教材的整体结构、内容的呈现方式、问题的设置等。但目前的研究主要集中于义务阶段的教学内容，针对高中数学的教材研究分析还是比较少的，虽然国内有部分研究开始关注高中教材，但大多是将不同版本的教材进行比较，跨国、多国研究则相对较少。

另一方面，对于框架研究者并没有形成共识，如何整合并完善研究框架，还值得进一步深入探究。本研究借鉴上述文献，并结合我们研究的具体问题，设计了以下研究框架。

## 2.3　研究设计

### 2.3.1　研究问题

通过本研究的实行，给教材内容比较提供一个较为全面的研究框架。本研究首先是宏观整体比较,主要以各国、各地区的教育体制、课程标准为主,了解主要情况及要求;其次是微观分析,从4个具体研究问题入手,即:

1. 各国在代数知识点上表现了哪些异同点?(直线型、概念图)

2. 各国代数内容呈现的特征是什么?异同点在哪里?(定义原理、概念;原理建立与理解、范例)

3. 各国教材在对学生的要求上(问题、联系、小结有无方式)有哪些特征?又表现出了哪些异同点?

4. 以各套教材内容为主,对不同的处理方式进行定量和定性的比较。主要从宏观与微观两大视角分析,其中微观分析又分为横向与纵向两个方向,横向主要作数学内容的整体比较,有利于整体上把握数学内容;纵向比较为数学内容的细节比较,从具体指标入手对教材进行解剖处理,帮助整理了解各套教材的编写意图及编排特点。通过研究框架的建立和完善为教材研究提供一条可行的道路,丰富教材理论研究。

说明:一般来说,教材和教科书是不同的概念,教材往往还包括其余教辅材料,如练习册、教师用书等,但是在本研究中,由于我们只考察各国的数学教科书,因此,本研究将教材的含义限定为数学教学中使用的教科书。

## 2.3.2 研究对象的选择

本研究选择中国、美国、日本、新加坡、英国、法国和德国七个国家共八套教材作为比较的对象,见表2-1。需要说明的有如下几点:(1)中国教材选了两套,即人民教育出版社的CN-PEP和上海教育出版社的CN-SEP,它们分别是根据全国高中课标和上海地方课标编写的。由于课标的不同,教材的差异性是明显的。新加坡的教材主要用SG-PPE,但部分内容(主要是表2-2)会涉及SG-PEH。类似地,英国的教材主要用Core 1—4 for AQA,但部分内容会涉及Further Pure Maths 1—3。日本的教材主要用新编数学中的Ⅰ、Ⅱ、Ⅲ,但向量内容牵涉到新编数学B。法国的教材有些特殊,FR-EDB的Maths $2^e$ 与Math $1^{re}$S 与FR-HLT的Maths Terminale S(称为"结业数学")虽不是同一家出版社出版的,但内容是衔接的,我们把它们按同一套教材处理。

表 2 - 1　样本教材信息

| 国家 | 出版者 | 代码 | 教材名称、涉及代数的分册 |
|---|---|---|---|
| 中国 | 人民教育出版社 | CN - PEP | 普通高中课程标准实验教材数学 A 版：必修 1,3,4,5;选修 2 - 1,2 - 2,2 - 3 |
| | 上海教育出版社 | CN - SEP | 高一第一学期、第二学期,高二第一学期、第二学期,高三,高三拓展Ⅱ(理科) |
| 美国 | Pearson Education | US - PHM | Prentice Hall Mathematics：Algebra 1, Algebra 2 |
| 日本 | 数研出版社 | JP - SKS | 新编数学Ⅰ,Ⅱ,Ⅲ;新编数学 B |
| 新加坡 | Panpac Education | SG - PPE SG - PEH | New Express Mathematics 4 H2 Mathematics Volume 1 |
| 英国 | Cambridge University Press | UK - SMP | Core 1,2,3,4 for AQA; Further Pure Maths 1,2,3 |
| 法国 | Editions Belin Hachette Livre | FR - EDB FR - HLT | Maths 2$^e$,Math 1$^{re}$ S Declic Maths Terminale S Enseignement Obligatoire |
| 德国 | Ernst Klett Verlag | DE - LBS | Lambacher Schweizer Mathematik für Gymnasien 10,11,12 |

### 2.3.3　研究内容的选择

我们对选定的七个国家的八套样本教材中的代数内容进行了梳理,列成如下的表 2 - 2。

表 2 - 2　样本教材中代数内容一览表

| 内　　容 | | CN - PEP | CN - SEP | US - PHM | JP - SKS | SG - PPE / PEH | UK - SMP | FR - EDB / HLT | DE - LBS |
|---|---|---|---|---|---|---|---|---|---|
| 集合(概念、运算等) | | ■ | ■ | | ■ | ■ | | ■ | ■ |
| 常用逻辑用语与逻辑初步 | | ■ | ■ | | | | | | ■ |
| 数系扩充 | 实数 | | | | ■ | | | | |
| | 复数 | ■ | ■ | | ■ | ■ | ■ | ■ | |
| | 数系扩充(概念) | ■ | ■ | ■ | ■ | | | | |

续　表

| 内　　容 | | CN－PEP | CN－SEP | US－PHM | JP－SKS | SG－PPE\PEH | UK－SMP | FR－EDB\HLT | DE－LBS |
|---|---|---|---|---|---|---|---|---|---|
| 基本初等函数和其他常见函数 | 幂函数与多项式函数 | ■ | ■ | ■ | | ■ | ■ | ■ | ■ |
| | 分式(有理)函数 | | | ■ | ■ | ■ | | | ■ |
| | 无理函数 | | | ■ | ■ | | | | |
| | 指数函数 | ■ | ■ | ■ | ■ | | ■ | ■ | |
| | 对数函数 | ■ | ■ | ■ | ■ | | ■ | ■ | |
| | 三角函数 | ■ | ■ | ■ | ■ | | ■ | ■ | |
| | 反三角函数 | | ■ | | | | ■ | | |
| 函数概念性学习 | 函数概念与一些特殊性质 | ■ | ■ | ■ | ■ | ■ | ■ | | |
| | 函数的表示法(包括图像) | ■ | ■ | ■ | ■ | ■ | ■ | ■ | |
| | 函数的运算与复合 | ■ | ■ | ■ | ■ | ■ | ■ | | ■ |
| | 反函数(概念) | | ■ | | ■ | ■ | ■ | ■ | |
| | 函数与方程 | ■ | | ■ | ■ | | ■ | | ■ |
| 三角学 | 三角恒等变换 | ■ | ■ | ■ | ■ | | ■ | | |
| | 解三角形 | ■ | ■ | ■ | ■ | ■ | | | |
| 式与方程 | 多项式与有理式及其运算 | | | ■ | ■ | ■ | | | |
| | 一次方程(组) | | | ■ | ■ | | | | ■ |
| | 一元二次方程 | | | ■ | ■ | ■ | | ■ | |
| | 指数方程 | | | | ■ | ■ | | ■ | ■ |
| | 对数方程 | ■ | | | ■ | ■ | | ■ | ■ |
| | 三角方程 | | | | ■ | ■ | | ■ | ■ |
| 不等式 | 不等关系与不等式 | ■ | ■ | ■ | ■ | ■ | ■ | ■ | |
| | 一次不等式(组) | ■ | | ■ | ■ | | ■ | | |
| | 一元二次不等式 | ■ | ■ | | | | ■ | ■ | |
| | 二元一次不等式 | ■ | | ■ | | ■ | ■ | | |
| | 基本不等式 | ■ | ■ | ■ | | | ■ | | |
| | 绝对值不等式 | ■ | ■ | ■ | ■ | | | | |

续　表

| 内　　容 | | CN－PEP | CN－SEP | US－PHM | JP－SKS | SG－PPE／PEH | UK－SMP | FR－EDB／HLT | DE－LBS |
|---|---|---|---|---|---|---|---|---|---|
| 数列 | 等差数列 | ■ | ■ | ■ | ■ | ■ | ■ | ■ | |
| | 等比数列 | ■ | ■ | ■ | ■ | ■ | ■ | ■ | |
| | 无穷递缩等比数列的和 | | ■ | ■ | | ■ | ■ | ■ | |
| 二项式定理 | | ■ | ■ | ■ | | ■ | ■ | | |
| 数学归纳法 | | ■ | ■ | ■ | | ■ | ■ | | |
| 算法 | | ■ | ■ | | ■ | | | | |
| 矩阵 | | | ■ | ■ | ■ | ■ | ■ | | |
| 行列式 | | | ■ | ■ | | | | | |
| 合计 | | 26 | 30 | 33 | 33 | 22 | 30 | 22 | 15 |

上表可以看出,七国八套教材在代数方面的内容选取和分量上有不少差异。

但上表的知识点的数量多寡仅供参考,不能完全说明各教材代数内容分量的差异,主要有两个原因,一是初高中内容划分上的差异,表上有些知识点在某些教材中是初中的内容,从而未能统计在内;另一个原因是,这个表的内容模块和知识点的划分和选取有明显的"中国视角",某些外国教材中分量很重的内容在表中无法充分反映。

根据上表,我们选取各套教材基本共有的函数、指对数、三角、数列和复数等内容作为代数子课题比较的具体知识内容。

### 2.3.4　研究过程和研究方法

教材的上位纲领性文献是课程标准,即期望课程,它是教材编写的基本准则,为了从整体上把握各国教材的编写理念、内容的选择、编排顺序、知识点和要求,我们在研究的初期阅读了标准、文献、教材等,主要有以下四个阶段:

第一阶段:文献研读。首先学习了各国(或地区)的数学课程标准。在此基础上对有关国内外教材比较的文献进行了收集、梳理、分析、评价(具体见文献综述部分),特别是对具有研究框架的教材比较文献进行了重点研究分析,最后对各国的教材进行了通读,目的是对各国教材编写方式有个初步了解。

第二阶段:研发框架。在上述准备工作就绪的基础上,开始开发研究框架,通过对各国课程标准、教材、相关论文的综合研究,再结合代数内容的特征设计了初步的代数研究框架。

第三阶段:框架的可行性检验。作为研究的主要数据来源,框架的可行性检验非常重要,为此我们选取了中、美两国,以代数中的核心内容——指对数为载体进行预研究。研究发现有些指标的考虑不够完善,比如"问题",中国的教材一般出现在概念建立或理解过程中,但美国却在每一节开始会有"问题",目的是复习前一节的知识。在发现了这样的问题后,我们对指标进行了调整、补充。

第四阶段:完善指标。经过分析、讨论、尝试、修正,最后研发了以下的跨国代数内容比较分析框架,详见图 2-1。

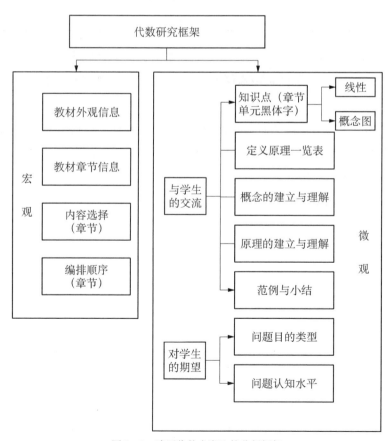

图 2-1 跨国代数内容比较分析框架

相关名词界定：

**概念**——教材中出现的定义（主要指重要的醒目提示或加粗的部分），包括主概念与次概念。比如复数的代数形式为主概念，实部与虚部就是这个主概念下的次概念。

**原理**——教材中出现的公理、定理、法则、公式（主要指重要的醒目提示或加粗的部分）。

**范例**——教材中演示某个特定步骤或技能的部分，但不局限于给出完整步骤与最终结果的例子，一般在前面会标有"例""例题"字样。

**问题**——教材中所有需要解答的疑问，包含例题、习题、旁白、阅读材料等部分中的所有已给出解答的及未给出解答的问题。

**小结**——教材每章末总结本章内容的部分。

**说明 1：**在对知识的广度、深度进行刻画时采用概念图工具，对所涉及的各知识点建立逻辑关系。对概念图中的宽度、长度和分层结构数进行统计，从而定量地对知识的广度、深度、复杂性等进行比较。在本研究中，我们试图通过概念图的比较对复数内容知识结构有一个宏观的、直观的认识。

**说明 2：**主要概念教学内容展示的考察分为概念建立和概念理解两部分，涉及引入方式、理解手段、辅助图表、信息技术、相关范例问题数等指标。其中概念理解手段分为语言说明理解和举例说明理解两种。主要原理教学内容展示的考察分为原理建立、原理理解和原理掌握三部分，涉及引入方式、证明方式、证明完整性、辅助图表、信息技术等指标。其中证明方式分为教材证明、学生证明、解释、归纳、举例、无证明六种。在本研究中，主要通过概念和原理教学内容展示的比较来对各国的教学特点、内容呈现、内容要求有一个具体的认识，并帮助理解复数内容在各套教材中所处的地位。

**说明 3：**问题类型的考察包含问题类型及问题作答类型两部分。在翻阅了各套教材的基础上，由于问题不再仅限于教材中的问题，故改进了 Li(2000) 中提出的问题作答类型分类，分为仅要求答案、实际操作、答案和数学陈述、解释和推理论证五种，以适应不同位置不同目的的问题。运用比较法，对七国教材从编排结构、覆盖内容、教学内容展示、范例、小结、问题类型等方面进行比较，以获得各国各教材间的一致性、差异性和优劣性，从而帮助反思我国两套教材的内容选取及编排设置。

我们在图 2-1 所示的研究框架的基础上对每一部分针对具体的研究内容再给出各分析指标,然后再做定性分析。

## 2.4 研究结论与建议

在本节主要从研究的三个具体问题入手,对七国教材进行比较分析。

### 2.4.1 宏观层面的比较

#### 2.4.1.1 整体结构

我们通过表 2-3 所示的分析指标,比较各教材的整体结构。

表 2-3 教材外观比较

| 教材系列 | 教材样本 | 出版者 | 出版年份 | 页数 | 章数 | 页面尺寸(mm×mm) | 装帧 | 色彩 |
|---|---|---|---|---|---|---|---|---|
| CN-PEP | 必修 4 | 人民教育出版社 | 2007 | 147 | 3 | 213×298 | 平 | 黑白,部分彩色 |
| CN-SEP | 高二第一学期 | 上海教育出版社 | 2007 | 145 | 4 | 211×295 | 平 | 黑白,部分彩色 |
| US-PHM | Algebra 2 | Pearson Education | 2008 | 1 082 | 14 | 224×282 | 精 | 彩色 |
| JP-SKS | 数学Ⅱ | 数研出版株式会社 | 2008 | 208 | 6 | 130×200 | 平 | 黑白,部分彩色 |
| SG-PPE | New Exp. Maths 4 | Panpac Education | 2008 | 304 | 7 | 185×260 | 精 | 彩色 |
| UK-SMP | Core 3 for AQA | Cambridge Univ. Press | 2004 | 208 | 10 | 191×245 | 平 | 黑白 |
| FR-EDB | Math 1$^{\text{re}}$S | Editions Belin | 2005 | 462 | 13 | 196×281 | 平 | 彩色 |
| DE-LBS | Math 11 | Ernst Klett Verlag | 2008 | 261 | 8 | 203×266 | 精 | 彩色 |

我们得到:特征外观方面,除英国外,德、美、法、新教材都相当精美(见表 2-3),色彩艳丽,价格昂贵;中国、日本、英国相对朴实无华,色彩以黑白为主,页数较少,价格低廉。在排版方面,中、美教材字体较大,行距较宽,在页面中留

有不少空白处供学生做笔记；日、英教材的版面紧凑，页面空白处很少。在目录层次上，中、美教材均采用三级标题。在体例结构方面，中、德、美、法国教材栏目设置丰富，而日、英教材的设计相对简约。

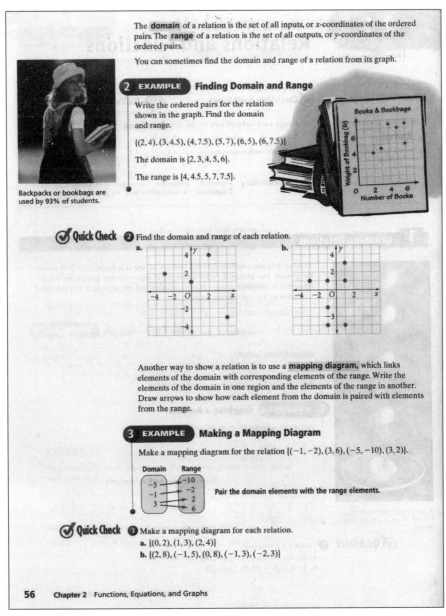

The **domain** of a relation is the set of all inputs, or *x*-coordinates of the ordered pairs. The **range** of a relation is the set of all outputs, or *y*-coordinates of the ordered pairs.

You can sometimes find the domain and range of a relation from its graph.

**2 EXAMPLE** Finding Domain and Range

Write the ordered pairs for the relation shown in the graph. Find the domain and range.

$\{(2,4),(3,4.5),(4,7.5),(5,7),(6,5),(6,7.5)\}$

The domain is $\{2,3,4,5,6\}$.

The range is $\{4,4.5,5,7,7.5\}$.

Backpacks or bookbags are used by 93% of students.

**Quick Check** ❷ Find the domain and range of each relation.

a.

b.

Another way to show a relation is to use a **mapping diagram**, which links elements of the domain with corresponding elements of the range. Write the elements of the domain in one region and the elements of the range in another. Draw arrows to show how each element from the domain is paired with elements from the range.

**3 EXAMPLE** Making a Mapping Diagram

Make a mapping diagram for the relation $\{(-1,-2),(3,6),(-5,-10),(3,2)\}$.

Domain　Range

$-5$　$-10$
$-1$　$-2$
$3$　$2$
　　$6$

Pair the domain elements with the range elements.

**Quick Check** ❸ Make a mapping diagram for each relation.
a. $\{(0,2),(1,3),(2,4)\}$
b. $\{(2,8),(-1,5),(0,8),(-1,3),(-2,3)\}$

**56** Chapter 2 Functions, Equations, and Graphs

图 2-2　US-PHM 页面示例

　　**我们的建议**：在保持我国教材现有优点的情况下，可以适当调整版面设计，虽不能完全照搬欧美，但可在原有基础上尽量使版面活泼，增加动感与色彩（如图 2 - 3），这样可以增强教材对学生的吸引力。

---

D》 2 次関数 $y = a(x - p)^2 + q$ のグラフ

　　これまでに調べたことから，$y = a(x - p)^2 + q$ の形で表される 2 次関数のグラフについてもわかる。

例 **5**　2 次関数 $y = 2(x - 3)^2 + 1$ のグラフ

5　　$y = 2x^2$ と $y = 2(x - 3)^2 + 1$ のグラフの関係は，次のようになる。

$$y = 2x^2 \longrightarrow y = 2(x - 3)^2 \longrightarrow y = 2(x - 3)^2 + 1$$

$x$ 軸の正の向きに 3　平行移動　　　$y$ 軸の正の向きに 1　平行移動

したがって，$y = 2(x - 3)^2 + 1$ の
10　　グラフは，$y = 2x^2$ のグラフを
　　　　　$x$ 軸の正の向きに 3，
　　　　　$y$ 軸の正の向きに 1
だけ平行移動させた放物線で，
右の図のようになる。

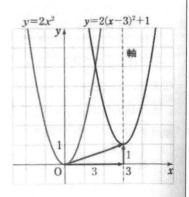

15　その頂点は点 $(3, 1)$ であり，軸は直線 $x = 3$ である。　終

　　一般に，次のことがいえる。

**$y = a(x - p)^2 + q$ のグラフ**

　　2 次関数 $y = a(x - \boxed{p})^2 + \boxed{q}$ のグラフは，$y = ax^2$ のグラフを，
20　点 $(\boxed{p}, \boxed{q})$ が頂点となるように平行移動した放物線である。
その軸は 直線 $x = \boxed{p}$ である。

---

图 2 - 3　JP - SKS 页面示例

### 2.4.1.2　代数内容

从表 2-1 来看,除 JP-SKS 外,中国两套教材的内容不比其他教材少,但就具体某一个代数内容来说还是有些不足,比如函数部分,我们虽然有函数、幂函数、指数函数、对数函数、三角函数和反三角函数,看上去还是比较全的,但三角函数与幂函数这两部分可以增删一些内容。其他教材没有单独列出幂函数内容,像 JP-SKS 以分式函数、无理函数出现,安排在数学Ⅲ,而且三角函数安排在指对数函数之前;US-PHM 以根式函数出现;法国教材则以多项式函数出现。

**我们的建议**:增加多项式函数,无论从数学建模还是进一步学习微积分来说,多项式函数是一类简单和重要的函数。日本、法国教材中函数这部分与微积分联系很紧密,目前中国教材这方面明显不足,基本上是按照幂指对、三角、反三角的传统内容与方式呈现,缺乏与大学数学和实际的联系,学生感受不到这类函数的重要性。在"三角函数与方程"知识模块,US-PHM 的知识点个数最多,中国教材最少。也许这与课改有关,有关这方面将在微观部分做进一步的探讨。

### 2.4.1.3　代数内容编排体系

我们利用各教材章节的编排、体例等指标进行分析,见表 2-4、图 2-4、图 2-5。

表 2-4　章节的编排对比:复数

| | CN-PEP | CN-SEP | JP-SKS | SG-PPE |
|---|---|---|---|---|
| 章号与章标题 | 第三章<br>数系的扩充与复数的引入 | 第三章<br>复数 | 第二章<br>复数与方程式 | 第四章<br>复数 |
| 节号与节标题 | 3.1　数系的扩充与复数的概念<br>3.2　复数代数形式的四则运算 | 3.1　复数的概念<br>3.2　复数的坐标表示<br>3.3　复数的加法与减法<br>3.4　复数的乘法与除法<br>3.5　复数的平方根与立方根<br>3.6　实系数一元二次方程 | 2.1　复数与方程式的解<br>2.2　高次方程 | 4.1　复数的笛卡儿形式<br>4.2　复数的极坐标形式<br>4.3　Argand 图中的轨迹 |

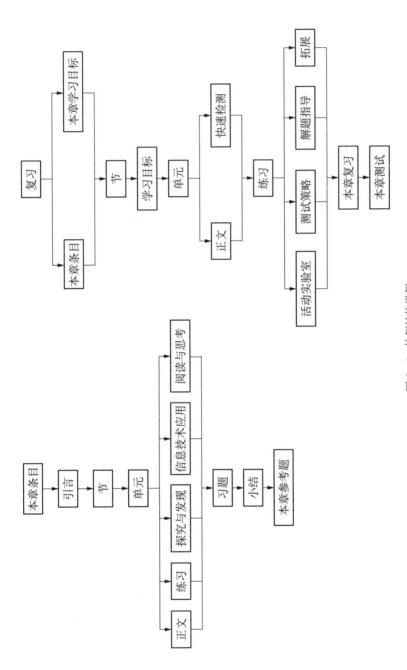

图 2 - 4 体例结构样例

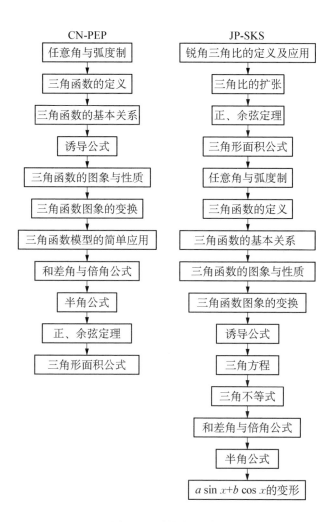

图 2-5　编排结构样例

US-PHM

UK-SMP

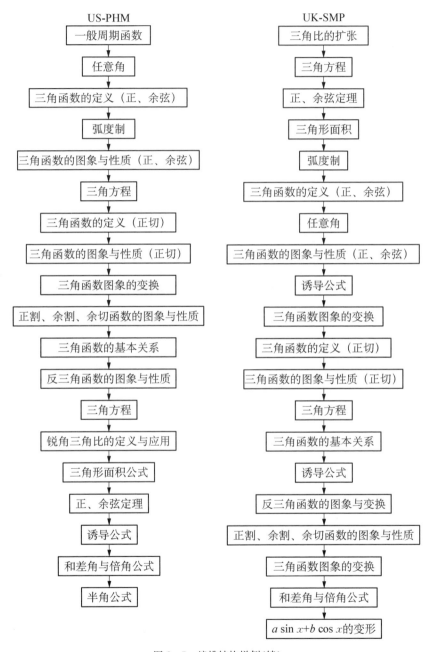

图 2-5　编排结构样例(续)

**研究得到：**

**幂指对函数**。US-PHM 的内容最多，其次是 DE-LBS，FR-EDB/HLT 也较多。从知识点结构安排上来看，中国的两套教材和 JP-SKS 都在较少单元内涵盖绝大部分知识点，每单元内知识点集中且分布较为平均；而其他教材都是在较多的单元内设置有限的知识点，这就导致这些教材中知识点在单元间分布零散且不均衡，但从另一个层面来看则反映了这些教材在每个单元中的内容主题更为集中。

**三角**。在内容选择上，虽然各国教材都重视三角学的学习，但中国教材的三角学内容较少，主要原因有两方面：一是中国教材将一部分三角学知识（如锐角三角函数）放在初中阶段学习；二是课程改革之后，删去了部分三角学内容。在编排顺序上，中国两套教材和 US-PHM 在学完三角函数之后才给出"三角学的应用"，而 JP-SKS 和 UK-SMP 在"三角比的推广"之后就引出了这部分内容。此外，中、日教材基本不会重复相同的内容，而在美、英教材中，同一内容可能会重复出现，体现了东西方教材编写理念的差异。

**我们的建议**：(1)重新审视被删去的三角学内容，注重内容的完整性。课程改革之后，中国教材删去了"余切函数""已知三角函数值求角"等教学内容。这样处理固然能突出本质，加强基础，但根据研究发现，US-PHM 与 UK-SMP 等教材均收录了"三角方程""反三角函数""正割、余割、余切函数"等三角学知识。我们认为，这部分知识的缺失，可能对学生日后学习高等数学造成一定困难。教材可以用阅读材料的形式给出上述内容，这样既不加重学生的课业负担，又能给予学生一个扩充相关知识的有效途径。(2)调整内容的顺序，增强初高中知识的衔接。JP-SKS 与 UK-SMP 在任意角之前已经正式引入了正、余弦定理，而中国教材到三角函数、三角恒等式全部学完之后才出现正、余弦定理。由于正、余弦定理的使用范围在 $0°\sim180°$ 角之间，并且这部分内容并不涉及任意角的知识，因此，中国教材可以考虑提早出现正、余弦定理，将其作为初、高中三角学的过渡知识。

**数列**。在内容的选择与编排上，主要内容涵盖数量并无明显差异，有共同的五个部分，分别是："数列""等差数列""等比数列""数学归纳法""斐波那契数列"。与其他教材相比，中国没有出现"级数""$\sum$符号"和"差分"的相关内容；中国教材对知识间的联系强调一般，JP‐SKS 教材最强调其间联系。UK‐SMP 和 FR‐EDB/HLT 中数列内容安排比较分散，内容呈现螺旋式上升的趋势；CN‐SEP 的数列内容分布集中，内容比较系统，知识的呈现无重复，呈直线上升的趋势；FR‐EDB/HLT 内容最难，且对概念的定义比较严格，不但定义了严格递增（递减）数列，而且给出了递增（递减）数列的定义，让学生进行对比，了解它们之间的特殊与一般、从属与包含的关系。

**我们的建议：**在知识点上，可以与一些高等数学中的简单符号及概念联系在一起，比如数列的和与级数、数列的前 $n$ 项和符号"$S$"与"$\sum$"，数列的极限与数列的收敛等概念。这样使得初等数学与高等数学之间有一个很好的衔接，不至于脱节。

**复数**。在复数内容选取上，CN‐PEP 涵盖知识点最少，SG‐PPE 教材最多，JP‐SKS 侧重复数应用；在编排结构上，SG‐PPE 有亮点，其编排呈明显的螺旋上升特色。

**我们的建议：**增加复数的内容。复数是数系扩充的最后阶段，要借助这个载体，让学生明白数系的结构、表达式、运算律，掌握与复平面、向量、解析几何等诸多数学知识的联系。为使学生掌握上述内容，复数的各种表达形式、几何性质是联系其他内容桥梁，因此系统地学习复数显得非常重要，另外复数的三角形式、指数形式在以后的大学课程中比复数的代数形式更为重要和有用。

**不等式**。在教材内容数量上，CN‐PEP（选修部分）的内容最为丰富，其次是 US‐PHM 和 JP‐SKS，UK‐SMP 内容最少。在编排顺序上，CN‐SEP 逻辑性强。US‐PHM 和 UK‐SMP 中，不等式的章节呈离散安排，在知识上遵循重复出现，逐渐深入。而且在 US‐PHM 中，不等式内容的知识点都是通过类比的方法呈现的。从地位来看，在 CN‐PEP 中，不等式是作为工具，而非主体。而 US‐PHM 和 UK‐SMP 则不然。国外教材很少将他们单独列出，基本上是与方程、多项式函数等混合在一起出现的。

**我们的建议：**不等式是非常重要的内容，它是贯穿初中、高中、大学数学的纽带，不等式的知识与技能在微积分学习中有着举足轻重的功效，因此，加强不等式与其他知识的联系就显得非常重要，集中学习还是分散学习需要进一步研究。

向量。在内容选择方面,与 SG‐PPE 相比,中国两套教材向量知识较为离散,系统性不强。JP‐SKS 则集中,系统性较强。中国两套教材的向量偏向工具地位,SG‐PPE 则处于主要知识板块地位。

矩阵与行列式。有矩阵教材内容的国家其内容的选取以及关注程度,有很大的不同。中国的两套教材(本质上是两个课程标准)的处理就完全不同。CN‐PEP 的必修和选修 1、2 都没有相应内容,而在选修 4 中有一册(选修 4‐2)以“矩阵与变换”为标题,所以只是“有特殊兴趣的学生”选学的。CN‐SEP 在高二第一学期的教材中有专门一章(第九章)讨论矩阵与行列式。一般而言,中国教材注重矩阵行列式值的应用,而其他国家偏重矩阵的逆矩阵应用。并且从教材对重点内容的强调来看,中国教材有约 40% 左右的内容集中在“矩阵的运算”与“三阶行列式”,也就是说中国的教材对最重点内容的强调似乎有点不遗余力。知识排列上,中国教材和日本的 JP‐SKS 的知识点排列是纵向的,而 US‐PHM 与 SG‐PPE 更倾向于横向排列。纵向的排列模式有利于把握总的内容,对细致内容的把握则不如横向来得方便。由此可以得出,中国教材和日本 JP‐SKS 的编排更有利于学生对矩阵内容的整体结构掌握,而 US‐PHM 的编排则更有利于学生对矩阵具体内容的掌握。

我们的建议:向量与矩阵是联系大学数学与高中数学的纽带,增加逆矩阵的学习,以便为今后的进一步深造打好基础。对知识的排列适当增加横向排列。向量既然作为工具使用,系统规范学习很必要,可借鉴新加坡和日本做法(可参考图 2‐6 给出的日本教材数学 B 目录),将平面向量与空间向量一起学习。

### 2.4.2　微观层面的比较

#### 2.4.2.1　知识深广度

上面我们通过知识的直线型排列对七国代数知识点的学习顺序排列及知识点有了初步了解。为了深入了解这些知识点的广度、深度和复杂度,下面将以另外一种方式,即以概念的联系为依据做一个关联图,这里以概念图(图 2‐4 给出了样例)为工具,考察教材知识点的广度、深度、复杂度和内部联系程度,从而比较各国教材中指对数知识在层次结构上的共性与差异。本研究将选用

目次



图 2-6 JP-SKS 新编数学 B 向量部分的目录

译文

目 录



Hough et al. (2007)的分析方法，对各教材的指对数知识点先进行绘制然后计算。通过绘制我们得到了各教材对各部分内容的概念图(图 2-7)。

**研究得到：**

**幂指对函数**。在“指数函数”知识的广度上，US-PHM 第一：14 个，中国教材最窄。在知识的深度上，FR-EDB 第一。在复杂度上，中国与英国位于最

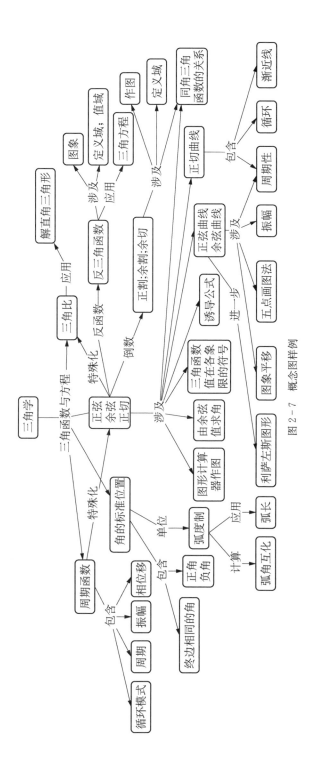

图 2 - 7　概念图样例

后。在"对数函数"复杂度上 FR‐EDB 遥遥领先。具体观察可以发现,除中国、法国外的其他国家教材在函数部分均涉及对应方程部分内容,尤其 JP‐SKS 还涉及对应不等式的解;中国教材仅仅只包含函数内容;FR‐EDB 除了指对函数自身的基础内容及性质外,还涉及导数、极限等内容。

　　**三角**。在知识结构上,中国教材与其他教材的差异主要体现在"三角函数与方程"这个知识模块上,对于"三角恒等变换"与"三角学的应用"知识模块,各教材的概念图都相对简单,差异并不太大。对于"三角函数与方程"这一知识模块,中国教材对知识的挖掘程度更深,内部的联系也更加紧密,而 JP‐SKS,US‐PHM 与 UK‐SMP 的知识广度更宽些。

　　**矩阵**。中国教材与 US‐PHM、JP‐SKS 的概念深度与宽度比较接近,而 SG‐PPE 的概念数比较少,并且涉及得也很浅。中国教材对概念的要求比较低,多数是直接给出,且概念之间的连接很少。JP‐SKS 的概念数是最多的,并且它对矩阵运算相关概念的探究令人很惊讶,很多其他国家高等数学阶段才接触到的概念出现在日本的高中教材中,如:矩阵的对角化、哈密尔顿·凯莱定理等,这套教材的最特别之处在于与大学课程接轨较明显。

　　**我们的建议**:函数内容的编写方法可参考 FR‐EDB/HLT 与 DE‐LBS,形式上最好能与方程、不等式联合,这样便于学生将他们作为一个整体学习,而不至于脱节。建议可将矩阵作为选修教材或阅读材料,希望能系统化这部分内容,并说明其与大学数学之间的联系。

### 2.4.2.2　内容呈现

　　概念和原理构成了教材的主要内容,是教材的精髓所在,理解概念和原理是学生学习数学最重要的基础。所以对概念原理的建立和理解方式的研究变得十分有必要。在概念建立中我们将从引入方式、图(数学、非数学)、旁白、信息技术等四个指标进行详细分析统计。在概念理解方面,将从补充解释、范例、范例数、习题数、图、旁白、信息技术等 7 个指标进行分析统计。原理类似,详见表 2‐5 和表 2‐6。教材中的范例对于学生的知识获得和认知技能的形成发挥着重要作用,已有不少研究者针对范例进行比较分析。例如,Li(1999)从以下几个角度来考察教材中范例的设置情况:范例与解释的结构关系(范例出现在解释之前、范例与解释混合出现、范例出现在解释之后)、范例的标志、范例的背景。Li(2009)从范例的类型(完全解答、半解答、无解答)、数量、复杂程度(一步或多步)这三个方面展开研究。Charalambous et al.(2010)关注范例的完整性、背景的运用、图片装饰、方法个数等方面。范例分析指标详见表 2-7。

表 2-5　概念的建立与理解样例表

| | | | CN-PEP | CN-SEP | JP-SKS | SG-PPE |
|---|---|---|---|---|---|---|
| 概念建立 | 引入方式 | | 数系扩充完整过程 | "为解决负数开方问题" | "为使 $x^2=k$（不论 k 正负）都有解" | 直接给出 |
| | 图 | 数学 | | | ■1 | |
| | | 非数学 | | ■1 | | |
| | 旁白 | | ■2 | ■1 | | |
| | 信息技术 | | | | | 图形计算器介绍 |
| 概念理解 | 补充解释 | | ■ | ■ | ■ | |
| | 举例 | | ■4 | | ■3 | |
| | 范例数 | | ■1 | ■2 | ■1 | |
| | 习题数 | | ■2 | ■4 | ■1 | |
| | 图 | 数学 | ■1 | | ■1 | |
| | | 非数学 | | | | |
| | 旁白 | | | ■1 | ■1 | |
| | 信息技术 | | | | | |

**研究得到:**

**幂指对函数:** 各国的定义与原理不尽相同,就数量而言中国两套教材定义数最多,达到 13 个,其次是 US-PHM 与 DE-LBS。原理最多的是 FR-EDB/HLT,达到 17,其次是 CN-PEP 与 CN-SEP,7 个。值得指出的是,FR-EDB/HLT 的原理非常难,涉及了指数函数的趋势,以及当 $x \to 0$ 时的自然对数运算等,还包括差分和复合函数的导数等,是所有教材中最难的。DE-LBS 的原理也较难。

表2-6　原理理解与掌握样例

|  |  |  |  | CN – PEP | CN – SEP | JP – SKS | SG – PPE |
|---|---|---|---|---|---|---|---|
| 具体陈述 | | | | 设 $z_1 = a+bi$, $z_2 = c+di$ 是任意两个复数，$(a+bi) - (c+di) = (a-c)+(b-d)i$。 | | | |
| 引入方式 | | | | 类比实数 | 加法逆运算 | 直接给出 | 直接给出 |
| 原理掌握 | 证明 | 教材证明 | 完整证明 | — | 有 | — | — |
| | | | 部分证明 | — | — | — | — |
| | | 其他 | | 无证明 | — | 无证明 | 无证明 |
| | 应用 | 解释 | | 有 | 有 | 有 | 无 |
| | | 范例数 | | 1 | 2 | 1 | 1 |
| | | 习题数 | | 2 | 3 | 2 | 无 |
| | 图 | | | 无 | 1 | 无 | 无 |
| | 旁白 | | | 无 | 有 | 无 | 无 |
| | 信息技术 | | | 无 | 无 | 无 | 无 |

表2-7　范例分析指标样例

|  |  | CN – PEP | CN – SEP | JP – SKS | SG – PPE |
|---|---|---|---|---|---|
| 解法数 | 1种解法 | 4 | 22 | 18 | 20 |
| | 2种解法 | 1 | 2 | 1 | 3 |
| | 小计 | 5 | 24 | 19 | 23 |
| 分析或思考方法 | | 2 | 0 | 2 | 0 |
| 补充说明 | | 0 | 0 | 3 | 0 |
| 图 | 数学图 | 0 | 4 | 1 | 16 |
| | 非数学图 | 0 | 0 | 0 | 0 |
| 表 | | 0 | 0 | 0 | 0 |
| 旁白 | 提问形 | 0 | 2 | 0 | 1 |
| | 解释形 | 1 | 0 | 9 | 10 |
| | 强化形 | 0 | 1 | 0 | 0 |
| 信息技术 | | 0 | 0 | 0 | 8 |

在概念建立方式上各国教材略有差异,中国和德国的教材从问题情境出发建立概念,美国、英国和法国的三套教材则从实际需求出发,虽缺少背景但胜在实用,JP-SKS 则没有任何理由地直接给出概念。在原理呈现上,中国和日本教材不仅仅给出了原理的证明,同时也要求学生进行类似的证明来巩固知识,法国和德国教材仅仅给出了教材证明,美国和英国教材在证明方面要求较低。各套教材均设置相关例题和问题来加深原理的理解和使用。

US-PHM 和中国的两套教材试图通过大量的范例教学来与学生进行交流,帮助学生学习,且 US-PHM 范例中常提供一题多解,以扩展学生思路。DE-LBS 中的范例大部分涉及背景信息,突出了知识的实用性,US-PHM 和中国的两套教材也有部分范例涉及背景信息。UK-SMP 中有相当部分的范例涉及 3 个及以上知识点,注重知识点之间的联系和综合使用,与其范例数量少的特点相结合,反映了其范例"少而精"的特点。所选的外国教材均有相当数量的范例,除解答过程外还配有文字解释说明,帮助学生理解掌握范例中体现的思想及重点步骤的推理过程。

**数列**。中国的两套教材在单元结构上较为完整,US-PHM 阅读性强,注重文字性表述,使得数学学习没那么枯燥,学生容易上手;对概念以及范例的呈现方式遵循的规律各国差异不大,在对原理的呈现上,东亚三国有相似的呈现方式,US-PHM 不重视原理的推导过程。

**复数**。CN-PEP 体现探究性学习模式。在范例呈现上,CN-SEP 教材解题过程展示更具多样性,JP-SKS 最具可读性,SG-PPE/PEH 大量使用图形计算器;在小结上,中国的两套教材具有显著优势,但两者各有侧重。

**不等式**。CN-PEP、CN-SEP 和 US-PHM 侧重于内容教学,UK-SMP 则倾向于学生练习。

**向量**。在内容呈现方面,中国的两套教材注重知识的背景引入和具体知识点的证明。SG-PPE/PEH 则侧重综合应用,对于具体知识点的由来和证明要求不高。CN-PEP 和 SG-PPE/PEH 对学生一题多解能力有所要求,其中CN-PEP 在范例的思路分析上有明显优势。

**矩阵**。从范例的形式上看,JP-SKS 最复杂,包含三种不同的类型,并且不同类型之间的差异很明显,这同时使得教材的结构也更清楚。五套涉及矩阵的教材(CN－SEP、US－PHM、JP－SKS、SG－PPE/PEH 和 UK－SMP)中的范例，总的来说有以下特征：(1)各教材的范例一般只提供一种解法，因此，范例对学生来说除了借鉴还是很有研究价值的。US－PHM 的范例是最有趣的，其中多数与实际背景相联系，但是包含的知识点并不是很多；SG－PPE 的范例背景比较丰富，包含的知识点也最多；JP－SKS 范例的知识点数比较多，但是没有涉及实际背景，都是纯数学的问题；CN－SEP 范例的特征不是很明显，介于各教材的中间，是东西合璧的典范。(2)JP－SKS 与 US－PHM 都由一定量的范例建构了新的概念或原理，因此比其他教材更加重视知识建构的过程。(3)由于US－PHM 对范例的说明或图表注释较多，形式多样化，解答比较全面，因此，可读性最强且阅读时最轻松，这方面次之的是 JP－SKS。学生对其他教材的范例理解很大程度上依赖教师的课堂教学。JP－SKS 最传统。

**我们的建议**：(1)概念的引入能否借鉴 DE－LBS 的问题驱动。此教材采用任务驱动型的教学方式，让学生和老师一起研究发现新知，使得学生真正参与到课堂学习的过程中来，成为"参与者"，而不仅仅是"接受者"，其章节开始都会提供数学活动内容。

(2) 在范例中增加分析性语言(增加范例的可读性，给出范例的思想方法说明)，促进学生的自主学习。虽然中国教材的范例都给出了解题步骤，但与欧美各教材相比，解题过程中的分析性语言相对较少，这会对学生的自学造成一定困难。比如，在三角恒等式的证明过程中，学生可能会对某些证明技巧产生困惑，如果能辅以一定的文字说明，能够有效地提高学生的自学效率。FR－EDB/HLT 的某些例题呈现了多种解法，而且在例题解答前会给出思想方法；在例题讲解结束后，还会对例题中的一些步骤进行说明(参看图 2－8，我们只截取了该例题的题目和解题开始时的分析)。经过例题前、中、后的三重解析，能够使得学生对例题的思想以及解题过程理解得很透彻。这样的例题设置形式，可以培养学生分析和解决问题的能力，培养学生从多个角度思考问题的能力。重视举反例。对于学生不易理解的概念和原理，用"语言"解释，或者举一些直观的例子或反例帮助学生理解。

(3) 重视新技术。我们发现 SG－PPE/PEH 在实用信息技术方面可谓不遗余力，在一些范例解答之后，会给出这道题目的图形计算器解法，并强调使用

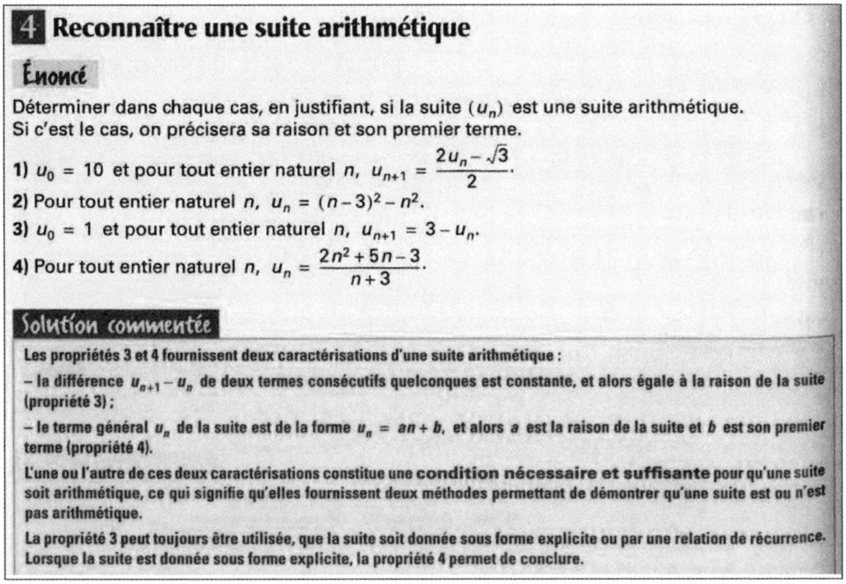

## 4 Reconnaître une suite arithmétique

### Énoncé

Déterminer dans chaque cas, en justifiant, si la suite $(u_n)$ est une suite arithmétique.
Si c'est le cas, on précisera sa raison et son premier terme.

1) $u_0 = 10$ et pour tout entier naturel $n$, $u_{n+1} = \dfrac{2u_n - \sqrt{3}}{2}$.

2) Pour tout entier naturel $n$, $u_n = (n-3)^2 - n^2$.

3) $u_0 = 1$ et pour tout entier naturel $n$, $u_{n+1} = 3 - u_n$.

4) Pour tout entier naturel $n$, $u_n = \dfrac{2n^2 + 5n - 3}{n + 3}$.

### Solution commentée

Les propriétés 3 et 4 fournissent deux caractérisations d'une suite arithmétique :

– la différence $u_{n+1} - u_n$ de deux termes consécutifs quelconques est constante, et alors égale à la raison de la suite (propriété 3) ;

– le terme général $u_n$ de la suite est de la forme $u_n = an + b$, et alors $a$ est la raison de la suite et $b$ est son premier terme (propriété 4).

L'une ou l'autre de ces deux caractérisations constitue une **condition nécessaire et suffisante** pour qu'une suite soit arithmétique, ce qui signifie qu'elles fournissent deux méthodes permettant de démontrer qu'une suite est ou n'est pas arithmétique.

La propriété 3 peut toujours être utilisée, que la suite soit donnée sous forme explicite ou par une relation de récurrence. Lorsque la suite est donnée sous forme explicite, la propriété 4 permet de conclure.

图 2 - 8　FR - EDB 中的范例

**译文**

## 4 辨认算术数列

**问题**

对下列每种情况，判断是否算术数列。如是，给出公差和首项。

1) $u_0 = 10$, 且对每个自然数 $n$, $u_{n+1} = \dfrac{2u_n - \sqrt{3}}{2}$。

2) 对每个自然数 $n$, $u_n = (n-3)^2 - n^2$。

3) $u_0 = 1$, 且对每个自然数 $n$, $u_{n+1} = 3 - u_n$。

4) 对每个自然数 $n$, $u_n = \dfrac{2n^2 + 5n - 3}{n + 3}$。

**解**　　性质 3 和 4 提供算术数列的两个刻划：

- 任何两个连续项的差 $u_{n+1} - u_n$ 是一个常数，这个常数就是数列的公差(性质 3)；
- 数列的通项 $u_n$ 具有 $u_n = an + b$ 的形式，这里 $a$ 是数列的公差，而 $b$ 是它的的首项（性质 4）。

　　这两个刻划的任何一个都是一个数列是算术数列的充分必要条件，也就是说，它们提供了证明一个数列是或不是算术数列的两种方法。

　　无论一个数列是用显式给出通项还是用递归方法定义，性质 3 都可用。当数列用显式给出时，性质 4 也可用。

图形计算器是为了检验解答的正确性，并没有让学生将使用计算器作为解题的唯一途径。利用新技术帮助学生建立与理解概念，美国和新加坡做得很好，可以借鉴。

（4）加强与生活的联系。US‑PHM 中涉及大量和现实生活相关的知识点、范例和习题，丰富有趣的实际例子会引起学生的好奇心（见图 2‑9），从而更好地调动他们的学习兴趣。德国教材中对数学知识内部的联系更为重视，除了

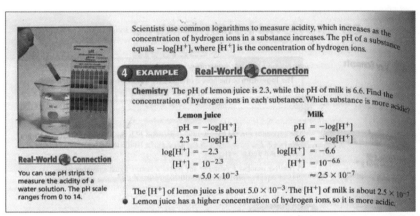

图 2‑9　US‑PHM 中关于 pH 值的例题

| 译文 | |
|---|---|
| （图略） | 　　科学家使用常用对数来测量酸度，随着物质中氢离子浓度的增加，酸度也随之增加。物质的 pH 值等于 $-\log[H^+]$，其中 $[H^+]$ 是氢离子的浓度。 |

**4 例题　与现实世界的联系**

化学　柠檬果汁的 pH 值是 2.3，而牛奶的 pH 值是 6.6。求每种物质中氢离子的浓度。哪种物质酸性更强？

与现实世界的联系
你可以用 pH 试纸来测量水溶液的酸碱度。pH 值的分布从 0 到 14。

| 柠檬果汁 | 牛奶 |
|---|---|
| pH $= -\log[H^+]$ | pH $= -\log[H^+]$ |
| 2.3 $= -\log[H^+]$ | 6.6 $= -\log[H^+]$ |
| $\log[H^+] = -2.3$ | $\log[H^+] = -6.6$ |
| $[H^+] = 10^{-2.3}$ | $[H^+] = 10^{-6.6}$ |
| $\approx 5.0 \times 10^{-3}$ | $\approx 2.5 \times 10^{-7}$ |

柠檬果汁的 $[H^+]$ 是 $5.0 \times 10^{-3}$，牛奶的 $[H^+]$ 是 $2.5 \times 10^{-7}$。柠檬果汁有更高的氢离子浓度，所以其酸性更强。

与高中阶段的其他数学相联系外,还有部分内容涉及高等数学的知识,为学生将来进入高等院校学习打下了一定的基础。通过访谈,我们了解到,一线老师认为让学生"应用数学"是数学教育中非常重要的部分,但是我国教材在这方面做得不够好,这使得学生很难从现在的数学学习中感受到数学的实用性。

(5)增设图表,加深学生的概念理解,强化学生运用公式的熟练性。数列中公式的运用非常丰富,这就要求学生在开始学习的时候能够准确掌握公式。中国教材在给出公式之后,没有用简单明了的图示向学生展示公式的使用方法。这里可以借鉴 JP-SKS 的做法,比如,在等比数列的通项公式给出时,旁边辅以图表(见图 2-10),让学生对公式的使用一目了然。因此,参考 JP-SKS 教材的做法,中国教材也可以适当增加对公式使用的说明,使公式的使用更加清晰明了。

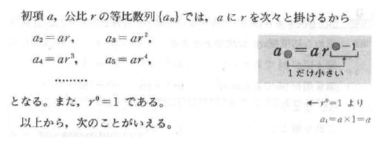

图 2-10　日本教材图表举例

### 2.4.2.3　对学生的期望

对学生的要求上我们分别设计了一些指标,如问题分析指标、作答类型分析指标和问题难度分析指标(参看鲍建生,2002),详见表 2-8、表 2-9、表 2-10。

**研究得到:**

**幂指对函数:**中国两套教材和 UK-SMP 的问题包含的作答类型种类最多,为 6 种;其次是美、法、德三套教材,为 5 种;JP-SKS 最少,为 3 种。并且,要求"答案和数学陈述"的问题在各教材中所占的百分比是最高的。而 JP-SKS 对"推理论证"的要求是各教材中最多的,其次为 FR-EDB/HLT 和 UK-SMP,

表2-8　问题分析指标样例

| 教材 | CN－PEP | CN－SEP | JP－SKS | SG－PPE/PEH |
|---|---|---|---|---|
| 类型 | 思考 | 旁白问题 | 练习 | 问题 |
| | 探究 | 思考 | 补充问题 | 练习 |
| | 阅读与思考 | 练习 | 章末问题 | 综合练习 |
| | 练习 | | | |
| | 习题 | | | |
| | 复习参考题 | | | |
| 小计 | 6 | 3 | 3 | 3 |

表2-9　问题(除范例外)作答类型分布

| 作答类型 | 问题数量(占比) | | | |
|---|---|---|---|---|
| | CN－PEP | CN－SEP | JP－SKS | SG－PPE/PEH |
| 仅要求答案 | 74(53.6%) | 55(43.6%) | 43(39.8%) | 24(15.3%) |
| 简单操作 | 14(10.2%) | 23(18.3%) | 0(0.0%) | 32(20.4%) |
| 要求答案和数学陈述 | 27(19.6%) | 30(23.8%) | 65(60.2%) | 63(40.1%) |
| 解释 | 12(8.7%) | 15(11.9%) | 0(0.0%) | 4(2.5%) |
| 推理论证 | 10(7.2%) | 3(2.4%) | 0(0.0%) | 34(21.7%) |
| 观察实验 | 1(0.7%) | 0(0.0%) | 0(0.0%) | 0(0.0%) |
| 总计 | 138(100%) | 126(100%) | 108(100%) | 157(100%) |

表2-10　问题难度分析指标

| 难度因素 | 等级水平 | 问题数量(占比) | | | |
|---|---|---|---|---|---|
| | | CN－PEP | CN－SEP | JP－SKS | SG－PPE/PEH |
| 样本问题总计 | | 120(100%) | 121(100%) | 108(100%) | 156(100%) |
| 探究 | 识记 | 85(70.8%) | 80(66.1%) | 55(50.9%) | 46(29.5%) |
| | 理解 | 32(26.7%) | 41(33.9%) | 52(48.2%) | 108(69.2%) |
| | 探究 | 3(2.5%) | 0(0.0%) | 1(0.9%) | 2(1.3%) |
| 背景 | 无背景 | 120(100%) | 121(100%) | 107(99.1%) | 156(100%) |
| | 有背景 | 0(0.0%) | 0(0.0%) | 1(0.9%) | 0(0.0%) |

续　表

| 难度因素 | 等级水平 | 问题数量（占比） | | | |
|---|---|---|---|---|---|
| | | CN－PEP | CN－SEP | JP－SKS | SG－PPE/PEH |
| 运算 | 无运算 | 59(49.2%) | 54(44.6%) | 15(13.9%) | 40(25.6%) |
| | 数值运算 | 44(36.7%) | 41(33.9%) | 37(34.3%) | 66(42.3%) |
| | 简单符号运算 | 16(13.3%) | 23(19.0%) | 51(47.2%) | 37(23.7%) |
| | 复杂符号运算 | 1(0.8%) | 3(2.5%) | 5(4.6%) | 13(8.4%) |
| 推理 | 无推理 | 79(65.8%) | 75(62.0%) | 60(55.6%) | 63(40.4%) |
| | 简单推理 | 41(34.2%) | 46(38.0%) | 48(44.4%) | 87(55.8%) |
| | 复杂推理 | 0(0.0%) | 0(0.0%) | 0(0.0%) | 6(3.8%) |
| 知识含量 | 1 个知识点 | 73(60.8%) | 62(51.2%) | 38(35.2%) | 55(35.3%) |
| | 2 个知识点 | 29(24.2%) | 51(42.2%) | 50(46.3%) | 69(44.2%) |
| | 3 个知识点 | 17(14.2%) | 7(5.8%) | 20(18.5%) | 29(18.6%) |
| | 3 个以上知识点 | 1(0.8%) | 1(0.8%) | 0(0.0%) | 3(1.9%) |

US－PHM 最少。在对学生的要求上，US－SMP 中的习题类型最丰富，格局也更完整。各套教材均以纯数学背景的习题为主，要求写出解题过程的习题所占比例最大。就问题部分而言，可以发现 US－SMP、FR－EDB/HLT 与 DE－LBS 试图通过提供大量的习题来巩固学生对知识的掌握。各国教材中低要求的问题均占主体地位，但也可以发现 JP－SKS 中存在相当数量的高要求问题，问题虽量少但要求高，体现了东亚地区教材的一贯特性。

**三角：**在"习题要求"上，教材均以纯数学背景的习题为主，主要考察学生的程序性技能，而概念理解和论述类习题相对偏少。

**数列：**在对学生的期望上，中、美三套教材的问题包含较多的教学目的，SG－PPE/PEH 与 JP－SKS 较少；中、新、美三国四套教材的问题涵盖了所有的作答类型，并对计算能力的培养最为强调，JP－SKS 的问题包含作答类型最少；中国教材问题的综合难度在背景方面最高，SG－PPE/PEH 在探究、运算、推理和知识含量四个方面最高。

**复数：**在对学生学习过程期望上，CN－PEP 期望学生形成知识的再创造。但是在对学生能力要求期望和对学生解题要求期望上，这套教材要求最低，

SG‐PPE/PEH 要求最高。

**向量**：在学生期望方面，中国两套教材较为相似，与 SG‐PPE/PEH 差异较明显。CN‐PEP 问题类型最多，而 SG‐PPE/PEH 在习题方面对学生的要求最高。"本章小结"是中国两套教材的一大优点。

**矩阵**：东亚国家各教材问题的目的与组织比较相似，但美国教材和东亚教材间有明显的不同：US‐PHM 包含了 13 种不同目的的问题，试图充分利用练习题以促进学生的学习，而东亚国家各教材的问题目的只有 3～5 个。

JP‐SKS 中的问题在对学生的要求上，比中国、美国和新加坡各套教材更加重视矩阵的数值运算和逻辑推理，但是其他三种类型的要求都很低，而 US‐PHM 则比中国、日本和新加坡各教材更加重视学生的实际动手能力。

**我们的建议**：(1)适当增加概念理解方面的习题。中国教材中的习题主要考察学生的程序性技能，比如，在巩固"弧度制"这一概念时，习题仍以两种度制间的换算为主。中国应关注学生对概念的掌握情况的对应习题。(2)优化习题结构，适当删减机械性习题，增加探究型问题。可以向新加坡教材学习，将计算练习与这些记忆性问题和操作性问题相结合，以达到减少数量的目的；另外德国和美国教材无论是正文中，还是习题里都设置有多个探究性的活动；法国教材的"实际操作"问题较多，比较注重学生的动手操作能力，以及运用数形结合和信息技术解决数学问题。相比之下，我国教材在这一方面略显不足。并且通过与一线教师访谈，我们了解到，我国教材中即使设计了"探究与实践"板块，但在实际教学中"基本不操作""很少讲"。然而这些探究、实际操作活动一方面可以帮助学生巩固学习到的知识，另一方面也可以让学生感受到数学的实用性，提高学习兴趣，树立正确的数学观。因此，我国教材在增加资料搜集、数学实验等活动的同时，应改变教学观点，让学生受益。(3)增加作答类型。复数这一块内容中 CN‐PEP 虽然具有最多问题类型的特点，但在作答类型上，要求较日本和新加坡教材低，大部分属于"仅要求答案"和"简单操作"，程度可借鉴新加坡教材对学生的要求。(4)问题数美国、法国教材都很多，CN‐PEP 需要增加一定的习题或与之匹配的习题册。(5)增加问题的层次。

## 参考文献

鲍建生(2002).中英两国初中数学课程综合难度的比较研究[D].上海:华东师范大学.

鲍建生,周超(2009).数学学习的心理基础与过程[M].上海:上海教育出版社.

陈丽萍(2010).三角函数新旧教材对比与教学[J].学苑教育,(9):36‐37.

陈玉华(2007).高中数学教材的比较研究[D].沈阳:沈阳师范大学.

陈月兰(2006).日本高中新数学课程·教材·高考[J].数学教学,(1):13‐16.

陈月兰(2010).日本数学教育面面观[J].中学数学月刊,(5):1‐4+13.

高令乐(2007).中美高中数学教材中三角函数内容的比较研究[D].上海:华东师范大学.

胡慧敏(2008).HPM角度下的弧度制概念教学[J].数学教学,(7):47‐49.

胡莉莉(2008).中美初中数学教材难度的比较研究——以我国人教版和美国 Prentice Hall 教材为例[D].上海:华东师范大学.

蒋永红(2008).趣谈任意角和弧度制[J].数学通讯,(Z2):93.

林再生(2008).任意角的三角函数[J].数学通讯,(6):20‐23.

李惠(2009).现行两套高中数学教材习题的比较研究——以人教 A 版、苏教版"数学 4"为例[D].长春:东北师范大学.

李平龙(2011)."任意角三角函数"的建构与反思[J].中国数学教育,(Z2):41‐43.

李淑文(2006).中日两国初中几何课程难度的比较研究[D].长春:东北师范大学.

李以渝(2008).中美高等数学教材比较研究——兼论"以人为本"的教材教法[J],四川工程职业技术学院学报,(2):42‐43+49.

梁竹(2010).中国、新加坡初中教材平面几何的比较研究[D].上海:华东师范大学.

刘洋(2008).高中数学新旧两版教科书三角函数部分的对比研究——以人教 2003 年版、2005 年 A 版为例[D].长春:东北师范大学.

龙辉(2004).中澳职教数学教材比较分析[J].机械职业教育,(6):12‐14.

马玮,纪雪颖(2009).中英初中数学概率内容比较——以英国 MEP 教材和上教版教材为例[J].中学数学杂志,(6):38‐41.

潘玮炜(2006).中学代数课程的比较研究[D].上海:华东师范大学.

日本文部科学省(2009).高等学校学习指导要领[S/OL]. Retrieve from http://www. mext. go. jp/b_menu/shuppan/sonota/990301d/990301e. htm.

唐复苏(1994).英国 A 水平数学:比较与思考[J].数学通报,(9):16‐20.

孙晓天(2003).数学课程发展的国际视野[M].北京:高等教育出版社.

王冬岩(2010).高中生对三角函数概念的理解[D].上海:华东师范大学.

王奋平(2009).英国 A 水平考试及其数学考试特点简析[J].世界教育信息,(4):80‐83.

王奋平(2011).中英高中数学教材复数内容比较研究——以英国 AQA 数学课本和人教版 A 版数学课本为例[J].数学教育学报,20(3):83‐86.

王金姣(2009).人教版高中数学新课标教材(B 版)与大纲教材中"解析几何"部分的对比

研究[D].北京:中央民族大学.

王文俊(2008).高中阶段"用面积定义正弦"教学初探[D].上海:华东师范大学.

王越偲(2010).上海高中生对弧度制概念的理解[D].上海:华东师范大学.

韦芳(2009).中英两国高中数学课程中函数内容的比较研究[D].苏州:苏州大学.

吴道春(2009).中马初中数学新教材综合难度的比较研究[D].苏州:苏州大学.

辛颖(2008).中日高中数学算法内容的比较研究[D].长春:东北师范大学.

许丹晔,陆新生(2009).中美高中数学中指数函数、对数函数之教材比较[J].中学数学教学参考,(10):69-71.

徐文彬,杨玉东(2006).英国国家数学课程标准介绍(I)[J].中学数学教学参考,(6):53-56.

杨莉(2009).高一新旧数学教材的比较研究[D].长春:东北师范大学.

余丽伟(2002).三角函数的认知与教学——一项个案研究[D].上海:华东师范大学.

余云娟(2006).高中数学新课标实验教材与现行教材比较的几个问题[D].浙江:杭州师范学院.

原登慧(2011).GTTM视角下的中美数学期望课程比较研究[D].上海:华东师范大学.

张奠宙,李士锜,李俊(2003).数学教育学导论[M].北京:高等教育出版社.

张景中(2006).重建三角,全局皆活——初中数学课程结构性改革的一个建议[J].数学教学,(10):Z+1-4+20.

张维忠,李芳奇(2009).新加坡与中国数学教材的特色比较[J].外国中小学教育,(2):32-36.

郑旺全.(2004).美国中小学教科书概况[J].课程·教材·教法,24(3):88-90.

中华人民共和国教育部(2003).全日制普通高中数学课程标准(实验)[S].北京:人民教育出版社.

Akkoç,H.（2008）.Pre-service mathematics teachers' concept images of radian [J]. *International Journal of Mathematical Education in Science and Technology*,39(7):857-878.

Apple,M.(1992).The text and cultural politics [J]. *Educational Researcher*,21(7):4-11.

Bagni,G. T.(1997).Trigonometric functions:learning and didactical contract [A]. In B. D'Amore and A. Gagatsis（eds.）*Didactics of Mathematics — Technology in Education*.Thessaloniki,Greece:Erasmus ICP-96-G-2011/11.（pp. 3-10）

Blackett,N. and Tall,D. O.(1991).Gender and the versatile learning of trigonometry using computer software [A]. In F. Furinghetti（ed.）,*Proceedings of the 15th conference of the International Group for the Psychology of Mathematics Education*,vol. 1. Assisi,Italy.（pp. 144-151）

Brändström,A.(2005).Differentiated tasks in mathematics textbooks:An analysis of the levels of difficulty [D].Luleå,Sweden:Luleå University of Technology.

Breidenbach,D. ,Dubinsky,E. ,Hawks,J. and Nichols,D.(1992).Development of the process conception of function [J]. *Educational Studies in Mathematics*,23:

247 - 285.

Cai, J. , Lew, H. C. , Morris, A. , Moyer, C. J. , Ng, F. S. and Schmittua J. (2005). The development of students' Algebraic thinking in earlier grades: A cross-cultural comparative perspective [J]. *ZDM: The International Journal on Mathematics Education*, 37(1): 5 - 15.

Cai, J. , Lo, J. J. and Watanabe, T. (2002). Intended treatment of arithmetic average in U. S. and Asian school mathematics textbooks [J]. *School Science and Mathematics*, 102(8): 391 - 404.

California Department of Education. (2006). Mathematics Framework for California Public Schools [S/OL]. Retrieved from: http://www. cde. ca. gov/ci/cr/cf/documents/mathfrwk. pdf.

Cao, Z. , Seah, W. T. and Bishop, A. J. (2006). A comparison of mathematical values conveyed in mathematics textbooks in China and Australia [A]. In F. K. S. Leung, K. -D. Graf, and F. J. Lopez-Real (eds. ), *Mathematics Education in Different Cultural Traditions: A Comparative Study of East Asia and the West*. New York: Springer. (pp. 483 - 493)

Carter, J. , Li, Y. and Ferrucci, B. J. (1997). A comparison of how textbooks present addition and subtraction in PRC and USA [J]. *The Mathematics Educator*, 2 (2): 197 - 209.

Charalambous, C. Y. , Delaney, S. , Hsu, H. -Y. and Mesa, V. (2010). A comparative analysis of the addition and subtraction of fractions in textbooks from three countries [J]. *Mathematical Thinking and Learning*, 12(2): 117 - 151.

Chi, M. T. H. , Bassok, M. , Lewis, M. W. , Reimann, P. and Glaser, R. (2010). Self-explanations: how students study and use examples in learning to solve problems [J]. *Cognitive Science*, 13(2): 145 - 182.

Dowling, P. (1996). A sociological analysis of school mathematics texts [J]. *Educational Studies in Mathematics*, 31(4): 389 - 415.

Fan, L. and Zhu, Y. (2000). Problem solving in Singaporean secondary mathematics textbooks [J]. *The Mathematics Educator*, 5(1): 117 - 141.

Fan, L. and Zhu, Y. (2007). Representation of problem-solving procedures: a comparative look at China, Singapore, and US mathematics textbooks [J]. *Educational Studies in Mathematics*, 66(1): 61 - 75.

Fi, C. D. (2003). Preservice secondary school mathematics teachers' knowledge of trigonometry: subject matter content knowledge, pedagogical content knowledge and envisioned pedagogy [D]. Iowa City: University of Iowa.

Fuson, K. C. and Li, Y. (2009). Cross-cultural issues in linguistic, visual-quantitative, and written-numeric supports for mathematical thinking [J]. *ZDM: The International Journal on Mathematics Education*, 41(6): 793 - 808.

Fuson, K. C. , Stigler, J. W. and Bartsch, K. (1988). Grade placement of addition and subtraction topics in Japan, mainland China, the Soviet Union, Taiwan, and the United States [J]. *Journal for Research in Mathematics Education*, 19(5): 449 – 456.

Haggarty, L. and Pepin, B. (2002). An investigation of mathematics textbooks and their use in English, French and German classrooms: Who gets an opportunity to learn what? [J]. *British Educational Research Journal*, 28(4), 567 – 590.

Harp, S. F. and Mayer, R. E. (1997). The role of interest in learning from scientific text and illustrations: On the distinction between emotional interest and cognitive interest [J]. *Journal of Educational Psychology*, 89(1), 92 – 102.

Hough, S., O' Rode, N., Terman, N. and Weissglass, J. (2007). Using concept maps to assess change in teachers' understanding of algebra: a respectful approach [J]. *Journal of Mathematics Teacher Education*, 10, 23 – 41.

Howson, G. (1995). *Mathematics Textbooks: A Comparative Study of Grade – 8 Texts* [M]. Vancouver, Canada: Pacific Education Press.

Kendal, M. and Stacey, K. (1997). Teaching trigonometry [J]. *Vinculum*, 34(1): 4 – 8.

Kulm, G., Morris, K. and Grier, L. (1999). Middle grades mathematics textbooks: A benchmark-based evaluation [R]. Washington, DC: American Association for the Advancement of Science: Project 2061.

Levie, W. H. and Lentz, R. (1982). Effects of text illustrations: A review of research [J]. *Educational Communication and Technology Journal*, 30(4), 195 – 232.

Li, Y. (1999). An analysis of algebra content, content organization and presentation, and to-be-solved problems in eight-grade mathematics textbooks from Hong Kong, Mainland China, Singapore, and the United States [D]. Pittsburgh: University of Pittsburgh.

Li, Y. (2000). A comparison of problems that follow selected content presentations in American and Chinese mathematics textbooks [J]. *Journal for Research in Mathematics Education*, 31(2): 234 – 241.

Li, Y. (2007). Curriculum and culture: An exploratory examination of mathematics curriculum materials in their system and cultural contexts [J]. *The Mathematics Educator*, 10(1): 21 – 38.

Li, Y., Chen, X. and An, S. (2009). Conceptualizing and organizing content for teaching and learning in selected Chinese, Japanese and US mathematics textbooks: the case of fraction division [J]. *ZDM: The International Journal on Mathematics Education*, 41(6): 809 – 826.

Li, Y. and Ginsburg, M. B. (2006). Classification and framing of mathematical knowledge in Hong Kong, Mainland China, Singapore and the United States: An analysis of textbooks in socio-cultural contexts [A]. In F. K. S. Leung, K. -D. Graf and F. J. Lopez-Real (eds.), *Mathematics Education in Different Cultural*

*Traditions*: *A Comparative Study of East Asia and the West*. New York: Springer. (pp. 195 - 211)

Li, Y., Zhang, J. and Ma, T. (2009). Approaches and practices in developing school mathematics textbooks in China [J]. *ZDM: The International Journal on Mathematics Education*, 41(6), 733 - 748.

Mayer R. E., Sims V. and Tajika H. (1995). A comparison of how textbooks teach mathematical problem solving in Japan and the United States [J]. *American Educational Research Journal*, 32(2): 443 - 460.

Mesa, V. (2010). Strategies for controlling the work in mathematics textbooks for introductory calculus [J]. *Research in Collegiate Mathematics Education*, 16(7): 235 - 265.

Nie, B., Cai, J. and Moyer, J. C. (2009). How a standards-based mathematics curriculum differs from a traditional curriculum: with a focus on intended treatments of the ideas of variables. *ZDM: The International Journal on Mathematics Education*, 41(6), 777 - 792.

Novak, D. J. and Cañas, J. A. (2008). The theory underlying concept maps and how to construct and use them [R]. Technical Report IHMC CmapTools 2006 - 01 Rev 01 - 2008, Florida Institute for Human and Machine Cognition, 2008, retrieved from: http://cmap. ihmc. us/Publications/ResearchPapers/TheoryUnderlying ConceptMaps. pdf.

Orhun, N. (2000). Student's Mistakes and Misconceptions on Teaching of Trigonometry [D]. Eskişehir, Turkey: Anadolu University.

Park, K. and Leung, F. K. S. (2006). A Comparison of the Mathematics Textbooks in China, Hong Kong, Japan, Korea, United Kingdom, and the United States? [A]. In F. K. S. Leung, K. -D. Graf, and F. J. Lopez-Real (eds. ), *Mathematics Education in Different Cultural Traditions: A Comparative Study of East Asia and the West*. New York: Springer. (pp. 227 - 238)

Renkl, A. (2002). Worked-out examples: Instructional explanations support learning by self-explanations [J]. *Learning and Instruction*, 12(5): 529 - 556.

Rezat, S. (2006). A model of textbook use [A]. In J. Novotná, H. Moraová, M. Krátká, and N. Stehlíková (eds. ), *Proceedings of the 30th Conference of the international group of the Psychology of Mathematics Education*, vol. 4. Prague. (pp. 409 - 416)

Schmidt, W. H., McKnight, C. C., Valverde, G., Houang, R. T. and Wiley, D. E. (1997). *Many Visions, Many Aims: A Cross-national Investigation of Curricular Intentions in School Mathematics* [M]. Dordrecht, The Netherlands: Kluwer Academic Press.

Silver, E. A. (2009). Cross-national comparisons of mathematics curriculum materials: what might we learn? [J]. *ZDM: The International Journal on Mathematics*

*Education*, 41(6), 827 – 832.

Son, J. (2005). A comparison of how textbooks teach multiplication of fractions and division of fractions in Korea and in the U. S [A]. In H. L. Chick and J. L. Vincent (eds.). *Proceedings of the 29ᵗʰ Conference of the International Group for the Psychology of Mathematics Education*, vol. 4. Melbourne. (pp. 201 – 208)

Stevenson, H. W. and Bartsch, K. (1992). An analysis of Japanese and American textbooks in mathematics [A]. In R. Leetsma and H. Walberg (eds.), *Japanese Educational Productivity*. Ann Arbor: Center for Japanese Studies, University of Michigan. (pp. 103 – 133)

Topçu, T. Kertil, M. and Akkoç, H. (2006). Pre-service and in-service mathematics teachers' concept images of radian [A]. In J. Novotná, H. Moraová, M. Krátká, and N. Stehliková (eds.), *Proceedings of the 30ᵗʰ Conference of the international group of the Psychology of Mathematics Education*, vol. 5. Prague. (pp. 281 – 288)

University of Cambridge International Examinations. Cambridge International A & AS Level Mathematics code 9709 [S/OL]. Retrieved from: http://www. cie. org. uk.

VanLehn, K. (2002). Cognitive skill acquisition [J]. *Annual Review of Psychology*, 47: 513 – 539.

Weber, K. (2005). Students' understanding of trigonometric functions [J]. *Mathematics Education Research Journal*, 17(3): 91 – 112.

Zhu, X. and Simon, H. A. (1987). Learning mathematics from examples and by doing [J]. *Cognition and Instruction*, 4(3): 137 – 166.

Zhu, Y. and Fan, L. (2006). Focus on the representation of problem types in intended curriculum: A comparison of selected mathematics textbooks from Mainland China and the United States [J]. *International Journal of Science and Mathematics Education*, 4(4): 609 – 602.

# 第 3 章

高中数学核心内容的组织与呈现方式——几何

## 3.1　研究的意义

　　教材作为依据课程标准和学生认知结构编写的教学用书,在中小学教学中起着非常重要的作用。它是课程目标和教学内容的具体体现,是教师和学生开展教学活动的主要工具,是一个国家教育思想和教育理念的重要依托,且在一定程度上决定了学生的学习机会和学业成就。

　　因此,要了解一个国家教育改革的理念和实质,分析课程(教材)的改革是很好的切入点和突破口。国际数学教育比较研究(如 TIMSS、PISA)都把数学课程与教材作为核心内容。伴随着世界各国中学课程改革浪潮的推进,各国的教材也在发生着深刻的变革。数学是各国中小学课程中最具有一致性的学科,但各国的高中数学教材却存在着较大的差异。

　　在数学教学中,几何课程也是数学基础教育的重要组成部分。由于几何是数学中最早建立演绎公理化体系的分支,也是最早的数学教育内容,因此,在数学教育发展的各个不同的历史时期,几何课程都成了改革的关注点。作为公民基础教育的最后阶段,普通高中的几何课程学习无论对于今后的专业发展,还是对于个体数学思维的发展都十分重要。

　　而在新一轮课程改革中,我国高中数学的教学内容及其呈现方式又发生了很大的变化。这也引发了对新课程改革研究的热潮,很多一线教师、专家、研究生参与其中,但对于教材比较的研究还不是很多,且多为纵向比较(即新旧教材的比较),更不用说国际教材比较研究了。

正是在这样的背景下,我们对各国几何教学内容以及它们的呈现方式进行比较研究。

## 3.2　文献综述

近年来,已有一些教育学者对数学教材或教材中某一内容做了研究分析,纵观这些研究分析,可以发现:中学数学教材的比较研究主要可分为两大类——横向比较研究和纵向比较研究。其中,横向比较研究主要分为国内不同版本教科书的比较研究和中外教科书的比较研究;纵向比较研究是指国内同一版本新老教材的比较研究,比如基于新一轮课程改革中几何部分的较大变动,许多学者开始关注我国新旧教材几何内容的比较研究。

中外教材比较主要是不同国家相同年级段的教材内容与教材编排比较、教材编排特点的比较以及关联度、深度比较等。例如 Fuson et al. (1988)就做了这样的研究。

国际上,影响最大的要属 TIMSS。在 1994 年,TIMSS 对近 50 个国家的上千套教科书和课程材料进行数据分析,这是历史上第一次这般大规模地将教材作为重点研究对象。其研究结果发表在由豪森(Howson,A. G.)等人编写的《八年级数学教材的比较研究》(Howson,1995)。该研究主要采用文献研究方法,对欧洲 6 个国家,以及日本和美国八年级的学生数学教科书进行分析比较,主要探讨如何实现数学知识的应用等问题,并提出了数学要和其他学科相结合的观点。

在 TIMSS 的研究之后,许多研究者借鉴其研究方法,开始对教材进行比较研究。

李业平(Li,2000)从整体和具体两个策略研究了中国、美国、新加坡初中各年级教科书中的问题解决过程是如何呈现的,比较研究了其问题解决表征的相似之处和不同之处。李业平(Li,2002)又制定了一个由数学特征、情景特征和任务要求构成的三维框架来解释中美两国对学生的期望(与数学体验相关)间的共性和差异,并根据此框架对美国和中国数学教材中整数加减法内容之后的所有相关问题进行了比较分析,认为美国教材中的习题比中国教材中的习题对学生的要求更加灵活,对概念理解的要求更加深刻。

徐彦辉(2001)从中国和美国数学教材的直观性这一角度进行比较研究,发现中国教材(人民教育出版社 1992 版)注重学生的运算和推理能力,直观性较少,而美国教材则注重培养学生学习数学的自信心,爱护并培养学生的学习兴趣,较能体现直观性。

鲍建生(2002)从运算、推理、知识含量、探究、背景五个角度运用数学题综合难度的五边形模型比较了中英初中数学课程的综合难度。

高令乐(2007)对中国人民教育出版社 A 版和美国资优教育数学教材的表层结构和深层结构进行比较研究,其中表层研究包含教材栏目、图表、习题,深层结构包含知识与技能要素、过程与方法要素、情感态度价值观要素。高令乐总结出:两版教材栏目丰富,均设置了形形色色的图标,并注重数形结合,但是在习题的题量、题型、素材等方面有差异。

但近几年,学者们研究最多的是分析知识内容本身的编排特点,往往以某一块数学知识内容为载体,以小见大,得到教材的编排结构以及呈现特点。

比如,唐恒钧、张维忠(2005)在范希尔理论下,对中美初中几何教材中的"相似"内容进行了比较研究。李芳奇(2009)以"方程"内容为载体,对中国人教版、浙教版和新加坡的 Mathematics 这三个版本教科书的结构进行了比较。

就几何内容比较研究而言,唐恒钧等(2005)从几何课程理念、几何内容的选择及几何课程实施三方面对中美中小学几何进行了比较,发现两国几何课程的理念是相近的。进一步,他对《发现几何》、华东师大版初中数学教材"相似"内容进行比较,发现两国均以直观几何作为几何学习的开端,但美国教材包含更深更广的内容,究其原因是美国注重构建系统的问题情境。李淑文(2006)对中日两国初中几何课程的难度进行比较研究,发现日本几何课程的知识点最少,但日本几何课程深度大于我国新几何课程的深度,小于我国旧几何课程,而中日两国的习题难度相当。继而进一步分析中日两国几何课程难度差异的影响。袁爱洪(2010)对人教版、北师大版、俄罗斯《直观几何》、美国 UCSMP《几何》教材进行了比较。尽管已有一些学者在关注中外教材几何部分的比较研究,但是相对而言,这一领域还是比较薄弱,尤其是高中学段几何内容的国际比较研究。

## 3.3　研究设计

### 3.3.1　研究问题

分析现有教材评估与比较研究的成果,本研究将围绕以下三个问题对各国教材几何内容进行研究:

1. 所选择的各国高中数学教科书中,几何内容的选择具有什么不同与相似之处,以及这些内容是如何组织的;

2. 所选择的各国高中数学教科书中,几何知识是如何呈现的,具体包括知识如何导入、如何体验、如何讲解等;

3. 所选择的各国高中数学教科书中,几何知识对学生提出的学习目标是怎样的。

基于以上三个问题的研究,探求各国对几何教学内容编写的内在规律、理论依据以及实际依据,总结各个国家几何教学内容部分编写的特点和优劣,以便深入思考我国教材在几何教学内容中改革、改进的方向。

说明:一般来说,教材和教科书是不同的概念,教材往往还包括其余教辅材料,如练习册、教师用书等,但是在本研究中,由于我们只考察各国的数学教科书,因此,本研究将教材的含义限定为数学教学中使用的教科书。

### 3.3.2　研究对象的选择

本研究考察中国、美国、日本、俄罗斯、德国、法国和新加坡七个国家,对每个国家选择一套比较有代表性的数学教材作为比较对象,见表3-1。

表3-1　样本教材信息

| 国家 | 出版者 | 代码 | 教材名称、涉及几何的分册 |
|------|--------|------|--------------------------|
| 中国 | 人民教育出版社 | CN-PEP | 普通高中课程标准实验教材数学 A 版:必修 2,4;选修 2-1, 2-2 |
| 美国 | Pearson Education | US-PHM | Prentice Hall Mathematics:Geometry |
| 日本 | 数研出版社 | JP-SKS | 新编数学 A,B,C |

| 国家 | 出版者 | 代码 | 教材名称、涉及几何的分册 |
|------|--------|------|--------------------------|
| 俄国 | Просвещение Издательство | RU‐MGU | МГУ‐Школа：Геометрия，классы10—11 |
| 德国 | Ernst Klett Verlag | DE‐LBS | Lambacher Schweizer：LS Geometrie Bayern 10<br>Lambacher Schweizer：LS Analytische Geometrie Grundkurs |
| 法国 | Editions Belin Hachette Livre | FR‐EDB<br>FR‐HLT | Maths $2^e$，Math $1^{re}$ S<br>Declic Maths Terminale S Enseignement Obligatoire |
| 新加坡 | Panpac Education | SG‐PPE<br>SG‐PEH | New Express Mathematics 4<br>H2 Mathematics Volume 1 |

对这样的选择做以下说明。

近年来,美国的数学教育改革经历了一个曲折艰难的探索过程,其间伴随着失败的沮丧和成功的喜悦。当前,我国数学教育改革正在如火如荼地进行着,如何有效地借鉴美国的成功经验、吸取失败的教训显得十分重要。作为美国最大的教科书出版社之一,Pearson Education 出版社出版的 Prentice hall 教材(US‐PHM)近年来一直被广泛使用,影响甚广。

近年来,由于 TIMSS 的实施,以及 PISA 的运行,德国从小学到高中、从普通教育领域到职业教育领域,正在经历一场大规模的课程改革。德国的这次课程改革经历了一个曲折艰难的探索过程,一种新的课程理念以及新的学科标准正在形成。德国 Lambacher Schweizer 出版社所出版的教材(DE‐LBS),在德国被普遍使用。

众所周知,法国是数学强国,在目前 50 多名菲尔茨奖获奖者中,有 11 位来自法国。这样的数学成就得益于法国的历史沉淀,也得益于教育部门对数学教育的重视。法国的学校,无论是重点院校,还是普通大学,抑或是高等专科学校的预备班,都能提供优质的数学教育。在世界各国的数学教材中,法国教材因其独有的文化特色、科技意识、内容的现代化以及独特的内容编排而备受关注。蔡元培先生也认为:在世界各国中,法国文化与中国最相契合。因此,对中法两国的高中数学教材进行比较,分析两国教材不同的风格、层次及特色显得尤为重要。目前在法国中学使用的数学教材有多套,法国 Belin 出版社的中学数学教材(FR‑EDB)是法国数学课程改革后使用比较广泛且具有很好代表性的一套新课程教材。

在当代世界各国中,俄罗斯的教育事业应该说较为发达。100 多年来,俄罗斯教育取得了辉煌成绩,形成了独具特色的教育体系。其中,课程改革一直是俄罗斯基础教育改革的一个重点。俄国阿塔纳相等主编的教材《10～11 年级几何》被冠名为"中小学'莫斯科大学'"教材(RU‑MGU),是一套两用的教材,既满足普通学校的学生使用,也适合深入学习数学的班级或学校使用。这本教材曾在俄国教育部开展的编写中学数学教材的竞赛活动中获得一等奖,目前发行量最大。

此外,日本、新加坡作为亚洲教育强国,也成为我们要着重研究的国家,所以选用了它们的教材 JP‑SKS 与 SG‑PEH。

### 3.3.3　研究内容的选择

由于本研究对主要国家高中几何内容的组织与呈现方式进行了比较研究,因此我们对各国的几何内容进行了梳理,详见表3‑2。

表3‑2　七套样本教材中几何内容一览表

| 内　容 | | CN‑PEP | US‑PHM | JP‑SKS | RU‑MGU | DE‑LBS | FR‑EDB/HLT | SG‑PPE/PEH |
|---|---|:--:|:--:|:--:|:--:|:--:|:--:|:--:|
| 平面几何图形 | 平行线与垂线 | | ■ | ■ | | ■ | ■ | |
| | 图形关系 | | | ■ | | | | |
| | 三角形 — 三角形性质 | | ■ | ■ | | | ■ | |
| | 三角形 — 特殊三角形 | | ■ | | | | | ■ |
| | 三角形 — 全等三角形 | | ■ | ■ | | | ■ | ■ |
| | 三角形 — 相似三角形 | | ■ | | | | ■ | ■ |
| | 四边形 — 平行四边形 | | ■ | ■ | | | | |
| | 四边形 — 特殊四边形 | | ■ | ■ | | | | |
| | 圆及相关性质 | ■ | ■ | ■ | ■ | ■ | ■ | |
| | 仿射定理与相似变换 | | | | ■ | ■ | | |
| | 作图 | | ■ | ■ | ■ | | | |

续　表

| 内　　容 | | | CN – PEP | US – PHM | JP – SKS | RU – MGU | DE – LBS | FR – EDB ~HLT | SG – PPE ~PEH |
|---|---|---|---|---|---|---|---|---|---|
| 空间几何图形 | 点线面位置关系 | 直线与直线位置关系 | ■ | ■ | ■ | ■ | ■ | ■ | |
| | | 直线与平面位置关系 | ■ | ■ | | ■ | ■ | ■ | |
| | | 平面与平面位置关系 | ■ | ■ | | ■ | ■ | ■ | |
| | | 用空间向量处理问题 | ■ | ■ | ■ | ■ | ■ | ■ | |
| | 空间几何体 | 常见几何体 | ■ | ■ | | ■ | ■ | ■ | ■ |
| | | 多面体 | | ■ | | ■ | | | |
| | | 旋转体 | | | | | | | |
| | | 多面体的欧拉公式 | | ■ | | ■ | | | |
| | | 几何体的平面截面 | | ■ | | ■ | | ■ | |
| | | 投影 | ■ | ■ | | ■ | ■ | | |
| | | 立体图形画法 | ■ | ■ | | ■ | | | |
| 向量 | | 向量的概念(平面和空间) | ■ | ■ | ■ | ■ | ■ | ■ | ■ |
| | | 向量的和、差 | ■ | ■ | ■ | ■ | ■ | ■ | |
| | | 向量的纯量倍数 | ■ | ■ | ■ | ■ | ■ | ■ | ■ |
| | | 向量分解定理 | ■ | ■ | ■ | ■ | ■ | ■ | |
| | | 向量的内积(纯量积) | ■ | ■ | | ■ | ■ | ■ | |
| | | 向量的外积(向量积) | | | ■ | | ■ | | ■ |
| | | 线性相关和线性无关 | | | | | ■ | ■ | ■ |
| | | 向量方法 | ■ | ■ | ■ | ■ | ■ | ■ | |
| 解析几何 | | 笛卡儿坐标系 | ■ | ■ | ■ | ■ | ■ | ■ | ■ |
| | | 极坐标系 | | ■ | ■ | | | | |
| | | 直线的方程 | ■ | ■ | ■ | ■ | | ■ | |
| | | 圆的方程 | ■ | ■ | ■ | ■ | | ■ | |
| | | 椭圆的方程 | ■ | ■ | ■ | ■ | | | |
| | | 双曲线的方程 | ■ | ■ | ■ | ■ | | | |
| | | 抛物线的方程 | ■ | ■ | ■ | ■ | | | |

续　表

| 内　　容 | CN-PEP | US-PHM | JP-SKS | RU-MGU | DE-LBS | FR-EDB/HLT | SG-PPE/PEH |
|---|---|---|---|---|---|---|---|
| 球和球面的方程 | | ■ | ■ | ■ | | ■ | |
| 圆锥体和圆柱体的代数表示 | | | | | | ■ | |
| 参数方程 | | | ■ | | | | |
| 变换　平移变换 | | ■ | ■ | ■ | | ■ | |
| 旋转变换 | | ■ | ■ | ■ | | | |
| 反射变换 | | ■ | | ■ | | | |
| 伸缩变换 | | ■ | | ■ | | ■ | |
| 变换的复合 | | ■ | | | | | |
| 度量　点的距离 | ■ | ■ | ■ | ■ | ■ | | |
| 平面图形的面积 | ■ | ■ | ■ | ■ | ■ | | ■ |
| 常见几何体的表面积和体积 | ■ | ■ | ■ | ■ | ■ | ■ | ■ |
| 角的测量 | ■ | ■ | ■ | ■ | ■ | ■ | ■ |
| 合计 | 23 | 40 | 33 | 35 | 23 | 31 | 14 |

　　经过整理发现 7 个国家的教材的几何内容存在很大不同(部分原因是由于初中几何内容的差异):CN - PEP 23 个,US - PHM 40 个,JP - SKS 33 个,RU - MGU 35 个,DE - LBS 23 个,FR - EDB/HLT 31 个,SG - PPE/PEH 14 个。我们选取共有的空间几何图形、向量、解析几何、度量作为几何子课题比较的具体知识。

### 3.3.4　研究过程和研究方法

　　第一阶段:文献分析。阅读大量文章和著作以充实理论水平,了解国内外教育背景以及国内外教材比较的研究现状。

　　第二阶段:内容分析。对国内外几套教材的几何部分进行深度的内容研究与分析,对各版本教材中相同的教学内容展开重点提取、量化分析。

　　第一步,对整套教材几何内容所占比例,以及几何知识覆盖面进行分析。

　　第二步,对教材编排顺序进行整理,其中包括章节顺序、节内容编排结构等。

　　第三步,针对某一块几何知识内容,整理知识点。

　　第三阶段:确定研究模型。组内讨论,制定出比较框架,并经历"试用—讨论—修改"的过程,最终制定出适用于几何内容比较的研究模型。详见图3-1。

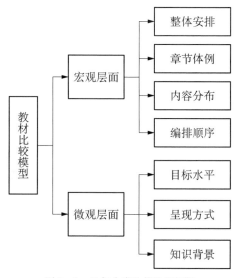

图3-1　几何内容比较分析框架

## 3.4　研究结论与建议

　　本节主要从宏观和微观两个层面展开,从七个指标入手,比较分析七国教材。

### 3.4.1　宏观层面

#### 3.4.1.1　整体安排
我们通过表3-3所示的分析指标,比较分析七套教材的整体安排。

表 3 - 3　七套教材整体信息比较

| 教材系列 | 教材样本 | 出版者 | 出版年份 | 页数 | 章数 |
|---|---|---|---|---|---|
| CN - PEP | 必修 2 | 人民教育出版社 | 2007 | 156 | 3 |
| | 必修 4 | | 2007 | 147 | 3 |
| | 选修 2 - 1 | | 2007 | 119 | 2 |
| | 选修 2 - 2 | | 2007 | | |
| US - PHM | Geometry | Pearson Education | 2008 | 896 | 12 |
| JP - SKS | 新编数学 A | 数研出版 株式会社 | 2007 | 112 | 3 |
| | 新编数学 B | | 2007 | 176 | 5 |
| | 新编数学 C | | 2007 | 152 | 4 |
| RU - MGU | Геометрия, классы10—11 | Просвещение Издательство | 2006 | 255 | 8 |
| DE - LBS | Geometrie 10 | Ernst Klett Verlag | 2007 | 96 | 4 |
| | Analytische Geometrie Grundkurs | | 2008 | 182 | 5 |
| FR - EDB | Maths 2$^e$ | Editions Belin | 2005 | 311 | 12 |
| | Math 1$^{re}$S | | 2005 | 462 | 13 |
| SG - PPE | New Express Math 4 | Panpac Education | 2008 | 304 | 7 |

**研究得到:**

特征外观方面,美、法教材都相当精美(见图 3 - 2),色彩艳丽,价格昂贵。在排版上,美国字体较大,行距较宽,法国字体较小,版面紧凑。法国的知识内容辅以底色,便于学生明确基本知识;左侧空白,便于学生做笔记。中国、日本、新加坡教材相对朴实无华,色彩以黑白为主,页数较少,价格低廉。

**我们的建议:**在保持我国教材目前优点的情况下,可学习欧美国家,适当增加色彩,在丰富美感的同时,增强对学生的吸引力。另一方面,版面设计可学习日本、德国的教材,做到简洁明了(图 3 - 3)。

### 3.4.1.2　章节体例

纵观各国教材体例设置,也各具特色。从整本书的目录来看,各国教材都是给出二级标题,也就是章、节的标题。但是教材章节内的编写则有着很大的

图 3-2　欧美教材页面样例

## 9 球の体積と表面積

立方体や直方体，角錐や円錐などの体積や表面積の求め方は，既に学んでいる。ここでは，球の体積と表面積を求める公式について学ぼう。

### A ≫ 球の体積を求める公式

5　球の体積について，次の公式が知られている。

**球の体積**

半径が $r$ の球の体積 $V$ は　　　$V = \dfrac{4}{3}\pi r^3$

 例 15　半径が 2 cm の球の体積は　　$\dfrac{4}{3}\pi \cdot 2^3 = \dfrac{32}{3}\pi \ (\text{cm}^3)$　　終

 練習 36　次のような球の体積を求めよ。

10　(1) 半径が 5 cm　　　　　　(2) 直径が 12 cm

### B ≫ 球の表面積を求める公式

球の表面積について，次の公式が知られている。

**球の表面積**

半径が $r$ の球の表面積 $S$ は　　　$S = 4\pi r^2$

15　例 16　半径が 3 cm の球の表面積は

$4\pi \cdot 3^2 = 36\pi \ (\text{cm}^2)$　　終

 練習 37　次のような球の表面積を求めよ。

(1) 半径が 2 cm　　　　　　(2) 直径が 10 cm

图 3-3　日本教材页面样例

区别,我们根据教材实际情况整理出大致的编写体例设置思路,如图 3 - 4、图 3 - 5、图 3 - 6、图 3 - 7、图 3 - 8 所示。

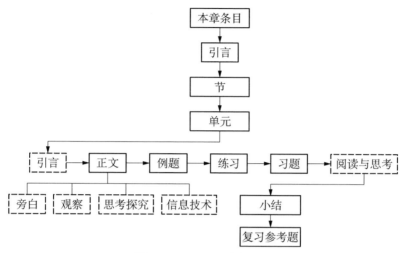

图 3 - 4 CN - PEP 体例设置

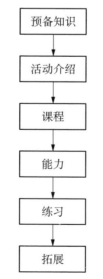

图 3 - 5 FR - EDB 体例设置

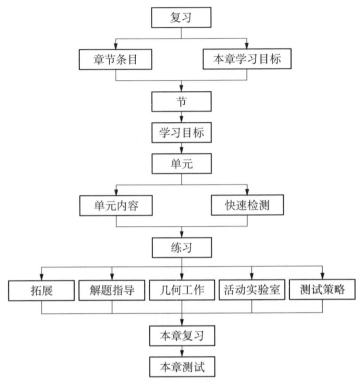

图 3-6　US-PHM 体例设置

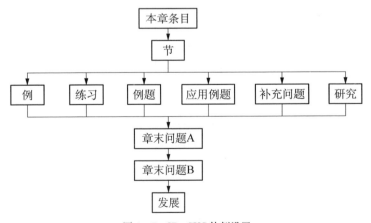

图 3-7　JP-SKS 体例设置

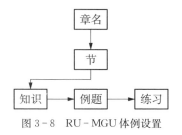

图 3-8　RU-MGU 体例设置

**研究得到:**

CN-PEP 章的结构比较有逻辑层次,大标题套小标题,知识是以"模块"的形式呈现;而 DE-LBS 与 FR-EDB/HLT 节的知识点很细小,缺乏较大标题的统领。此外,CN-PEP 在章的末尾有"本章小结",将本章的知识内容用"框图"形式呈现,让学生更好地回顾本章知识内容,在回顾知识之后进行设有"A 组、B 组"分层的练习;DE-LBS 则另命名一节课——"混合任务",内设 20 多道题目,无分层。我国及美国教材编写形式更加多样,在教材中编排了大量"思考与探究""观察与思考""信息技术应用""阅读与思考"等栏目,并且还有很多旁白标注,这样的体例设置可以更好地启发学生思考,让学生在探究中学习知识,激发学生学习数学的兴趣,拓展学生知识的广度。FR-EDB/HLT、RU-MGU 与 DE-LBS 简洁明了,所有内容均井并有条地呈现给学生,同时 FR-EDB/HLT 中的活动介绍内容没有标准答案设置,能更好地调动学生的参与度,书尾有相关答案,更利于学生的自学。

**我们的建议:**教材编写时可以适当设置能够让学生参与体验探索的活动。虽然 RU-MGU 教材中有不少探究活动,但是这些活动有些不利于实施,所以,教材编写时应当适当选取能够有效实施的探究活动,使学生成为真正的参与者,而不是接受者。教材章尾可以设置拓展内容,例如 CN-PEP 节尾的阅读与思考栏目和 FR-EDB/HLT 节尾的拓展活动,不仅可以增强学生学习的兴趣,还可以拓展学生的视野,为各学科深入学习提供机会,使学生感受到数学的实用性,更好地培养学生的自学能力。另外,DE-LBS 给读者最大的印象是版面设计非常简洁明了,让学生一目了然学习的内容是什么。由于高中生已经储备了一些知识经验,具备了一定的自学能力,所以,教材应干脆利索地呈现学习内容,方便学生自行阅读,并能快速找出重点来学习。CN－PEP 在这一方面,做得相对花哨一些。将一些具有数学涵养的内容、能利用信息手段的内容以及在未来个人发展中占据重要意义的知识编排进"阅读材料",这样一来,许多学生潜意识里认为这一栏目是次要的,从而不过多关注,甚至一些教师也忽略这一栏目,导致许多有意义的信息传播不开,被忽视掉。因此,建议教材将这些有意义的内容穿插进"正文"中,发散学生的思维,使学生的数学知识面达到新的广度。

### 3.4.1.3　内容分布

从表 3－1 来看,就几何内容分布来说,虽然中国教材的平面几何在初中阶段完成的主要原因是知识点量比西方教材少,但是就具体几何内容来说,中国教材知识仍不及其他国家知识范围广。比如,空间几何图形部分,CN－PEP 虽然有空间几何体、空间点线面的位置关系、立体图形画法等,但是没有涉及欧拉公式,且对于空间几何体的平面截面内容可以适当增添。解析几何部分,CN－PEP 中有直线方程、圆的方程、二次曲线方程,但都是直角坐标系下的方程,参数方程、极坐标方程、球面方程等应适当增添。此外,CN－PEP 中图形变换内容没有具体的讲解,而是渗透于知识应用之中,但是法国图形变换内容则十分详细,利用向量及图形变换将各个几何知识串为整体,利于学生构建知识框架。

**我们的建议:**增加几何体的平面截面、图形变换、极坐标系下曲线方程等内容,对于进一步学习空间几何来说,有着非常重要的作用。增加向量在几何、代数等方面的应用也是非常重要的,FR－EDB/HLT 与 DE－LBS 中向量与几何的结合非常紧密,CN－PEP 在此方面明显不足。此外,CN－PEP 中几何内容较为分散,且注重几何证明,不利于学生几何内容整体框架的形成,不利于知识的迁移应用。因此,不妨借鉴欧美国家,加强解析几何内容和向量的应用。另外,教材面对的是全体普高学生,内容上可再精简一些,选择有代表性的知识内容加深难度。建议我国几何课程设置应该稍微弱化对于推理证明的要求,更多地通过直观实验认识图形、通过活动探索发现几何原理,将推理、发现与几何论证并举,学习建立在几何直观和几何实验的基础上的几何推理。

### 3.4.1.4　编排顺序

我们通过表 3-4、表 3-5 所示的样表和图 3-9 所示的样图对各国教材的编排进行分析。

表 3-4　教材章节编排样例（向量）

| | CN-PEP | JP-SKS | FR-EDB | RU-MGU | SG-PEH |
|---|---|---|---|---|---|
| 所在章顺序及名称 | 第二章<br>平面向量 | 第一章<br>平面向量 | 第十章<br>向量 | 第四章<br>空间向量 | 模块 3<br>向量 |
| 章目录下各单元名称 | 2.1　平面向量的实际背景及基本概念 | 1.1　向量及其运算 | 10.1　向量 | 4.1　空间向量的概念 | 3.1　二维和三维向量 |
| | 2.2　平面向量的线性运算 | 1.2　向量与平面图形 | 10.2　向量的运算 | 4.2　向量的和、差、数乘 | 3.2　纯量积与向量积 |
| | 2.3　平面向量的基本定理及坐标表示 | | | 4.3　共面向量 | 3.3　向量和三维几何学 |
| | 2.4　平面向量的数量积 | | | | |
| | 2.5　平面向量的应用举例 | | | | |

表 3 - 5 教材章节编排样例(球的表面积与体积)

| | CN - PEP | US - PHM | JP - SKS | DE - LBS |
|---|---|---|---|---|
| 所在章顺序及名称 | 第一章<br>空间几何体 | 第十一章<br>表面积与体积 | 第三章<br>图形与计量 | 第二章<br>柱、锥、球 |
| 章目录下各节名称 | 1.1　空间几何体的结构 | 11.1　展开表面图和截面 | 7　三角形的面积 | 2.1　柱 |
| | 1.2　空间几何体的三视图和直观图 | 11.2　棱柱和圆柱的表面积 | 8　相似图形的面积比体积比 | 2.2　锥 |
| | 1.3　空间几何体的表面积和体积 | 11.3　棱锥和圆锥的表面积 | 9　球的体积与表面积 | 2.3　球 |
| | | 11.4　棱柱和圆柱的体积 | | 2.4　综合作业 |
| | | 11.5　棱锥和圆锥的体积 | | |
| | | 11 - 6　球的表面积和体积 | | |
| | | 11.7　相似几何体的面积和体积 | | |

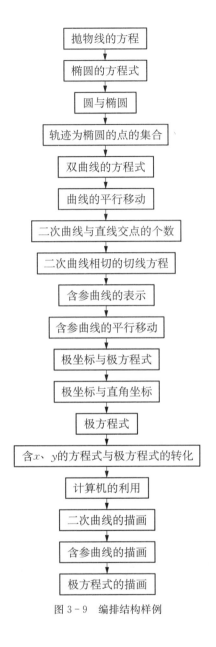

图 3-9　编排结构样例

**研究得到：**

　　CN-PEP中每个知识点的划分都很有逻辑性,以知识块的形式出现,并且前后知识点环环相扣,这样便于学生对知识整体性的认识。DE-LBS则更注重知识的前后联系、知识之间的相互迁移。FR-EDB/HLT则没有具体提到解析几何、立体几何等几何学科,而是统一在平面和立体两个空间,特别注重向量的学习,整个高中阶段数学教材中的几何内容以向量为主线,以向量为基础来学习解析几何、空间几何,研究几何图形的变换与性质,沟通代数、几何与三角的联系,使得整个高中几何内容成为一个整体。下面分部分介绍。

**空间几何**:从内容的选择与安排上看,空间几何部分主要涉及以下内容:常见几何体、几何体的截面、立体图形的画法、投影、空间点线面的位置关系等。中国教材中空间几何体部分内容注重直观感知,培养学生的空间观念,空间点线面的位置关系这部分内容则注重证明,重视定理的逻辑证明。FR - EDB/HLT 通过平面截面的方式引入空间几何体,空间点线面的位置关系则是通过向量内容介绍。JP - SKS 与 RU - MGU 中的欧拉公式是其他国家所没有的,但 JP - SKS 中只介绍了多面体。US - PHM 中没有空间中点线面的位置关系的相关知识,DE - LBS 与 FR - EDB/HLT 则是以向量来表示这些关系,利用综合几何及代数方程研究这些关系以及空间中角的相关问题。CN - PEP 与 JP - SKS 采用"定义—判定—性质"的方式来完整地介绍空间点线面位置关系的相关问题。

**我们的建议**:我国教材应继续运用几何体的组合对学生的直观感知进行培养,继续拓展教材中组合图形这一块内容。可以适当调整空间知识的学习顺序,及时与向量在空间几何中的应用相结合,以培养学生在几何中应用向量的意识。

**解析几何**:各国教材均介绍了笛卡儿坐标系下的平面方程(如直线的方程、圆的方程、椭圆方程、双曲线方程、抛物线方程)。但是 CN - PEP 中没有欧美教材中所涉及的极坐标方程、球面坐标方程和参数方程。FR - EDB/HLT 利用方程来讨论点线面的位置关系,通过极坐标引出三角学等,加深了代数和几何的联系。但是法国等国家教材中的解析几何内容分布在多个单元,零散不均匀,而 CN - PEP 则集中在较少的单元涵盖所有知识点,使得各单元主题内容更为清晰。

**我们的建议**:较几国教材而言,CN - PEP 知识点分布集中,知识深度更深,但知识点间的联系、代数几何等部分的联系较为松散。我们认为应该进一步深入研究知识,在保障学生学习核心知识与技能的基础上,合理精简知识,增加极坐标、参数方程等的阅读内容,将介绍的知识挖掘得更为深入、丰富,注重知识间的联系,注重开发学生发散联系的思维,在教材中增加数学活动。

**向量:**从内容选择及编排上看,这部分内容主要介绍向量的概念、向量的线性运算以及坐标表示,DE－LBS 与 RU－MGU 还有外积及线性相关和无关的相关介绍。此外,各国均利用向量来解决几何问题,例如 US－PHM 利用向量研究变换,而 FR－EDB/HLT 与 DE－LBS 则以向量为主线,贯穿整个几何体系,利用向量和位似变换解决空间几何和解析几何的相关问题,更偏重几何代数化。此外,DE－LBS 虽覆盖面不广,但是每块知识介绍得都十分细致、有深度。US－PHM 则以平面几何内容为主要内容,解析几何和向量知识的学习相对弱化。此外,CN－PEP 中向量内容的编排成螺旋上升,但是其他国家比如 SG－PPE/PEH 中向量内容则成直线式编排。

**我们的建议:**向量是高中数学的重要内容,是沟通代数、几何及三角的纽带,因此在向量内容的编排上,应该更加注重体现出向量的工具性,突出向量与几何、代数的联系。另外,可以将空间向量内容及平面向量内容一起编排,便于向量内容的系统学习。

**度量:**各国教材中的度量内容主要包含距离、面积、体积以及角度。US－PHM 度量内容最多,而其教材中的比例尺、单位选择等知识在我国是在初中教材中做介绍的。空间几何体的面积及体积主要是利用公式计算,CN－PEP 没有严密的证明。DE－LBS 中利用积分的方法求图形的面积及体积。

**我们的建议:**度量内容的学习应该保留我国教材风格,突出知识的应用,精简教材中内容的介绍。度量是计算的基础,我国教材可以在平面距离的基础上适当增加空间距离的介绍。比如,适当研究教材阅读内容,扩充知识广度。

### 3.4.2　微观层面

对相同的知识点从"目标水平""呈现方式""知识背景"三个方面进行研究。

#### 3.4.2.1　目标水平

根据我国普通高中数学课程标准中的要求,将教材相应内容分三个目标领域:知识与技能、过程与方法、情感态度价值观,所涉及的行为动词水平将知识的目标水平分为知道、理解、掌握/应用三个层次,如表3-6和图3-10所示。

表3-6　CN-PEP与DE-LBS知识目标水平的比较数据样例

| 目标水平 | DE-LBS | CN-PEP |
|---|---|---|
| 知识点总量 | 18 | 13 |
| 了解 | 4 | 3 |
| 理解 | 11 | 8 |
| 掌握与应用 | 3 | 2 |

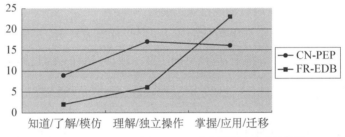

图3-10　CN-PEP与FR-EDB知识目标水平比较样例

**研究得到:**

**空间几何:**CN-PEP对空间几何体知识内容的目标水平层次要求较低,对球、棱柱、棱锥、台的表面积和体积的计算公式只需了解,不要求记忆公式。因此,CN-PEP并没有大篇幅地介绍这六个公式,而DE-LBS却对这六个公式的产生作了详细的介绍,并且对应地附有大量练习题,其中大量题目以实际生活为背景,可见DE-LBS要求学生理解这些公式,并能熟练运用到实际中。

**解析几何:**JP-SKS中圆锥曲线内容处于低数学认知水平;DE-LBS对此块内容的目标要求较高。CN-PEP以低认识水平为主,高级认识水平为辅,多以探究为主,主要培养学生的思维习惯。US-PHM解析几何内容水平要求不及中国,二次曲线内容较少。

**向量:**CN-PEP中向量的知识点数比FR-EDB/HLT中的知识点数多,知识点目标水平分布相对均匀,其中理解层次的知识点数最多,占 40%,虽然了解水平的知识相对较少,但也占将近 22%;FR-EDB/HLT 知识点数比中国少,75% 的知识为掌握层次,了解层次的知识仅占 6%。可知,FR-EDB/HLT 对学生的水平要求较高,基本所有知识都要求学会应用。

**度量**:US-PHM 的部分度量知识为我国初中教材内容,可见,CN-PEP 度量的相关知识比美国要求要高。法国、德国教材中度量知识水平要求更高。

**我们的建议**:我国教材可适当调整教材的难度水平,适当增加与现实生活紧密联系的知识和体现现代数学前沿性的知识内容。美国高中数学教材中的部分内容仅相当于我国初中、小学内容,虽然两国教学侧重有所差异,但我国学生在初等教育阶段所学知识明显多于美国学生。所以,我国教材应注意根据学生的兴趣、认知特点和数学学科的发展前景,适当删减偏难、偏深、与现实生活联系不大的内容,留给学生更多的时间充分理解、探究和应用"最有用的数学"。

### 3.4.2.2　内容呈现方式

几何学作为研究现实世界中物体的形状、大小与位置关系的数学学科,人们常采用直观感知、操作确认、思辨论证、度量计算等方式来认识和探索几何图形及其性质,结合教材内容呈现方式不同,我们将其分为知识导入、知识体验、知识表征、知识讲解、知识应用和知识拓展六阶段,分别从概念、性质、定理、应用等方面选取不同教材的相同知识点进行教材内容呈现方式的比较。由于各知识点均涉及应用,我们则对例题、习题进行了题目关联知识量、解法、解题说明等方面的比较。

a. 知识导入:引入学习课题;

b. 知识体验:知识探索、合作学习、动手操作;

c. 知识表征:知识点以概念、性质、公理、定理或证明的形式表征;

d. 知识讲解:公式、性质、定理等详细解释;

e. 知识应用:例题习题的设置;

f. 知识拓展。

详见表 3-7 和图 3-11。

表 3-7　教材呈现方式样例表

| | | US-PHM | CN-PEP | DE-LBS |
|---|---|---|---|---|
| 知识导入 | | 类比圆周长 | 无 | 软木球的不便,以及配图"地球" |
| 知识体验 | | 联系生活情境,将棒球表面剥开得下图,近似得出公式: | 无 | 利用卡瓦列里原理(我国也称祖暅原理): Fig.4 |
| 严密证明 | | 无 | 解释:以后可以证明此公式 | 无 |
| 知识表征 | | 语言及符号 | 函数及符号 | 语言及符号 |
| 知识运用 | 例1 | 公式直接运用 | 联系圆柱知识运用公式 | 公式直接运用 |
| | 例2 | 求地球表面积 | 无 | 已知表面积求体积 |

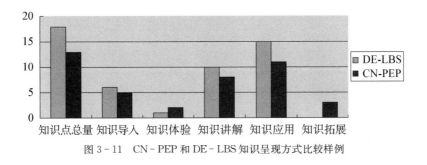

图 3-11　CN-PEP 和 DE-LBS 知识呈现方式比较样例

**研究得到:**

**空间几何:**DE-LBS 版教材在球的表面积与体积一节首先说明,虽然软木是一种很轻的材质,但也不可能随身携带一个直径为 1 米的软木球,进而引出我们必须探索求球体积的方法。在 DE‐LBS 版教材中,卡瓦列里原理占据重要的地位,教材试图用卡瓦列里原理帮助学生自主探究公式的产生。US‐PHM 则首先复习了利用半径求圆的周长和面积的方法,以便于类比球的表面积及体积。在球的表面积公式推导时,依然延续棱柱、棱锥、圆柱、圆锥推导表面积公式所采用的表面展开图的方法,将棒球表面按其自有纹路展开,得到四个近似圆形,每一个圆的面积都是 $\pi r^2$,所以球的表面积近似为四个圆的面积和 $4\pi r^2$。这仅是一种直观感知的结果,书中继而得出公式,没有给予严密证明。CN‐PEP 单刀直入,直接阐明"球的体积只与半径 R 有关,是以 R 为自变量的函数",给出体积公式。在此既没有直观感知也没有严密证明,只是给出公式,并在小字部分说明以后可以证明这个公式,但笔者并没能在教材上找到此公式的证明。空间点线面的位置关系,CN‐PEP 中的相关定理等都给出了严密的证明,但是 FR‐EDB 却结合向量等内容来介绍,更利于学生理解和应用这一知识。

解析几何:DE‐LBS 教材和 CN‐PEP 版教材在知识呈现方式上的差异主要表现在知识体验和知识拓展方面。我们发现 CN‐PEP 每一节都有"探究"模块,以此让学生体验知识的产生过程,启发学生思考问题,训练学生的思维。而 DE‐LBS 则更加重视正确地使用数学语言,重视理论知识的迁移。两种教材的知识拓展均较少,但是 CN‐PEP 还是明显多于 DE‐LBS。CN‐PEP 设置了"探究与发现"模块以及"信息技术应用"模块,使学生在学习基本知识的基础上,进行更深入的学习。两种教材在知识导入、知识讲解以及知识应用方面相差不大。两种教材的知识导入都比较少,知识表征以及知识应用都比较多。具体地,两版教材中"椭圆的定义"和"椭圆的标准方程"这两个知识点在知识讲解上有很大的不同。总的来说,DE‐LBS 注重数学知识之间的联系和知识的应用,CN‐PEP 注重直观感知以及知识的本质属性。

向量:在内容呈现方面,CN‐PEP 中平面向量内容的介绍一般会以物理中力的合成与分解、位移的相关知识为背景,引入向量的相关知识,通过思考、探究栏目引导学生经历知识的产生过程,进行自主探究,同时会给出相应的即时例题、练习来巩固知识、加深理解。SG‐PPE/PEH 则侧重综合应用,对于具体知识点的由来和证明要求不高。FR‐EDB/HLT 没有知识的引入过程,直接给出知识内容,然后通过举例的方式帮助学生理解,对于知识的讲解过程较少,主要通过学生自己理解掌握,但是教材中会给出知识相应的注意事项,帮助学生理解掌握知识;在知识应用方面,数量多,难度大,但是注重一题多解及数学思想方法的养成。CN‐PEP 与 SG‐PPE/PEH 对学生一题多解的能力有所重视,其中 CN‐PEP 在范例的思路分析上有明显优势。

**我们的建议:**(1)CN‐PEP 更倾向于用信息技术展示与引入知识,如关于双曲线的渐近线,在正文内用信息技术直观感知,将代数方法证明置于课后的探究与发现内。我们认为可将一些与大学有关的知识适当处理后亦置于正文之内,并非增加学生负担,而是为了让学生对知识有更清晰的理解,亦为以后数学的学习做出适当衔接。

(2)优化几何内容编排结构,加强学科内部联系。我国几何课程长期以来一直是以论证为主,法国等国家则是以实验、探究获得知识为主,不注重推理过程。两种偏重各有利弊,传统的演绎几何虽利于训练学生思维的严密性和推理性,但过于封闭,容易增加学生学习的难度,不利于学生学习兴趣的培养,也不利于思维的发散。实验、直观几何虽然能够改变传统演绎几何的枯燥性,培养学生的观察、实验、猜想能力,但是不利于逻辑思维的发展。因此,建议我国几何课程设置应该弱化对于推理证明的要求,更多地通过直观实验认识图形、通过活动探索发现几何原理,将推理、发现与几何论证并举,学习建立在几何直观和几何实验基础上的几何推理。法国几何课程以几何变换和向量作为研究图形的主要手段,加强了几何、代数与三角间的联系,使得整个高中阶段几何内容成为一个整体,也是我国几何课程设置中所应借鉴的。

(3)课程改革强调学生的主体地位,强调发展探索创新的教学模式,在这一点上 CN‐PEP 已经作出了改变。它使用"思考""探索"等栏目对知识进行串联,引发学生进行思考。我们要改变传统的灌输式教学,而这在教材上可以体现为适当地将部分简单证明交还给学生,对于简单的一题多解可以仅提供思路,或者仅提出疑问,教材并不需要手把手地将每个细节都教给学生,适度放松,让学生自主研讨,有利于学生思维的开拓,也有利于学生能力的培养。

(4)应该增加数学体验环节,上文已提到,其实有些"阅读材料"里的内容是很有意义的数学体验材料,应该把它摆放在相对正确的位置。

（5）课程改革强调学生的主体地位，强调把课堂还给学生。但是 CN - PEP 中例题的编写则不利于学生自主性的实现。例题的编写不在于让学生知道解题过程，而在于让学生知道怎么解、为什么这么解、解题中要注意什么。FR - EDB/HLT 中例题的编写则会从多角度给出解题的详细说明，让学生学会解题方法及思维技巧，同时重点知识以框图注明或者加粗显示，这样更利于学生对知识的巩固，使学生学会一类题而不是一道题（见图 3 - 12）。当然例题可以适当将某些步骤留给学生，给学生提供一个自主研讨的空间，这样更有利于学生思维的开拓和自主能力的培养。

**5** **Déterminer une équation d'une droite donnée par un point et un vecteur normal**

**Énoncé**

Dans le plan muni d'un repère orthonormé $(O\,;\,\vec{i},\vec{j})$,
on considère les points :

A(2 ; −5), B(4 ; 3) et C(−1 ; 1).

Déterminer une équation de la hauteur Δ issue de C dans le triangle ABC.

**Solution commentée**

On commence par déterminer un vecteur normal à la droite Δ.

La hauteur Δ issue de C est perpendiculaire à la droite (AB), donc $\vec{AB}$ est un vecteur normal à Δ.
$\vec{AB}$ a pour coordonnées (4 − 2 ; 3 − (−5)), c'est-à-dire (2 ; 8).

• **Première méthode** : on utilise la caractérisation d'une droite donnée par un point et un vecteur normal (propriété 14).

La droite Δ passant par le point C et de vecteur normal $\vec{AB}$ est l'ensemble des points M du plan tels que :
$\vec{CM} \cdot \vec{AB} = 0$.
Soit M($x\,;\,y$) un point du plan ; $\vec{CM}$ a pour coordonnées ($x − (−1)\,;\,y − 1$), c'est-à-dire ($x + 1\,;\,y − 1$).
$$M(x\,;\,y) \in \Delta \Leftrightarrow \vec{CM} \cdot \vec{AB} = 0$$
$$\Leftrightarrow (x + 1) \times 2 + (y − 1) \times 8 = 0$$
$$\Leftrightarrow 2x + 2 + 8y − 8 = 0$$
$$\Leftrightarrow 2x + 8y − 6 = 0.$$
Donc $2x + 8y − 6 = 0$ est une équation cartésienne de la droite Δ.
*Remarque* : On peut conclure à ce stade, mais on peut aussi remarquer que $2x + 8y − 6 = 2(x + 4y − 3)$.
Or : $2x + 8y − 6 = 0 \Leftrightarrow x + 4y − 3 = 0$.
**CONCLUSION :** $x + 4y − 3 = 0$ est une équation cartésienne de la droite Δ.

• **Deuxième méthode** : on utilise la forme générale d'une équation cartésienne d'une droite dans un repère orthonormé.
Dans un repère orthonormé, une équation cartésienne de Δ est de la forme : $ax + by + c = 0$,
où ($a\,;\,b$) est le couple des coordonnées d'un vecteur normal à Δ.
Or, $\vec{AB}$(2 ; 8) est un vecteur normal à Δ ; donc : $a = 2$ et $b = 8$ conviennent.
Donc une équation cartésienne de Δ est de la forme : $2x + 8y + c = 0$.
On détermine la valeur de $c$ en écrivant que le point C appartient à la droite Δ :
$C(−1\,;\,1) \in \Delta \Leftrightarrow 2 \times (−1) + 8 \times 1 + c = 0 \Leftrightarrow c = −6$.
**CONCLUSION :** $2x + 8y − 6 = 0$ (ou $x + 4y − 3 = 0$) est une équation cartésienne de la droite Δ.

图 3 - 12　FR - EDB 中一题多解范例

译文

## 5 给定一个点和法向量，确定直线的方程

**问题**

在带直角坐标系 $(O;\vec{i},\vec{j})$ 的平面上考虑点

$$A(2;-5), B(4;3) 与 C(-1;1)。$$

求从点 $C$ 所作的三角形 $ABC$ 的高 $\Delta$ 的方程。

**解：** 我们先确定直线 $\Delta$ 上的一个向量。

高 $\Delta$ 是从 $C$ 所作的直线 $(AB)$ 的垂线，所以 $\overrightarrow{AB}$ 是 $\Delta$ 的法向量。$\overrightarrow{AB}$ 具有坐标 $(4-2;3-(-5))$，即 $(2;8)$。

**解法一：** 我们用直线的点与法向量的刻划（性质 14）。

过点 $C$ 且具有法向量 $\overrightarrow{AB}$ 的直线是平面上满足性质 $\overrightarrow{CM}\cdot\overrightarrow{AB}=0$ 的点 $M$ 的集合。

设 $M(x;y)$ 是平面上的一个点，则 $\overrightarrow{CM}$ 的坐标是 $(x-(-1);y-1)$，即 $(x+1;y-1)$。

$$M(x;y)\in\Delta \Leftrightarrow \overrightarrow{CM}\cdot\overrightarrow{AB}=0$$
$$\Leftrightarrow (x+1)\times 2+(y-1)\times 8=0$$
$$\Leftrightarrow 2x+2+8y-8=0$$
$$\Leftrightarrow 2x+8y-6=0。$$

所以 $2x+8y-6=0$ 是直线 $\Delta$ 的笛卡儿方程。

**注记：** 我们可以就此结束了。但注意到 $2x+8y-6=2(x+4y-3)$，或者说 $2x+8y-6=0 \Leftrightarrow x+4y-3=0$，所以

**结论：** $x+4y-3=0$ 是直线 $\Delta$ 的笛卡儿方程。

**解法二：** 用直角坐标系中直线方程的一般形式。

在直角坐标系中，$\Delta$ 的笛卡儿方程具有形式 $ax+by+c=0$，其中 $(a,b)$ 是 $\Delta$ 的一个法向量的坐标。因为 $\overrightarrow{AB}(2;8)$ 是 $\Delta$ 的法向量，可方便地设 $a=2$，$b=8$。

因此 $\Delta$ 的笛卡儿方程具有形式 $2x+8y+c=0$。

要确定 $c$ 的值，把点 $C$ 放到直线上。

$C(-1;1)\in\Delta \Leftrightarrow 2\times(-1)+8\times 1+c=0 \Leftrightarrow c=-6$。

**结论：** $2x+8y-6=0$ （或 $x+4y-3=0$）是直线 $\Delta$ 的笛卡儿方程。

（6）根据数学学科学习的特点，自主看书、做题远比听来得有效，教材也应该将知识点和例题习题配套起来，方便学生举一反三、灵活运用。

### 3.4.2.3 知识背景

知识背景比较模型：根据教材具体内容，我们将知识点涉及的背景水平划分为数学背景、生活背景、科学背景和无背景这四个方面。

a. 数学背景：知识背景只与数学自身体系有关；

b. 生活背景：知识背景来源于日常生活、学习用具、游戏；

c. 科学背景:知识背景与科技及其他学科有关;

d. 无背景:知识背景仅跟本章知识相关。

详见表 3 - 8、图 3 - 13 和图 3 - 14。

表 3 - 8　教材知识背景样例表

| 知识背景 | DE - LBS | CN - PEP |
|---|---|---|
| 无背景 | 10 | 4 |
| 科学背景 | 0 | 0 |
| 生活背景 | 2 | 1 |
| 数学背景 | 6 | 8 |

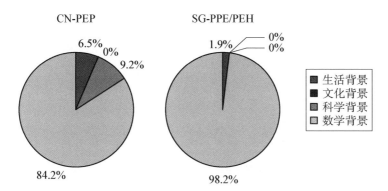

图 3 - 13　CN - PEP 与 SG - PPE/PEH 知识背景样例

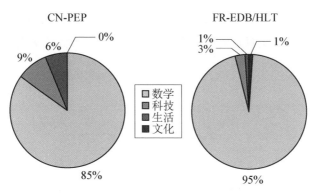

图 3 - 14　CN - PEP 与 FR - EDB/HLT 知识背景比例样图

研究得到：

CN-PEP更加关注数学在现实生活、生产中的应用，处处展现课标的要求，与不同学科相结合，特别是注重让学生了解知识的来源及产生过程。例如向量部分，在编写过程中更注重向量实际背景和几何意义，先从大家所熟悉的物理学中的力学引入，更为直观和形象地提出了向量的概念，再将其应用于位置的确定、航行等实际生活问题中，体现了数学与科学、生活之间的紧密联系，培养了学生的数学应用意识。但是CN-PEP未有效体现出"不同数学分支的融合与交叉"，单纯知识点的应用较多，不利于学生"利用向量解题"思想的形成。FR-EDB/HLT中则很少有实际生活背景的出现，而是更加注重向量在几何、代数以及三角中的应用，注重学生的自我探索，同时在章节后有相关信息技术的应用。但是与社会文化和风俗等相联系方面，各国教材均体现较少。

**我们的建议：**我国教材应选取更多、更丰富、更贴近于生活的现实素材，体现数学的生活价值与文化价值。CN-PEP虽然生活背景知识较多，但现实素材却相对较少，且同一素材反复出现，较难体现数学的生活价值与文化价值。因此，我国教材应注意现实素材选取的数量与质量，应选择更多更贴近于生活的素材，供学生选择性阅读。

数学是各门学科的基础，在物理、化学、天文、地理中随处可见其重要性，比如星体的运动轨迹、微分子结构等。可见，数学是科技发展的储备力量。既然如此，教材的编写应体现出数学这一特性，将数学与其他学科联系起来，增加数学知识在其他学科中的应用，让学生体会学习数学的重要性，解决学生"为什么学数学""学习数学有什么用"之类的疑惑。一来，解决了学生学习动机的问题；二来，会运用知识才是真正的学习，数学来源于生活，再将数学应用于生活才是我们学习的真正目的。

《课程标准2003》（中华人民共和国教育部，2003）明确指出，高中数学课程应提倡利用信息技术来呈现以往教学中难以呈现的课程内容，尽可能使用科学型计算器、各种数学教育技术平台，加强数学教学与信息技术的结合，鼓励学生运用计算机、计算器等工具进行探索和发现。在现行教科书中，现代信息技术的应用主要是涉及几何画板和计算器的使用，而对于算法的学习，CN-PEP在数学3中加入了"算法初步"这一章内容，建立了计算机编程的思想。但是对计算器特别是图形计算器的使用并没有做太多的要求,只编排了"信息技术的应用"这个栏目,并且只是简短介绍,并没有具体说明操作根据和过程,因此没有从真正意义上投入计算器的使用。笔者了解到也有部分高中学校已经将信息技术的使用带入课堂,但这一点在教科书中的体现不足,而且不少学校考虑到高考升学率,在实际教学中很少采用现代信息技术。因此我国教科书在编写中应从本质上重视计算器与数学的整合,只有这样学生才能通过图象计算器真正认识到数学的本质。教科书作为联系教与学的最重要的一种工具,为了使计算器在全体教师和学生中更进一步的普及,编写者在此方面还需作一点改进。

## 参考文献

鲍建生(2002).中英两国初中数学期望课程综合难度的比较[J].全球教育展望,31(9):48-52.

高令乐(2007).中美高中数学教材中三角函数内容的比较研究[D].上海:华东师范大学.

李芳奇(2009).中国与新加坡初中数学教科书结构比较研究[D].杭州:浙江师范大学.

李淑文(2006).中日两国初中几何课程难度的比较研究[D].长春:东北师范大学.

唐恒钧,张维忠(2005).中美初中几何教材"相似"内容的比较研究[J].数学教育学报,14(4):59-62.

唐恒钧(2005).中美中小学几何课程比较及其启示[D].杭州:浙江师范大学.

王奋平(2011).中英高中数学教材比较研究——以英国 AQA 考试委员会与北师大版高中数学教材平面向量为例[J].数学教育学报,20(6):51-55.

徐斌艳(2002).德国普通高中课程纲要的特点及其发展[J].全球教育展望,31(10):11-15.

徐彦辉(2001).从中美数学教育比较引发的思考——浅谈教材和教学的直观性[J].太原大学教育学院学报,19(4):40-42.

叶立军(2011).主要国家高中几何教学内容的组织和呈现方式的比较研究.中学数学,(1):39-40.

叶立军,周芳丽(2012).中国、新加坡几何教材比较——以"向量"为例[J].中学数学教学参考旬刊,(1):142-144.

袁爱洪(2010).中外中学几何教材的比较与反思[J].数学学习与研究,(15):127.

中华人民共和国教育部(2003).普通高中数学课程标准(实验)[S].北京:人民教育出版社.

Fuson, K. C., Stigler, J. W. and Bartsch, K. (1988). Grade placement of addition and subtraction topics in Japan, Mainland China, the Soviet Union, Taiwan, and the

United States [J]. *Journal for Research in Mathematics Education*, 19(5): 449 – 456.

Howson, A. G. (1995). *Mathematics Textbooks: A Comparative Study of Grade* 8 *Texts* (TIMSS Publication Series 3) [M]. Vancouver: Pacific Educational Press.

Li, Y. (2000). A comparison of problems that follow selected content presentations in American and Chinese mathematics textbooks [J]. *Journal for Research in Mathematics Education*, 31(2): 234 – 241.

Li, Y. (2002). A comparison of integer addition and subtraction problem presented in American and Chinese mathematics textbooks [A]. In J. Sowder and B. Schappelle (eds.), *Lessons Learned from Research*. Reston, VA: National Council of Teachers of Mathematics. (pp. 151 – 154)

# 第 4 章

高中数学核心内容的组织与呈现方式——概率统计

## 4.1 研究的意义

2004 年,统计学家陈希孺教授在一份面向中学教师的数学教学期刊上发表了一篇长文。开篇他引用了英国学者威尔斯(H. G. Wells)的原话:"Statistical thinking will one day be as necessary for efficient citizenship as the ability of read and write(统计思维有朝一日会像读写能力一样为有效率的公民所必备)"(陈希孺,2004,p. 1)。该文详细解释了统计对社会发展和科技进步的重要作用,指出抽样、数据、误差、平均数、标准差、统计模型等内容与我们的实际生活密切相关。他认为,研究统计学的意义除了其实用的工具作用,还有一种"形而上"的意义,即在培养人的思想、修养上有作用,"统计学,或者说统计的观点,是一种看待事物的思想方法,受过统计学熏陶的人易于倾向对事物采取一种平衡和稳健的观点而不走极端"(陈希孺,2004,p. 7)。

近几十年来,"概率与统计"越来越多地进入了世界各国的中小学数学课程,我国教育部于 21 世纪初先后颁布的《全日制义务教育数学课程标准(实验稿)》《义务教育数学课程标准(2011 年版)》与《课程标准 2003》也反映出我国中小学数学课程对增加这一新内容领域的积极回应,在我国高中必修和选修课程中都安排了一些课时来学习概率统计。但与英国、美国、德国、法国等开展统计教育和研究的时间已有约 40 年的国家相比,我国在中小学大规模地引入概率统计教育只有 10 余年的历史,学生在测试中的表现自然相对较弱。例如,1991年,在我国大陆学生唯一参加过的一个大型国际测试 IAEP2(第二次国际教育成就评价)中,我们的学生在"数据分析、统计和概率"部分测试成绩是第 10 名,而在其他四个领域(数与运算、测量、几何、代数与函数)均获第 1 名(Fan & Zhu, 2004)。2012 年,上海学生在 PISA 测试中虽然在"变化和关系""空间和图形""数量"和"不确定性和数据"四个内容领域平均成绩都是位居第一,但是在"数量""不确定性和数据"这两个内容领域上,表现都低于"变化和关系""空间和图形"(OECD, 2013)。李业平认为亚洲和美国学生在 TIMSS 测试中的不同表现部分地与他们使用的教材的不同要求有关(Li, 1999),所以从教材比较中去寻找我国学生在概率统计领域表现相对薄弱的原因应该是有意义的。

本研究意在了解概率统计教育开始较早的英美德、开始不久的中日俄以及介于英美德和中日俄之间受英国课程影响较大的新加坡,这七个国家的八套教材表现出的概率统计教育特点,通过比较各套教材所覆盖的内容、对学生的期望以及内容组织呈现方式,了解不同教材在内容的选择、要求、呈现等方面的共同点与不同点,从而认真思考,向我国课程制定者与教材编写者提出相关建议,供其在决策时参考。必须指出,教育决策必须考虑文化背景,本研究的任务不是要比较哪个国家或者哪套教材内容最多、要求最高,也不是要集各国做法之大成来重建我们的课程与教材,而是要在了解不同国家的做法后,结合我国当今教育现实背景,借鉴他人做法,为我国高中概率统计教材的编写提出切合实际的建议,以缩短我们自己摸索前进的时间。

## 4.2 文献综述

"课程"一词有很多含义,但其基本要义就是规定了学习内容以及学习顺序的一种计划,教材或者其他为教师和学生精心设计和组织的教学材料是课程的一种重要表现形式(Goodlad et al., 1979; Robitaille et al., 1993; Valverde et al., 2002)。教材是实现课程目标、实施教学的重要资源(中华人民共和国教育部,2003),是课程的重要表达方式以及联系课程与教学之间的桥梁(Pepin & Haggarty, 2001),学校教学使用共同的教学材料还被视为教育质量保障措施之一(OECD, 2013)。如果教材中包含了一个学习主题,即使教师不一定会教它,但是相对于不包含这个学习主题的教材,还是教材包含了该学习主题后被讲授的可能性大(Valverde et al.，2002)。如果说,各国关于教学内容与教学要求的信息可以从课程标准或教学大纲了解,那么各国如何具体地组织与呈现这些教学内容就需要研究其教材了,教材对学生学习的影响是很大的。

Pepin & Haggarty(2001)在综述现有的研究教材内容与结构的文献时指出,我们可以将研究归结为四个方面:教材的数学目标、教学目标以及教材传达的社会背景和文化传统。其中,研究教材的数学目标往往考察其包括了什么数学知识、关注的是什么、对数学知识提出了怎样的认知要求。研究教材的教学目标则包括考察学生学习中在知识储备、动机激发和能力储备方面教材给予了哪些帮助。还有一些研究则关心教材本身如何传递其对学生未来的社会期望和民族崇尚的文化价值观。现有的文献主要是从数学内容和教学法加工这两方面来进行教材比较的,本研究以及下面这几个研究也都属于这样的类型。

Charalambous, Delaney, Hsu & Mesa(2010)建立了一个纵横双向进行教材比较的研究框架,并运用这一框架对塞浦路斯、爱尔兰和中国台湾三个国家和地区数学教材中分数加减法内容进行了分析。针对分数加减法这一内容,他们在横向维度中选取了主要内容和安排顺序这两个指标,在纵向维度中选取了概念意义、例题、认知要求、作答类型这四个指标。经过对一套塞浦路斯教材、两套爱尔兰教材和两套中国台湾教材的对比研究,他们发现,不同国家和地区的教材在内容选取与安排上虽然相似,但中国台湾的两套教材还是非常明显地显示出其不同于爱尔兰和塞浦路斯教材的特点,比如中国台湾的两套教材都强调单位分数,例题求解强调运用分数的多重意义并借助云图提示多种解法,对于同样的教学内容,中国台湾教材显示出其对学生思维的较高要求。他们认为,文化间的差异远大于文化内的差异。

Houang & Schmidt(2008)介绍了 TIMSS 国际课程分析(international curriculum analysis)是如何对将近 50 个国家或地区的教材进行文本分析的。其分析框架包括教学内容(即数学课题)、表现期望(对学生完成数学任务的期望)和观念(希望通过一定的教学内容或完成任务去传达隐含其中的对学科内容及其价值的认识)。他们将教学内容分为数、度量、数据表示及概率与统计等 10 个主要部分,每个主要部分下再细分 2 级及 3 级内容,这样的分类有益于反映各地教材在内容的广度与深度上的差异。他们先将文本划分为一个个单元

(unit)，再细分为一个个块(block)，块是编码的基本单位，编码关注引入、小结和练习等块，而不是逐页逐页编码。文中提到，TIMSS学生表现最优秀的六个地区的教材整体上都表现出连贯性强、不断加深的特点，在"数据表示与分析"上教学持续的时间较长。

为了揭示美国在国际测试评价中的表现为什么不如新加坡，Ginsburg，Leinwand，Anstrom & Pollock(2005)从课程标准、教材、考试评价和师资质量四个方面进行了比较研究。在比较教材时，他们又从教材的结构和各年级覆盖的内容、一些专题在各年级的处理、数学要求较高的习题的呈现这三个角度对新加坡教材和美国的传统教材以及改革教材进行了比较。他们发现，新加坡的小学教材非常简朴，就像美国20世纪50年代教材的样子，但编排非常用心。新加坡教材重视学生的概念构建，每个年级覆盖的专题都将近只有美国教材的一半，内容深入而系统，强调知识之间的联系，注意使用多种图形表达以帮助学生理解，且注意在后续课程学习中不断加深与提高，如随着数的范围的扩大，会不断加深学生对乘法和除法之间联系的认识。相比之下，美国的小学教材内容散而浅，缺乏联系，效率低下，相关的专题被拆成不同的章节，问题解决并没有促进学生概念学习的系统发展。另外，他们发现新加坡教材重视营造问题情境，通过设置大量不同的问题，如多步的文字题或者融合先前知识的题，为学生创设复习、运用所学知识的机会。他们指出，新加坡小学教材的缺点是所使用的问题常常都不是基于现实世界数据信息的，所以容易给小学生造成数学对现实生活没有多少应用的错误印象。而美国小学教材则包含了更多统计概率等将数学用于现实世界的内容以及几何坐标系、全等与相似、模式等内容，更强调基于问题的学习方法，重视对学生交流能力的培养，以追求其为21世纪培养人才的目标。

Li(1999)比较了美国和中国大陆、中国香港、新加坡的9套8年级教材中的代数部分，考查了它们在内容覆盖、组织和呈现方面所反映出的特点以及设置问题的数量与特征。与Ginsburg et al. (2005)的研究结果类似，他发现美国和亚洲的教材存在明显的差异，不同的美国教材往往强调的是不同的代数内容，但它们的呈现方式很相近，都是拆分成小单元，倾向于用现实世界的问题情境引入内容，重视学生练习，通过设置不同类型的问题发展学生的问题解决能力。

亚洲的教材无论是所强调的内容还是设立较高的学习要求,彼此之间也都比较相像,它们一般都不讲究从现实问题引入,但会用较大的篇幅讲深一个内容,重视学生程序性技能的培养。

相对于代数与几何,由于各国开始概率统计教育的时间都不长,因此对概率统计教材的比较研究还非常少。张海月(2007)以及贾萍(2008)就初中概率统计内容在我国各版教材间或者中外教材间进行了比较研究,但他们比较的角度较少,主要关注相关教材中习题或例题的难度和使用的情境。近两年也有针对中外高中概率统计教材进行的比较,如赵小平和姚雪(2010)比较了新加坡和上海的初中与高中教材中概率统计部分在内容和编排形式上的异同点。她们发现,新加坡中学教材中,概率统计内容比上海多得多,概率中的经典分布如二项分布和泊松分布以及统计中应用价值非常高的内容如相关系数、总体参数的无偏估计、假设检验、样本平均数的分布等都没有出现在上海的教材中。新加坡教材的实践操作环节叙述得很仔细,是学生学习内容的有机组成部分;内容之间的关系提示得更明确,显示出学习的深度;现代技术普遍应用,但也不忽视使用计算器之前学生对相关计算内容的理解;习题的量比上海教材大很多,反映出其在课程中的重要地位。

吴颖康和干芸(2013)比较了英国和我国高中数学教材统计教学中技术运用的情况,她们比较的是英国剑桥大学出版的两本统计教材和我国人民教育出版社出版的高中必修与理科选修的概率统计内容。她们发现,从教材的内容来看,英国教材的广度和难度要明显高于我国,但两国都非常重视技术在教学中的运用与融合,信息技术的使用均以探索新知和例题教学为主,偏重于解决问题。两国的差异表现在人教版更多地利用技术生成随机数以达到模拟随机试验收集数据的目的,而剑桥版提及的硬件和软件的类别要略多于人教版,对技术的使用也作了更为详细的说明,让技术比较多地介入统计量等的计算,且更为凸显技术的探究功能。

安婷婷(2013)以离散型随机变量及其分布、二项分布、正态分布、泊松分布为主题对 CN-PEP、US-PHM、US-SMP、SG-PPE 这四个版本的高中教材进行了比较研究。她发现中美新三国的这四版高中数学教材从外观来看,美国的两版教材非常厚实、色彩艳丽、栏目丰富;我国教材有少量插图和边栏提示,相对简朴,比较重视问题导入;新加坡教材除了图形计算器的屏幕截图,几乎没有其他插图,栏目数和导入方式也最少。但美国和新加坡教材都有比较丰富的附录,如 US - PHM 的附录涉及了练习、图形计算器的使用、性质公式、参考答案、索引等,新加坡教材在附录中包含了图形计算器的使用、公式、补充证明、复习试卷等。在概率分布的内容选择方面,新加坡教材涉及的学习内容最多,US - SMP 次之,它们呈现的知识点间的联系也最丰富。中国学习内容较少,US - PHM 最少。美国教材的学习活动比我国和新加坡都多,类型也丰富,我国和新加坡都仅有"表示数据并归纳或探索",而没有调查或实验、实施模拟试验类的活动。除了我国教材,其余三版的习题数目都比正文中的问题数目多,美国的两版教材习题数目甚至是正文问题数目的三倍以上。中美三套教材对学生在正文部分与习题部分的要求是一致的,但 US - SMP 的认知要求以领会水平为主,对学生的挑战性不够,新加坡教材 80% 的习题为分析水平的题目,且要求过高。美国和新加坡对概率分布的教学明显比我国更加重视图示。四版教材均以公众情境和个人情境居多,科学情境偏少,相对于其他三版教材而言,CN - PEP 教材的游戏情境所占比例较高。新加坡教材使用信息技术最频繁,且用于不同的目的,我国仅是偶尔使用。

从已有的比较研究文献所涉及的学习领域和学段来看,关注多个国家高中概率统计教材的研究极少,而且在概率统计教育处于不同发展水平的多个国家的教材间进行的比较则更少。我国高中概率统计教育无论是在教什么和怎么教方面,都还需要借鉴其他国家的发展经验,即便限于目前的师资条件或教学技术条件,其他国家的一些做法现在还不可能在我们的课堂实现,但是,规划课程要有前瞻性,所以在多个国家的教材间进行深入的比较还是非常有意义的。

## 4.3 研究设计

### 4.3.1 研究问题

本子课题的研究主题是各主要国家高中概率统计教材所表现出的概率统计教育特点以及对我们的启示。比较分宏观与微观两个方面进行,宏观比较关注的是教材对概率统计的重视程度、教材体例、所覆盖的主题、教材总体特色，微观比较则在宏观比较的基础上，以各教材共有的重要主题为对象，通过比较各教材在这些主题上具体覆盖的课程内容、对学生的期望以及内容组织呈现方式，了解不同教材在内容的选择、要求、呈现等方面的共同点与不同点，找出对我们编写高中概率统计教材该主题切实可行且有益的启示。

应该指出，教材是比教科书更宽泛的一个概念，它还可以包括教科书使用中需要的其他材料，如练习册、教师用书、光盘、测试卷等，本研究我们只比较了各国的教科书，并未涉及其他教学材料，所称教材仅指教科书。

### 4.3.2　研究对象的选择

本研究涉及的是中国、日本、新加坡、美国、德国、俄罗斯、英国和法国八国高中数学教材中的概率统计内容。教材的基本信息如表 4 - 1 所示。

表 4 - 1　各套教材基本信息

| 国家 | 出版社 | 代码 | 教材名称、涉及概率统计的分册及其出版年份 |
|---|---|---|---|
| 中国 | 人民教育出版社 | CN - PEP | 普通高中课程标准实验教材数学 A 版：必修 3(2007)、选修 2 - 3(2009) |
| 日本 | 数研出版社 | JP - SKS | 新编数学 A(2006)、新编数学 B(2007)、新编数学 C(2007) |
| 新加坡 | Panpac Education | SG - PPE /PEH | New Express Mathematics 4 (2008) H2 Mathematics Volume 2 (2006) |
| 美国 | Pearson Education | US - PHM | Prentice Hall Mathematics：Algebra 1, Algebra 2(2009) |
| 美国 | Wright Group/ Mc Graw Hill | US - SMP | UCSMP：Advanced Algebra(2010)、Functions, Statistics, and Trigonometry(2010) |
| 英国 | Cambridge University Press | UK - SMP | SMP AS/A2 Mathematics：Statistics 1 (2004)，Statistics 2(2005) |
| 德国 | Schroedel Verlag | DE - EDM | Elements der Mathematik 11 - 12(2010) |
| 俄罗斯 | Просвещение Издательство | RU - MGU | МГУ—Школа：Алгебра и начала анализа, класс 10(2006) |
| 法国 | Editions Belin Hachette Livre | FR - EDB FR - HLT | Math 1ʳᵉS，Maths 2ᵉ(2010) Declic Maths Terminale S (2004) |

考虑到法国高中三个年级的教材出版社和出版时间均不尽相同,并不成套,无论是本研究的宏观部分还是微观部分,它与其他教材在很多方面会缺乏可比性,所以本子课题组没有将法国纳入比较范围,但还会在本报告的宏观比较部分对法国高中统计教材的特色和我们可以借鉴的地方予以介绍。这样,我们只对表 4 - 1 中前 8 套教材(涉及 7 个国家)进行我们的比较研究(新加坡 Panpac Education 出版的 SG - PPE 和 SG - PEH 在内容上是衔接和协调的,我们把他们当作一套教材,下文只用 SG - PPE 代码)。到了微观比较部分(4.4.2 小节),我们把比较的范围更压缩到表 4 - 1 所列的前 6 套教材(涉及 5 个国家)。在微观层面的比较中没有考虑德国和俄国的教材,除了语言障碍外,还有一些其他原因,如德国在初中就有不少概率统计内容,如条件概率是安排在初中的,所以高中教材中没有这个内容,无法一起比较;俄罗斯的高中数学很少讲概率,统计则几乎没有,无论是课程内容的选择还是安排呈现,都鲜有新意,故也不进行微观比较。在比较中,我们没有对教材的使用年级加以说明,也不区分必修和选修,主要是因为各国的教育体制和学制不同,在有的国家有明确的使用对象和使用顺序,但有的国家则没有严格的规定,因此加以说明或区分也没有实质的意义。我们也没有收集各套教材相应的练习册,比较对象仅限于教材中的内容。我们没有将专门介绍排列、组合内容的章节作为研究对象,因为它们并不涉及随机性。

总体而言,英、美、德在中小学开展概率统计教育时间相对较长,中、日、俄则相对较短,新加坡受东亚文化的影响但教育体制与评价又是英式的,从借鉴别国发展经验来看,选择这样七个国家进行比较研究还是很有意思的。

### 4.3.3 研究过程和研究方法

在过去的两年中,我们首先在阅读文献、思考讨论的基础上得到了比较研究的初步框架,并尝试用它对中国、美国和新加坡的部分内容进行了预研究,在修改、补充了研究框架之后,我们最终确定了宏观比较和微观比较的具体视角,如图 4 - 1 所示。

宏观比较中,教材对概率统计的重视程度主要从各教材给予概率统计的篇幅占比以及所覆盖的专题数来衡量,当然,由于未同时考察初中教材,也未能区

图 4-1　比较研究框架

分各教材在高中生中的使用率,因此极有可能出现各教材实际使用率相差悬殊的情况,比如,CN-PEP 选修 2-3 虽然是选修教材,却是所有理科考生都要学习的内容,超过半数的高中生在学习这套教材或与之要求相仿的教材。SG-PPE 的 H2 统计教材是大学预备课程的教材,课程内容是与大学科目密切相关的。显然,这两套教材的使用对象是不一致的,因此,我们在解读本报告的结论时一定要谨慎。

微观比较中,我们将从知识点数量和知识之间的联系两方面来考察课程内容。像 TIMSS 国际课程分析一样(Houang & Schmidt,2008),我们将把课程内容细分为 3 级,并称 3 级主题为知识点,如在二项分布这个 2 级主题下可以有二项分布的分布列、二项分布的概率密度函数、二项分布的均值、用正态分布近似二项分布等知识点。

对学生的期望我们主要考察教材安排的任务的类型、数量和要求,关于任务,我们采用斯坦(Stein)等人的界定,即"要求学生关注于某个数学内容的课堂活动"(Stein,Remillard & Smith,2007,p.346)。我们将教材分为正文与习题两大部分,从每课的开始到练习、拓展、阅读材料等均为正文,习题仅指课后的,包括本节课后的习题、拓展中的习题和章末复习题中的相关习题,但不含模拟测试题。任务可以包括例题、练习、活动、拓展、探究、思考、阅读、信息技术应用、本节习题和章末复习题等等,但不含书中的模拟测试题以及联系不大纯粹复习性质的习题。在类型上,我们将任务划分为纯粹思考、调查活动、构建图表和模拟实验四种类型,在认知要求上则划分为记忆、领会、分析、创造四个水平(见表4-2),以反映各套教材在相关内容上对学生提出的学习要求。统计数量时,每一个独立的问题被记为一个学习任务,例如一道习题中含有3个小问题,则按3个学习任务计算,但若一道习题中连续问了2个问题,还是记为1个任务。

表4-2 认知水平的划分说明

| 水平类别 | 描述 | 示例 |
|---|---|---|
| 记忆水平 | 与课本几乎一样的方式回忆或呈现已学过的定义、命题(公理、法则、公式、定理)、数学事实、基本概念或已学过的程序和方法,直接套用概念或公式 | 已知 $x=2$, $n=5$, $p=0.25$,用二项分布概率公式求概率 |
| 领会水平 | 能够理解概念、原理、法则和数学结构的内涵,从而可在情境题中解决常规问题,涉及知识技能1~2个 | 求10次独立重复试验中恰有8次以及至少有8次成功的概率 |
| 分析水平 | 能做出比较、分析和联系,在背景或条件改变的情况下,联系多个隐含的信息做出合理的推理,能够对概念、图形或性质做比较,建立有意义的联系,涉及知识技能3个或更多 | 联系分布 $X \sim B(10, 8)$,思考服从二项分布的随机变量取何值时其概率最大 |
| 创造水平 | 在无参照的情境下,能够创造性地解决没有接触过的新问题或能够综合地应用知识,独立提出一些猜想或构建模型 | 你对超几何分布与二项分布的关系有何认识 |

最后,比较内容组织呈现方式时,我们首先比较了各套教材导入某个重要概念或命题的方式,然后考察了各教材的正文使用统计图表和信息技术的情况,比较了不同教材使用信息技术的频繁程度以及使用的主要目的,我们分为用于计算、图表绘制和用于探索这三大功用。最后,我们仿照PISA对情境的分类(OECD, 2010),按情境距学生生活的远近,我们将"正文"和"习题"中的任务情境分为6类:无情境、游戏情境、个人情境、公众情境、职业情境和科学情境(表4-3)予以考察,其中游戏情境是考虑到概率知识的特殊性而增加的。当同

一个问题情境下连续有多个问题时，对该情境只记录一次，以反映情境使用的丰富程度。

表 4-3　任务情境的划分说明

| 情境类别 | 描述 | 示例说明 |
|---|---|---|
| 无情境 | 完全属于数学内部的情境 | 只涉及数字、公式、计算、数学概念等 |
| 游戏情境 | 因为不确定性而带有娱乐性质或挑战性质的问题情境 | 掷骰子、抛硬币、摸球等 |
| 个人情境 | 与学生日常生活、校园生活或活动有关的，绝大部分学生都很熟悉的情境 | 学生的身高、体重、学习成绩等 |
| 公众情境 | 在媒体中广泛报道的，为大众所熟悉的情境 | 商场里的价目表、运动员成绩、天气预报数据、选举等 |
| 职业情境 | 大众熟悉度不高，仅为某一行业特殊人群了解的情境 | 质量检验、农作物收成、测谎仪等 |
| 科学情境 | 与特定的学科知识有关，仅有某一领域专业人员才了解细节的更为抽象的情境 | 某一动物的奔跑速度、海洋水温、地震信息、化学实验数据、医疗化验诊断等 |

对于以上各比较维度，我们均由至少两位研究者根据数据编码指南独立编码，不一致的地方经过讨论协商，最后达成一致。

## 4.4　研究结论与建议

### 4.4.1　宏观层面

为了对八套教材有一个初步的整体认识，我们首先考察了各版教材的版面设计、体例结构和篇幅等基本信息，如表 4-4 所示。下面，我们从教材对概率统计的重视程度、教材体例、覆盖的主题、教材的总体特色这四个方面，对七个国家的八套教材做一个宏观的比较。

#### 4.4.1.1　重视程度

每套教材安排给概率统计的篇幅从一定意义上反映着该教材对概率统计

表4-4 八套教材版面信息

| 教材 | 彩色 | 页面 | 边栏 | 常见栏目 | 总页数 | 概率统计总页数(占总页数百分比) | 二项分布总页数(占概率统计百分比) |
|---|---|---|---|---|---|---|---|
| CN-PEP | 否 | 大 | 有 | 导图导语、例题、练习、习题、思考、探究、阅读与思考、小结、复习参考题 | 1048 | 156(15%) | 4(3%) |
| JP-SKS | 否 | 小 | 无 | 导入问题、例题、练习、补充问题、章末问题、研究、课外专栏、答案 | 911 | 106(12%) | 9(8%) |
| SG-PPE | 否 | 大 | 无 | 计算器功能键导图、例题、说明、思考、计算器操作指导、习题、章末习题、答案 | 883 | 274(31%) | 25(9%) |
| US-PHM | 是 | 大 | 有 | 导图导语、关键词汇、学习目标、预备技能检测、活动、例题、快速检测、计算器操作指导、习题、测试准备、混合复习题、联系现实、去上网、拓展、问题解决、活动实验室、章复习测试题、本章测试、部分答案 | 2270 | 143(6%) | 7(5%) |
| US-SMP | 是 | 中 | 有 | 导图导语、词汇表、重要观念、活动、例题、快速检测、习题、项目学习、小结与词汇、自我检测、章复习题、部分答案 | 2604 | 347(13%) | 22(6%) |
| DE-EDM | 是 | 大 | 有 | 导入、任务、解答、知识要点、练习、进一步的任务、提高水平、自学、补充内容、观点、考试训练 | 713 | 132(19%) | 30(23%) |
| RU-MGU | 否 | 小 | 无 | 引言、例题、习题、历史知识、复习题 | 932 | 28(3%) | 0(0%) |
| UK-SMP | 否 | 小 | 无 | 学习目标、导入问题、思考、例题、习题、内容要点、综合题、自测题、答案 | 1066 | 244(23%) | 16(7%) |

的重视程度。考虑到要比较的这些教材页面大小、边距、语言、字体大小等都不一样,所以直接比较页数意义不大,我们计算了概率统计在每套教材总页数中所占的百分比以及二项分布这一常见的高中统计课程内容在每套教材的概率统计总页数中所占的百分比。由于各国教材体例略有不同,为增加可比性,教材正文之前的"目录""教材使用说明"和教材末尾的"附录"以及"习题解答"所占的页码这里统一不计。

表 4-4 告诉我们,就概率统计在一套书中所占的篇幅而言,SG-PPE 独占鳌头,达到 31%,是最少的 RU-MGU 相应数据的十倍! UK-SMP 与 DE-EDM 概率统计篇幅均在 20% 左右,分列第二、第三,CN-PEP 位居第四,约为 15%,略领先于 US-SMP 和 JP-SKS,US-PHM 和 RU-MGU 是篇幅比例最低的,仅为 6% 和 3%。虽然 CN-PEP 教材在概率统计总篇幅的占比上并不落后,但是,对二项分布这一常见课程内容明显不够重视,仅在概率统计中花了 3% 的篇幅来开展二项分布的教学,在八套教材中位居倒数第二,RU-MGU 则完全没有包括二项分布这一内容,再次反映出该教材相当不重视概率统计这一新的课程内容,在这套教材中,概率统计都没有独立成章,仅在三角公式、三角函数这一章的最后有"概率论初步"这部分。当然,这两个百分比只能粗略地说明概率统计在各套教材中的地位,后文还会从多个角度进行比较与说明。德、新教材无论是概率统计在整个教材中还是二项分布在概率统计中占比都是很大的,说明这两套教材确实是八套教材中很重视概率统计教育的,其次是英国。

### 4.4.1.2　教材体例

从外观来看,美国的两套教材最为华丽且栏目丰富,德国的教材可读性也较强,中、日、新、英、俄的教材都比较简朴,没有多少图片。美国教材在边栏中不仅像中国一样常常给出思考问题或提示,也会放很多图片、网站链接、名词解释、答案等,德国版面更接近美国,但不像美国教材有那么多固定的栏目。两套美国教材不仅重视通过取材于现实世界来吸引学生以及通过操作活动和技能准备等来帮助学生,也关注学生学习目标和应试技能的达成,这应该与其希望能够满足更多市场需求有关。US-SMP 在每课起始位置设立的重要观念(big idea)栏目,虽寥寥数语,却显化了本课重要的思想观念,如《高级代数》一册第 13 章第 9 课"二项分布和正态分布"的重要观念是:

"随着二项实验的试验次数增大,刻画每个随机事件的概率图象和频率图象都趋近于一种叫做正态分布的分布。"

这句话点明了除具体知识外需要在学生头脑中建立"在一定条件下可以用正态分布近似二项分布"的重要观念。中、日教材不仅重视训练学生的思考和解决问题的能力,也努力将数学教学联系现实世界,以激发学生的学习热情并通过课外阅读拓展学生的眼界,但素材没有美国教材丰富。英、新教材则以解决数学内部的问题为主,为考试作准备的意图比较明显,不太讲究联系现实世界问题的导入。新加坡教材将图形计算器作为一个学习的必需工具频繁使用,令人印象深刻。在八套教材中只有 CN - PEP 没有给出习题答案。

### 4.4.1.3　覆盖的主题

我们认为,统计教育基础的核心概念有"样本""分布""概率""变异"。通过样本了解总体是统计的基本思想,所以,样本概念的核心地位显而易见;样本数据的分布蕴含着总体丰富的信息,进一步如何处理数据,如何归纳与解释数据都有赖于它;概率是刻画随机现象发生频繁程度的量,它的建立将人们对随机事件的认识从定性水平上升到定量水平;变异是随机现象的固有特性,在考查数据分布和估计概率时都要用到它。据此,我们将高中概率统计教学分为 27个主题,统计了八套教材对它们的覆盖情况,结果如表 4 - 5 所示。

UK - SMP 和 US - SMP 以覆盖 24 个主题名列榜首,紧随其后的是 SG - PPE,覆盖了 23 个主题,JP - SKS 是 18 个主题,CN - PEP 和 US - PHM 都涵盖了 17 个,DE - EDM 与 RU - MGU 最少,依次为 14 个和 8 个。从总体上说,各教材在内容覆盖上的差异小于在内容篇幅上的差异,说明在知识内容的选取上各套教材有较多类似的看法,比如主题"概率古典定义""线性回归""离散型随机变量的数学期望与方差""二项分布""正态分布""点估计""互斥事件和的概率""独立事件积的概率""条件概率""概率密度"都被普遍认为是高中概率统计需要涵盖的教学内容,也是我国高中教材已经包含的内容。八套教材中有五、六套教材都有而 CN - PEP 教材没有的专题包括:"正态分布标准化""箱线图""中心极限定理""区间估计""大数定律""和事件的概率"。

我们认为,像"和事件的概率"计算进入我国课程是比较容易的,因为我国学生有集合语言的基础,也学过样本空间概念,计算更是我们的强项;箱线图

表 4-5　各套教材主题覆盖情况

| 领域 | 主　　题 | CN-PEP | JP-SKS | SG-PPE | US-PHM | US-SMP | UK-SMP | DE-EDM | RU-MGU |
|---|---|---|---|---|---|---|---|---|---|
| 统计 | 茎叶图 | √ | × | √ | √ | √ | √ | × | × |
| | 箱线图 | × | × | × | √ | √ | √ | √ | × |
| | 线性回归 | √ | √ | √ | √ | √ | √ | √ | × |
| | 非线性回归模型 | √ | × | √ | √ | √ | √ | × | × |
| | 二项分布 | √ | √ | √ | √ | √ | √ | √ | √ |
| | 正态分布 | √ | √ | √ | √ | √ | √ | √ | √ |
| | 正态分布标准化 | × | √ | √ | √ | √ | √ | × | × |
| | 泊松分布 | × | × | √ | × | √ | √ | × | × |
| | 超几何分布 | √ | √ | × | × | × | √ | × | × |
| | 抽样方法 | √ | √ | √ | √ | √ | √ | × | × |
| | 点估计 | √ | √ | √ | √ | √ | √ | × | × |
| | 平均数、方差的无偏估计 | × | × | √ | √ | √ | √ | × | × |
| | 中心极限定理 | × | √ | √ | × | √ | √ | × | × |
| | 区间估计 | × | √ | √ | √ | √ | √ | × | × |
| | 假设检验 | × | √ | √ | √ | √ | √ | × | × |
| | 卡方独立性检验 | √ | √ | √ | √ | √ | √ | × | × |
| 概率 | 概率古典定义 | √ | √ | √ | √ | √ | √ | √ | √ |
| | 概率频率定义 | √ | × | √ | √ | √ | × | √ | √ |
| | 大数定律 | × | √ | √ | √ | √ | √ | √ | √ |
| | 离散型随机变量的数学期望与方差 | √ | √ | √ | × | √ | √ | √ | √ |
| | 随机变量线性变换后的期望与方差 | √ | √ | √ | √ | √ | √ | √ | √ |
| | 离散型随机变量函数的期望与方差 | × | √ | × | × | × | √ | × | × |
| | 互斥事件和的概率 | √ | √ | √ | √ | √ | √ | × | √ |
| | 和事件的概率 | × | √ | √ | √ | √ | √ | × | √ |
| | 独立事件积的概率 | √ | √ | √ | √ | √ | √ | √ | √ |
| | 条件概率 | √ | √ | √ | √ | √ | √ | √ | √ |
| | 概率密度 | √ | √ | √ | √ | √ | √ | √ | × |
| 主题个数 | | 17 | 18 | 23 | 17 | 24 | 24 | 14 | 8 |

与茎叶图一样,是较新的数据表示法,一般来说,茎叶图是初中生都能掌握的,所以将来可以把这个内容下放到初中,让高中生借助图形计算器或计算机制作更为抽象的箱线图,从中更清楚地了解分布信息,如四分位数的位置、四分位差等;"正态分布标准化""大数定律"与"区间估计"都是相关内容的深化,我国现行的高中课程标准是首次引入一些新的概率统计教学内容,改革需要一个渐进的过程,相信随着我国概率统计教育的发展,这些新内容的教学也会逐步走向深入。另外,统计的应用性非常强,像"平均数与方差的无偏估计""中心极限定理"都是用样本估计总体以解决实际问题必须要知道的知识,我国教材目前还没有涉及它们,虽然我们讲抽样方法,但只停留在概念介绍的水平而不会实际运用,限制了学习的意义。我们认为,上述七个主题在未来修订我国高中课程标准时应认真论证是否有进入的可能性。

需要说明的是,概率统计篇幅居前的 DE - EDM 教材因为有的专题如抽样方法、互斥事件和的概率、独立事件积的概率、条件概率在初中阶段已经学习过,所以覆盖主题的总量相对比较少,尤其是其概率部分,但是中心极限定理、假设检验、卡方独立性检验等专题该教材也的确没有涉及,所以德国高中概率统计内容少是客观事实。我们认为其篇幅居前的主要原因是该教材图文并茂、重视联系现实情境、频繁使用计算器以及重视学生对抽象概念的理解,这些内容都比较占篇幅。

从覆盖的知识主题数量来看,我国内容不少,超几何分布只有 CN - PEP 教材有,我国新课程实施后被调整为高考不考的选学内容——独立性检验和假设检验,也仅各有三套教材涉及,看来这样的调整还是合理的。但我们也发现,我国教材在使用计算器模拟与运算、考察分布等通过数值化活动方法学习概率统计、运用概率密度函数或累积分布函数求概率以及运用概率统计知识解决实际问题等方面是缺失的,今后我国高中概率统计教育要更多地使用图形计算器、计算机等新技术来逾越应用所要求的微积分等知识门槛。另外,一些主题的深入程度还有待提高,比如正态分布、概率密度函数等,与其他教材相比,我们没有详尽的研究。

### 4.4.1.4 教材的总体特色

在我们阅读各套教材时,还是能够明显地感受到文化、中小学统计教育发展水平、教学理念、教材编写的投入等方面所存在的差异。

　　CN－PEP、JP－SKS 和 RU－MGU 这三套教材的概率统计教育总体上来说还是比较传统,表现在内容偏少而且不够深入,学习过程偏重思考,例题加练习是主要的学习方式,但例、习题的数量又很少,学生缺少活动经验的积累,很少使用直观的图与表以及借助数据来开展教学,虽偶尔有介绍新技术的使用或要求学生开展实践活动,但课程的重点是知识而不是能力,学生很难有机会真正面对不确定的现象加以研究。之所以要特别强调过程、强调活动,主要是因为学生在学习时常常会产生错误认知,而不确定现象的规律呈现又有其自身的特点,需要在大数次的反复试验后基于数据分析才能发现,仅仅用说教的方式不能改变学生的信念,所以基于计算器、计算机用数值化的呈现方式开展教学已经成为当今中小学统计教育的发展方向(Garfield et al.,2008),这三套教材在这方面都有明显的不足。虽然全国各地的教育发展不均衡,但是作为教材,应该为有条件使用新技术的学生提供更多更好的学习机会。另外,除 CN－PEP 外,其余教材都有较丰富的附录,如提供习题参考答案帮助学生自我检测、给出图形计算器的操作指导方便学生完成操作等,提供这样的学习资源和帮助也是对学生自我学习意识的培养,有利于个性化学习的展开。但 CN－PEP 在重视基础、训练思考、联系现实情境方面所做的努力还是必须肯定的,比如,每章末都有"本章知识结构"和"回顾与思考"小结,复习题目按难度分组安排,虽然教材页面以黑白为主,但栏目丰富,经常利用边栏作简单的解释或说明,重视导入的教学设计,思考栏目与探索栏目常常穿插在教材的正文间,引发学生不断思考和学习,这些都应坚持。

　　JP－SKS 的"研究"和"课外专栏"两个栏目也很有特色,都与本节知识紧密相关,基本是对本节知识的实际应用或者是拓展巩固,通常篇幅不多于 1 页,只针对某一个问题进行讨论,图文并茂,简短明了,与 CN－PEP 的"探究与发现"栏目类似。

　　SG－PPE 和 UK－SMP 的统计都是针对同一个考试的,所以有很多共同点,如教学内容均多而难,课程的重点在分布,有泊松分布、二项分布和正态分布之间的关系,有无偏估计、中心极限定理、置信区间、t 分布、假设检验、线性回归等许多大学学习的内容,是少数将来上著名大学的学生选择的课程。这两套教材的习题数量都很多。例题量大,覆盖问题类型全面,讲解仔细。

比如在讲条件概率时,学生常常会画树状图,但对其上每一枝所表示的概率究竟是积事件概率还是条件概率分不清,UK-SMP 给出图 4-2 所示的说明(统计 1 第 47 页)。

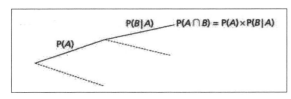

图 4-2  UK-SMP Statistics I p.47 的树状图

在习题最后还有如图 4-3 所示的总结说明。

你所使用的计算条件概率的方法也可以"反过来"用符号表示成:

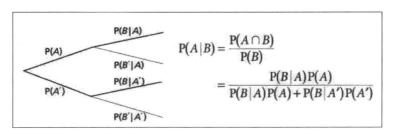

图 4-3  UK-SMP Statistics I p.49 的总结说明

这对厘清学生的认识,建立知识之间的联系是有好处的。

SG-PPE 在讲概率时用韦恩图(图 4-4)和树状图(图 4-5)帮助学生从直观上理解算法(H2 第 2 卷第 40 页)。

$$P(A \cup B') = P(A) + P(B') - P(A \cap B')$$
$$= \frac{1}{3} + \left(1 - \frac{1}{6}\right) - \frac{5}{18} = \frac{8}{9}$$

Or, using a Venn diagram, we get
$$P(A \cup B') = 1 - [P(B) - P(A \cap B)]$$
$$= 1 - \left[\frac{1}{6} - \frac{1}{18}\right] = \frac{8}{9}$$

图 4-4  SG-PPE H2 Volume 2 p.40 的韦恩图

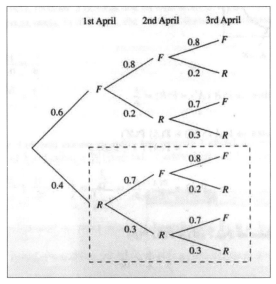

图 4 - 5　SG - PPE H2 Volume 2 p. 40 的树状图

　　但这两套教材对内容的教学法加工不够,完全针对考试。教材页面全是黑白的,除了树状图和统计图表几乎没有什么其他插图,不适合普通高中生的学习。SG - PPE 的每一章节一般会以知识概要开始,然后提出问题或直接进入例题,给出详尽解答,包括如何操作计算器以及计算器屏幕会显示的内容等,指出解答此题应注意的方面。例如,在讲到抽样方法时,先给出总体、样本的概念,再指出本章将要学习的 4 种抽样方法。值得一提的是,在每一种抽样方法的概念之后,SG - PPE 还罗列出了该方法的优点和缺点。此后,在例题中也提出了怎样恰当选用抽样方法的问题。

　　US - SMP 和 US - PHM 教材有大量色彩艳丽、真实生活中的实物图,页面分两栏设置,边栏往往是对学生的支持,如快速检测、词汇和在线学习链接、思考题与答案等。这两套教材安排的活动数目最多,都十分注重数学知识与实际的联系,帮助学生理解知识,体会学习的价值,但这种联系常常不在导入环节,US - SMP 大多采用复习导入,US - PHM 则常常是开门见山直接导入。不过,问题解决、应用、活动、内部知识的联系、活动实验室等栏目还是经常出现的,情境丰富,学以致用,读来比较有趣。例如,在条件概率一节当中,US - PHM 设计了一个开放题(代数 2 第 657 页):

估计你所在的城镇中树状图(图4-6)每一分支的概率,并求 $P(L)$。图中 $A$ 表示 21 岁及以上的人,$M$ 表示 21 岁以下的人,$L$ 表示有驾照的司机,$N$ 表示没有驾照的人。

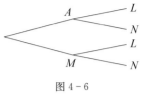

图 4-6

又如,US-SMP 中有这样一道例题:

大家抱怨市中心的教室小而拥挤。为此在市中心和郊区各收集了 15 所学校的教室面积数据。从调查结果的平均值看,市中心的平均面积更大,为什么反而会有抱怨呢?原来两组数据的极差不同。市中心有一个特别大的值 1000,其余的有 11 个都在 600~750 之间,说明平均数不能反映全部。

模拟实验是概率统计学习特有的一类活动,这方面 US-PHM 最重视,做得很出色,其活动类型在各套教材中最为丰富。例如,在"概率分布的应用"一节(代数 2 第 650 页)当中,US-PHM 提供了这样一道例题:

## 5 EXAMPLE Real-World Connection

**Market Research** At a certain store, the number of customers $c$ who arrive at the checkout counters each minute varies according to the distribution below. Simulate the number of customers over a ten-minute period.

**Number of Customers Each Minute**

| $c$ | 0 | 1 | 2 | 3 | 4 | 5 | 6 |
|------|------|------|------|------|------|------|------|
| $P(c)$ | 0.15 | 0.24 | 0.28 | 0.17 | 0.09 | 0.05 | 0.02 |

图 4-7　US-PHM Algebra 2 p.650 的一道例题

**译文**　例 5 与现实世界的联系

**市场研究**　在某家商店中,每分钟到达收银台的顾客数 $c$ 符合下面的分布)。请模拟十分钟时间段的顾客数。

每分钟的顾客数

| $c$ | 0 | 1 | 2 | 3 | 4 | 5 | 6 |
|------|------|------|------|------|------|------|------|
| $P(c)$ | 0.15 | 0.24 | 0.28 | 0.17 | 0.09 | 0.05 | 0.02 |

教材中提供了详细的模拟实验步骤(见图4-8及其译文,在边栏中建议学生用计算器进行模拟,其译文略),进而要求学生模拟 20 分钟内的顾客数。

**Step 1** Define how the simulation will be done. Use random numbers. Assign numbers from 1 to 100 to the events, based on the probability of each event. Use cumulative probabilities to help you assign the numbers.

| Event | Probability | Cumulative Probability | Assigned Numbers | |
|---|---|---|---|---|
| 0 | 0.15 | 0.15 | 01–15 | ← Since $P(0) = 0.15$, assign 15 numbers to this outcome. |
| 1 | 0.24 | 0.39 | 16–39 | |
| 2 | 0.28 | 0.67 | 40–67 | |
| 3 | 0.17 | 0.84 | 68–84 | ← There are 17 numbers from 68 to 84. |
| 4 | 0.09 | 0.93 | 85–93 | |
| 5 | 0.05 | 0.98 | 94–98 | |
| 6 | 0.02 | 1.00 | 99–100 | |

**Step 2** Conduct the simulation. Model a ten-minute period by generating ten random numbers from 1 to 100.

| Minute → | 1st | 2nd | 3rd | 4th | 5th | 6th | 7th | 8th | 9th | 10th |
|---|---|---|---|---|---|---|---|---|---|---|
| Random numbers → | 81 | 29 | 83 | 93 | 18 | 9 | 40 | 97 | 47 | 16 |
| | ↓ | ↓ | ↓ | ↓ | ↓ | ↓ | ↓ | ↓ | ↓ | ↓ |
| Number of customers → | 3 | 1 | 3 | 4 | 1 | 0 | 2 | 5 | 2 | 1 |

The random number 9 is assigned to the outcome 0 customers.

**Step 3** Interpret the simulation. Based on this simulation, a total of 22 customers would arrive at checkout counters over a ten-minute period.

**Quick Check** ❺ Conduct a simulation for Example 5 over a 20-minute period.

图 4 - 8　US - PHM Algebra 2 p. 651 所提供的前述例题的解决过程

---

**译文**

**步骤 1** 确定如何进行模拟。使用随机数。基于事件的概率，指派整数 1 到 100 给每个事件。用累积概率帮助你指派这些数。

| 事件 | 概率 | 累积概率 | 指派的整数 | |
|---|---|---|---|---|
| 0 | 0.15 | 0.15 | 1—15 | ← 因为 $P(0) = 0.15$，给这个输出指派 15 个整数 |
| 1 | 0.24 | 0.39 | 16—39 | |
| 2 | 0.28 | 0.67 | 40—67 | |
| 3 | 0.17 | 0.84 | 68—84 | 从 68 到 84 有 17 个整数 |
| 4 | 0.09 | 0.93 | 85—93 | |
| 5 | 0.05 | 0.98 | 94—98 | |
| 6 | 0.02 | 1.00 | 98—100 | |

**步骤 2** 实施模拟。在 1 至 100 的整数中生成十个随机数，以模拟一个十分钟的时间段。

| 第几分钟→ | 1 | 2 | 3 | 4 | 5 | 6 | 7 | 8 | 9 | 10 |
|---|---|---|---|---|---|---|---|---|---|---|
| 随机数→ | 81 | 29 | 83 | 93 | 18 | 9 | 40 | 97 | 47 | 16 |
| | ↓ | ↓ | ↓ | ↓ | ↓ | ↓ | ↓ | ↓ | ↓ | ↓ |
| 顾客数→ | 3 | 1 | 3 | 4 | 1 | 0 | 2 | 5 | 2 | 1 |

随机数 9 指派给了 0 个顾客的输出

US-SMP 中也有专门的章节讨论如何设计模拟实验,其中不乏有趣的问题。例如(函数、统计与三角,第 404 页):有时航班售出的票量比实际的座位数要多,这是因为有些人在订票后还会取消。航空公司既不希望飞机上留有空位,又不希望让乘客所购机票落空。应该售出多少张机票才合适呢? 教材中设计了一道例题:

假设有一架 24 座的小型飞机,历史数据显示 90% 的持票乘客会实际乘坐该机。请用模拟实验的方法考虑应售出多少张机票才能使飞机满座?

总体上看,US-SMP 比 US-PHM 的内容更多,且在应用上要求达到一定的深度,有卡方独立性检验、样本分布、中心极限定理、置信区间等。两套教材的页数和习题数量都很多,对教师如何恰当选择教学内容和布置练习是不小的挑战。

DE-EDM 为彩色版,既有漂亮的外观,又强调教材的科学性和知识内部与外部联系,导入方式多样,如讲故事、做实验、介绍数学家等,基本上每个小节都以"提出问题—解答问题"的问题情境形式导入,其高中主要内容是回归与相关、随机变量的常见分布、用计算器借助概率密度函数或累积分布函数求概率、随机变量的均值与方差、点估计与区间估计,比较抽象,所以它比较重视学生理解与知识应用,比如在二项分布教学中,它会先采用在简单情况下用树状图罗列所有可能结果的办法,直观地沟通二项概率公式与二项式系数(组合数)之间的联系,再在具体问题情境中通过递推说明二项概率公式的合理性。接着,保持 $n$ 不变,在屏幕上观察二项分布的期望 $np$ 如何随着 $p$ 的增大而变化,进而发现二项分布随机变量何时概率可取得最大值,再用计算器产生随机数模拟抛掷 12 个普通骰子 100 次、1 000 次乃至更多次的试验,观察随机变量取值的均值,验证已学的知识,最后学习使用图形计算器计算二项概率。其整个过程反映出该教材重视学生理解、重视学生通过分析自己收集的数据,在活动中获取经验的编写特色。

我们虽然没有获得完整的一套法国教材,但是,我们发现在法国的三册教材中,统计与概率内容都安排在中间部分,每册两个章节,所占页码在 13% 至 19% 之间。之前为函数,之后为几何。法国教科书重视分布的思想,贯穿高中课程,从比较两组数据的频数分布直方图,观察样本波动幅度的区间到比较两组数据的箱线图,对比频率分布与概率分布,再到最后研究离散型随机变量的分布以及连续型随机变量的分布。其内容与现实生活紧密联系,教科书提供了丰富的问题情境与彩色图片,特别注重从概率统计的发展史中获取教学资源。例如,教材在章头导入语中介绍了统计学家对研究基因与癌症关系所做的贡献,帕斯卡和费马对概率发展的贡献,采用了一些历史上著名的概率统计问题,如贝特朗悖论等。它们既重视推理示范也注重探究和活动。凡是有关符号与推理的问题均用特殊图标给予标注,并在全书末尾加以汇总,在正文与习题中也比较重视给出推理示范。安排有许多使用新技术的活动、相关内容的进一步研究、难题点拨、口头或书面的报告交流等活动。书中有章节"算法介绍"专门介绍计算机程序语言,在统计量的计算以及模拟实验中,注意计算器、计算机、算法语言的使用,在习题中也用图标提示学生使用计算器、计算机、算法或网络资源。法国教材中的活动以及习题大多采用一个情境下多个小问的形式出现,层层铺垫,将学生的思维逐渐引向纵深,内容本身也比较有趣。如教材中有一个"拳头中的细绳"问题(图 4 - 9):

**37 Ficelles au poing**

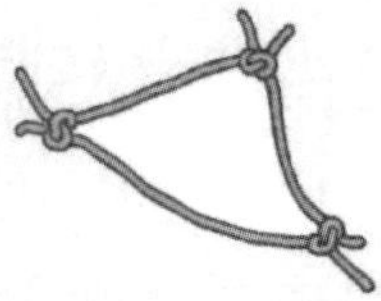

On dispose de trois ficelles que l'on plie en deux en enfermant les boucles dans le poing. Le but du jeu est de nouer au hasard deux à deux les six extrémités des ficelles tenues le poing fermé. Si, en ouvrant le poing, on obtient un bracelet, la partie est gagnée !

**a/** Quelle est la probabilité de gagner ?

On estime que, si la probabilité est supérieure à 0,5, vous avez une grande chance de gagner et qu'il faut jouer. Jouez-vous ?

**b/** On remplace trois ficelles par quatre ficelles. Jouez-vous ?

图 4 - 9　FR - EDB Maths $2^e$ p. 176 的一道习题

> **译文** 37 拳头中的细绳
>
> 把三根细绳都一折为二，拳头握住对折的端头。游戏的目标是：把露出的六个绳头两两打结，如果打开拳头时得到一个绳圈，你就赢了！
>
> **a/** 赢的概率是多少？
>
> 估计一下，如果概率超过 0.5，赢面就大，值得玩。你要玩吗？
>
> **b/** 把三根细绳换成四根，你还玩吗？

以上，我们主要从教材对概率统计的重视程度、教材体例、覆盖的主题、教材的总体特色这四个方面，对七个国家的八套教材做了一个宏观的比较，下面我们转向微观层面的比较。

### 4.4.2 微观层面

微观层面的比较包括各套教材在处理二项分布、条件概率等重点主题时在课程内容、对学生的期望、内容组织呈现方式方面是如何做的。限于篇幅，我们这里将以二项分布为例报告我们的研究结果，并在每个小节的最后对我们从其他主题所做的微观层面的研究所获得的主要结论予以综述。

#### 4.4.2.1 课程内容

纵观中外二项分布的教材，主要有二项分布本身知识以及二项分布与其他分布的联系这两方面的内容。表 4-6 统计的是六版教材覆盖它们的情况，这里仅指各教科书在练习、习题、复习题、测试题等以外的内容中是否覆盖。

各高中教科书共有的知识点是二项分布的含义和分布列，分布图、均值、方差也是绝大多数教科书包含的知识点，但只有 CN-PEP 没有联系分布图来讲二项分布。像 US-SMP 中就呈现了分布图随 $p$ 值变化而发生的变化（图 4-10）。SG-PPE 和 US-SMP 覆盖的知识点最多，达到 12 个，与其他知识的联系也最多，为 4 个；英、日覆盖的知识点数目居中，分别是 9 个和 7 个；CN-PEP 和 US-PHM 最少，都是 5 个。虽然 CN-PEP 涉及了二项分布与二点分布的联系，但是其实只是作为一个思考的问题提出，并未着墨解释，不像新加坡、日本和 US-SMP 教科书不仅谈用正态分布近似二项分布需要满足的条件，而且有具体的例题与习题去巩固和加强这样的联系。

表 4 - 6 各教科书在二项分布主题上覆盖的知识点

| 主题 | 知识点 | CN-PEP | JP-SKS | SG-PPE | US-PHM | US-SMP | UK-SMP |
|------|--------|--------|--------|--------|--------|--------|--------|
| 二项分布 | 含义 | √ | √ | √ | √ | √ | √ |
| | 判别 | × | × | √ | √ | √ | √ |
| | 分布列 | √ | √ | √ | √ | √ | √ |
| | 分布图 | × | √ | √ | √ | √ | √ |
| | 考察 $n$、$p$ 变化对分布图的影响 | × | √ | √ | × | √ | × |
| | 众数 | √ | × | √ | × | × | × |
| | 均值 | √ | √ | √ | × | × | √ |
| | 方差 | √ | √ | √ | × | × | √ |
| | 标准差 | × | × | √ | × | × | √ |
| | 概率密度函数 | × | × | × | × | × | × |
| | 累积分布函数 | × | × | √ | × | √ | √ |
| | 用二项分布表或计算器计算 | × | × | √ | √ | √ | √ |
| | 小计 | 5 | 7 | 12 | 5 | 12 | 9 |
| 与其他知识的联系 | 二项式定理 | √ | √ | × | √ | × | √ |
| | 二点分布 | √ | × | × | × | × | × |
| | 用泊松分布近似的条件 | × | × | √ | × | × | √ |
| | 用泊松分布近似求解 | × | × | × | × | × | × |
| | 用正态分布近似的条件 | × | √ | √ | × | × | × |
| | 用正态分布近似求解 | × | √ | √ | × | √ | × |
| | 置信区间 | × | × | × | × | √ | × |
| | 小计 | 2 | 3 | 4 | 1 | 4 | 2 |

各套教材知识点的取舍主要反映在是否要考察 $n$、$p$ 变化对二项分布图的影响,是否明确要求借助计算器或查表求概率,是否探讨服从二项分布的随机变量取何值时概率最大,是否讲概率密度函数或累积分布函数,是否有用正态

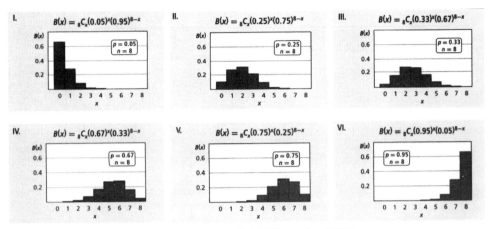

图 4 - 10　US - SMP 分布图随 $p$ 值变化的图示

分布近似二项分布上。与其他教科书相比,我国教材可以考虑增加可读性和应用性,一方面多使用分布图来增进学生对二项分布的直观感受,另一方面应显化使用二项分布模型的条件,借助计算器用概率密度函数或累积分布函数求概率,以加深我国现有概率统计课程的深度。

联系前面二项分布在教材中的比重,我们发现,SG - PPE 两个指标都是第一,说明该书的确是六版教材中概率统计讲得最深最广的,比如它花了很大篇幅来探究二项分布、正态分布、泊松分布间的联系和应用这样的联系来解决问题。US - SMP 篇幅多,内容也多且广,但二项分布在教科书中的比重却不很大,这可能主要与该教科书总篇幅多有关,该教材图文并茂、重视联系现实情境,有大量的各类习题,这些内容都比较占篇幅。该教科书在两册书的三章涉及二项分布,而且讲得也比较深,二项分布一章后紧接着是正态分布一章,它在讲完正态分布标准化之后安排了用正态分布近似二项分布的内容,先通过直观的图象,再借助对一枚硬币公平性的假设检验,展示用正态分布近似二项分布给计算带来的便捷,还在练习中布置了类似的习题加以巩固。而 CN - PEP 二项分布只是"随机变量及其分布"章下的一节内容,且在该节中还安排了"条件概率"和"事件的相互独立性"这两小节,对二项分布的重视程度显然是不够的。

经课程内容方面的微观比较,我们发现:

从同一专题内容的深广度来看,总的来说,US - SMP、SG - PPE 和 UK -

SMP 包含的知识点较多,知识结构图上知识点间的联系也较丰富,显示出它们对学生统计学习的较高期望。CN-PEP、SG-PPE、UK-SMP、JP-SKS 的教材安排集中、紧凑,有利于加强课程的连贯性,提高效率。两套美国教材内容都安排得比较散,循环多,战线长,篇幅大,还常常掺杂复习没有关联的旧知识,各类练习的题目量很多,但它们在沟通知识联系上也有独到之处,不仅联系现实世界的素材丰富多样,而且数学内部的联系也很自然。比如 US-SMP 将散点图与函数模型和图象一起讲,实验概率放在有理数中讲,几何概率放在几何中求面积的章节中。我们认为这样做如果能够有效强调研究确定性现象的数学知识与研究不确定现象的概率统计知识之间的区别与联系,倒也不失为一种可行的安排方式,并将有利于突出数学知识在解决实际问题中的理论价值。

### 4.4.2.2　对学生的期望

为了满足可比性,在二项分布这个主题下,我们选择了比较各教材在二项分布概念以及相关的求概率问题上的安排,没有包括各套教材在内容取舍上存在差异的二项分布的期望与方差、二项分布与其他分布的关系等学习内容。各版教材在正文与习题中安排的学习任务类型数量以及认知要求数量统计如表 4-7 所示。

表 4-7 表明,日、中的任务数量远远低于其他教材,这一差异在习题量上尤为明显,甚至出现正文任务数量多于习题任务数量的异常现象,不利于学生对所学知识的理解与巩固。日本教材本身篇幅较小,而且二项分布的均值、方差、标准差、用正态分布近似二项分布这些内容又没有列入表 4-7 的统计范围,所以,该教材统计课程设计重计算轻理解的缺陷显露了出来。中日两国教材编写有着精练的传统,概率统计教育进入中小学课程又都较晚,所以这样的现状是可以理解的。但是中、英还存在任务类型单一的问题,在纯粹思考、调查活动、构建图表和模拟实验四种活动类型中均只安排了纯粹思考一种类型的任务,其他教科书因设置了让学生探索 $n$、$p$ 变化对二项分布图的影响或是使用图形计算器制作图与表,用数值化的方式展现二项分布概率求解过程而创设了学生构建图表的活动机会,这些任务可以使学习内容变得具体而直观,易于理解,符合学生认知规律,值得我们学习。

表4-7 二项分布部分内容正文与习题中学习任务类型及要求的数量统计

| 任务 | | 教材 | CN-PEP | JP-SKS | SG-PPE | US-PHM | US-SMP | UK-SMP |
|---|---|---|---|---|---|---|---|---|
| 活动类型 | 思考 | 正文 | 10 | 4 | 2 | 8 | 7 | 14 |
| | | 习题 | 4 | 0 | 7 | 28 | 54 | 60 |
| | 调查 | 正文 | 0 | 0 | 0 | 0 | 0 | 0 |
| | | 习题 | 0 | 0 | 0 | 1 | 1 | 0 |
| | 图表 | 正文 | 0 | 1 | 13 | 5 | 8 | 0 |
| | | 习题 | 0 | 0 | 18 | 11 | 25 | 0 |
| | 模拟 | 正文 | 0 | 0 | 0 | 5 | 0 | 0 |
| | | 习题 | 0 | 0 | 0 | 7 | 1 | 0 |
| 认知水平 | 记忆 | 正文 | 0 | 0 | 0 | 3 | 3 | 0 |
| | | 习题 | 0 | 0 | 0 | 7 | 12 | 0 |
| | 领会 | 正文 | 3 | 4 | 5 | 9 | 7 | 13 |
| | | 习题 | 1 | 0 | 7 | 18 | 41 | 34 |
| | 分析 | 正文 | 5 | 1 | 9 | 4 | 5 | 1 |
| | | 习题 | 2 | 0 | 11 | 18 | 26 | 25 |
| | 创造 | 正文 | 2 | 0 | 1 | 2 | 0 | 0 |
| | | 习题 | 1 | 0 | 7 | 4 | 2 | 1 |
| 小计 | | | 14 | 5 | 40 | 65 | 96 | 74 |

从任务的认知要求来看,CN-PEP安排的任务总体来说梯度较为合理,记忆和创造水平的任务少,领会与分析水平的任务占了绝大多数,且分析水平的任务数又明显多于领会水平的任务数,反映出我们对学生学习有较高期望。只有CN-PEP与SG-PPE偏重于安排分析水平的任务,其他教科书以领会水平任务为主。但CN-PEP有时存在高要求任务缺乏铺垫的情况,比如选修2-3在讲二项分布时要求学生思考二项分布与两点分布以及超几何分布的关系,但之前却很少提及两点分布和超几何分布,学生缺乏认知基础,恐怕很难完成这样高要求的任务。

两套美国教科书在二项分布概念以及相关的求概率问题中都综合使用了

四种活动类型,方便学生通过丰富的活动从多个角度学习,其教学途径是符合国际上统计教育主流方向的,我国教材在组织学生开展活动、积累活动经验方面应向美国教科书学习,需要重视和用心设计。US-PHM Algebra 2 二项分布一节中接连有这样两个习题:

> **24. Genetics** About 11% of the general population is left-handed. At a school with an average class size of 30, each classroom contains four left-handed desks. Does this seem adequate? Justify your answer.
>
> **25.** For a group of 40 people, what is the probability that exactly three people in the group will celebrate their birthdays on a Wednesday this year?
> **a.** Find the probability by using the binomial probability formula.
> **b.** Find the probability by designing and running a simulation.
> **c.** Compare your results for parts (a) and (b). Explain any discrepancy.

图 4 - 11　US-PHM Algebra 2 p. 689 的两道习题

**译文**

> **24. 遗传学** 普通人群中约有 11% 是左撇子。某校平均每个班级有 30 个学生,每个教室放了 4 张左撇子书桌,这足够了吗?请说明理由。
>
> **25.** 40 个人的一群人中恰有 3 人今年都是星期三过生日的概率是多少?
> **a.** 用二项概率公式求出这个概率。
> **b.** 设计并实施模拟实验的方法求出这个概率。
> **c.** 比较你从(a)和(b)得到的结果。如果不同请加以解释。

这两个任务都有学以致用的意图,有现实生活背景,问题也都具有一定的挑战性,比较适合高中生学习。前一个任务属于分析水平的纯粹思考任务,学生需自己将这个现实问题转化为计算在一个班级中学生出现超过 4 人是左撇子的概率,再转化为先求出现小于或等于 4 人是左撇子的概率,最后根据发生超过 4 人是左撇子的概率大小来作决定。后一个任务的第一和第三小问也都属于分析水平的纯粹思考任务,第二小问属于分析水平的模拟实验活动,该任务有益于从多个角度认识事件发生的概率、沟通实验概率与理论概率之间的联系以及培养学生通过建立模型最终解决现实问题的意识和能力。类似这样的任务 CN-PEP 教科书无论是正文还是习题部分都非常少。

经对学生的期望方面的微观比较,我们发现:

CN-PEP与JP-SKS依然反映出重知识、重思考、轻能力、轻操作的课程编写特点,与其他教材相比,它们更加重视导出新知识时运用数学进行说理,但学习任务总量太少,形式过于单一,尤其是CN-PEP,没有重视统计教学与数学教学有着不同特点这一关键问题,也没有充分认识到统计图表在统计教学中的重要价值,对学生完成高要求的任务缺乏具体的指导和铺垫,高水平任务的可操作性有待提高,需要尽快开发适合高中生学习的多种类型的任务。SG-PPE则因以图形计算器为学习工具,安排了更多的任务,包括高要求的探究任务,将东方的思考与西方的探究有机地结合起来,但其探究的问题基本上是数学内部的问题,所以是我们现阶段比较容易模仿也比较可行的一种适合高中生获得和积累活动经验、学习思想观念的途径。两套美国教材和UK-SMP更多使用归纳的说理方式,重视学生对新知识的理解和运用,对学生数学说理方面的要求并不高,高要求较多体现在过程性目标和培育重要的思想观念上,如通过频繁的多样的统计活动,帮助学生体会和养成"用数据说理""随机现象既有随机性又有规律性""表示和分析数据的方法可能有多种,需要选取""考察分布""用样本估计总体""统计推断"等重要的思想观念,值得我们学习。

### 4.4.2.3 内容组织呈现方式

教材应在对课程内容进行教学法加工方面起到典范的作用,尤其是一个重要概念的导入更应精心设计,以联系学生已有的社会现实和数学现实,激发学生的学习热情。这里,我们首先汇报对六版教科书引入二项分布概率公式的过程进行比较后得到的结果。

JP-SKS是直接给出二项分布概率公式的,接着就是一道套公式的例题和一道难度略有上翘的习题。然后转向介绍二项分布的均值、方差与标准差。SG-PPE也是直接给出公式的,只是先用投掷一枚有偏的硬币(出现正面的概率是$\frac{3}{4}$)做了铺垫,再给出一般的二项分布概率公式。这两版教材在这个公式的导入上基本没有做教学法加工。比较有意思的是中、英、美的设计。

CN-PEP因为学生之前已经学过互斥事件和独立事件的相关内容,也学过组合数,所以从独立重复试验这个概念讲起,通过求解"投掷一枚图钉3次,仅出现1次针尖向上的概率",让学生有一个简单的具体的解决类似问题的经验,再要求学生注意观察是否有规律,然后推广到一般,给出二项分布的概率公式,要求学生思考这个公式与二项定理的公式之间的联系。这样的导入比较简洁,在具体示例中追求论证严密,但成功的关键是学生已经掌握了相关的预备知识,所以对学生的学习基础要求较高。

UK - SMP 是从钉板实验讲起的,通过一个个问题,引导学生认识帕斯卡三角形中的数字有两种含义,一是代表小球从起点落到这个位置共有多少种可能的路径数,二是代表从 $n$ 个完全一样的东西中拿出其中的 $r$ 个一共有多少种不同的取法,达到在等概率情况下,通过帕斯卡三角形沟通组合数与二项分布概率公式的目的,然后再提出在不等概率的情况下也有这样的概率计算公式。这个设计对学生预备知识要求少,有实物的实验或投掷硬币决定小球在纸上是往左还是往右下落,动手又动脑,还有利于加深学生对帕斯卡三角形的认识。缺陷是不等概率情况的处理过于简单。

US - SMP 以重要观念这一固定栏目开头,指出在一个二项实验中,若一事件发生的概率是 $p$,则该事件在 $n$ 次试验中发生 $r$ 次的概率是 $(p+q)^n$ 展开式中的项,其中 $q=1-p$。 该教材先复习以前学过的用二项式展开求投掷 5 枚硬币正好出现 2 个正面的概率问题,然后联系这一问题情境说明二项实验的特点,以及所有可能的结果数与帕斯卡三角形数的联系。接着也是从等概率过度到不等概率,说明二项实验以及概率,在例题和具体计算活动后给出一般的二项分布概率公式。这个设计对学生的预备知识也提出了较高要求。

US - PHM 则先是明确学习目标,然后检查学生对组合数和二项式定理这些预备知识的准备情况,告知学生如需帮助去哪里复习。这些都是该教材的常规栏目。在发现二项分布的概率公式标题下,它先让学生认识二项实验,注意二项实验的特征,接着的例 1 是就多项选择考试题这一情境,继续认识二项实验,并设计与执行一个模拟实验来取得三道题至少猜对两道的概率。然后要求学生再用树状图试着求一下概率。例 2 是有奖销售(不等概率)的情况,教材用树状图求得了概率。然后给出了二项分布的概率公式。这个设计的优点首先在于重视学生开始学习时的认知差异,对于需要额外帮助的学生提供了学习指引。其次,重视学生的参与,融阅读、观察、归纳、模拟实验、理论分析于一体,有利于促进学生的知识理解和能力培养。这套教材虽然对知识的深广度要求都不高,但在统计活动的设计上,尤其是充分发挥模拟实验在统计教育中的作用方面还是很值得其他教材借鉴的。

其次,我们比较一下各版教材的正文在二项分布概念以及相关的求概率问题中使用统计图表和信息技术的情况。表 4－8 显示,CN－PEP 在这部分极少使用统计图表和信息技术,没有像其他教材那样借用直观的分布图象进行教学,这一点前面已经述及。另外,CN－PEP 因为二项分布的总篇幅少,也不涉及较多的二项分布概率计算和观察 $n$ 和 $p$ 的变化对分布图象产生的影响,所以将信息技术用于计算、构建图表和探索的机会就几乎没有了。这是 CN－PEP 今后可以改进的方面。英国和新加坡教科书虽然都有计算概率,但英国使用查表方法,新加坡则使用图形计算器,所以体现出差异。在使用图形计算器方面,SG－PPE 在六版教科书中非常突出,它让图形计算器成为了学生独立探索知识的工具,如在介绍二项分布的众数时,CN－PEP 教科书使用不等式工具进行数学说理,SG－PPE 则使用图形计算器直观列出数据表进行数值大小比较的方法,降低了知识门槛,在计算二项分布的概率时,它又借用图形计算器逾越了计算障碍,将教学更加集中于二项分布知识的探索与应用,它是六版教科书中涉及概率计算类型最多的,有 $P(X \leqslant r)$、$P(X > r)$、$P(X \geqslant r)$、$P(a \leqslant X < b)$ 等八种,新加坡教材这种数值化的途径更加容易为大众所接受。

表 4－8  部分内容正文中使用统计图表和信息技术的次数统计

| 工具 | 教材 | CN－PEP | JP－SKS | SG－PPE | US－PHM | US－SMP | UK－SMP |
|---|---|---|---|---|---|---|---|
| 统计图表 | 统计图 | 0 | 1 | 0 | 3 | 14 | 2 |
| | 统计表 | 0 | 1 | 1 | 1 | 2 | 5 |
| 信息技术 | 计算 | 1 | 0 | 6 | 3 | 4 | 3 |
| | 图表 | 0 | 1 | 2 | 1 | 4 | 2 |
| | 探索 | 0 | 1 | 4 | 3 | 4 | 0 |

最后,我们报告各教科书的正文和习题在二项分布概念以及相关的求概率问题中使用问题情境丰富程度的情况。

从表 4－9 的数据来看,在各版教材中无情境和游戏情境的任务均居多,科学情境普遍缺乏。英国教材习题的情境类别最丰富,考虑到 US - SMP 和 UK - SMP 这部分的任务数分别是 96 和 74,而中日相应的数据依次是 14 和 5(见表 4 - 7,因为在同一个问题情境下多个任务只计一个情境以反映教材使用情境的丰富程度,所以,表 4 - 9 中任务总数与表 4 - 7 中任务总数的数据不等),所以中日情境使用的百分比不算少,说明中日已经注意到了情境使用的价值,只是限于统计教育与统计应用的发展现状,教材内容总体上还比较单薄所致。统计应用性强,高中生的教材应当融入更多有科学背景的问题。

表 4 - 9　二项分布部分内容正文与习题中情境类型的数量统计

| 情境类型 | 教材 | CN - PEP | JP - SKS | SG - PPE | US - PHM | US - SMP | UK - SMP |
|---|---|---|---|---|---|---|---|
| 无情境 | 正文 | 4 | 1 | 5 | 3 | 5 | 4 |
| | 习题 | 0 | 0 | 5 | 12 | 25 | 1 |
| 游戏情境 | 正文 | 2 | 2 | 1 | 0 | 2 | 3 |
| | 习题 | 1 | 1 | 2 | 0 | 5 | 8 |
| 个人情境 | 正文 | 0 | 0 | 2 | 1 | 1 | 1 |
| | 习题 | 1 | 0 | 2 | 5 | 5 | 6 |
| 公众情境 | 正文 | 1 | 0 | 0 | 3 | 3 | 1 |
| | 习题 | 0 | 0 | 3 | 2 | 6 | 2 |
| 职业情境 | 正文 | 0 | 0 | 0 | 1 | 0 | 0 |
| | 习题 | 1 | 0 | 4 | 3 | 1 | 5 |
| 科学情境 | 正文 | 0 | 0 | 0 | 0 | 0 | 0 |
| | 习题 | 1 | 0 | 0 | 0 | 0 | 3 |

经对内容组织呈现形式方面的微观比较,我们发现:

总体来说,SG - PPE 教材的导入方式最为单调,常常是开门见山的直接导入,但使用信息技术最频繁,与教学目标也融合得好。各版教材都注意使用具有问题情境的题目,但科学情境普遍较少,公众情境和个人情境相对较多,游戏情境在 CN - PEP 教材中有一定比例。在使用统计图表方面,CN - PEP 教材要向 US - SMP 教材学习以加强教学内容的直观化与教材的可读性,也要多多利用信息技术。

在本报告的最后,我们陈述一下本子课题组经过对中外七国八套教材在宏观和微观两方面的比较研究之后所获得的主要结论与建议:

(1) CN－PEP 教材的概率统计课程主题取舍较好,但主题下的内容有待深入与拓展。在主题的取舍上 CN－PEP 教材在总体上把握得好,已经覆盖了其他教材常见的主题,但在每个主题之下,课程内容还有待深入与拓展,包括与数学课程其他领域的内在联系。

(2) CN－PEP 教材对任务认知水平把握较好,但活动类型有待延伸,培养学生能力有待重视。CN－PEP 教材安排的学习任务数量明显不足,但总体上认知水平分布合理,领会和分析水平的任务居多,且偏向分析水平,显示我们对学生学习的高期望。不足在于任务多为纯粹思考类型,缺少构建图表、模拟实验和调查活动等其他活动形式,也未充分发挥信息技术在统计教育中的优势,信息技术的使用不仅可以增强教学的直观性,而且可以更好地满足不同学生的学习兴趣与学习能力,加强教材的应用性和探究性。知识学习和能力培养是教育的核心任务,都需要教科书编者用心设计。

(3) CN－PEP 教材重视知识的导入设计,但需开发应用性的素材。CN－PEP 教材重视联系学生的社会现实和数学现实来导入新知识,常常有独特的简洁设计,但多为联系已有的数学知识,因此对学生学习基础要求较高。总体上说,需要多开发应用性的素材,以帮助学生认同统计教育的价值,激发学习的热情。

(4) CN－PEP 教材外观简朴,重视训练学生的思维,但学生自主学习的天地有待开阔。CN－PEP 教材外观简朴,内在栏目比较丰富,经常利用边栏作简单的解释或说明,重视训练学生的数学思考和问题解决能力,应试痕迹少,也重视对数学内容进行教学法加工,这些都是对学生学习很好的引领,但是,学习最终是学生自己的行为,人教版教材可以考虑像有的教材那样,明确预备知识、显化重要观念、呈现知识的多种表征、提供进一步学习素材的链接、公布习题答案等,给学生更多的责任和更大的天地。对于我们这样的人口大国,教科书如何更好地满足不同学生的需要是一个重要课题。

对于上述比较获得的结果,我们需要客观地看待。如新加坡的教材是为准备 A 水平统计学考试的学生而编的,这些学生在参加 A 水平考试之前通常要接受 13 或 14 年的学校教育(Ginsburg et al.，2005)，因此统计学习内容自然会比我国只接受 12 年初等教育的高中生们多许多。教材缺乏应用性的素材这与我国统计学科的发展、普及的程度、编写人员的组成等外在因素都有关系，不是编写组自身努力就可以解决的问题。图形计算器的引入也受经费、师资、素材等因素的制约，不能一蹴而就。

教材内容不等同于课堂实施的内容，教材本身也不能决定学生的学习结果，纯粹的文本研究有局限性，我们需要对此有清醒的认识。

## 参考文献

安婷婷(2013).关于几种概率分布的高中教材比较研究[D].上海:华东师范大学.

陈希孺(2004).统计学的意义[J].中学数学月刊,(2):1-2+7.

贾萍(2008).中美初中数学教科书比较——以统计与概率为中心[D].沈阳:辽宁师范大学.

吴颖康,干芸(2013).中英高中数学教科书统计内容中技术运用的比较研究[J].中学数学月刊,(1):41-45.

张海月(2007).两种数学课程标准教科书"统计与概率"的对比实验研究——"山东版"与"北师版"(七年级)[D].济南:山东师范大学.

赵小平,姚雪(2010).上海与新加坡中学概率统计教材的比较研究[J].数学教学,(2):9-11+24.

中华人民共和国教育部(2003).普通高中数学课程标准(实验)[S].北京:人民教育出版社.

Charalambous, C. Y., Delaney, S., Hsu, H. Y. and Mesa, V. (2010). A comparative analysis of the addition and subtraction of fractions [J]. *Mathematical Thinking and Learning*, 12(2):117-151.

Fan, L. and Zhu, Y. (2004). How have Chinese students performed in mathematics? A perspective from large - scale international comparisons [A]. In L. Fan, N. - Y. Wong, J. Cai, and S. Li. (eds.). *How Chinese Learn Mathematics: Perspectives from Insiders*. New Jersey: World Scientific. (pp. 3-26)

Garfield, J., Ben - Zvi, D., Chance, B., Medina, E., Roseth, C. and Zieffler, A. (2008). Learning to reason about distribution [A]. In J. Garfield & D. Ben - Zvi (eds.), *Developing Students' Statistical Reasoning: Connecting Research and Teaching Practice*. Dordrecht, The Netherlands: Kluwer Academic Publishers. (pp. 165-186)

Ginsburg, A., Leinwand, S., Anstrom, T. and Pollock, E. (2005). *What the United*

States Can Learn from Singapore's World – class Mathematics System and What Singapore Can Learn from the United States: An Exploratory Study [M]. Washington, DC: American Institutes for Research.

Goodlad, J. I. , Klein, M. F. and Ty, K. A. (1979). The domains of curriculum and their study [A]. In J. I. Goodlad et al. (eds. ). Curriculum Inquiry: The Study of Curriculum Practice. New York: McGraw – Hill Book Company. (pp. 43 – 76)

Houang R. T. and Schmidt W. H. (2008). TIMSS International Curriculum Analysis and Measuring Educational Opportunities [R/OL]. Retrieved from: http:// www. iea. nl/fileadmin/user _ upload/ IRC2008/ Papers/TIMSS _ Mathematics/ HouangSchmidt. pdf.

Li, Y. (1999). An analysis of algebra content, content organization and presentation, and to – be – solved problems in eight – grade mathematics textbooks from Hong Kong, Mainland China, Singapore, and the United States [D]. Pittsburgh: University of Pittsburgh.

OECD (Organization for Economic Co – operation and Development) (2010). PISA 2009 Results: What Students Know and Can Do — Student Performance in Reading, Mathematics and Science (Volume I) [M]. Paris: OECD Publishing.

OECD (Organization for Economic Co – operation and Development) (2013). PISA 2012 Assessment and Analytical Framework: Mathematics, Reading, Science, Problem Solving and Financial Literacy [M]. Paris: OECD Publishing.

Pepin, B. and Haggarty, L. (2001). Mathematics textbooks and their use in English, French and German classrooms: A way to understand teaching and learning cultures [J]. Zentralblatt für Didaktik der Mathematik, 33(5): 158 – 175.

Robitaille, D. F. , Schmidt, W. H. , Raizen, S. , McKnight, C. , Britton, E. and Nicol, C. (1993). Curriculum Frameworks for Mathematics and Science [M]. TIMSS Monograph No. 1. Vancouver: Pacific Educational Press.

Stein, M. K. , Remillard, J. and Smith, M. S. (2007). How curriculum influences student learning [A]. In F. Lester (ed. ), Second Handbook of Research on Mathematics Teaching and Learning. Greenwich, CT: Information Age Publishing. (pp. 319 – 369)

Valverde, G. A. , Bianchi, L. J. , Wolfe, R. G. , Schmidt, W. H. and Houang, R. T. (2002). According to the Book: Using TIMSS to Investigate the Translation of Policy into Practice through the World of Textbooks [M]. Dordrecht: Kluwer Academic Publishers.

# 第 5 章

高中数学核心内容的组织与呈现方式——微积分

## 5.1 概述

### 5.1.1 研究的意义

微积分进入高中课程已经成为趋势,经济和教育较发达国家的高中课程中都已经有了微积分。我国从 1978 年《全日制十年制中学数学教学大纲(试行草案)》(以下简称"大纲 78")至以后各版数学教学大纲和 2003 年颁布的《课程标准 2003》(中华人民共和国教育部,2003)中都有微积分内容。但是三十多年来,围绕着高中微积分"为什么学""学什么""怎样学"这些重要问题,数学课程专家、数学家和中学数学教师各有不同声音,存在着尖锐的分歧、不同的改革诉求以及在实施过程中的迷茫和反复。

微积分原属大学课程,主要知识框架是在十九世纪经过极限理论和实数理论的严格奠基后建立起来的,而极限理论和实数理论的严格性和抽象性程度较高,涉及较艰深的基础知识和数学方法,这些对中学生来说是困难的;同时,微积分原是大学理工类、经济类和管理类等专业的基础课,不同专业需要的理论深度和知识面广度不同,往往各自独立构建课程。作为高中课程的微积分,既要适合中学生的共同认知基础,也要顾及他们中学毕业后的不同发展需求,如何科学合理地选择教学内容、把握教学要求,使在有限的课时内,实现适合于中学生的教学目标是一个重要的课题。

为了更稳健地推进我国中学微积分教学的改革,慎重地构建中学微积分课程,我们希望通过对其他国家中学微积分教材的考察和研究,从中获得丰富信息和有益启示,借此对照和反省我国几十年微积分教学改革的实践,这对我们总结经验教训,厘清思路,调整策略,建设更适宜的高中微积分课程无疑是一条有效的捷径。

### 5.1.2 样本教材的基本信息

本研究选择了中国、日本、新加坡、德国、法国、俄罗斯六个国家的现行中学数学教材作为研究样本。这些国家都具有显著特色的文化传统和数学教育成就。特别在进入 21 世纪以来,这些国家都进行了大规模的数学课程改革,这期间出版的中学数学教材既保留了各国数学教育的传统特色,又反映了各自的改革意向和具体做法。考虑到各国的课程设计和管理体制不尽相同,有些国家有全国统一的课程标准,而有些国家只有地方性的课程标准,还有些国家只有学术机构推荐的课程标准等,因此,各国中学数学教材的内容选择和教学要求的受限制程度是不一样的。为了保证本研究的有效性,我们先调查了各样本教材的背景。

(1) 我国高中学段的学制三年,目前使用的数学教材是依据教育部 2003 年颁布的《课程标准 2003》编制的,并分成"必修课程"和"选修课程"两大类。其中"选修课程"分为四个"系列",将来在人文社会科学、理工经济、文艺体育方面发展的学生分别选修不同的课程,其中适合理工经济类学生的数学课程的教学要求相对比较高,它包含必修课程的五册教材、选修系列 2 的三册教材(理科指定选修)及选修系列 3 和系列 4 的部分专题(任意选修),微积分内容在选修 2 - 2 教材中。本研究所选择的是人民教育出版社出版的 A 版高中数学教材。

(2) 日本高中学段的学制三年,目前使用的数学教材是依据文部省 1999 年颁布的《高等学校学习指导要领数学篇》(日本文部省,1999)[①]编制的,共含数学基础、数学Ⅰ、数学Ⅱ、数学Ⅲ、数学 A、数学 B、数学 C 七个科目,其中"数学基础"和"数学Ⅰ"两个科目是必修的,其余是选修或部分必修的。考虑到数学Ⅱ

---

[①] 日本已于 2009 年颁布了新的"指导要领",该"指导要领"中数学的七个科目已改为数学Ⅰ、数学Ⅱ、数学Ⅲ、数学 A、数学 B、数学活用六个科目,微积分内容也有新的整合。因为尚未见到新的相应教材,所以本研究仍以现行教材为样本。

涉及的内容广泛且重要,在日本高考中选择"数学Ⅱ・数学 B"试卷的学生最多;还考虑到大多数名牌大学招生考试中较多涉及"数学Ⅲ"和"数学 C"的内容(陈丹兰,2006),因此对日本高中数学的七个科目进行全面考察是必要的,其中"数学Ⅱ"和"数学Ⅲ"都包含了微积分内容。本研究选择的是日本数研出版社的相应教材。

(3) 新加坡基础教育的学制与我国不同,他们在中学四年级(学习特别课程或快捷课程的学生)或中学五年级(学习普通课程的学生)后要进行"新加坡—剑桥普通教育证书普通水平(General Certificate of Education Ordinary Level)"会考(简称 O 水平考试),通过 O 水平考试后可进入两年制(或三年制)的高级中学(Higher School)或初级学院(Junior Callege)等学校学习。高级中学或初级学院是进大学前的最后学段,学生与我国高二、高三年级学生的学龄相仿,学习的数学课程有 H1、H2、H3 三种类型。根据新加坡考试与评价委员会(Singapore Examinations and Assessment Board,2014)官网上公布的 2014 年 A 水平考试大纲,数学科目有 H1 和 H2 两个层次的要求,它们都包含微积分内容,其中 H2 的要求相对较高,它与新加坡教育部 2006 年颁布的《中学数学教学大纲》(Ministry of Education Curriculum Planning and Development Division,2006)的 O 水平的"附加数学"中微积分内容的教学要求差不多。本研究选择了新加坡 Panpac Education 出版社的 H2 Mathematics — A Comprehensive Guide Volume 2 作为新加坡的高中微积分教材样本。

(4) 德国的中学有三种类型:完全中学、主体中学和实科中学。以文理知识见长的完全中学分为两个阶段:第一阶段的学生年龄在 10～15 岁或 10～16 岁(各州学制稍有不同),相当于我国的小学高年级和初中学段;第二阶段分流为普通高中和职业高中,学生年龄在 15～18 岁或 16～19 岁,其中普通高中的学生毕业后可进入综合类大学,他们相当于我国高中学段的学生(姜大源,2005)。德国各联邦州在教育方面享有独立自主权,各州有自己的教学大纲和教材,其中巴伐利亚州的教育质量长期位于德国之首,2007 年以来又启动了对数学教学大纲的全面改革与修订(徐斌艳,2009),应该能体现德国中学数学课程改革的方向和特点。因此,本研究选择了巴伐利亚州使用的、由 Ernst Klett Verlag 出版社出版的高中数学教材第 10、11 和 12 册作为德国的高中数学教材样本,三本教材都涉及微积分内容。

（5）法国从 2000 年开始实施的数学教学大纲由法国国家教学大纲委员会（CNP）下属的数学科学技术小组制定，体现了法国最新的数学教学改革方向。这份大纲对初中阶段和高一年级的教学内容、教学要求和教学时数有统一的规定。从高二年级开始进行专业分流，分为自然科学、文学和经济等专业方向，虽然数学依然是所有专业方向的必修课程，但是内容的侧重点和教学要求的高低呈多样化（蒲淑萍，2012）。本研究选取的 Belin 出版社和 Hachette 出版社出版的高中数学教材是 2000 年法国数学课程改革后适合自然科学专业的新教材，其中有两本涉及微积分内容。

（6）俄罗斯目前执行的教学计划是 2003 年由俄联邦教育部颁布的，规定五至九年级为不完全中等教育阶段，十至十一年级为普通中等教育阶段，这两个阶段共同构成完全中等教育。普通中学的十一年级毕业生可报考各类高等学校，因此十至十一年级相当于中学的最后学段。在这个学段，教学计划分为"基础水平"和"专业水平"两类，其中数学学科"专业水平"的教学要求高于"基础水平"。俄联邦教育与科学部 2007 年发布第 349 号令（莫斯科），公布了向教学机构"推荐使用"的教材目录，其中有莫斯科教育出版社出版的十到十一年级成套数学教材，这是唯一一套兼顾"基础水平"和"专业水平"的教材，用带"＊"节表示"专业水平"的内容，书后给出了两个水平的教学建议。俄罗斯科学院院士、莫斯科大学校长萨多夫尼奇（B. A. Садович）教授在教材的序言中指出："这套教科书能够使中学生获得良好的基础教育，并帮助他们养成对基础科学知识的正确观点。"因此，本研究选择了这套教材中含微积分内容的第 11 册作为研究样本。

综上所述，这六个国家的高中阶段有两年制和三年制两种；各国数学教材的教学要求都有"较高要求"（或自然科学方向）和"较低要求"（文科、社会科学方向）若干层次。本研究选择的样本教材都属于该国具有"较高要求"的数学教材，都是经过本世纪教育改革后的新教材。

关于样本教材的选择，还要说明的是为什么没选美国教材，以往进行基础教育方面的比较研究，美国常是我们的比较对象。这是因为美国大学委员会（College Board）主管的 AP（Advanced Placement）课程中有"微积分 AB"和"微积分 BC"(较低和较高这两个层次的要求)两门微积分课程,而 AP 课程的考试成绩对于大学录取和大学学分的置换有比较重要的作用,因此要修读微积分的中学生大多会选择相应的 AP 课程。考虑到 AP 课程的微积分有一些专题教材,例如 Prentice Hall 出版社的《微积分》和 Pearson Education 出版社的《托马斯微积分》等,这些教材厚达千页,其中的内容几乎囊括大学一元微积分的全部。也许因为这样的体制,使得美国普通高中数学教材中的微积分内容显得微不足道,不足以代表美国中学微积分的面貌。例如芝加哥大学中学数学项目教材(UCSMP)中只有所谓的初等微积分(Precalculus),Prentice Hall 出版社的中学数学教材中完全没有微积分内容。在这种情况下,无论用普通高中数学教材,还是用 AP 课程的微积分专题教材与其他国家的教材进行比较,显然都是不合适的。这是本子课题未选择美国教材的原因。

在我们选择的这六套教材中,涉及微积分内容的有 1 册至 3 册不等,具体信息见表 5 - 1。

表 5 - 1 涉及微积分内容的样本教材信息

| 国家 | 出版社 | 代码 | 教材名称、涉及微积分的分册及其出版年份 |
|---|---|---|---|
| 中国 | 人民教育出版社 | CN - PEP | 普通高中课程标准实验教材数学 A 版:选修 2 - 2(2009) |
| 日本 | 数研出版社 | JP - SKS | (新编)数学 II、III(2007) |
| 新加坡 | Panpac Education | SG - PEH | H2 Mathematics Volume 1 (2006) |
| 德国 | Ernst Klett Verlag | DE - LBS | Lambacher Schweizer Mathematik für Gymnasien 10,11,12(2008) |
| 法国 | Editions Belin Hachette Livre | FR - EDB FR - HLT | Math 1$^{re}$S (2010) Declic Maths Terminale S Enseignement Obligatoire (2004) |
| 俄罗斯 | Просвещение Издательство | RU - MGU | МГУ - Школа: Алгебра и начала анализа, класс 11(2006) |

### 5.1.3 研究的问题

我们期望通过对其他国家的教材研究,能够:

（1）了解各国高中微积分的教学目标是如何定位的，对学生的培养会产生哪些方面的积极作用，有助于我们进一步明确"高中生为什么要学习微积分？"这个前提。

（2）了解各国高中微积分教材选择了哪些内容，这些内容能否体现微积分的主要知识、主要方法和应用价值，如何与高中的其他内容相衔接，高中课程能容下多少微积分内容。这有助于我们进一步厘清"中学微积分应该学什么？能够学什么？"这个基本问题，为构建更合理、科学的高中微积分课程积累思路和素材。

（3）了解各国教材是如何兼顾经典微积分课程的理论严谨性和中学生认知水平的局限性，这有助于我们探求中学微积分课程的学科性与教育性的平衡策略，使中学生易于学习，乐于学习，同时又在数学上达到基本的合理性和严谨性。

### 5.1.4　研究的途径

本研究从外延和内涵两个方面入手。

1. 在外延方面，主要是针对各教材中微积分内容的"量"方面的分析和比较，具体包括：

（1）微积分在高中数学中的权重；

（2）微积分知识的广度；

（3）微积分知识的密度和分布；

（4）典型案例。

2. 在内涵方面，主要是针对各教材所呈现的微积分知识体系的完整性、逻辑性、严谨性和简捷性等"质"的方面的分析和比较，具体包括：

（1）知识体系的合理性和完整性；

（2）演绎的严谨性；

（3）"内容简化"与"逻辑严谨"间的权衡策略；

（4）典型案例。

本研究以教材文本的实例和数据为主要依据，展开"面""点"结合的研究，提炼各教材的共性和个性，客观地总结研究结果。

## 5.2　相关文献综述

中学的微积分教学与代数、几何等传统内容的教学不同,其教学目标、教学内容、教学要求和教学方法各方面在近三十多年中,几经反复,至今仍存在很大的分歧,中学微积分的"期望课程""实施课程"和"获得课程"之间的落差至今还是很明显的。为了稳妥地建设符合我国国情的中学微积分课程,我们有必要先回顾和分析我国中学微积分课程建设和改革的经历,厘清我们曾经做过些什么,为什么这么做,效果如何,把成功的经验和失败的教训作为今后微积分教学改革的起点,避免盲目地学习国外做法导致的无谓反复。

### 5.2.1　对我国中学微积分教学历史的研究

我们仅以几次具有标志性的改革为例,描述我国微积分课程的历史。

#### 5.2.1.1　微积分进入中学课程

2008 年出版的《中小学数学教材五十年》(李润泉等,2008)中提到,1977 年是我国中小学教育拨乱反正、重整旗鼓的年代,邓小平同志在全国教育工作会议上指出"我们要在科学技术上赶超世界先进水平,不但要提高高等教育质量,而且首先要提高中小学教育的质量,按照中小学生能接受的程度,用先进的科学知识来充实中小学的教学内容"。那段时期,华罗庚、关肇直、吴文俊等一流数学家对我国中小学数学教育都发表了重要意见,并受聘中小学数学教材顾问等职务,直接参与中小学教材的建设。国家用当时非常珍贵的外汇购买了大量先进国家的中小学教材作为我国教材编写的参考资料。当时的形势使教育专家和教材编写者对建设现代化的中小学教材抱有迫切的愿望和较高的眼界,对即将诞生的新教材充满着热情和期待。

1978 年 2 月,教育部颁布了"大纲 78",在这个大纲中,首次将微积分纳入高中阶段的数学课程,共 60 课时。人民教育出版社依据"大纲 78",于 1979 年出版了《全日制十年制学校高中课本(试用本)·数学》,共 4 册,其中第 4 册(于琛等,1979)中有"微积分初步",主要内容是:

1. 数列和极限;

2. 导数和微分及其应用；

3. 不定积分、定积分及其应用。

这些内容基本上都是必学内容，除了其中的换元积分法、分部积分法、变力作功、旋转体的侧面积等少数知识点加了"＊"号，作为选学内容。

1980 年 5 月，"大纲 78"的第 2 版对微积分的教学要求做了局部调整：对即将升入理工类高校的学生提高了一些要求，将"换元积分法"和"分部积分法"由选学改为必学；对即将升入文科类高校的学生降低了一些要求，将微分和积分限定在有理函数范围内。

由于这是第一次将微积分引入中学教材，教材编写者对中学生学习微积分的优越性作了评估（于琛等，1980）：

（1）对于毕业后直接工作的学生（全部高中毕业生的绝大多数）来说，在从事现代化工农业生产和其他科学技术时都很有用；

（2）对于理工类升学学生，在大学里可以提早学习需要用到微积分的课程，如大学物理；

（3）微积分初步知识有助于复习巩固已经学过的传统知识，进一步提高学生的能力；

（4）微积分初步知识可以使一些较为繁难的内容得到简化，如极值、切线、面积、体积等。

教材编写者同时对教学要求作了说明：对中学微积分的教学不能在内容上求全，理论上求严谨，而只能用通俗易懂的方法使学生理解微积分中的重要概念，会求导数和简单的积分，会利用微积分的初步知识解决一些实际问题。教材编写者比较详细地介绍了教材中微积分的具体内容和相应的教学要求：

1. 数列和极限

具体内容：

（1）极限，数列极限及其四则运算。

（2）函数极限，函数自变量趋向于无穷大或固定值时的极限；函数极限的四则运算。

（3）两个重要极限 $\lim\limits_{x\to 0}\dfrac{\sin x}{x}=1$，$\lim\limits_{x\to\infty}\left(1+\dfrac{1}{x}\right)^{x}=\mathrm{e}$。

教学要求说明：

（1）数列极限先举两例，结合图、表进行描述，然后引进 $\varepsilon$-$N$ 定义，再根据定义讲解例题。

（2）对函数极限和连续函数的概念，要通过具体例子直观地引进，用描述的方法介绍，不采用 $\varepsilon$-$\delta$ 定义，不讲极限的性质和连续函数的基本性质。

2. 导数、微分及其应用

具体内容：

（1）瞬时速度，导数及导函数的概念，求导的一般方法；导数的几何意义；导数的运算法则；可导函数的连续性。

（2）复合函数、反函数的求导法则；五种基本初等函数的导数。

（3）隐函数及其求导方法；二次曲线的切线。

（4）高阶导数。

（5）微分概念（微分与导数的联系与区别）。

（6）微分中值定理；函数的升降性；函数的极大（小）值和最大（小）值；近似公式 $\sqrt{1+h}\approx 1+\dfrac{h}{2}$，$\ln(1+h)\approx h$，$\mathrm{e}^{h}\approx 1+h$，$|h|$ 很小。

教学要求说明：

（1）教材中要对大多数定理加以数学证明。

（2）少数定理牵涉到的知识较多较深，教材略去不证，但必须一一注明，留给学生将来进一步学习高等数学时去弥补。避免学生现时用想当然来代替数学证明，造成不良后果。

（3）有些性质和定理可以用举反例的方法进行说明，例如课文的正文中证明了"可导函数必连续"，然后用具体反例说明了"连续函数不一定可导"。

3. 不定积分、定积分及其应用

具体内容：

（1）原函数与不定积分的概念，不定积分与导数的关系，基本积分公式；不定积分的运算法则。

（2）直接积分法；换元积分法；分部积分法。

（3）定积分的概念和性质；微积分基本定理。

（4）用定积分求平面图形的面积、旋转体的体积和侧面积。

（教学要求同上）

对于"大纲78"及其教材，李润泉等（2008）在总结时指出了它们的历史贡献与不足：

（1）结束了由"文化大革命"造成的混乱局面，统一了全国的中学数学教学要求，起到拨乱反正的作用。

（2）根据我国实现四个现代化的需要，对传统的中学数学内容进行了精选，增加了一些对学生毕业以后参加工作和进一步学习都有用处的较新的数学内容，并用较新的数学观点对传统内容的教学进行了改造。这套教材的改革方向是正确的。

（3）由于对"文化大革命"给教育带来的严重破坏估计不足，再由于当时实施的是中小学十年制学制（小学五年，初中三年，高中两年），新教材试用后，教师对新增内容不太适应，觉得教学要求偏高，教学时数偏紧，实践中困难很大。

总之，在中学引进微积分是必要的，这次改革动作的大方向是正确的，"大纲78"及其教材为我国的中学微积分课程奠定了基础。存在的问题使这次改革步子显得大了一些，在实施中遇到困难。

### 5.2.1.2 中学微积分教学要求的区别化

1980年12月，中共中央颁发《关于普通中小学教育若干问题的决定》，规定中小学学制由十年制改为十二年制，于是以后几年的中学进入了五年制和六年制并存的局面。在这一特殊时期，1981年4月，教育部颁发了《全日制五年制中学教学计划试行草案的修订意见》和《全日制六年制重点中学教学计划试行草案的修订意见》，主要精神是要适当降低和调整"五年制"课程的教学要求，建设高质量的"六年制"课程体系。人民教育出版社根据"六年制教学计划试行草案"拟制了《全日制六年制重点中学数学教学大纲（征求意见稿）》（以下简称"大纲81"）。在这份大纲中，高中的教学内容明确地分为代数、立体几何、平面解析几何、微积分四部分，微积分成为一个独立的知识领域；教学要求分为单科性、侧重文科、侧重理科三种，在微积分方面有三种教学要求：侧重文科类学生不学微积分,单科性学生微积分课时数增加到 84,侧重理科类学生微积分课时数增加到 112。

根据"大纲 81"编写的《六年制重点中学高中数学课本(试用本)》中有《微积分初步(全一册)》(方明一等,1983),这册教材保留了"大纲 78"教材中"微积分初步"的所有知识点,还增加了下列知识点:

* 连续函数的性质和运算;
* 参数方程表示的函数的导数;
* 泰勒公式;
* 用牛顿法求方程的近似解;
* 平面曲线的弧长;
* 旋转曲面的面积;
* 变力作功。

还对十年制教材的某些知识点提高了教学要求,例如:

* 对数列极限 $\varepsilon - N$ 的要求略有提高;
* 运用二阶导数研究函数性质及其图象;
* 求曲线的切线与法线的要求也有提高。

从"大纲 81"及其教材的层面上看,微积分教材的变化之一是有了三种区别化的教学要求,变化之二是文科学生以外的微积分要求似乎比以前更高了。但是从实践层面上看,微积分教学在实施中是有落差的:当时的两年制高中和一般的三年制高中都不学习微积分,仅有少数重点高中和条件较好的高中学习了微积分。

李润泉等(2008)指出,由于这套六年制高中教材的使用范围小,而且使用在学制改变的过渡期,仅使用两年就被以后的教材替代,因此影响面不是很大。但是这套教材呈现的三种不同的教学要求为在高中实施微积分的区别化教学进行了尝试,对以后的区别化教材的架构具有很强的借鉴意义。

### 5.2.1.3　中学微积分教学的步步退守

1983 年教育部在《关于进一步提高普通中学教育质量的意见》中提出"改革中学教学工作要从实际出发,区别要求,使不同程度的学生都有所得,逐步提高;要减轻学生的过重负担,使学生生动活泼地学习,发展智力和能力……"在这个"减轻负担，降低要求，区别对待"精神的指导下，教育部颁布了《高中数学教学纲要（草案）》（以下简称"纲要83"），"纲要83"把"大纲81"的三种教学要求改成"基本要求"和"较高要求"两种。在"基本要求"中没有微积分，在"较高要求"中有84课时的"微积分初步"。可明显地看到，"纲要83"取消了"大纲81"中微积分112课时的"最高要求"，这可以作为中学微积分第一次退却的标志。

人民教育出版社根据"纲要83"，陆续出版了高中数学甲种本和乙种本，分别对应"较高要求"和"基本要求"。甲种本包含了《微积分初步》（方明一等，1985）一册，属于"较高要求"的必修内容。各校可以根据自己的实际情况，选用甲种本或乙种本。李润泉等（2008）指出，在这段时间里，区别教学要求的想法并未真正落实。因为高考对甲种本中的许多内容是宣布"不考"或"不重点考"，其中包括微积分初步。对于这些内容，很多学校是少教、少学，甚至不教、不学。真正指挥学校教学的不是大纲、教材，而是"高考指挥棒"。这一切带来的负面影响是学生的知识面越来越窄，仅在规定的高考范围内深挖洞、搞难题，反而加重了学生的负担。可见对学生成绩的评价直接关系到课程教材改革的成败。

1986年2月教育部颁布《全日制中学数学教学大纲》（以下简称"大纲86"），在这个大纲里，改变了"纲要83"中"基本要求"和"较高要求"的并列地位，将"基本要求"内容作为大纲的正文，将"较高要求"内容作为大纲的附录，这样使仅出现在"较高要求"内容中的微积分的地位更低了，这可以作为中学微积分第二次退却的标志。

在1990年4月颁布的"大纲86"修订本中，将数学课程分为必学和选学两种形式，规定某些内容作为选学内容，如反三角函数、简单三角方程、参数方程、极坐标等，而"微积分初步"附在这份大纲的最后，作为学有余力的学生在学习必学内容和规定的选学内容的基础上，再可选学的内容，不列入高考范围，其地位又低了一层。这可以作为中学微积分第三次退却的标志。此时微积分在中学课程中已经形同虚设。

### 5.2.1.4 中学微积分教学的谨慎回归

九年制义务教育的实施，使初中和高中分属于两种不同性质的教育阶段，1996年5月国家教委颁布《全日制普通高级中学数学教学大纲（供试验用）》（以下简称"大纲96"），这是新中国成立以来第一份独立的高中数学教学大纲。在这份大纲里,数学教学内容有必修、限定选修和任意选修三种方式,其中限定选修课又分为"侧重理科"和"侧重文科"两种水平,限定选修内容和必修内容都属于高考范围。在"大纲 96"中,"侧重理科"的限定选修课包含概率统计、极限、导数与微分、积分和复数,共 104 课时;"侧重文科"的限定选修课包含统计、极限与导数、复数,共 52 课时。从人民教育出版社出版的相应教材中看到,微积分部分分别占两类限定选修课时的 57% 和 48%。

在 2003 年 4 月教育部颁布的《课程标准 2003》中,微积分初步也是作为限定选修内容,它们是理科的"选修 2 - 2 导数及其应用"(包含积分内容)24 课时,和文科的"选修 1 - 1 导数及其应用"16 课时。

虽然"大纲 96"和《课程标准 2003》还没有达到"大纲 78"和"大纲 81"的微积分课时数水平,教学效果还有待检验,但微积分终究进入了"限定选修"的门槛,在应试教育的大环境下,使微积分教学的实施多了一份保障,以至于维持至今。

从上述发展历史可以看到,中学微积分课程的建设和课程目标的实现涉及众多观念问题(如课程现代化等)、技术问题(如对极限的处理)和学习环境问题(如高考指挥棒等),这些问题还在困扰着我们,因此对中学微积分课程的继续探索、实验和改革,依旧任重道远。

### 5.2.2　极限的教学和第三代微积分

微积分的重要性毋容置疑,但微积分的教学困难重重。张景中(2010)有一个很形象贴切的比喻:把学数学比作吃核桃。核桃仁味美而富有营养,但要砸开壳才能吃到它。有些核桃,外壳与核仁紧密相依,成都人形象地叫它们"夹米子核桃",如若砸不得法,砸开了依旧很难吃到。微积分就是个外壳很难砸的核桃,它的外壳就是极限理论。为了学生能吃到核桃仁,数学教师和数学家进行了不懈的努力。

#### 5.2.2.1　极限教学直观化

现在很多的中学微积分教材采用观察图象、数值表、猜想、估计等各种手段向学生直观地描述极限的过程,引导学生认可极限的结果。尽管没有用 $\varepsilon - \delta$ 语言,但事实上还是极限方法,只是不太严谨。本研究所涉及的中国、日本、新加坡、德国、法国和俄罗斯中学微积分教材几乎都是采用这种策略。我国早期的中学微积分教材中曾使用的 $\varepsilon - N$ 语言现在也不见了踪影。教学实践似乎证明了,中学生能够直观地、粗略地理解极限思想,但要精确地刻画极限概念和应用极限方法还是有困难的。

### 5.2.2.2　第三代微积分

将极限过程直观化的做法,相当于教师设计好一条途径,引导学生巧妙地经过极限这片坎坷地段,进入导数和积分。而张景中(2010)的想法是,想办法改良核桃品种,使核桃不但保持美味、营养,而且核桃壳更容易砸开吃净,即设法回避极限概念,另辟蹊径进入微积分。这种没有极限的微积分就是所谓的第三代微积分。

牛顿、莱布尼兹在十七、十八世纪创立的微积分常被称作"第一代微积分",张景中(2010)把它称作"说不清楚的微积分",因为增量 $h$ 的角色饱受质疑。例如,牛顿求曲线 $y = x^2$ 在点 $P(u,\, u^2)$ 处切线斜率的方法是:在曲线上点 $P$ 的附近再取另一个点 $P'(u+h,\, (u+h)^2)$,得割线 $PP'$ 的斜率为 $\dfrac{(u+h)^2 - u^2}{(u+h) - u} = \dfrac{2uh + h^2}{h}$;因为 $P$ 和 $P'$ 是两个不同的点,即 $h \neq 0$,所以 $PP'$ 的斜率可简化为 $2u + h$;当点 $P'$ 越来越接近点 $P$ 时,令 $h = 0$,割线 $PP'$ 变成曲线在点 $P$ 处的切线,得到曲线 $y = x^2$ 在点 $P$ 处切线的斜率为 $2u$。

在这个推导过程中,先规定 $h \neq 0$,得到割线 $PP'$ 的斜率为 $2u + h$,然后规定 $h = 0$,得到点 $P$ 处切线的斜率为 $2u$。显然对增量 $h$ 的说法是前后矛盾的,必然引来怀疑和批评。

到十九世纪,柯西和魏尔斯特拉斯等建立了严谨的极限理论,巩固了微积分的基础,把微积分的原理和方法说清楚了,这就是第二代微积分。但是第二代微积分涉及极限理论,$\varepsilon - \delta$ 语言繁琐抽象,使普通学习者听不明白,张景中(2010)把第二代微积分称作"听不明白的微积分"。他认为数学家要创建的第三代微积分,不但要严谨,而且要直观易懂,简易明快,让学习者能用较少的时间和精力就能明白其原理。不但知其然,而且知其所以然;不但对数学家说得清楚,而且非数学专业的多数人也能听得明白。在我国,科学院院士张景中先生和林群先生为创立没有极限的微积分做了大量的工作。

1. 无极限的导数概念(张景中,2008,2009)

张景中(2010,2008,2009)创建"不用极限的导数"方面的工作,这里按(张景中,2010)顺序介绍。

(1) 提醒一个平凡的道理:若非匀速运动,则瞬时速度有时大于平均速度,有时小于平均速度。

(2) 上述道理的数学表示。设 $S(t)$ 是动点在时刻 $t$ 走过的路程,$v(t)$ 是动点在时刻 $t$ 的瞬时速度,则动点在时间区间 $[u,v]$ 上的平均速度应当在 $[u,v]$ 上某两点的瞬时速度之间,即存在 $p$、$q \in [u,v]$,使不等式 $v(p) \leqslant \dfrac{S(u)-S(v)}{u-v} \leqslant v(q)$ 成立。

这个不等式的数学解释是:函数 $S(t)$ 的差商是函数 $v(t)$ 的中间值。

(3) 抽象出甲函数、乙函数的定义。

**定义 1**　(甲、乙函数的定义)设函数 $F(x)$ 和 $f(x)$ 都在区间 $I$ 上有定义,若对于任意子区间 $[u,v]$,存在 $p$、$q \in [u,v]$,使不等式

$$f(p) \leqslant \frac{F(u)-F(v)}{u-v} \leqslant f(q) \tag{A}$$

成立,则称 $F(x)$ 是 $f(x)$ 在区间 $I$ 上的甲函数,$f(x)$ 是 $F(x)$ 在区间 $I$ 上的乙函数。

(4) 利用定义求已知函数的乙函数。例如,由(A)式容易推得:

\* $f(x)=0$ 是常数函数 $F(x)=C$ 的乙函数;

\* $f(x)=k$ 是一次函数 $F(x)=kx+b$ 的乙函数;

\* 在 $[0,\infty)$ 上,$f(x)=-\dfrac{1}{2\sqrt{x}}$ 是函数 $F(x)=\sqrt{x}$ 的乙函数。

证明:设 $0<u<v$,$\dfrac{F(u)-F(v)}{u-v}=\dfrac{\sqrt{u}-\sqrt{v}}{u-v}=\dfrac{1}{\sqrt{u}+\sqrt{v}}$,因为不等式

$$f(v)=\frac{1}{2\sqrt{v}} \leqslant \frac{1}{\sqrt{u}+\sqrt{v}} \leqslant \frac{1}{2\sqrt{u}}=f(u)$$

成立,这表明 $f(x)=\dfrac{1}{2\sqrt{x}}$ 是 $F(x)=\sqrt{x}$ 的乙函数。

......

还利用定义证明了一些函数的性质:

\* 若函数 $F(x)$ 的乙函数 $f(x) > 0$,则 $F(x)$ 是增函数;

\* 若函数 $F(x)$ 的乙函数 $f(x) < 0$,则 $F(x)$ 是减函数。

从推导的结果可以发现,所有推得的各函数的乙函数都是其导函数。

(5)分析乙函数和导函数的关系。张景中(2010)给出了两个命题,证明了 $F(x)$ 的乙函数 $f(x)$ 若满足"差商有界"的条件,则 $F(x)$ 的导函数与乙函数是一回事。为此先引进一个"强可导"的概念。

**定义 2** (强可导的定义)设函数 $F(x)$ 在区间 $I$ 上有定义。若存在一个定义在 $I$ 上的函数 $f(x)$ 和正数 $M$,使得对 $I$ 上任意的 $x$ 和 $x+h$,不等式

$$| F(x+h) - F(x) - f(x) \cdot h | \leqslant Mh^2$$

成立,则称 $F(x)$ 在 $I$ 上强可导,并称 $f(x)$ 是 $F(x)$ 的导函数。

**命题 1** 若 $f(x)$ 是 $F(x)$ 的乙函数,$f(x)$ 满足"差商有界",则存在正数 $M$,使得区间 $I$ 上的任意两点 $u$、$u+h$,对任意的 $s \in [u, u+h]$(或 $s \in [u+h, u]$),不等式

$$| F(u+h) - F(u) - f(s)h | \leqslant Mh^2$$

成立。

也就是说,若 $F(x)$ 有个"差商有界"的乙函数 $f(x)$,则 $F(x)$ 就是强可导的,$f(x)$ 是其导函数。

**命题 2** 若 $F(x)$ 在区间 $I$ 上强可导,$F'(x) = f(x)(x \in I)$,则对 $I$ 的任意子区间 $[u, v]$,存在 $p$、$q \in [u, v]$,使得

$$f(p) \leqslant \frac{F(u) - F(v)}{u - v} \leqslant f(q)$$

成立。

也就是说,若 $F(x)$ 强可导,则它的导函数就是乙函数。命题 2 的作用相当于拉格朗日中值定理,是微积分中的一个重要工具,对推导微积分的其他性质很有用。张景中(2010)对命题 1、命题 2 的证明比他在 2008 和 2009 年做的证明(张景中,2008,2009)更简明。

厘清了乙函数和导函数的关系,就可以通过求乙函数的方法来求导函数,而求乙函数并不需要极限和无穷小的概念。在证明乙函数和导函数等价时,附加了甲函数"强可导"的条件,这使推理简单很多。

关于三角函数、指数函数和对数函数的求导,泰勒公式的证明可参看张景中(2008)。

2. 无极限的积分概念(张景中,2007)

这里介绍张景中(2007)关于"不用极限的积分"的做法。

**定义 3**　(积分系统的定义)设 $f(x)$ 在区间 $I$ 上有定义,如果有一个二元函数 $S(u, v)$ $(u、v \in I)$ 满足

(i) 可加性:对任意的 $u、v、w \in I$,有 $S(u, v) + S(v, w) = S(u, w)$;

(ii) 中值性:若对 $I$ 上任意 $u < v$,存在 $p、q \in [u, v]$,使得 $f(p) \leqslant \dfrac{S(u, v)}{v - u} \leqslant f(q)$,则称 $S(u, v)$ 是 $f(x)$ 在区间 $I$ 上的一个积分系统。

若 $f(x)$ 在区间 $I$ 上有唯一的积分系统 $S(u, v)$,则称 $f(x)$ 在区间 $[u, v]$ 上可积,称 $S(u, v)$ 是 $f(x)$ 在区间 $[u, v]$ 上的积分。记作 $S(u, v) = \displaystyle\int_u^v f(x)\mathrm{d}x$。

事实上,这个积分定义把我们传统定积分的主要性质抽象出来了,因为 $S(u, v)$ 的几何意义是 $f(x)$ 在 $[u, v]$ 上的曲边梯形的面积,所以具有可加性;$\dfrac{S(u, v)}{v - u}$ 是 $f(x)$ 在 $[u, v]$ 上的平均值,所以具有中值性。

根据积分系统的定义,可直接验证下列命题。

**命题 3**　设 $S(u, v)$ 是 $f(x)$ 在区间 $I$ 上的一个积分系统,$c$ 是 $I$ 上的一个点,令 $F(x) = S(c, x)$,则在 $I$ 上 $f(x)$ 是 $F(x)$ 的乙函数;反过来,若在 $I$ 上 $f(x)$ 是 $F(x)$ 的乙函数,令 $S(u, v) = F(v) - F(u)$,则 $S(u, v)$ 是 $f(x)$ 在区间 $I$ 上的一个积分系统。

接下来就得到了微积分基本定理。

**命题 4**　设 $F(x)$ 在 $I$ 上强可导,$F'(x) = f(x)$,令 $S(u, v) = F(v) - F(u)$,则 $S(u, v)$ 是 $f(x)$ 在 $I$ 上的唯一积分系统,从而有

$$\int_u^v f(x)\mathrm{d}x = F(v) - F(u)。$$

到这里,不用极限的微积分已经成功构建了。应该说比传统微积分的构建过程简单了许多,仅仅对甲函数多了一个"强可导"的条件。

3. 另一个无极限导数的概念

林群对"无极限微积分"也做了大量有效的工作,下面只介绍他关于"无极限的导数"的一项工作(Lin,2006)。

在上世纪六十年代,有人提出"一致可导"的概念(Ljusternik & Sobolev,1965):

**定义 4** (一致可导的定义)设函数 $F(x)$ 和 $f(x)$ 在区间 $[a,b]$ 上有定义。若对于 $[a,b]$ 上任意的 $x$ 和 $x+h$,一致地有

$$\lim_{h\to 0}\frac{F(x+h)-F(x)}{h} = f(x),$$

则称 $F(x)$ 在 $[a,b]$ 上一致可导,并称 $f(x)$ 是 $F(x)$ 的导函数。

显然,一致可导的定义是依赖极限概念的,为了回避极限,Lin(2006)用一个无极限的"一致不等式"来定义一致可导:

**定义 5** (无极限的一致可导定义)设函数 $F(x)$ 在区间 $[a,b]$ 上有定义。若有一个在 $[a,b]$ 上有定义的函数 $f(x)$、正数 $M$ 和一个在 $(0,b-a]$ 上正值递减无界的函数 $D(x)$,使得对 $[a,b]$ 上任意的 $x$ 和 $x+h$,有不等式

$$D(\,|\,h\,|\,)\,|\,F(x+h)-F(x)-f(x)\cdot h\,| \leqslant M\,|\,h\,|$$

成立,则称 $F(x)$ 在 $[a,b]$ 上一致可导,并称 $f(x)$ 是 $F(x)$ 的导函数。

根据这个导数定义,如果将其中的 $D(x)$ 取为 $\dfrac{1}{x}$,那么就是"强可导"的定义,这与张景中先生的做法殊途同归,后面不再赘述。

从上述文献看,数学家们创立的没有极限的微积分是完整的、独立的,而且演绎的过程相当简捷;但是令人不放心的是,传统方法中的几何直观和物理背景似乎体会不到,使学生的思维直觉少了铺垫,会觉得上述定义方式过于抽象,因此对于初学微积分的学生来说,无极限的微积分理解起来也不简单。

### 5.2.3　中学微积分教学的国际比较研究

陈昌平主编的《数学教育比较与研究》(2000)指出,许多国家中学微积分教育改革的经验和教训表明,中学微积分教学的成功必须处理好两个关系和一个转变,即在教学内容的选取上要处理好传统初等数学内容(代数、几何、三角、平面解析几何)与微积分的关系;在高中课程设置上要处理好统一性与灵活性之间的关系;在微积分初步的教学要求上要从偏重严谨理论向注重方法应用转变。

唐盛昌主编的《高中国际课程的实践与研究(数学卷)》(2012)中详细比较了 IB 课程(International Baccalaureate Program)、AP 课程(Advanced Placement)和我国现行高中课程的微积分教学内容,发现有下列异同:

(1)导数部分的基础相同。

(2)在课程中的地位不同。我国的微积分属于选修课,只有 16~24 课时,而 AP 课程中微积分的教学时间为一年,IB 课程中的微积分占数学总课时的四分之一。

(3)知识覆盖面不同。我国的微积分只教导数,而 IB 和 AP 课程的微积分内容全面,成绩合格者进大学基本可以免修大学微积分课程。

(4)应用范围不同。我国的微积分应用主要在研究函数的性质方面,国外的微积分应用还涉及其他学科和实际问题。

(5)辅助手段不同。国外图形计算器的普及面很广,这也是学习微积分非常重要且不可少的辅助手段,图形计算器还进入了部分考试。

唐盛昌(2012)简单介绍了作者所在学校国际部的微积分教学情况。例如关于极限,他们根据 IB 大纲的要求,对 $\varepsilon - N$ 认真教,对 $\varepsilon - \delta$ 点到为止。他们的经验是,经过适当的讲解和练习,极限的概念和求解不像我们想象中这么难,所用课时都在大纲规定范围内。又如关于定理证明,对比较简单的定理证明,教师演示给学生看,不要求学生去证,只要求理解即可。对复杂的定理证明,一般是绕过或学生自行阅读,但是像微积分基本定理这样的重要定理,其证明是必讲的,因为它的证明涉及一些微积分的重要思想,对学生的理解很有帮助。该文献还呈现了一部分微积分教学案例和考试真题,使读者能真切地感受到他们的教学现实。通过他们对毕业学生的问卷调查得知,无论学生将来学什么专业,了解一点微积分的思想和知识总是有利而无害的。

总之,唐盛昌(2012)告诉我们,AP课程和IB课程的微积分教学与我国的中学微积分课程相比,我们的落后是明显的,他们有很多值得我们学习和借鉴的地方,但是我们也不能盲目地照搬,因为国情不同,学生群体也不同。

## 5.3 各国教材微积分内容的比较

### 5.3.1 微积分在高中教材中权重的比较

考虑到各国的学制和教材结构不尽相同,在高中阶段有两年和三年的学制,有两个或三个不同水平层次的教学要求,有必修、选修、拓展等各种类型的课程,情况比较复杂,本研究将微积分内容在所属的高中成套数学教材中所占篇幅(页数)大小作为刻画微积分在高中教材中权重的依据,数据见表5-2。

表5-2 微积分内容在全套高中数学教材中的权重统计

| 教材代码 | 教材总页数 | 微积分页数 | 权重 | 全套教材的说明 |
|---|---|---|---|---|
| CN-PEP | 1004 | 67 | 7% | 普通高中课程标准实验教材数学A版:必修1,2,3,4,5;选修2-1,2-2,2-3(共8册) |
| JP-SKS | 1060 | 197 | 19% | 数学基础,(新编)数学I,II,III;A,B,C(共7册) |
| SG-PEH | 598 | 102 | 17% | H2 Mathematics Volume 1,Volume 2(共2册) |
| DE-LBS | 552 | 229 | 41% | Lambacher Schweizer Mathematik für Gymnasien 10,11,12(共3册) |
| FR-EDB/HLT | 1038 | 253 | 24% | Maths 2$^e$,Math 1$^{re}$S;Declic Maths Terminale S Enseignement Obligatoire(共3册) |
| RU-MGU | 1168 | 202 | 17% | Алгебра и начала анализа,класс 10,класс 11;Геометрия,классы 10-11(共3册) |

说明:(1) 表5-2中的所指的微积分内容中包括数列极限、一元函数的极限与连续、微分、积分,具体说明见5.3.2节;

(2) 有些教材在微积分的开始阶段,运用极限和连续的观点对函数内容进行了提高型的回顾,以微积分为工具建立某些函数概念,并研究其性质(如DE-LBS、FR-EDB/HLT、RU-MGU),在表5-2的统计中,我们把此类函数研究归为微积分内容。没有涉及极限、连续、微分、积分概念的函数研究不归为微积分内容。

从表 5 - 2 可见,各国教材中的微积分内容在中学数学中的权重有较大差异,其中德国、法国的微积分权重较大,特别是德国,微积分权重达到高中数学的 41%;其次是日本、俄罗斯和新加坡,接近 20%;我国的微积分权重最小,只有 7%。

### 5.3.2　微积分内容范围的比较

六套教材中微积分所选择的内容都属于单元微积分,以导数、积分及其应用为主。考虑到极限和连续的知识是现代微积分的基础,也是体现中学微积分教学要求高低的主要标志,因此我们把中学教材中极限和连续的知识也归属于微积分的内容范围。有些国家的教材中有一些微分方程内容,我们把它划归于积分的应用。因此本研究将中学微积分的内容范围粗略地划成"极限和连续""导数"和"积分"三个大知识块,六个小知识块(见表 5 - 3)。凡是教材中涉及该知识块的内容,无论其涉及得多或少、深或浅,表中都用"■"标注,"□"表示没有涉及该项内容(下同),以此来呈现各国教材中微积分的内容范围。

表 5 - 3　样本教材的微积分内容范围

| 教材代码 | 极限和连续 | | | 导数 | 积分 | |
| --- | --- | --- | --- | --- | --- | --- |
| | 数列极限 | 函数极限 | 连续函数 | | 不定积分 | 定积分 |
| CN - PEP | ■ | ■ | ■ | ■ | ■ | ■ |
| JP - SKS | ■ | ■ | ■ | ■ | ■ | ■ |
| SG - PEH | □ | ■ | □ | ■ | ■ | ■ |
| DE - LBS | ■ | ■ | □ | ■ | ■ | ■ |
| FR - EDB/HLT | ■ | ■ | ■ | ■ | ■ | ■ |
| RU - MGU | ■ | ■ | ■ | ■ | ■ | ■ |

从表 5 - 3 来看,各国微积分教材中所覆盖到的知识块大同小异,似乎仅在"极限和连续"部分有少许差异,这说明各个国家对高中微积分内容范围的确定是基本一致的。

### 5.3.3　微积分知识点分布的比较

为了更全面、更深入地了解各样本教材的微积分内容,我们先将各教材与微积分内容有关的两级目录罗列如下（为了表述一致，不妨都统一编为"章"和"节"两级）。

**CN - PEP**

选修 2 - 2：

第 1 章　微积分及其应用

第 1 节　变化率与导数

第 2 节　导数的计算

第 3 节　导数在研究函数中的应用

第 4 节　生活中的优化问题举例

第 5 节　定积分的概念

第 6 节　微积分基本定理

第 7 节　定积分的简单应用

**JP - SKS**

数学 Ⅱ：

第 6 章　微分法和积分法

第 1 节　微分系数与导函数

第 2 节　函数值的变化

第 3 节　积分法

数学 Ⅲ：

第 2 章　极限

第 1 节　数列的极限

第 2 节　函数的极限

第 3 章　微分法

第 1 节　导函数

第 2 节　基本初等函数的导数

第 4 章　微分法的应用

第 1 节　导函数的应用

第 2 节　其他应用

第 5 章　积分法及其应用

第 1 节　不定积分

第 2 节　定积分

第 3 节　积分法的应用

**SG - PEH**

H2 Mathematics Volume 1：

第 5 章　微积分

第 1 节　微分法

第 2 节　麦克劳林级数

第 3 节　积分法

第 4 节　定积分

第 5 节　微分方程

**DE - LBS**

Lambacher Schweizer Mathematik für Gymnasien 10：

第 6 章　函数的特征性质及其图形

第 4 节　无穷时的极限

Lambacher Schweizer Mathematik für Gymnasien 11：

第 1 章　分式有理函数的图像

第 2 节　无穷时的性质

第 2 章　局部和整体的微分

第 1 节　差商和平均变化率

第 2 节　差商和局部变化率

第 3 节　可微性

第 4 节　导函数

第 5 节　原函数

第 6 节　$x \rightarrow x^n (n \in \mathbf{Z})$ 的导数

第 7 节　和的导数、数乘函数的导数

第 8 节　积和商的导数

从上述目录可见,各国教材的微积分知识点分布大致有以下三种类型：

(1) 集中呈现。在 CN‐PEP、SG‐PEH 和 RU‐MGU 中,微积分内容及其相关知识点是在同一册教材中集中、连续呈现的。

(2) 两次循环呈现。JP‐SKS 和 FR‐EDB/HLT 中都是将微积分内容分成教学要求不同的两个循环,分别呈现在两册不同的教材中。其中日本的第一循环只涉及多项式函数的微积分及其应用;法国教材的第一循环只涉及某些特殊函数的导数、导数的应用和运算性质,还呈现了极限的各种形态及其运算。第一循环的教学要求都比较低,很多知识点没有涉及,有些公式和性质未加证明;第二循环才比较完整地呈现中学微积分的全部内容,教学要求明显比第一循环更高。

（3）与其他内容融合呈现。这里所说的"融合"含有两种形式。第一种"融合"是指微积分内容的章节不全是连续地呈现，而是与其他内容的章节交织在一起，例如德国教材的第 2、3、5、6、8 章都是导数内容，而第 1、4、7 章分别是"有理函数的图象""空间坐标几何""概率的独立性概念"，与导数内容关系不大；第二种"融合"是指知识点之间的融合，例如 DE - LBS 11 的第 6 章是"指数函数与对数函数"，这里的指数函数概念是通过寻求满足 $f'(x)=f(x)$ 或 $f'(x)=k \cdot f(x)$ 的函数而导出并展开研究的（法国教材 FR - HLT 中也有这样的情形），使指数函数的概念和性质研究与微积分有较强的依赖关系，与我国教材是不一样的。

### 5.3.4　若干典型内容的比较

尽管各国高中微积分教材覆盖的知识块几乎相同，但是各知识块下包含的具体内容却有很大差异。我们选了一些典型内容来观察他们的差异，其中属于基础理论型的内容有极限与连续，属于运算操作型的内容有导数公式的推导、积分方法的运用，属于应用型的内容有导数的应用、定积分的应用。

#### 5.3.4.1　极限和连续内容的比较

我们知道，极限和连续的概念是微积分的基础，从数学的逻辑来说，现代微积分的概念应该从极限和连续的概念出发，但是严格的极限、连续知识对中学生来说太抽象，成为学习微积分的巨大障碍。如何在微积分教材中兼顾数学的逻辑性和中学生认知的局限性，这是教材编写的难点。我们看到，各套教材中极限和连续知识块的完整程度会强烈影响到该套教材整个微积分领域的内容宽度、理论深度和编写风格。下面我们进行细致的比较分析。

首先我们注意到，各国教材的正文中都没有使用"ε - N"或"ε - δ"语言，降低了微积分课程的难度，这应该是各国教材编写者的共识。[①]

---

① 虽然在教材的必选内容上俄罗斯的教材 RU - MGU 也没有给出极限的严格定义，但作为"通识课堂可选材料"（материал необязательный для общеобразовательных классов），此教材中包含了极限的最严格的定义。例如下文就是函数的有限极限的 ε - δ 定义（见 RU - MGU，Алгебра и начала анализа，класс 11，第 51 页）：（转下页）

即便在这样的共识下,各国教材对于极限和连续概念的处理还是有很大的不同。有的教材采取比较严格的做法:借助于逐步逼近的数值表或函数图象来呈现极限的过程,直观地阐述极限的概念,比较完整地呈现与极限、连续有关的知识点;有的教材对极限和连续的内容采用尽量含糊或回避的策略,相应的知识点较少。表5-4例举了与"极限和连续"有关的某些典型知识点,统计了它们在各教材中的出现情况。

表5-4 "极限和连续"中典型知识点的出现情况

| 知识点 | CN-PEP | JP-SKS | SG-PEH | DE-LBS | FR-EDB/HLT | RU-MGU |
|---|---|---|---|---|---|---|
| 导数前的极限 | □ | ■ | □ | ■ | □ | ■ |
| $\lim\limits_{x \to x_0} f(x) = a$ | ■ | ■ | ■ | ■ | ■ | ■ |
| $\lim\limits_{x \to x_0} f(x) = \infty$ | □ | ■ | □ | ■ | ■ | ■ |
| $\lim\limits_{x \to \infty} f(x) = a$ | □ | ■ | □ | ■ | ■ | ■ |
| $\lim\limits_{x \to \infty} f(x) = \infty$ | □ | ■ | □ | ■ | ■ | ■ |
| 极限的运算法则 | □ | ■ | □ | □ | ■ | ■ |
| 极限的分析性质 | □ | ■ | □ | □ | ■ | ■ |
| 单侧极限 | □ | ■ | □ | ■ | ■ | ■ |
| 求极限方法 | □ | ■ | □ | ■ | ■ | ■ |
| 连续与极限关系 | □ | ■ | □ | □ | ■ | ■ |

说明:"极限的分析性质"是指"保号性"、"夹逼定理"等性质。

————————————

（接上页）

Говорят, что функция $y = f(x)$ имеет предел при $x \to a$, равный числу $A$, если она определена в некоторой окрестности точки $a$, исключая, быть может, саму точку $a$, и если для любого положительного числа $\varepsilon$ найдется токое положительное число $\delta$, что для любого $x$, такого, что $0 < |x - a| < \delta$, выполняется неравенство $|f(x) - A| < \varepsilon$. При этом пишут: $\lim\limits_{x \to a} f(x) = A.$

参考译文:我们说函数 $y = f(x)$ 当 $x \to a$ 时有极限且此极限等于数值 $A$,指的是这个函数定义在 $a$ 的某个(可能不含点 $a$ 自身的)邻域,并且对任意正数 $\varepsilon$,可以找到一个正数 $\delta$,使得对邻域内满足 $0 < |x - a| < \delta$ 的任何 $x$,不等式 $|f(x) - A| < \varepsilon$ 总是成立的。这种情况记为 $\lim\limits_{x \to a} f(x) = A$。——主编注

从表 5 - 4 可见，日本、法国、俄罗斯三套教材中极限和连续的知识点比较丰富，而中国和新加坡两套教材中极限和连续的知识点很少。下面结合教材文本，分别对不同情况作简要介绍。

1. 极限和连续内容较少的例子

**例 1**　在 CN - PEP 中，第一次出现术语"极限"和符号"lim"是在导出导数概念时，经历了三个步骤：

（1）计算和列表。教材对 $t=2$ 附近的平均速度 $\bar{v}=\dfrac{h(2+\Delta t)-h(2)}{\Delta t}$ 中的 $\Delta t$ 给出了 $0.01$，$0.001$，$0.0001$，… 和 $-0.01$，$-0.001$，$-0.0001$，… 两列数值，分别计算平均速度 $\bar{v}$ 的值；

（2）观察趋势。通过列表观察，发现 $\bar{v}$ 越来越趋向于 $-13.1$；

（3）归纳并给出极限概念。课文对上述过程给出一个含有"lim"的表达式，并说明：

为了表述的方便，我们用 $\lim\limits_{\Delta t \to 0} \dfrac{h(2+\Delta t)-h(2)}{\Delta t}=-13.1$ 表示"当 $t=2$，$\Delta t$ 趋近于 0 时，平均速度 $\bar{v}$ 趋近于确定值 $-13.1$"。

同时在课文的边款中加了一个注，解释术语"极限"的意义：

我们称定值 $-13.1$ 是 $\dfrac{h(2+\Delta t)-h(2)}{\Delta t}$ 当 $\Delta t$ 趋近于 0 时的极限。

这里仅通过对一个具体例子的观察，就给出了极限概念，目的是解决导数定义中需要的极限概念。由于没有更多地讨论极限的性质和运算，因此要按导数定义推导出所有初等函数的导数公式和运算法则是困难的，教材不得不将大部分的导数公式和运算法则直接罗列，而不作推导。

在 CN - PEP 中，"连续函数"的概念第一次出现是用形象化的描述：

一般地，如果区间 $[a，b]$ 上函数 $y=f(x)$ 的图象是一条连续不断的曲线，那么它必定有最大和最小值。

以这个形象化描述为铺垫，在后几页的微积分基本定理的阐述中便出现"连续函数"的词汇：

一般地，如果 $f(x)$ 是区间 $[a，b]$ 上的连续函数，并且 $F'(x)=f(x)$，那么

$$\int_a^b f(x)\mathrm{d}x = F(b) - F(a)。$$

事实上,教材并没有给出连续函数的定义,而是借助于初等函数图象在定义域内都是连续曲线这个直观事实,在教材的后续内容中使用"连续函数"这个词汇,在中学课堂中并不太会马上因这个混淆产生麻烦。

**例 2** 在 SG‑PEH 中,极限和连续的概念出现得更少。教材在导出导数定义时,把 $\Delta x$ 设计得越来越小,观察曲线上割线的斜率 $\dfrac{f(x+\Delta x)-f(x)}{\Delta x}$ 越来越接近于定值,教材直接用极限的语言和符号刻画了这种现象,并给出导数定义:

……于是由 $\dfrac{\mathrm{d}y}{\mathrm{d}x} = f'(x) = \lim\limits_{\Delta x \to 0} \dfrac{f(x+\Delta x)-f(x)}{\Delta x}$ 得到 $y = f(x)$ 的一阶导数。

在这以前,教材 SG‑PEH 中并没有出现过极限的概念和符号。紧接着,SG‑PEH 利用该定义以 $y = x^2$ 和 $y = \sin x$ 为例,演示了求导数方法。在以后的内容中,教材再也没有用过极限的概念和方法,也没有用过连续函数的概念。由于这套教材较多使用了图形计算器的微积分功能,涉及导数和积分的计算大多用计算器操作,在计算器支持下学习微积分,极限和连续的概念其实是无所谓的。

2. 极限和连续内容较多的例子

**例 3** JP‑SKS 的微积分有两个循环,依次在数学Ⅱ和数学Ⅲ中。

数学Ⅱ对极限的处理办法与 CN‑PEP 类似,仅在导出导数概念时,借助一个具体例子,用列表观察的方法看出极限现象,然后给出极限的语言和符号,并用它们表述导数定义,数学Ⅱ按定义推导了 $f(x)=2$、$f(x)=x$、$f(x)=x^3$ 的导数,用不完全归纳的方法推测 $f(x)=x^n$ 的导数,后面只限于多项式函数的微积分。

在数学Ⅲ中展示了比较完整的极限和连续的内容,其第 3 章是微分,而整个第 2 章就是专门阐述极限和连续概念的,目录和主要知识点如下:

第 2 章　极限

第 1 节　数列的极限

1. 数列极限

A. 数列极限的概念;B. 收敛数列;C. 数列极限的性质(1);D. 数列极限

的性质(2)。

2. 无穷等比数列的极限

A. 数列$\{r_n\}$的极限；B. 数列$\{r_n\}$极限的应用；C. 递推数列的极限。

3. 无穷等比级数

A. 无穷级数的收敛和发散；B. 无穷等比级数；C. 点运动的无穷等比级数；D. 相似图上的无穷等比级数；E. 无穷级数的性质。

第2节　函数的极限

4. 函数的极限(1)

A. 函数极限的性质；B. 极限值的计算；C. 极限为无穷大；D. 单侧极限。

5. 函数的极限(2)

A. $x \to \infty$, $x \to -\infty$ 的极限；B. 指数函数、对数函数的极限。

6. 三角函数的极限

A. 三角函数的极限；B. $\lim\limits_{x \to 0} \dfrac{\sin x}{x} = 1$。

7. 函数的连续性

A. 函数的连续性；B. 区间上的连续函数；C. 闭区间上连续函数的性质。

JP-SKS的数学Ⅲ不但给出了数列极限、函数极限的概念，给出了极限的四则运算法则，还给出了其他一些重要的、常用的性质。例如在第2章第1节的"极限性质(2)"中有数列极限的如下性质：

性质5　对任意$n$，$a_n \leqslant b_n$，若$\lim\limits_{n \to \infty} a_n = a$，$\lim\limits_{n \to \infty} b_n = b$，则$a \leqslant b$。

性质6　对任意$n$，$a_n \leqslant b_n$，若$\lim\limits_{n \to \infty} a_n = \infty$，则$\lim\limits_{n \to \infty} b_n = \infty$。

性质7　对任意$n$，$a_n \leqslant c_n \leqslant b_n$，若$\lim\limits_{n \to \infty} a_n = \lim\limits_{n \to \infty} b_n = a$，则$\lim\limits_{n \to \infty} c_n = a$。

在第2章第2节的"三角函数的极限"中有函数极限的如下性质：

设$\lim\limits_{x \to a} f(x) = \alpha$，$\lim\limits_{x \to a} g(x) = \beta$。

性质6　若$x$在$a$的某个领域中恒有$f(x) \leqslant h(x) \leqslant g(x)$，且$\alpha = \beta$，则$\lim\limits_{x \to a} h(x) = \alpha$。

这些性质不但数学化地表述了极限的过程与结果之间的关系，还为重要后续知识的严格证明提供了有力的工具，如$\lim\limits_{x \to 0} \dfrac{\sin x}{x} = 1$、$\lim\limits_{x \to 0} x \sin \dfrac{1}{x} = 0$等的证明。

数学Ⅲ还明确地、有条理地给出了连续函数的定义,为后续内容的展开做好了铺垫:

(1) 给出函数在某一点连续的定义:

设函数 $f(x)$ 在 $x=a$ 的某个领域有定义,且 $\lim\limits_{x \to a} f(x)$ 存在,若 $\lim\limits_{x \to a} f(x) = f(a)$,则称 $f(x)$ 在 $x=a$ 处连续。

(2) 给出函数在某一点的左、右连续的定义(数学Ⅲ在前面的极限段落已经给出了左、右极限的定义):

设函数 $f(x)$ 在 $x=a$ 左侧(或右侧)的某个领域有定义,且 $\lim\limits_{x \to a^{+0}} f(x)$ (或 $\lim\limits_{x \to a^{-0}} f(x)$) 存在,若 $\lim\limits_{x \to a^{+0}} f(x) = f(a)$ (或 $\lim\limits_{x \to a^{-0}} f(x) = f(a)$),则称 $f(x)$ 在 $x=a$ 处左(或右)连续。

(3) 给出函数在 $(a,b)$、$[a,b]$、$(a,\infty)$ 等区间上连续的概念。

(4) 讨论初等函数在定义域上的连续性。

(5) 给出闭区间上连续函数的两个重要定理——最值定理和介值定理(这两个定理在数学Ⅲ中没有严格证明,仅借助于图象作了说明)。

可见数学Ⅲ关于极限和连续的内容是相当丰满的,使后续内容的展开能保持传统的演绎风格。

**例4** 法国的 FR-EDB/HLT 也是将微积分内容分为两个循环,第一循环在高二年级 FR-EDB 中,涉及第3章"导数及其运用"和第4章"渐近行为——极限"。第二循环安排在高三年级 FR-HLT 中,共涉及六章内容。这样的设计与 JP-SKS 的数学Ⅱ和数学Ⅲ有点类似,但是法国教材比其他中学微积分教材呈现出更严密的体系和更严谨的风格,这个特点在第一循环的 FR-EDB 中就能看出,例如:

(1) 导数概念用一般函数 $f(x)$ 进行表述。大部分中学微积分教材都是用某个具体函数为例,导出导数概念的,但是在 FR-EDB 中,一开始就用更抽象的一般函数 $f(x)$ 来阐述导数概念,即用一般函数 $f(x)$ 来表述极限和变化率问题。

(2) 导数定义用两种极限形式呈现。在表述 $f(x)$ 在 $x_0$ 附近的平均变化率时,既用 $\dfrac{f(x)-f(x_0)}{x-x_0}$ 的形式,又用 $\dfrac{f(x_0+h)-f(x_0)}{h}$ 的形式,因此

导数概念有两个极限表达式:$f'(x_0)=\lim\limits_{x\to x_0}\dfrac{f(x)-f(x_0)}{x-x_0}$ 和 $f'(x_0)=$

$\lim\limits_{h\to 0}\dfrac{f(x_0+h)-f(x_0)}{h}$。

(3) 给出极限不存在的反例。尽管 FR‐EDB 的第 3 章是学生初次遇到极限概念,但是教材上用了三个典型的反例(见图 5‐1),这无疑使学生对极限概念有更准确的理解和辨识。

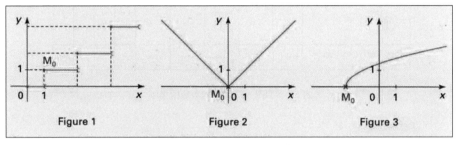

图 5‐1　FR‐EDB 中的反例

(4) 把"极限"概念拓展到更广义的情形。FR‐EDB 的第 3 章给出了函数在定义域内部的点 $x_0$ 处的极限概念,还在第 4 章第 1 节介绍了各种含单侧情形或无穷情形的极限,例如:

$$\lim_{\substack{x\to x_0\\x>x_0}}f(x)=+\infty;\ \lim_{\substack{x\to x_0\\x>x_0}}f(x)=-\infty;\ \lim_{\substack{x\to x_0\\x<x_0}}f(x)=+\infty;\ \lim_{\substack{x\to x_0\\x<x_0}}f(x)=-\infty;$$

$$\lim_{x\to -\infty}f(x)=l;\quad \lim_{x\to -\infty}f(x)=l;\quad \lim_{x\to +\infty}f(x)=+\infty;\ \lim_{x\to +\infty}f(x)=-\infty;$$

$$\lim_{x\to -\infty}f(x)=+\infty;\ \lim_{x\to -\infty}f(x)=-\infty。$$

这一节还给出函数 $f(x)$ 的图象存在非水平渐近线 $y=ax+b(a\ne 0)$ 时,$f(x)$ 与 $y=ax+b$ 的极限关系:$\lim\limits_{x\to +\infty}[f(x)-(ax+b)]=0$ 或 $\lim\limits_{x\to -\infty}[f(x)-(ax+b)]=0$,获得渐近线的求法。

(5) 较全面地给出了极限运算结果。FR‐EDB 的第 4 章第 3 节把极限的四则运算和倒数运算结果以定理形式详细地给出(见图 5‐2、图 5‐3、图 5‐4、图 5‐5),便于在后续内容中进行极限的运算。

**THÉORÈME 2**

| Si $\lim\limits_{x\to\bullet} u(x) =$ | $\ell$ | $\ell$ | $\ell$ | $+\infty$ | $-\infty$ | $+\infty$ |
|---|---|---|---|---|---|---|
| et $\lim\limits_{x\to\bullet} v(x) =$ | $\ell'$ | $+\infty$ | $-\infty$ | $+\infty$ | $-\infty$ | $-\infty$ |
| alors $\lim\limits_{x\to\bullet} (u+v)(x) =$ | $\ell+\ell'$ | $+\infty$ | $-\infty$ | $+\infty$ | $-\infty$ | ? |

图 5-2　FR-EDB 中函数和的极限

**THÉORÈME 3**

| Si $\lim\limits_{x\to\bullet} u(x) =$ | $\ell$ | $\ell>0$ | $\ell<0$ | $\ell>0$ | $\ell<0$ | $0$ | $+\infty$ | $-\infty$ | $-\infty$ |
|---|---|---|---|---|---|---|---|---|---|
| et $\lim\limits_{x\to\bullet} v(x) =$ | $\ell'$ | $+\infty$ | $+\infty$ | $-\infty$ | $-\infty$ | $+\infty$ ou $-\infty$ | $+\infty$ | $-\infty$ | $+\infty$ |
| alors $\lim\limits_{x\to\bullet} (u\times v)(x) =$ | $\ell\times\ell'$ | $+\infty$ | $-\infty$ | $-\infty$ | $+\infty$ | ? | $+\infty$ | $+\infty$ | $-\infty$ |

图 5-3　FR-EDB 中函数积的极限

**THÉORÈME 4**

| Si $\lim\limits_{x\to\bullet} u(x) =$ | $\ell\neq0$ | $0$ (par valeurs supérieures à 0) | $0$ (par valeurs inférieures à 0) | $+\infty$ | $-\infty$ |
|---|---|---|---|---|---|
| alors $\lim\limits_{x\to\bullet} \left(\dfrac{1}{u}\right)(x) =$ | $\dfrac{1}{\ell}$ | $+\infty$ | $-\infty$ | $0$ | $0$ |

图 5-4　FR-EDB 中函数倒数的极限

**THÉORÈME 5**

| Si $\lim\limits_{x\to\bullet} u(x) =$ | $\ell$ | $\ell\neq0$ | $\ell\neq0$ | $\ell\neq0$ | $0$ |
|---|---|---|---|---|---|
| et $\lim\limits_{x\to\bullet} v(x) =$ | $\ell'\neq0$ | $0$ | $+\infty$ | $-\infty$ | $0$ |
| alors $\lim\limits_{x\to\bullet} \left(\dfrac{u}{v}\right)(x) =$ | $\dfrac{\ell}{\ell'}$ | $+\infty$ ou $-\infty$ | $0$ | $0$ | ? |

| Si $\lim\limits_{x\to\bullet} u(x) =$ | $+\infty$ | $+\infty$ | $-\infty$ | $-\infty$ | $+\infty$ ou $-\infty$ |
|---|---|---|---|---|---|
| et $\lim\limits_{x\to\bullet} v(x) =$ | $\ell'>0$ | $\ell'<0$ | $\ell'>0$ | $\ell'<0$ | $+\infty$ ou $-\infty$ |
| alors $\lim\limits_{x\to\bullet} \left(\dfrac{u}{v}\right)(x) =$ | $+\infty$ | $-\infty$ | $-\infty$ | $+\infty$ | ? |

图 5-5　FR-EDB 中函数商的极限

在这一节的"注意"栏目中,对 $\infty-\infty$、$0\times\infty$、$\dfrac{\infty}{\infty}$ 和 $\dfrac{0}{0}$ 等"不定型"极限作了通俗的介绍,便于学生更准确地把握极限运算。

在第二循环中,FR‐HLT 是从第 3 章开始导数和积分内容的,而其"第 1 章　函数-变量与连续"和"第 2 章　数列与函数的极限"都是讨论极限和连续概念的。结合教材文本可以清楚地看到,FR‐HLT 中关于极限与连续内容比其他样本教材中更完整、更严谨,应用得更广泛。以"介值定理"为例,FR‐HLT 中第 1 章的"第 4 节　连续函数的性质"中对介值定理作如下叙述:

定理 1.4.1(介值定理)　设 $f$ 是定义在区间 $I$ 上的连续函数,$a$、$b\in I$。对于介于 $f(a)$ 与 $f(b)$ 之间的任一实数 $k$,存在 $a$、$b$ 之间的实数 $c$,使 $f(c)=k$。

这与大部分教材上的介值定理的表述相近,如 JP‐SKS 的数学Ⅲ中的介值定理也是如此,只是把区间 $I$ 限定为闭区间 $[a,b]$。而 FR‐HLT 对此还作了进一步推广,在第 2 章的第 6 节"开区间上的介值定理"中有如下命题:

命题 2.6.1(开区间上的介值定理)　设 $a$、$b$、$\alpha$、$\beta$ 或者是给定实数,或者是 $+\infty$,或者是 $-\infty$,$f$ 是开区间 $(a,b)$ 上连续函数且严格单调,使 $\lim\limits_{x\to a}f(x)=\alpha$,$\lim\limits_{x\to b}f(x)=\beta$。则对每个严格介于 $\alpha$ 与 $\beta$ 之间的实数 $k$,方程 $f(x)=k$ 在开区间 $(a,b)$ 内存在唯一解。

这个命题比原介值定理减弱了对区间端点的限制条件,它适用于无限区间,也适用于无限值域及更多类型的问题。

FR‐HLT 在"第 6 章　数列与数学归纳法"中,给出了"单调有界数列的极限存在"的性质,为极限存在性的证明提供了一种有效的工具。

**例 5**　RU‐MGU 第 1 章的第 2 节是专门阐述函数的极限与连续概念的,作为微积分的预备知识,其目录如下:

第 2 节　函数的极限与连续

2.1　函数极限的概念

2.2　单侧极限

2.3　函数极限的性质

2.4　函数连续的概念

2.5 初等函数的连续性

2.6 不连续函数

在 RU - MGU 中,函数的连续性部分阐述得比其他教材更细致,例如在第 2 节中给出了连续与极限关系的证明,在第 3 节中给出了连续与可导关系的证明;给出了初等函数的连续性、复合函数的连续性、闭区间上连续函数的性质、各种不连续函数的举例等。其中有些给出严格证明,有些借助于图象给出说明。在"2.3 函数极限的性质"中,除了给出极限的四则运算法则,还总结了其他一些简单实用的极限运算性质,给极限运算带来了方便,例如"当 $\lim\limits_{x \to a} f(x) = 0$ 时,$\lim\limits_{x \to a} \dfrac{1}{f(x)} = \infty$";"当 $\lim\limits_{x \to a} f(x) = \infty$ 时,$\lim\limits_{x \to a} \dfrac{1}{f(x)} = 0$";"$\lim\limits_{x \to a} [f(x)]^2 = [\lim\limits_{x \to a} f(x)]^2$"等性质,它们都可作为运算公式直接应用。

总之,日本、法国和俄罗斯三套教材对极限和连续内容的阐述都比较完整,为微积分后续知识的展开提供了必要的基础和工具。

3. 其他例子

DE - LBS 的三本教材中,极限与连续部分的强度比日本、法国和俄罗斯的教材弱,但比中国和新加坡的教材强得多。这套教材的特点是把"极限与连续"的知识、思想和方法较多地融合在实际的操作中,而在形式上的要求并不高,具体表现在:

(1)教材中没有出现以"极限"或"连续"命名的章节,但是在"函数的性质及其图象"内容中很恰当地运用极限概念,讨论函数的性质,其中涉及多种类型的函数极限,包括单侧极限、极限与单侧极限的关系等。

(2)教材中涉及不少极限运算,但运算法则却没有在正文中明确提出,仅在边款中以注解的形式给出。

(3)教材的正文中没有正式提到连续函数的概念,但在阅读材料中有关于"连续函数"概念的介绍。

### 5.3.4.2 导数公式获得方式的比较

各样本教材中的导数公式有多有少,公式的获得方式也各不相同。我们把获得公式的方式按演绎要求的高低分成如下三个层次:

A 水平:按导数定义和已有的法则、性质,经演绎获得公式;

B 水平:通过局部的推导或解释后,归纳得到公式;

C 水平:完全没有推导,直接给出公式。

我们以导数的加法运算法则 $[(u+v)(x)]' = u'(x) + v'(x)$ 为例,说明获得方式的层次。

(1) RU - MGU 中对加法法则给出了证明,简述如下:

设 $f(x) = u(x) + v(x)$。 因为

$$\Delta f = f(x + \Delta x) - f(x) = [u(x + \Delta x) + v(x + \Delta x)] - [u(x) + v(x)]$$
$$= [u(x + \Delta x) - u(x)] + [v(x + \Delta x) - v(x)] = \Delta u + \Delta v,$$

$$\frac{\Delta f}{\Delta x} = \frac{\Delta u + \Delta v}{\Delta x} = \frac{\Delta u}{\Delta x} + \frac{\Delta v}{\Delta x}, \text{ 而}$$

$$\lim_{\Delta x \to 0} \frac{\Delta u}{\Delta x} = u'(x), \ \lim_{\Delta x \to 0} \frac{\Delta v}{\Delta x} = v'(x), \text{ 所以}$$

$$f'(x) = \lim_{\Delta x \to 0} \frac{\Delta f}{\Delta x} = \lim_{\Delta x \to 0} \left[ \frac{\Delta u}{\Delta x} + \frac{\Delta v}{\Delta x} \right] = \lim_{\Delta x \to 0} \frac{\Delta u}{\Delta x} + \lim_{\Delta x \to 0} \frac{\Delta v}{\Delta x} = u'(x) + v'(x)。$$

这个证明是严格依据导数的定义和极限的运算法则获得的,是属于 A 水平的。

(2) JP - SKS 中获得公式的过程如下:

求函数 $y = x^3 + x^2$ 的导函数。

$$y'(x) = \lim_{h \to 0} \frac{[(x+h)^3 + (x+h)^2] - (x^3 + x^2)}{h}$$
$$= \lim_{h \to 0} \left[ \frac{(x+h)^3 - x^3}{h} + \frac{(x+h)^2 - x^2}{h} \right]$$
$$= \lim_{h \to 0} [(3x^2 + 3xh + h^2) + (2x + h)] = 3x^2 + 2x。$$

设 $f(x) = x^3$, $g(x) = x^2$,即 $y = f(x) + g(x)$,由于 $f'(x) = 3x^2$, $g'(x) = 2x$,所以得到 $y = f(x) + g(x)$ 的加法法则 $y' = f'(x) + g'(x)$。

这是借助于一个具体例子归纳而获得结论,应属于 B 水平(虽然一个例子太少)。

(3) CN - PEP 中是直接给出法则,不作任何证明或说明(见图 5 - 6):

下面的"导数运算法则"可以帮助我们解决两个函数加、减、乘、除的求导问题.

**导数运算法则**

1. $[f(x) \pm g(x)]' = f'(x) \pm g'(x)$;
2. $[f(x) \cdot g(x)]' = f'(x)g(x) + f(x)g'(x)$;
3. $\left[\dfrac{f(x)}{g(x)}\right]' = \dfrac{f'(x)g(x) - f(x)g'(x)}{[g(x)]^2}$ $(g(x) \neq 0)$.

图 5-6　CN-PEP 中的导数运算法则

我们把这种获得加法法则的方式归属于 C 水平。

依据上述界定,我们抽取了部分典型的导数公式,观察各套教材对各公式的获得方式,统计如表 5-5,其中"□"表示该套教材中没出现相应的公式。

表 5-5　各教材中导数公式的数量及其获得方式的比较

| 导数公式 | CN-PEP | JP-SKS | SG-PEH | DE-LBS | FR-EDB/HLT | RU-MGU |
|---|---|---|---|---|---|---|
| 导数的运算性质 | C | A | C | B | B | A |
| $(x^a)' = \alpha x^{a-1}$ | B | A | C | B | B | A |
| $(e^x)' = e^x$ | C | A | C | B | A | A |
| $(\ln x)' = \dfrac{1}{x}$ | C | A | C | B | A | A |
| $(\sin x)' = \cos x$ | C | A | A | B | A | A |
| $(\tan x)' = \sec^2 x$ | □ | A | C | B | A | A |
| $(\arcsin x)' = \dfrac{1}{\sqrt{1-x^2}}$ | □ | □ | C | □ | □ | A |
| $(\arctan x)' = \dfrac{1}{1+x^2}$ | □ | □ | C | □ | □ | A |
| 复合函数的导数 | C | A | B | B | A | A |
| 二阶及以上导数 | □ | A | A | □ | A | A |
| 隐函数的导数 | □ | B | B | □ | □ | □ |
| 反函数的导数 | □ | B | □ | B | □ | A |
| 参数式函数的导数 | □ | B | B | □ | □ | □ |

从数量上看,中国教材中的导数公式最少,新加坡教材中的导数公式最多,日本、俄罗斯两套教材中的导数公式也较多;从获取公式的方式上看,演绎要求由低到高依次是中国教材、新加坡教材、德国教材、法国教材、日本教材和俄罗斯教材。

下面我们分别选一些演绎要求偏低和偏高的教材进行具体考察。

1. 求导公式的演绎要求偏低的情形

CN - PEP 中求导公式的导出步骤:

(1) 根据导数定义推导了 $y=c$($c$ 是常数)、$y=x$、$y=x^2$、$y=\dfrac{1}{x}$ 和 $y=\sqrt{x}$ 五个函数的导数公式(A 水平);

(2) 直接罗列其他基本初等函数的导数公式(共 8 个公式)和导数运算法则(C 水平);

(3) 直接给出复合函数的求导法则(C 水平);

(4) 在上述公式和法则的基础上,求其他初等函数(主要是多项式函数)的导数公式(A 水平)。

SG - PEH 中导数公式的导出步骤:

(1) 根据导数定义推导了 $y=x^2$ 和 $y=\sin x$ 的导数公式(A 水平);

(2) 直接罗列其他初等函数的导数公式(12 个公式)和运算法则(C 水平);

(3) 直接给出复合函数的求导法则、隐函数和参数式函数的求导方法(C 水平);

(4) 比较详细地说明了利用图形计算器求导数的操作方法。

2. 求导公式的演绎要求偏高的情形

俄罗斯、日本、法国的三套教材给出的导数公式和运算法则都比较全,而且对给出的公式和法则基本上都有证明,为诸多证明所安排的顺序和预设的铺垫也都有精心的设计(具体在本文第 4 节说明),既符合数学的逻辑顺序,又适合于中学生学习。

说明:在表 5 - 5 中,日本教材中没有反正弦函数、反正切函数的导数,事实上 JP - SKS 的数学Ⅲ中有一般的"反函数的导数"这个知识点,并以 B 水平给出了求反函数导数的方法,只是没有特地给出反三角函数的导数公式。

### 5.3.4.3 导数应用情况的比较

我们罗列了各样本教材中导数的主要应用,统计如表5-6所示。

表5-6 各样本教材中导数应用情况统计

| 导数应用 | CN-PEP | JP-SKS | SG-PEH | DE-LBS | FR-EDB/HLT | RU-MGU |
|---|---|---|---|---|---|---|
| 函数的单调性 | ■ | ■ | ■ | ■ | ■ | ■ |
| 函数的极值和最值 | ■ | ■ | ■ | ■ | ■ | ■ |
| 函数图象的凹凸性 | □ | ■ | ■ | ■ | □ | ■ |
| 曲线的切线、法线方程 | □ | ■ | ■ | □ | □ | ■ |
| 近似计算 | □ | ■ | ■ | ■ | □ | ■ |
| 方程的不等式证明 | □ | ■ | □ | □ | □ | □ |
| 泰勒公式 | □ | □ | ■ | □ | □ | ■ |
| 中值定理 | □ | ■ | □ | □ | □ | ■ |

从表5-6可见,关于导数的应用,各国教材既有共性,又有差异。

1. 导数应用的共性

各国教材的导数应用主要集中在数学领域,其中利用导数判定函数的单调性和求函数极值和最值的内容是各国教材都有的,在求极值和最值的应用中都涉及一些有现实背景的问题。

2. 导数应用类型的差异

日本教材和俄罗斯教材的导数应用面较广,中国教材和法国教材的导数应用面较窄。

3. 不同要求的中值定理

即使共有的应用课题,各国教材也有差异。例如RU-MGU和JP-SKS中都有中值定理,但他们的差异还是比较大的:RU-MGU中有两个中值定理,即罗尔中值定理和拉格朗日中值定理,JP-SKS中只有拉格朗日中值定理;RU-MGU中的两个中值定理都是经过证明的,JP-SKS中的中值定理只是借助函数图象进行了说明而已。虽然罗尔中值定理仅是拉格朗日中值定理当 $f(a) =$ $f(b)$ 时的特例,但是罗尔中值定理作为拉格朗日中值定理的一个台阶,明显降低了拉格朗日中值定理的抽象程度,RU－MGU 中的中值定理更容易使学生留下准确的直觉。

4. 不同要求的泰勒公式

关于泰勒公式的内容,SG－PEH 中以"麦克劳林级数"为标题,RU－MGU 中以"泰勒级数"为标题,而事实上他们都只讨论了 $x_0 = 0$ 的情况,即都只讨论了麦克劳林级数用于函数的多项式展开和近似计算。两套教材在处理这部分内容时的最大区别在于给出公式的方式:SG－PEH 中直接给出麦克劳林公式;RU－MGU 中则是在中值定理的基础上,通过推广、归纳、猜想和构造,进而得到麦克劳林公式,并在该过程中解释余项的大小和性质,这不但加强了知识的内部关联度,而且使学生更确信将函数进行多项式展开的必要性和合理性。

5. 导数应用于代数证明

在 JP－SKS 中,专门设置了一节关于利用导数(或中值定理)证明恒等式或不等式的内容,虽然题目不多,但是得到的结论都非常漂亮,证明的方法也非常简捷。例如,"当 $x > 0$ 时,$e^x > 1 + x$""当 $x > 0$ 时,$\ln(x+1) < x$"等命题,这说明导数应用于代数证明有时是非常有效的。其他教材没有选择此项应用,也许是考虑到这方面命题的难度和灵活性相对较大。

### 5.3.4.4　积分方法的比较

积分需要一定的变换技能,是技巧性要求比较高的内容,根据对六国教材的统计,所用到的积分方法如表 5－7 所示。

表 5－7 中"定积分定义"是指通过对自变量的分割、累加、求极限的过程求得定积分的方法(即黎曼积分)。由于 JP－SKS 中的定积分是用"微积分基本定理"来定义的,所以该教材中没有"定积分定义"的方法;表 5－7 中"导数逆运算"仅指由基本导数公式直接得到原函数,并运用其求积分的方法,教材中一般以逆写导数公式的方式给出原函数公式,可直接引用。

表 5 - 7　各样本教材中主要积分方法的统计

| 积分方法 | CN - PEP | JP - SKS | SG - PEH | DE - LBS | FR - EDB/HLT | RU - MGU |
|---|---|---|---|---|---|---|
| 定积分定义 | ■ | □ | ■ | ■ | ■ | ■ |
| 导数逆运算 | ■ | ■ | ■ | ■ | ■ | ■ |
| 换元法 | □ | ■ | ■ | ■ | ■ | ■ |
| 分部积分法 | □ | ■ | ■ | □ | ■ | ■ |
| 分式函数的积分 | □ | ■ | ■ | □ | □ | □ |
| 三角代换法 | □ | ■ | ■ | □ | □ | □ |
| 形如 $f(\sqrt{a^2 \pm x^2})$、$\dfrac{1}{a^2 \pm x^2}$ 的被积函数 | □ | ■ | ■ | □ | □ | □ |

各样本教材中关于积分方法,我们关注到以下几点。

1. 共同重视的积分方法

"定积分定义""导数逆运算"和"换元法"是最基本的积分方法,极大多数教材都作为主要方法介绍,分部积分法也受到多数教材的重视。

2. 新加坡教材的积分技术

我们感到比较意外的是 SG - PEH,从前面导数部分看,它只推导了 $y = \sin x$ 和 $y = x^2$ 两个函数的导数,其他函数的导数都不作推导,直接罗列在教材中,这应该与该套教材的极限知识比较弱有关;SG - PEH 又比较强调运用图形计算器的求导功能解决问题,这让我们觉得 SG - PEH 似乎比较弱化运算技能和变换技能。但是该套教材中对积分技能的要求却比其他教材明显高得多,证据如下:

(1) 积分公式数量多。教材在"导数逆运算"部分给出了比其他教材更多的积分公式,如 $\int \sec x \, \mathrm{d}x = \ln | \sec x + \tan x | + C$, $\int \sec^2 x \, \mathrm{d}x = \tan x + C$, $\int \dfrac{\mathrm{d}x}{x^2 - a^2} = \dfrac{1}{2a} \ln \left| \dfrac{x - a}{x + a} \right| + C$ 等公式在其他教材中并未作为公式,而 SG - PEH 将它们都作

为公式,可直接引用。

(2) 积分方法类型多。SG‐PEH 在"积分技术"这一节列了 9 个小标题,类型非常丰富,它们是:

(i) 标准积分公式(即导数的逆运算);

(ii) 形如 $[f(x)]^n \cdot f'(x)$ 或 $f'(x) \cdot e^{f(x)}$ 的函数的积分;

(iii) 分式型(分子、分母均为多项式)函数的积分;

(iv) 三角函数的积分;

(v) 形如 $\dfrac{1}{\sqrt{k^2-x^2}}$、$\dfrac{1}{\sqrt{a^2-(x-b)^2}}$、$\dfrac{1}{k^2+x^2}$、$\dfrac{1}{a^2+(x-b)^2}$ 的函数的积分;

(vi) 用分解分子的方法积分;

(例如 $\displaystyle\int \frac{3-x}{\sqrt{2x-x^2+5}}\mathrm{d}x = \int \frac{\frac{1}{2}(2-2x)+2}{\sqrt{2x-x^2+5}}\mathrm{d}x = \frac{1}{2}\int \frac{(2x-x^2+5)'}{\sqrt{2x-x^2+5}}\mathrm{d}x +$

$2\displaystyle\int \frac{1}{\sqrt{2x-x^2+5}}\mathrm{d}x = \cdots$)

(vii) 形如 $\dfrac{1}{k^2-x^2}$、$\dfrac{1}{x^2-k^2}$、$\dfrac{1}{a^2-(x-b)^2}$、$\dfrac{1}{(x-b)^2-a^2}$ 的函数的积分;

(viii) 换元法积分;

(ix) 分部积分法。

(3) 积分例题多。SG‐PEH 在"积分技术"这一节共有 11 个例题,包括 35 个积分题。数量比其他教材多得多,也比本套教材其他部分的计算题多。

### 5.3.4.5　定积分应用情况的比较

各样本教材的定积分应用情况统计如表 5‐8 所示。主要是曲边梯形的面积和平面区域的面积的计算,其次是旋转体等立体体积的计算,解简单的一阶、二阶微分方程,还有少数在物理等其他领域的应用。

在日本、新加坡、俄罗斯三套教材中都有解微分方程的内容,其中新加坡教材的微分方程类型最多(见表 5‐9)。

表 5 - 8　各教材定积分应用情况统计

| 应用类型 | CN - PEP | JP - SKS | SG - PEH | DE - LBS | FR - EDB/HLT | RU - MGU |
|---|---|---|---|---|---|---|
| 曲边梯形面积 | ■ | ■ | ■ | ■ | ■ | ■ |
| 平面区域面积 | ■ | ■ | ■ | ■ | ■ | ■ |
| 旋转体体积 | □ | ■ | ■ | □ | ■ | ■ |
| 其他立体体积 | □ | ■ | □ | □ | □ | □ |
| 功 | ■ | □ | □ | □ | □ | □ |
| 距离 | ■ | ■ | □ | □ | □ | ■ |
| 微分方程 | □ | ■ | ■ | □ | □ | ■ |
| 与无穷级数有关的等式、不等式 | □ | ■ | □ | □ | ■ | □ |
| 其他 | | 曲线的弧长 | | | | 重心、水闸受力 |

表 5 - 9　日本、新加坡、俄罗斯三套教材中微分方程类型的统计

| 类型 | JP - SKS | SG - PEH | RU - MGU |
|---|---|---|---|
| $y'(x) = a$ | ■ | ■ | ■ |
| $y'(x) = ax + b$ | □ | ■ | ■ |
| $y'(x) = f(x)$ | □ | ■ | ■ |
| $y'(x) = g(y)$ | ■ | ■ | ■ |
| $y'(x) = f(x)g(y)$ | □ | ■ | □ |
| $y''(x) = a$ | ■ | ■ | ■ |
| $y''(x) = f(x)$ | □ | ■ | ■ |

### 5.3.5　小结

综合上述分析,初步得到以下结论:

(1) 各国教材的微积分内容范围都是一元函数的导数、不定积分、定积分及它们的应用。

(2) 关于微积分在高中数学课程中的权重,各国差异较大。从样本教材统

计看,最重的是德国教材,高达到 41%;最轻的是我国人民教育出版社 A 版教材,只有 7%。

(3) 各国教材的具体内容和教材风格差异较大。其中日本、法国和俄罗斯教材涉及的概念、方法、推理、应用都很丰满,内容结构和阐述方式比较严谨,符合数学的学科特点和高中生的学习习惯;德国教材的风格特点是比较重视思想方法的渗透和铺垫,但正文部分对知识的系统化、表述的严谨性不太讲究,较多依赖图象和教材的辅助栏目;新加坡教材比较重视微积分的工具性,对思想方法的阐述和知识间的关联体现的比较少,对图形计算器的依赖性比较强;我国教材的微积分内容少,要求低。

(4) 各国微积分教材的极限内容都回避了 $\varepsilon - N$ 和 $\varepsilon - \delta$ 之类的语言,但都采用合适的方法对极限概念作了准确的描述。其中,日本、法国和俄罗斯教材都设置专门的章节对极限和连续函数的概念、性质进行了比较充实的阐述,使后续内容的展开能符合数学严谨性的基本要求。

(5) 各国微积分教材对求导数、求积分的技能性要求差异很大,日本、法国和俄罗斯教材的大多数求导法则和基本导数公式都是经过严格推导而来,而新加坡教材和我国教材的这种推导很少,大多数是直接给出公式,这与我国和新加坡教材的极限基础薄弱有关;新加坡教材对积分的技能比较重视(此处不需要极限知识,而更需要代数式的变换技能),其他国家教材只关注几种基本的积分技术。

(6) 在微积分应用方面,各国教材主要集中在数学内部的应用(即使有些实际问题,也是比较容易转化为数学问题的),导数主要是应用于研究函数的单调性和极值,积分主要应用于体积、面积的计算,这些应该是各套教材的共识,也是能够落实教学效果的。还有关于近似计算、代数证明、微分方程、位移、功、重心等物理方面的应用,各样本教材的选择各有不同。

## 5.4　演绎的完整性和严谨性的比较

由于中学生的知识基础和中学课时数的限制,高中微积分课程必定要将原作为大学课程的微积分进行删减和重组。从第二部分的分析已经看到,本研究所选的六套教材都对原微积分课程的内容作了较大的删减或简化。如何在内容删减的过程中弥补逻辑链的缺口,如何在内容简化的过程中维持内容的完整性和合理性,这对于以逻辑严谨为基本风格的数学教材是非常重要的,各样本教材都有各自的策略。

下面以几项具体内容为载体,考察各国教材的做法及其效果。

### 5.4.1 关于演绎的完整性

在大学阶段,因为学生已经有了自己判断逻辑合理性的初步能力,所以大学教材编写者有时可在逻辑合理的背景下,改变知识的展示顺序,使教材的阐述较为简捷。例如关于导数公式 "$(x^a)' = ax^{a-1}$,$a$ 是实数",上海交通大学的《高等数学》(上海交通大学应用数学系,1994)是这样处理的:

(1) 在"第 3 节 基本导数表"中,证明 $(x^n)' = nx^{n-1}$,$n$ 是正整数。

证明(简述):按导数定义,因为

$$\frac{\Delta y}{\Delta x} = \frac{(x + \Delta x)^n - x^n}{\Delta x} = \cdots = C_n^1 x^{n-1} + C_n^2 x^{n-2} \Delta x + \cdots + C_n^n \Delta x^{n-1},$$

所以 $(x^n)' = \lim\limits_{\Delta x \to 0} \dfrac{\Delta y}{\Delta x} = C_n^1 x^{n-1} = nx^{n-1}$。

(2) 不加证明地拓展公式:"导数公式 $(x^n)' = nx^{n-1}$ 不仅对于 $n$ 是正整数时成立,而且当 $n$ 是任意实数时这个公式也成立。它的证明将在第 5 节给出,在这里我们先借用这个结论。例如,$\left(\dfrac{1}{x}\right)' = (x^{-1})' = -\dfrac{1}{x^2}$,$\left(\dfrac{1}{x^3}\right)' = \cdots = -\dfrac{3}{x^4}$,$(\sqrt[5]{x^2})' = \cdots = \dfrac{2}{5\sqrt[5]{x^3}}$,$(x^{-\sqrt{2}})' = \cdots = -\sqrt{2}\, x^{-\sqrt{2}-1}$ 等"。

(3) 在"第 5 节 复合函数的导数"中,先证明了复合函数导数公式,作为该公式的应用,获得公式 "$(x^a)' = ax^{a-1}$,$a$ 为任意实数"。

证明(简述):因为 $y = x^a = e^{a\ln x}$,令 $u = a\ln x$,按复合函数的导数公式,$(x^a)' = (e^u)'_u \cdot (a\ln x)'_x = \cdots = ax^{a-1}$。

由于中学教材一般不宜把某个公式的"证明将在以后给出,现在先借用这个结论",因为应用未加证明的公式,容易扰乱学生刚建立的逻辑思想。为此,需要更精心地设计知识的演绎顺序,首先保证逻辑上的合理性,其次考虑过程尽量简练。我们来考察样本教材对公式 $(x^a)' = \alpha x^{a-1}$ 的不同处理办法。

### 1. 完整的推导

以日本教材 JP‑SKS 为例，由于数学 Ⅱ 只涉及多项式函数的微积分，因此对于 $(x^a)' = \alpha x^{a-1}$，只需证明 $\alpha$ 是自然数的情形就够了，即上述《高等数学》中证明的步骤(1)，没有顺序方面的难题。我们主要看数学 Ⅲ 的处理过程，它的证明顺序如表 5‑10 所示，其中每一步证明都是严格的，完整的证明经历了按定义求导数、函数积的导数、函数商的导数、反函数的导数、隐函数的导数、复合函数的导数、对数函数的导数等多个导数公式作为预备知识，还运用了数学归纳法，整个证明涉及多个章节。

表 5‑10　JP‑SKS 数学 Ⅲ 关于 $(x^a)' = \alpha x^{a-1}$ 的证明过程

| 步骤 | $\alpha$ | 导数公式 | 预备知识 | 方法或过程 |
|---|---|---|---|---|
| 1 | 1，2，3 | $x'=1$，$(x^2)' = 2x$，$(x^3)' = 3x^2$ | 导数定义 | 依据导数定义 |
| 2 | 4 | $(x^4)' = 4x^3$ | 乘积的导数公式 | $(x^4)' = (x^3 \cdot x)'$ |
| 3 | 正整数 $n$ | $(x^n)' = nx^{n-1}$ | 数学归纳法 | $(x^k)' = kx^{k-1}$，$(x^{k+1})' = (x^k \cdot x)'$ |
| 4 | 负整数 $-n$ | $(x^{-n})' = -nx^{-n-1}$ | 商的导数公式 | $(x^{-n})' = \left(\dfrac{1}{x^n}\right)'$ |
| 5 | 有理数 $\dfrac{1}{n}$ | $(x^{\frac{1}{n}})' = \dfrac{1}{n}x^{\frac{1}{n}-1}$ | 反函数的导数公式 | $x = y^n$，$\dfrac{\mathrm{d}x}{\mathrm{d}y} = ny^{n-1} = nx^{\frac{n-1}{n}}$ |
| 6 | 有理数 $\dfrac{m}{n}$ | $(x^{\frac{m}{n}})' = \dfrac{m}{n}x^{\frac{m}{n}-1}$ | 复合函数的导数公式 | $y = u^m$，$u = x^{\frac{1}{n}}$，$\dfrac{\mathrm{d}u}{\mathrm{d}x} = \dfrac{1}{n}x^{\frac{1}{n}-1}$ $\dfrac{\mathrm{d}y}{\mathrm{d}u} = m \cdot u^{m-1} = m \cdot x^{\frac{m-1}{n}}$ |
| 7 | 实数 $\alpha$ | $(x^a)' = \alpha x^{a-1}$ | 隐函数的导数公式 | $\ln y = \alpha\ln x$，$\dfrac{y'}{y} = \dfrac{\alpha}{x}$，$y' = \dfrac{\alpha y}{x}$ $= \alpha x^{a-1}$ |

说明：表 5‑10 中每个导数公式所用到的预备知识除了本行所列的预备知识外，还包含前面各行的预备知识和已证公式。例如，第 3 行公式 $(x^n)' = nx^{n-1}$ 的证明除了用到数学归纳法，还用到积的导数公式。

从表 5 - 10 可见,JP - SKS 数学Ⅲ对该公式的完整证明需要统筹考虑相关预备知识出现的顺序,使知识系统展示得完整、严谨、简捷。

RU - MGU 的处理过程与 JP - SKS 数学Ⅲ类似,但简化些,分作 4 步,证明过程也是严谨的:

第 1 步,依据定义证明 $\alpha=1$ 时的情形(对应表 5 - 10 中的第 1、2 步)。

第 2 步,用数学归纳法证明 $\alpha$ 是正整数时的情形(对应表 5 - 10 中的第 3 步)。

第 3 步,用商的求导法则证明 $\alpha$ 是负整数时的情形(对应表 5 - 10 中的第 4 步)。

第 4 步,用复合函数的求导法则证明 $\alpha$ 是实数时的情形(对应表 5 - 10 中的第 7 步,省略了表 5 - 10 中的第 5、6 步 $\alpha$ 为有理数时的情形)。

要说明的是,JP - SKS 数学Ⅲ的第 7 步是将函数 $y=x^\alpha$ 转化为对数形式 $\ln y=\alpha\ln x$ 后进行证明,而 RU - MGU 的第 4 步是将 $y=x^\alpha$ 转化为指数形式 $y=e^{\alpha\ln x}$ 后进行证明,需要的预备知识是指数函数的求导公式和复合函数的求导法则 $(e^u)'=e^u u'$,证明过程是:对等式 $x^\alpha=e^{\alpha\ln x}$ 两边求导,得 $(x^\alpha)'=e^{\alpha\ln x}\cdot\dfrac{\alpha}{x}=x^\alpha\cdot\dfrac{\alpha}{x}=\alpha x^{\alpha-1}$。 两种方法殊途同归,且都符合逻辑顺序。

2. 举例和不完全归纳

在 CN - PEP 中,按导数定义举例推导了 $y=c$,$y=x$,$y=x^2$,$y=\dfrac{1}{x}$,$y=\sqrt{x}$ 的导函数,然后归纳、推测出公式 $(x^n)'=nx^{n-1}$。 CN - PEP 注明公式中的 $n$ 是有理数,事实上并没有进行一般有理数的证明。教材特地说明,这是初等函数的导数公式,学生可以直接使用。这样的处理虽然缺少一般化的证明,但是学生经历了 $n$ 为 0、1、2、-1 和 $\dfrac{1}{2}$ 多个取值的推导过程,应该对该类函数的导数公式的规律有所体会,能认可该公式的正确性。这样的导出虽然在顺序上没有问题,但方法不严谨是显然的。

3. 不加证明地给出结论

在 SG - PEH 中,只用导数定义推导了 $(x^2)'=2x$,然后就给出导数公式 $(x^n)'=nx^{n-1}$,没有进行证明。公式后注明 $n$ 是常数(参考上下文,这里想说明

$n$ 是常实数)。这样得到的公式似乎不能说是归纳的结果,只能说是教材直接给出的结果。这样做使得学生缺少了推导公式的机会(幂函数的导数公式与其他导数公式相比,难度较低,如果不推导幂函数的导数公式,那么其他函数导数公式的推导更是不可能的),缺少了进一步理解导数概念和积累求导经验的机会。事实上,SG‐PEH 中广泛使用图形计算器,其强大的作图功能和数值计算功能使得函数与其导函数、原函数之间的变换技能显得无足轻重,导数公式之间逻辑顺序的合理性当然也不会受重视。

### 5.4.2　关于演绎的严谨性

微积分基本定理是连接微分和积分的桥梁,使得定积分计算中冗长的分割、累加、求极限过程转化成一个简单的原函数算式,这在微积分课程中是一个关键知识点。但是,微积分基本定理的证明所涉及的某些基础知识在中学微积分教材中已被删除或简化。例如,证明微积分基本定理的证明要用到"积分中值定理"等基础知识(存在 $\xi \in [x_0, x_0 + \Delta x]$,使得 $f(\xi)\Delta x = \int_{x_0}^{x_0+\Delta x} f(x)\mathrm{d}x$ 或

$m\Delta x \leqslant \int_{x_0}^{x_0+\Delta x} f(x)\mathrm{d}x \leqslant M\Delta x$,其中 $M$、$m$ 分别是 $f(x)$ 在 $x$ 的 $\Delta x$ 邻域内的最大值和最小值),而它们在简化了的微积分教材中也许已被删减。如果要严格地证明微积分基本定理,那就要补充这些基础知识,而这些基础知识的证明,又需要用到定积分和连续函数的某些性质,而这些性质又可能已被删减。如果要严格证明微积分基本定理,就要把被删减的内容全都补充回来,如此教材就得不到简化。如果要简化教材,降低难度,那么微积分基本定理就无法严格证明。如何处理这类两难的问题,我们考察了各样本教材的处理办法,做法各有不同,举例如下。

1. 基本严密的数学证明

以 RU‐MGU 为例,证明思路如下:

(1)定义连续函数 $f(x)$ 的积分上限函数 $\Phi(u) = \int_a^u f(x)\mathrm{d}x$。

(2)证明 $\Phi'(u) = f(u)$。

设 $h > 0$(或 $h < 0$),因为 $\Phi'(u) = \lim\limits_{h \to 0} \dfrac{\Phi(u+h) - \Phi(u)}{h}$,而 $\Phi(u+h) -$

$\Phi(u) = \int_u^{u+h} f(x)\mathrm{d}x$。

设 $M$ 和 $m$ 分别是 $f(x)$ 在区间 $[u, u+h]$(或 $[u+h, u]$)上的最大值和最

小值,所以 $mh \leqslant \int_u^{u+h} f(x)\mathrm{d}x \leqslant Mh$,即 $m \leqslant \dfrac{\int_u^{u+h} f(x)\mathrm{d}x}{h} \leqslant M$。因为当 $h \to 0$ 时,

$M \to f(u)$,$m \to f(u)$,所以 $\dfrac{\int_u^{u+h} f(x)\mathrm{d}x}{h} \to f(u)$,即 $\Phi'(u) =$

$\lim\limits_{h \to 0} \dfrac{\Phi(u+h) - \Phi(u)}{h} = f(u)$。

(3) 证明 $\int_a^b f(x)\mathrm{d}x = F(b) - F(a)$,其中 $F'(x) = f(x)$。

因为 $\Phi(x)$ 和 $F(x)$ 都是 $f(x)$ 的原函数,所以 $\Phi(x) = F(x) + C$,其中 $C$ 是

常数。因为 $\Phi(a) = \int_a^a f(x)\mathrm{d}x = 0$,得 $C = -F(a)$,又因为 $\Phi(b) = F(b) + C =$

$F(b) - F(a)$,且 $\Phi(b) = \int_a^b f(x)\mathrm{d}x$,所以 $\int_a^b f(x)\mathrm{d}x = F(b) - F(a)$。

证毕。

上述证明应该说比较完整,但还有些不太严谨的地方,例如步骤(2)中,$f(x)$ 在区间 $[u, u+h]$ 上一定存在最大值 $M$ 和最小值 $m$ 吗? 为什么不等式 $mh \leqslant \int_u^{u+h} f(x)\mathrm{d}x \leqslant Mh$ 成立? 为什么当 $M \to f(u)$,$m \to f(u)$ 时,$\dfrac{\int_u^{u+h} f(x)\mathrm{d}x}{h} \to f(u)$? 此处涉及的连续函数的性质和定积分的性质在前期的学习中有些已省略,有些提到过但未作为定理或性质,不能作为推理的依据来用。RU－MGU 没有为微积分基本定理的证明特地增添相关性质,而是借助在该证明的页面上的一个插图,引导尚未经过严格训练的学生从图上相信这些事实是存在的,感觉不到其中的缺陷(就如同人们在 2 000 多年里感觉不到欧几里得《几何原本》中缺少连续公理那样)。

德国和法国的教材对微积分基本定理的证明从整体上看,思路是完整的,

但也都存在不严谨之处（比俄罗斯教材更严重些），特别是步骤 2 的证明。FR-HLT 只用了一个例子 $\ln x = \int_1^x \dfrac{1}{t}\mathrm{d}t$ 来说明积分上限为自变量的函数 $\Phi(x) = \int_a^x f(t)\mathrm{d}t$ 是被积函数 $f(x)$ 的一个原函数。

2. 举例和归纳

以 CN-PEP 为例，微积分基本定理的导出步骤如下：

(1) 回顾一个熟悉的具体例子。根据学生已知的位移函数 $s(t)$ 和速度函数 $v(t)$ 的关系 $v(t) = s'(t)$，知道在时间 $[a, b]$ 之间，位移的路程为

$$s(b) - s(a) = \int_a^b v(t)\mathrm{d}t = \int_a^b s'(t)\mathrm{d}t。$$

(2) 给出一般公式。设 $f(x)$ 是 $[a, b]$ 上的连续函数，并且 $F'(x) = f(x)$，那么 $\int_a^b f(x)\mathrm{d}x = F(b) - F(a)$。

这样的处理办法，学生也是可以接受的，因为学生比较熟悉位移函数 $s(t)$ 和速度函数 $v(t)$ 之间的关系，会认可步骤(1)给出的关系式。但是对步骤(2)的一般结论是有疑惑的，只能把该结论当做一个公式来记忆和应用。

SG-PEH 的处理策略与 CN-PEP 类似，步骤(1)的例子利用了函数 $f(x) = x^2$ 及其原函数 $F(x) = \dfrac{1}{3}x^3$ 之间的关系，然后就归纳出定积分的计算公式。该教材甚至没提这公式是微积分基本定理或牛顿-莱布尼兹公式，因为他们的定积分是用图形计算器计算的。

3. 改变定积分定义

在 JP-SKS 中，定积分是用微积分基本定理来定义的[①]：

设区间 $[a, b]$ 上的连续函数 $f(x)$ 的原函数为 $F(x)$，则称 $F(b) - F(a)$ 为 $f(x)$ 在 $[a, b]$ 上的定积分，记为 $\int_a^b f(x)\mathrm{d}x$，即 $\int_a^b f(x)\mathrm{d}x = F(b) - F(a)$。

然后解释当 $f(x) \geqslant 0$ 时，$\int_a^b f(x)\mathrm{d}x$ 的几何意义是以 $x$ 轴为底边的曲边梯

---

① 从历史上看，这样的定积分概念也可称为牛顿积分，它适合被积函数是连续函数的定积分，而我们熟知的黎曼积分适合被积函数是有界函数（可以有有限个不连续点）的定积分。

形的面积。

日本教材这样的处理回避了微积分基本定理的证明,也回避了用分割、累加、求极限的过程定义定积分的繁琐,逻辑上也没有问题,并使教材简化了不少。但是这样的改变是有一点风险的,虽然在本套教材中没有逻辑顺序的错误和概念上的缺陷,但不能保证学生将来在其他场合中是否会产生由此带来的概念冲突,毕竟大多数的积分入门教学都是用"黎曼积分"。

### 5.4.3　关于演绎所需知识的铺垫策略

我们已经从上述内容看到,中学微积分教材要做到绝对严谨是相当困难的,甚至是不可能的,某些重要命题的严格证明需要很多基础知识的铺垫,如果要在整个课程中精选和保留必要的基础内容和重要例题,就要既做到课程框架的完整和简洁,同时又要为重要知识点的演绎做好铺垫。这需要教材编写者的精心取舍、设计和巧妙的编制策略。

我们发现有些样本教材的做法值得借鉴,以 RU - MGU 为例,从本文前面的分析可知,该教材中所展示的知识范围的广度和理论要求的严谨性在六套样本教材中属于比较丰满的,而该教材的微积分篇幅并不大(微积分部分在高中课程的权重是 17%,见表 5 - 2),同时能很好地兼顾"内容丰满"和"结构简洁"这对矛盾。我们以该教材 4.5 节"初等函数的导数"中对导数公式 $(a^x)' = a^x \ln a$ 的推导过程为例,欣赏该教材所采用的"铺垫"策略之周全。

(1) RU - MGU 在 4.5 从导数定义开始推导指数函数 $y = a^x$ 的导数:

因为 $\dfrac{\Delta y}{\Delta x} = \dfrac{a^{x+\Delta x} - a^x}{\Delta x} = \dfrac{a^x(a^{\Delta x} - 1)}{\Delta x} = \dfrac{a^x(e^{\Delta x \ln a} - 1)}{\Delta x} = a^x \ln a \cdot \dfrac{e^{\Delta x \ln a} - 1}{\Delta x \ln a}$,

令 $\alpha = \Delta x \ln a$ ,当 $\Delta x \to 0$ 时,$\alpha \to 0$ ,所以 $\lim\limits_{\Delta x \to 0} \dfrac{\Delta y}{\Delta x} = \lim\limits_{\alpha \to 0}\left( a^x \ln a \cdot \dfrac{e^\alpha - 1}{\alpha} \right) =$

$a^x \ln a \cdot \lim\limits_{\alpha \to 0} \dfrac{e^\alpha - 1}{\alpha}$。

教材在此处提示:参考本教材的 2.4 节,有 $\lim\limits_{\alpha \to 0} \dfrac{e^\alpha - 1}{\alpha} = 1$,于是 $(a^x)' =$

$\lim\limits_{\Delta x \to 0} \dfrac{\Delta y}{\Delta x} = a^x \ln a$。

（2）追踪到 2.4 节"函数连续的概念"，我们看到极限 $\lim\limits_{\alpha \to 0}\dfrac{e^{\alpha}-1}{\alpha}=1$ 的证明，其关键步骤是将 $\lim\limits_{\alpha \to 0}\dfrac{e^{\alpha}-1}{\alpha}$ 变换为另一个极限 $\lim\limits_{t \to 0}\dfrac{\ln(t+1)}{t}$。

变换方法：令 $e^{\alpha}-1=t$，则 $\alpha=\ln(t+1)$，于是 $\dfrac{e^{\alpha}-1}{\alpha}=\dfrac{t}{\ln(t+1)}=\dfrac{1}{\dfrac{\ln(t+1)}{t}}$。因为当 $\alpha \to 0$ 时，$t \to 0$，所以要证明 $\lim\limits_{\alpha \to 0}\dfrac{e^{\alpha}-1}{\alpha}=1$，只要证明 $\lim\limits_{t \to 0}\dfrac{\ln(t+1)}{t}=1$。

（3）追踪 $\lim\limits_{t \to 0}\dfrac{\ln(t+1)}{t}=1$ 的证明，它就在证明 $\lim\limits_{\alpha \to 0}\dfrac{e^{\alpha}-1}{\alpha}=1$ 的前一页：根据连续函数的性质，$\lim\limits_{t \to 0}\dfrac{\ln(t+1)}{t}=\lim\limits_{t \to 0}\ln(1+t)^{\frac{1}{t}}=\ln\lim\limits_{t \to 0}(1+t)^{\frac{1}{t}}$，因此要证明 $\lim\limits_{t \to 0}\dfrac{\ln(t+1)}{t}=1$，只要证明 $\lim\limits_{t \to 0}(1+t)^{\frac{1}{t}}=e$。而这是一个"重要极限"，容易被追踪和记忆，它在 2.2 节。

（4）追踪到 2.2 节"单侧极限"，在这里 $\lim\limits_{t \to 0}(1+t)^{\frac{1}{t}}=e$ 被证明，并冠以"重要极限"之名。在证明中，教材又有提示：参考第 10 册 4.7 节中 $\lim\limits_{n \to \infty}\left(1+\dfrac{1}{n}\right)^{n}=e$ 的证明（前面提到 4.7 节、2.4 节、2.2 节都属于该套教材的第 11 册）。

（5）追踪到第 10 册 4.7 节"无理指数幂的概念"，我们看到数列极限 $\lim\limits_{n \to \infty}\left(1+\dfrac{1}{n}\right)^{n}=e$ 的证明，这里的关键是运用了单调有界数列的性质。

我们看到，RU－MGU 中关于该公式的证明只呈现步骤（1）的内容，显得非常简洁，但是为它所做的铺垫有绵长的延伏。试想，如果没有 $\lim\limits_{n \to \infty}\left(1+\dfrac{1}{n}\right)^{n}=e$，$\lim\limits_{t \to 0}(1+t)^{\frac{1}{t}}=e$，$\lim\limits_{t \to 0}\dfrac{\ln(t+1)}{t}=1$ 和 $\lim\limits_{\alpha \to 0}\dfrac{e^{\alpha}-1}{\alpha}=1$ 作为铺垫，那么导数公式 $(a^{x})'=a^{x}\ln a$ 的证明将会很困难、很冗长。形如

$\lim\limits_{t\to 0}\dfrac{\ln(t+1)}{t}=1$ 和 $\lim\limits_{\alpha\to 0}\dfrac{e^{\alpha}-1}{\alpha}=1$ 这样的结论,一般不会被当作定理或性质加以强调,学生即使学过了,也未必有很深刻的印象,能够即时地加以应用。该教材在前面有关内容中精心设计的例题(或习题),既是当时阐述和巩固新知识的载体,又为后续内容做了铺垫,分解了后续内容的难点,具有一举两得的效果。该教材用明确的提示为学生提供了有关铺垫材料的追踪线索,使有关知识能紧密地串联起来。这样既做到公式证明逻辑严谨,又做到教材内容的融会贯通,教材版面的简洁精炼,这些都很值得借鉴。

### 5.4.4 小结

中学的微积分教材在将经典微积分课程进行删减和简化的同时,必定会影响到课程演绎链的贯通,如何维持数学课程最基本的演绎风格,重组高中微积分的知识系统,各国教材有不同的做法。

(1)较高标准的做法可以参考俄罗斯和日本的教材,他们编排课程内容的顺序主要以数学演绎的逻辑顺序为先,重要的定理、公式尽量给出完整的证明;有的教材则通过举例、归纳、验证的方法获得结论,这种方法在大多数样本教材中或多或少都存在,虽然有缺陷,但还是能使学生认可结论的正确性和合理性;有的教材在某些场合干脆放弃演绎推理,直接给出结论,使得教材如同公式的使用手册一般,难以让学生充分体会微积分的思想方法。

(2)对某些重要结论的证明,如果需要补充很多内容才能保证其证明的严谨性,那么各教材都在严谨性方面做出了一些妥协。比较好的做法是以演绎为主,过程中不露痕迹地夹带一些直觉和说理的办法,尽量维持思想方法的完整性,体现数学教材的演绎风格。还有一些教材对这类难点则采取了放弃证明、只给结论的做法。

(3)在精简内容的过程中如何保证课程框架的完整性,有些教材具有较好的整体设计,对某些重要知识的难点进行了合理分解,做好精心的前期铺垫,并提供有关铺垫材料的追踪线索,使难点得以自然、简捷地化解。

## 5.5　结论和建议

1. 关于高中学习微积分的主要目的

从各国的中学微积分教材看,主要教学目的似乎都不是为大学微积分课程做准备,因为其教学内容的范围已经涉及大学微积分课程的绝大多数内容,没必要重复学两遍;中学微积分课程也不是为大学理工专业、经济专业等准备数学工具,因为各套教材的微积分应用于数学以外领域的内容是很简单、零散的,微积分在其他领域的应用价值体现得并不显著;假如说高中学习微积分是为研究函数提供工具,证据也不充分,因为大多数教材在微积分内容之前,都已花了很大精力研究函数的性质(函数的单调性和极值等),并没有把函数性质的研究放到微积分内容之后。在我们所选的样本教材中,只有 DE - LBS 把研究函数单调性、极值等性质全放在学习导数后。

我们有理由认为,中学微积分课程对中学生的主要作用还是数学修养方面的,让中学生体会到微积分是一门具有变量、运动、无穷、极限、辩证等精致元素和先进思想方法的数学学问,是近代数学发展的产物,是众多应用领域的高级数学工具,它应该成为未来有不同发展的各类人才所需的共同基础的组成部分,培养这种数学修养应该是中学学习微积分的主要目的。

2. 关于高中微积分的内容

所有样本教材对高中微积分课程的内容范围是有共识的,是建立在极限基础上的一元函数的导数、不定积分、定积分的主要概念、方法和应用,其中极限部分回避 $\varepsilon - N$ 和 $\varepsilon - \delta$ 语言,而用实验、观察、归纳的方法建立极限的初步概念。

参考国外的教材,我国对于将在理工科方向发展的高中学生,应该把微积分教学提升到更高水平。具体地说,将极限与连续函数的教学要求向六套教材中的较高水平靠拢,为后续内容的严谨阐述打好基础,也让学生真正体会到微积分的主要思想方法;在导数部分,建议掌握所有基本初等函数的导数以及复合函数、反函数、隐函数的求导方法;在积分部分,建议掌握基本积分公式、换元积分法和分部积分法,知道定积分的定义,会用微积分基本定理计算定积分;在应用方面,建议掌握在数学领域内部的各种应用,也尽量多了解在其他领域的应用;同时,要将函数、极限、连续、微分、积分及其应用有机地融会贯通起来。

3. 关于课时数

参考其他国家高中微积分的权重情况,建议将我国的微积分内容占高中数学课程的权重至少提高到15%～20%,约50～65课时以上。

4. 关于教材的风格

通过对六套教材的学习体验,深感教材的风格越严谨,对微积分思想方法的阐述越深刻,其特殊性越显著,则学习效果必定落实得越完整,因此建议我国高中微积分教材的呈现风格尽量追求知识结构的完整和演绎推理的严谨;在遇到"简化课程"和"逻辑严谨"的两难困境时,后者可以做出一定的妥协:允许把科学性方面没有错误,但严谨性方面有缺陷的"说理"取代严格的"证明";允许把正确的直觉当做真理;允许将例题、习题中的结论作为推理的依据。关键是把握好妥协的分寸,使中学微积分教材的主流风格保持数学的演绎风格,在这方面,俄罗斯教材和日本教材值得我们借鉴。

5. 关于计算器的使用

在考察的六套样本教材中,新加坡、德国、法国三套教材都使用了图形计算器。其中新加坡教材用得最多,已经到了"依赖"的程度,如果删除了计算器内容,教材文本的内容就不完整了;德国和法国教材中的计算器尚属于"辅助"工具,主要用于作图和数值计算;其他三个国家的教材中都未使用图形计算器。建议我国的微积分教材能借鉴法国、德国的做法,让图形计算器作为辅助工具,减少作图和数值计算的操作强度,但不能削弱演绎推理、运算、变换方面的训练。因此在求导函数或原函数时,没必要使用图形计算器;在数值计算、观察数值变化趋势、函数作图、观察图象特征时,可使用计算器。

## 参考文献

陈昌平(2000).数学教育比较与研究[M].上海:华东师范大学出版社.

陈月兰(2006).日本高中新数学课程·教材·高考[J].数学教学,(1):13-16.

方明一等(1983).六年制重点中学高中数学课本(试用本)—微积分初步[M].北京:人民教育出版社.

方明一等(1985).微积分初步(甲种本)[M].北京:人民教育出版社.

姜大源(2005).德国教育体制的基本情况[J].职教论坛,(3):62-64.

李润泉等(2008).中小学数学教材五十年.北京:人民教育出版社.

蒲淑萍(2012).法国中学数学教材的特色及启示[J].外国中小学教育,(8):53-59.

日本文部省(1999).高等学校学习指导要领数学篇[S].日本:实教出版社.

上海交通大学应用数学系(1994).高等数学.上海:上海交通大学出版社.

唐盛昌(2012).高中国际课程的实践与研究—数学卷.上海:上海教育出版社.

徐斌艳(2009).德国中学数学课程大纲改革动向[J].中学数学月刊,(2):1-4.

于琛等(1979).全日制十年制学校高中课本(试用本)—数学(第4册)[M].北京:人民教育出版社.

于琛等(1980).新编高中《数学》第四册简介[J].数学通报,(5):2-4.

张景中(2010).直来直去的微积分[M].北京:科学出版社.

张景中(2008).不用极限怎样讲微积分[J].数学通报,(8):1-9+12.

张景中(2007).定积分的公理化方法[J].广州大学学报(自然科学版),(6):1-5.

张景中,冯勇(2009).微积分基础的新视角[J].中国科学(A辑:数学),39(2):247-256.

中华人民共和国教育部(2003).普通高中数学课程标准(实验)[S].北京:人民教育出版社.

Lin Q. (2006). *A Rigorous Calculus to Avoid Notions and Proofs*. Singapore:World Scientific Press.

Ljusternik, L. A. and Sobolev, S. L. (1965). *Elements of Functional Analysis* [T]. Moscow:Nauka.

Singapore Examinations and Assessment Board (2014). GCE A-Level Syllabus Examined in 2014,Subjects Examined at Higher 1 (H1),Higher 2 (H2) and Higher3 (H3) [S]. Retrieve from http://www. seab. gov. sg/aLevel/2014syllabus/8864_2014. pdf.

Singapore Ministry of Education Curriculum Planning and Development Division (2006). Secondary Mathematics Syllabuses [S].新加坡教育部文件.

# 第 6 章

## 高中数学教材中的探究活动

### 6.1 研究的意义

21 世纪以来,各国数学课程改革为数学学习赋予新的内涵,它强调有效的数学学习活动不能单纯地依赖模仿与记忆,而是要注重动手实践、自主探索与合作交流。我国普通高中数学课程标准明确提出,学生的数学学习活动不应只限于接受、记忆、模仿和练习,高中数学课程还应倡导自主探索、动手实践、合作交流、阅读自学等学习数学的方式。这些方式有助于发挥学生学习的主动性,使学生的学习过程成为在教师引导下的"再创造"过程。同时,我国高中数学课程设立"数学探究""数学建模"等学习活动,为学生形成积极主动的、多样的学习方式进一步创造有利的条件,以激发学生的数学学习兴趣,鼓励学生在学习过程中,养成独立思考、积极探索的习惯。高中数学课程应力求通过各种不同形式的自主学习、探究活动,让学生体验数学发现和创造的历程,发展他们的创新意识(中华人民共和国教育部,2003)。

这些时代需要的数学课程理念需要通过多种途径得以实现,途径之一就是将理念融化在课程实施中介——教材之中,力求通过教师、学生与教材的对话,使得课程理念转化为学生具体的能力表现。那么,我国教材是如何体现期望课程理念的? 与其他国家高中数学教材相比,我国教材在探究内容组织和呈现方面有着怎样的特色? 在这样的数学课程发展与教材研制背景下,关于高中教材的比较研究显得非常有意义。

## 6.2　文献综述

下面将从国际数学课程发展的研究背景出发,分析当前已有研究中的有关数学教材国际比较研究,特别是数学教材中探究内容的研究进展。

### 6.2.1　国际数学课程发展的研究

综观国际数学课程发展,世界各国皆对 21 世纪以来的数学课程提出专门要求,以保证数学课程在提升整体素养、培养各类人才方面发挥其作用。例如,美国于 1989 年由 NCTM 颁布《学校数学的原则与标准》,较早提出数学课程的 5 个过程性标准,即问题解决、推理与证明、数学交流、数学联系、数学表述等(NCTM,1989,2000)。该数学课程文本对国际数学课程发展颇具影响,它对美国改进数学教学实践、提高数学学习成就起到不小的作用,但是美国学生在大型国际测试(如 TIMSS 和 PISA 等)中的表现再次促动对数学课程发展的思考。美国各州州长和州教育专员一起致力于一项以州委主导的教育进程,制定 K-12 年级的《美国州共同核心数学标准》(*Common Core State Standards for Mathematics*,简称 CCSSM),旨在为所有学生提供一个公平、公正的数学教育,严格规定人人必须掌握的数学知识和技能,以及大学和就业所必备的高等数学知识。CCSSM 强调:所有学生都需要发展数学的实践能力,如问题解决、建立关联、理解数学思想的多种表征、证明推理等;在整个数学课程中,所有学生都有机会进行推理和培养感官意识,并让他们相信数学是睿智的、赋有价值并切实可行的(柳笛,基尔帕特里克,2010)。德国为保障各联邦州数学教育质量的均衡发展,2003 年底由德国各州文教部长联席会议(Kultusminister Konferenz,简称 KMK)首次颁布全联邦性数学教育标准,提出学生通过数学课程应该发展的六大数学能力,即:数学论证,数学地解决问题,数学建模,数学表征的应用,数学符号、公式以及技巧的熟练掌握,数学交流。标准结合数学内容提出这六大数学能力具体内涵,例如,问题解决能力指应用适当的数学策略去发现问题解决思路或方法,并加以反思;数学建模过程强调用数学方法去理解与现实相关的情景,提出解决方案,并认清和判断现实中的数学;数学交流能力包括对文本的理解或者数学的语言表达,也包括对数学思考、解决方式以及结果的清晰的书面或口头表达。这个标准强调了学生数学能力的可持续发展(徐斌艳,2007)。澳大利亚教育委员会同样强调,数学课程改革应该有助于发展数学的交流能力和问题解决能力,让学生通过真实过程的体验,发展其数学假设能力、概括能力、证明能力或验证能力等(Goos,2004)。英国则在颁布数学课程标准的同时,也制定数学教师专业标准,其中强调教师应该促进学生对数学学习的反馈,鼓励学生将他们目前所学习的知识与之前的知识联系,这样可以帮助他们形成有关数学的知识联系图;鼓励学生互相讨论有关数学的不同策略和方法,并讨论错误和误解;给学生与他人讨论和互动的机会;运用特殊的问题或任务来探究学生是否会有一些典型的错误思维等。

从上述分析可知,21 世纪以来,重视数学能力的培养已逐渐成为多国数学课程改革的共同特点,而数学能力不论是从概念界定,还是能力培养方面都聚焦于数学学习活动。因此,相应地,21 世纪以来各国数学课程改革为数学学习赋予新的内涵,它强调有效的数学学习活动不能单纯地依赖模仿与记忆,而是要注重动手实践、自主探索与合作交流,逐渐培养学生的数学能力。教材作为课程实施的中介之一,是实现数学课程理念的主要途径之一,下面将从现有的教材国际比较研究入手,通过分析不同国家的教材研究方法、教材处理特点,探索课程理念的实现情况,这也是开展本研究的基础。

### 6.2.2 关于教材的国际比较研究

现有的研究成果表明,从国际比较的角度研究数学教科书,将有助于理解不同国家的数学教材处理特点,进而认识教材对数学课堂教学活动的影响(Howson,1995)。例如 Fan & Zhu(2004)研究分析了中美初中数学教材中数学问题的呈现方式,他们通过对数学教材中的问题进行分类归纳与整理,发现中国初中教材中的数学问题在对学生的挑战性方面要高于美国,但是在不常见的非传统类型的问题方面,美国的初中数学教材出现的数量要高于中国初中数学教材。Park & Leung(2006)则选取了中国、英国、韩国、日本以及美国的八年级所使用的数学教材,从课本的发展和出版的政策、内容的选择、教材在教学中担任的角色、内容的呈现方式与内容的特点五个维度来进行探讨和比较研

究。通过开展一系列的研究发现,西方国家的教材比较注重引导学生去认识
数学在现实生活中所起到的作用;与此相反,中国的教材通过一种相对而言比
较经济的方式向学生传输数学概念,而这种方式在激发学生学习兴趣方面效
果不是很显著。与国外相对丰富的数学教科书国际比较研究成果相比,中国
国内学者比较注重研究国外的数学教科书,然后在研究结尾部分提出一些国
外教科书对中国数学教科书的启示(吴立宝,宋维芳,杨凡,2013;郭玉峰,
2006;蒲淑萍,2012)。仅有若干研究者从事着数学教科书的国际比较研究,例
如,傅赢芳和张维忠(2007)比较研究了英国初中数学教材 Practice Book 和中
国北京师范大学出版社出版的初中数学教材中数学应用题的情境文化性,结
果发现,由于两国所处文化背景的不同,数学应用题各种情境设置的比重、情
境处理的方式等都存在一定差异,我国对应用题中存在的广泛的文化现象未
给予应有的重视。张文宇和傅海伦(2011)则比较研究了新加坡与中国小学数
学教材,发现两套教材在内容编排及编写特点上既有相似之处,又有差异,相
似之处在于,都非常重视学生对概念的理解和基本技能的熟练运用;差异之处
在于,新加坡教材较好地体现了把解决数学问题置于课程中心地位的理念,教
材呈现了一定数量的非常规的、富有挑战性的问题,教材的编写以综合的数学
活动为基础。由文献分析可见,关于高中数学教材的国际比较研究在中国还
是比较缺乏的;比较研究的教材内容以概念性、技能性内容或者例习题内容
为主。

### 6.2.3  关于数学探究的研究

Siegel,Borasi & Fonzi(1998)在研究阅读如何促进学生数学探究时,首先
提出皮尔士(Peirce)和杜威(Dewey)关于探究的认识,在他们看来,探究是一个
质疑困惑、确定信念的过程。Lakatos(1976)指出,组织学生参与数学探究,就是
邀请他们体验和欣赏第一手的与专业数学家数学思维相关的模糊、非线性以及
"有意识的推测",这种探究观对数学教育尤为重要。Ball & Bass(2000)就数学
问题的推理与数学探究能力的关系进行了实证研究,结果发现,数学推理问题
的练习对于提高数学探究能力是有显著关系的,在一定程度上数学推理问题的
练习有助于数学探究能力的提升;同时结果也表明,数学探究依赖于一定的假

设——演绎推理。沃密克（Volmink）（Ernest，1991）认为数学探究活动应占据中小学数学课程的中心位置。

另外，通过对课程文本的分析发现，各国对于"数学探究"内涵有着比较丰富的认识，2000年新加坡所颁布的数学教学大纲中，强调为了实现学生求职意识的发展，要大力借助探究活动来实现。在1989年，法国修订了其初中数学教学大纲，并进行了如下规定：对于教学活动来说，除了一些比较短暂的项目，还要开展一些较长时间的为学生提供情境研究方面的项目；2008年日本颁布实施的《初中数学学习指导纲要》提出，要"夯实基础，通过实验、调查和探究等手段学习丰富的数学内容，培养表达能力、思考能力和判断能力，在事物现象中灵活应用知识与能力"（陈月兰，2010）。

各国在课程标准（或教学大纲）中十分重视数学探究的同时，也非常注重在教材中进行数学探究活动的编制。在德国的数学教育中，数学探究拥有丰富的内涵，它强调学生在某个数学外部或者数学内部问题情境中去经历发现问题、解决问题、进一步生成问题的过程（Leuders，2003）。从国际比较研究的角度看，一些大型国际评价项目渗透着对学生创新学习方法的评价与比较。例如，最新一届的国际数学与科学研究趋势项目（TIMSS 2011）中的数学评价框架，提出学生在面对非常规问题时，会将知识和技能迁移到新的环境中，会整合不同的推理方式处理问题，会观察、分析、推测、综合、验证等（Mullis et al.，2009）。我国《普通高中数学课程标准（实验）》描述到，"数学探究……，是指学生围绕某个数学问题，自主探究、学习的过程。这个过程包括：观察分析数学事实，提出有意义的数学问题，猜测、探求适当的数学结论或规律，给出解释或证明"（中华人民共和国教育部，2003）。

综上可知，各国数学教材编排及特点在很大程度上反应了其国家的数学课程理念，且研究者已开始进行教材国际比较研究，以探求其异同，更好地认识本国教材编制情况。数学探究内容的研究作为几年来各国数学课程改革关注的焦点，也势必将会体现在各国的数学教材之中。本研究在借鉴上述有关教材比较、探究内容研究方法、成果的基础上，结合具体研究问题展开研究，具体研究框架如下章所述。

## 6.3　研究设计

### 6.3.1　研究问题

本研究为国家社科基金课题"主要国家高中数学教材的比较研究"(王建磐,2011)的一个子课题"主要国家高中数学教材数学探究内容的比较研究",该子课题的研究问题包括:

(1) 有助于学生探究的数学内容具有怎样的特征?

(2) 不同国家高中数学教材中有关数学探究内容以怎样的方式组织和呈现? 如何评估这种呈现和组织?

### 6.3.2　研究方法

本课题首先通过文献分析,比较分析主要国家的相关数学课程标准(教学要求),提炼出其对数学探究/内容的描述性或指标性要求,确立本课题关于"数学探究内容"(有助于探究的数学内容)的内涵及特征,也即形成概念框架。

然后基于这个概念框架,结合文献分析以及内容分析,提出分析指标,生产指标体系,以此作为分析框架,并制定编码方案。

紧接着,利用分析框架对教材的特定内容进行编码。通过对各国高中数学教材的初步梳理,发现数学探究内容一方面以独立成单元的形式呈现,包括数学实验、数学建模、数学项目、实习作业或数学阅读等;另一方面数学探究内容渗透在教材各个单元中。考虑到分析的客观性,本课题主要对有显性标示的探究内容进行编码。为了保证不同课题组成员对同一研究对象的编码的一致性,我们在生成指标体系和编码方案之后选择不同教材的一个样本章节进行预编码,并对编码结果进行 Kappa 指数(两位观察者)或 W 统计量(三位以上的观察者,也称和谐性系数或一致性系数)的一致性检验,以保证一致性程度达到一定的水平。

最后根据编码信息对不同国家数学教材中的探究内容进行统计分析,并配以案例分析,对统计结论进行解读和分析。

### 6.3.3　分析对象的说明

教材承载着数学课程的理念,也是促进理念落实的主要中介。从课题提出的背景分析可见,国内外数学课程改革对数学探究学习方法的掌握、数学探究能力的培养给予了极大关注,因此数学教材中不乏体现数学探究理念的内容,并且大部分教材通过特定栏目的设计,引导教材使用者重视数学探究。本章选择七个国家的七套教材,对其中的探究内容进行分析和对比。七套教材的具体信息见表6-1。

表6-1　样本教材

| 国家 | 出版者 | 教材 | 出版年份 | 代码 |
|------|--------|------|----------|------|
| 中国 | 人民教育出版社 | 普通高中课程标准实验教材数学A版:必修1～5 | 2009 | CN-PEP |
| 美国 | Pearson Education | Prentice Hall Mathematics: Pre-Algebra, Algebra 1, Algebra 2, Geometry | 2009 | US-PHM |
| 英国 | Cambridge University Press | AMP AS/A2 Mathematics: Core 1 (for AQA), Core 2 (for AQA), Mechanics 1 (for AQA), Statistics 1 (for AQA) | 2007 | UK-SMP |
| 德国 | Schroedel Verlag | Elemente der Mathematik, 10, 11-12 | 2008 | DE-EDM |
| 法国 | Éditions Belin | Math $1^{re}$s, Maths $2^e$, Math $3^e$, Math $4^e$, Maths $5^e$, Maths $6^e$ | 2010 | FR-EDB |
| 日本 | 数研出版 | 数学基础,新编数学Ⅰ,新编数学A | 2008 | JP-SKS |
| 新加坡 | Panpac Education | New Express Mathematics 3 | 2008 | SG-PPE |

这些教材都设计了许多含探究内容的栏目和板块,例如,CN-PEP设计了"探究""思考""观察""阅读"等栏目,为学生经历、体验数学探究组织专门内容;DE-EDM通过"学习领域""同伴活动""团队活动"或者"项目活动"等内容板块,为学生创设从事数学探究的平台。JP-SKS通过"专栏问题""研究"板块加强教材内容的探究要素。UK-SMP通过设置适合全班或小团队的"问题讨论"

(discussion questions)板块,以供学生进行数学探究和发现。当然,数学探究的理念不仅仅体现在这些显性的内容设计中,而且也渗透在教材的习题部分、概念导入部分等。本课题将数学探究内容的分析聚焦在教材的这些显性板块上。本文的教材取样结果如表 6-2 所示。

表 6-2　各教材的数学探究内容显性栏目

| 国家 | 教材代码 | 显性的探究栏目 |
|------|----------|----------------|
| 中国 | CN-PEP | "思考""阅读与思考""信息技术应用""实习作业""探究""观察"以及"探究与发现" |
| 美国 | US-PHM | "Practice and Problem-Solving""Error Analysis""Reasoning""Open Ended""Activity Lab""Writing""Critical Thinking""Design"以及"Make a Conjecture" |
| 英国 | UK-SMP | "Discussion Questions" |
| 德国 | DE-EDM | "Detective""Projekt""Lösung""Im Blickpunkt""Auf den Punkt gebracht""Zum Selbsternen""Lernfeld""Partnerarbeit"以及"Teamarbeit" |
| 法国 | FR-EDB | "Activité""Communiquer""(Exercices) Approfondir""Avec un Tableur"以及"Travaux Pratiques" |
| 日本 | JP-SKS | "Columnコラム""研究""發展"以及"補充問題" |
| 新加坡 | SG-PPE | "In-class Activity""Exploration Task""Project Task"以及"Thinking Time" |

### 6.3.4　概念框架的形成

通过对学术文献的分析以及课程文本的分析,没有找到统一的"数学探究"定义。例如我国《课程标准 2003》中的描述,即"数学探究……,是指学生围绕某个数学问题,自主探究、学习的过程。这个过程包括:观察分析数学事实,提出有意义的数学问题,猜测、探求适当的数学结论或规律,给出解释或证明"(中华人民共和国教育部,2003)。

在德国的数学教育中,数学探究拥有丰富的内涵,它强调学生在某个数学外部或者数学内部问题情境中去经历发现问题、解决问题、进一步生成问题的过程。发现问题意指学生会精确地领会问题情境,并且判断是否存在可探索的有意义的问题;解决问题则指学生会以新的方式重组已掌握的数学能力,以便达到自己设置或者给出的目标,在这同时学生会深化灵活应用的能力;生成问题指的是,在寻找问题解答过程中,学生会产生与更新与数学概念或者方法相关的问题。为了让学生经历这三个阶段,需要创设"好的问题"。所谓有助于探究的"好的"问题情境应该有这样的特征,一是含有数学思想,能驱使学生去思考它与数学的综合关系;二是这样的问题能促进学生进行发散的活动和自主的探索;三是问题情境应该是基于某些数学概念与方法的,能让学生较为容易地发现背后隐藏的数学;四是这类问题情境可以引起学生联想,先让他自主探索(Leuders,2003)。

从国际比较研究的角度看,一些大型国际评价项目渗透着对学生创新学习方法的评价与比较。例如,最新一届的国际数学与科学研究趋势项目(TIMSS 2011)中的数学评价框架,本着"通过教育应该让学生认识到数学是人类的巨大成就,要学会欣赏数学"的理念,结合相关的数学内容领域评价学生的知道、应用与推理能力水平,尤其针对推理能力水平,TIMSS 2011的数学评价框架提出学生在面对非常规问题时,会将知识和技能迁移到新的环境中,会整合不同的推理方式处理问题,会观察、分析、推测、综合、验证等(Mullis et al.,2009)。

通过列举文献分析的结果,我们发现世界不少国家的数学教育改革都较重视学生进行数学探究的方式方法,以及强调培养数学探究能力。不管研究者如何界定数学探究,数学探究能力的培养都是需要环境的,因为这种能力需要浸润在特定的日常问题或数学问题情境中才能得以开展;数学探究需要方法,也即在日常问题或数学问题的驱动下,进行观察、实验、猜测、联想、推理、交流、反思等,这些皆是探究的手段、方法;数学探究需要精神,只有当面对问题产生好奇、执着思考、善于合作才有可能发现问题、进行探索。因此,我们将数学探究界定为:学生围绕某个问题情境或者数学问题,去观察、分析、推测数学事实,提出有意义的数学问题,猜测、验证适当的数学结论或规律,或给出解释或证明,再反思结论或产生新一轮问题。

### 6.3.5　分析指标体系的构建

本课题的关键是,利用上述关于数学探究的概念界定,分析教材中这些数学探究内容(显性板块)的组织形式和呈现方式,并加以比较研究。上述分析可见,数学探究需要环境,因此我们需要分析教材的数学探究内容部分是如何呈现情境的,情境中所包含的数学信息的情况如何,以便了解学生是否面对着有探究意义的情境,情境是否有一定的挑战性。数序探究需要方法,因此我们要分析教材在呈现问题时采用怎样的提问方式,要求进行哪些类型的学习活动,活动的形式如何等,以便了解学生是否经历着观察、分析、推测、验证、证明或反思等各种方法。另外,教材内容具有一定的连贯性,教材中的数学探究内容会对它所在的上下文本有不同的影响,因此需要进一步分析数学探究内容与教材中其他内容的相互影响与作用,以此了解数学探究内容在教材中的地位。据此,我们提出分析教材探究内容的五个要素:情境表述、问题表述、活动组织形式、活动类型、对教材上下文的影响,这构成了分析框架的 5 个一级指标(如图 6-1)。

图 6-1 分析数学探究内容的五要素

对照一级指标体系,课题组对各国教材的相关章节进行梳理,将五个指标分别分解为若干二级或三级指标。

**指标之一:情境表述**

"情境表述"指教材在组织和呈现数学探究内容时所使用的情境,以及这些情境所含有的数学信息的情况。通过对国内外教材的梳理,呈现探究内容时一般使用真实情境,或虚设情境,或纯数学情境;而这些情境所包含的数学信息有完整的、冗余的、不足的这几种情况。表 6-3 汇总了对"情境表述"的下属指标的说明。

情境类型可分为三类:

(1) 真实情境

真实情境指来自日常生活、外部现实世界(自然、艺术、体育、人文等真实世界)、文学作品、科幻作品等中有故事情节的情境。例如,DE-EDM 中的数学探究内容显性栏目之一"视角拓展",呈现这样的情境:

表 6 - 3 数学探究内容的情境表述的下属指标

| 下属指标 | | | 说　明 |
|---|---|---|---|
| 情境表述 | 情境类型 | 真实情境 | 所使用的情境来自日常生活、外部现实世界(自然、艺术、体育、人文等),或者来自文学作品、科幻作品等中有故事情节的情境。 |
| | | 虚设情境 | 所使用的情境尽管与日常生活、外部现实世界情境等相关,但是其中的情节或者数学信息以人为构造为主。 |
| | | 纯数学情境 | 使用纯数学问题表述。 |
| | 数学信息 | 完整(封闭) | 所含的全部数学条件刚好用于解决该数学探究问题。 |
| | | 冗余 | 所提供的数学信息(条件)多于解决实际问题所需要的条件。 |
| | | 不足 | 所提供的数学信息(条件)不够完备,需要自己合理补充数学条件,才能解决问题。 |

【内容1】视角拓展:自然界中有很多螺线,上世纪起它也是艺术家们作品创作的主要元素(教材中配真实螺线照片)。请说明为什么螺线不是一种函数图象。(DE-EDM10,第54页)

这段文本使用的情境直接来源于自然界或艺术家世界,它将数学与自然世界连接起来,诱导学生从数学角度去观察、猜测。

又如,US-PHM,Algebra 2 中,设计的数学探究显性栏目之一"导学"中有一例:

【内容2】导学:(教材中配有若干图片)人类最重要的周期函数就是心脏的节律,一般心脏神经每秒会产生一个电信号,这导致心脏收缩,推动血液在全身流动。1958年,医生将首例全埋藏式人工心脏起搏器植入病人体内,该仪器控制板的发明者为得克萨斯的奥蒂斯·博伊金(Otis Boykin),最初他的任务是监测自动飞机操纵仪。当今,有近百万的心脏细胞器在帮助人们体验人的心脏的一般节律。

(网上搜索:关于心脏起搏器)(US-PHM、Algebra 2,第716页)

该教材通过叙述一段科学的历史故事,使学生将数学与科学世界联系起来。

再如,CN-PEP中数学探究内容的显性栏目之一为"阅读与思考"中呈现的情境:

**【内容 3】阅读与思考**：在抽样的调查中，样本的选择是至关重要的，样本能否代表总体，直接影响统计结果的可靠性。下面的故事是一次著名的失败的统计调查，被称作抽样中的泰坦尼克事件。它可以帮助我们理解为什么一个好的样本如此重要。

在 1936 年美国的总统选举前，一份颇有名气的杂志（*Literary Digest*）的工作人员做了一次民意测验。调查兰顿（A. Landon）（当时任堪萨斯州州长）和罗斯福（F. D. Roosevelt）（当时的总统）中谁将当选。为了了解公众意向，调查者通过电话簿和车辆登记簿上的名单给一大批人发了调查表（注意在 1936 年电话和汽车只有少数富人拥有）。通过分析收回的调查表显示兰顿非常受欢迎，于是此杂志预测兰顿将在选举中获胜。实际选举的结果正好相反，最后罗斯福在选举中获胜。你认为预测结果出错的原因是什么？（CN‐PEP 数学 3，第 55 页）

此情境来源于真实的历史事件，教材中通过对此情境的描述，引发学生将数学与历史事件联系起来，引导学生从数学的角度去观察、分析。

JP‐SKS，数学基础中这样呈现数学探究类内容：

**【内容 4】不可思议的抛物线**：接收卫星发射天线的表面，是以抛物线的轴为中心旋转 1 次而形成的形状。该形状将与旋转轴平行进来的电波反射的时候，所有反射电波都集中在某个点。此点称作抛物线的焦点。此天线叫做抛物面天线，那么 parabola（抛物面）的意思是……？（JP‐SKS，数学基础，第 75 页）

接受卫星发射天线的探究内容选自真实情境，其入射线、反射线的位置、方向都是确定的，教材已对抛物面进行了一定的数学抽象化处理，便于学生更直观地分析抛物面的性质。

再如，UK‐SMP，Statistics 1 中，数学探究内容的显性栏目"问题讨论"中呈现如下情境：

**【内容 5】问题讨论**：你可能听过一种说法：利用统计学可以证明任何东西。这当然是不正确的：统计学不是用来证明任何事物的，而

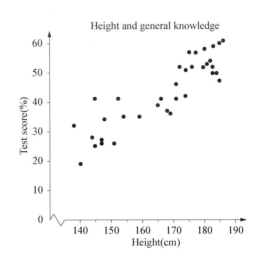

是用来提供支持某种理论的证据。但是,人们常常利用相关性,以不恰当的方式来支撑这种夸大的说法。

一个学生在她的学校进行了一项关于学生的调查。为了获得更具有代表性的样本数据,她以一年为年龄间距将 7~13 岁分成 7 个年龄段团体,从每个团体中随机选取了 5 个学生,记录每个学生的一些变量数据,并将数据在散点图中展现,以学生的身高为横坐标,以学生常识测验(general knowledge quiz)成绩为纵坐标。这组数据的相关系数为 0.885。

这是不是说明了身高越高,在常识方面就越擅长?(UK - SMP,Statistics,第 143 页)

教材通过描述一个学生调查研究中对相关性的解释(日常情境),激发学生思考如何正确解释统计中得到的相关性,从而引导学生更加科学地对待统计结果,培养科学探究精神。

(2)虚设情境

虚设情境指人为构造与日常生活、外部现实世界(自然、艺术、体育、人文等真实世界)、文学作品、科幻作品等相关的情境,其中的情节或者数学信息也是人为构造为主。例如,DE - EDM 中数学探究内容的显性栏目"自主解决问题"呈现这样的情境:

【内容 6】自主解决问题:瓦尼茨的月收入为 2000 欧元,由于他是公司成员,每年多拿 40 欧元补贴。巴尼茨同样有月收入 2000 欧元,但是他的月收入每年增长 1.9%。用表格表示两个人在最初 10 年的工资增长情况,并用图象表征。要有依据地决定收入变量。(DE - EDM10,第 116 页)

这里涉及的是一个关于工资收入的日常情境,但人物和数字显然都是虚构的。该问题主要是让学生根据其中的数学条件思考变量概念,训练其图象表征能力等。

又如,CN - PEP 中的数学探究显性栏目"探究"呈现这样的情境:

【内容 7】探究:某工厂用 A、B 两种配件生产甲、乙两种产品,每生产一件甲产品使用 4 个 A 配件耗时 1h,每生产一件乙产品使用 4 个 B 配件耗时 2h,该厂最多可从配件厂获得 16 个 A 配件和 12 个 B 配件,按每天工作 8h 计算,如果每生产一件甲产品获利 3 万元,每生产一件乙产品获利 2 万元,如何安排生产才

能获得最大利润?（CN‐PEP,数学 5,第 88 页）

　　这里涉及的是一个关于生产产品获利最大化的日常情境,但生产产品的件数、所耗时间以及所获利润的数据显然都是虚构的。该问题主要是让学生根据题中的数学条件思考变量的关系,利用简单的线性规划来解决问题,巩固深化所学的知识。

　　JP‐SKS 中呈现了这样的情境:

　　**【内容 8】进行思考吧**:父亲对兄弟俩说:"此袋子里的 5 枚金币,哥哥得 $\frac{1}{2}$,弟弟得 $\frac{1}{3}$。"兄弟俩困惑于如何分时,祖母建议他们说:"加上我的 1 枚金币,重新计算吧!"于是她把 1 枚金币递给他们。这样金币便有 6 枚,其中一半为 3 枚给哥哥,$\frac{1}{3}$ 为 2 枚给弟弟,剩下的 1 枚还给祖母就把问题解决了。根据祖母提出的方法,解释父亲的提案。（JP‐SKS,数学基础,第 45 页）

　　此数学情境是一个虚设的家庭数学游戏情境,其数学探究内容主要是数值分配,其数值改变后问题仍可行。

　　再如,UK‐SMP,Mechanics 1 中,数学探究内容的显性栏目"问题讨论"中呈现这样的情境:

　　**【内容 9】问题讨论**:Fraser 能划船使船以 2 m/s 的速度运行,他想渡船到达河对岸,且起点与终点的连线正好垂直于河岸。在这种情况下,船的速度大小是已知的,但是船运行的速度方向是不确定的。

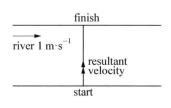

　　Fraser 的终点也是已知的,这就确定了合速度的方向。为了达到预期的终点,Fraser 需要将船头朝向上游。

　　左图是运动的矢量三角形,$\theta$ 是船的航行方向与河岸所成角度,而 $v$ 是指合速度。

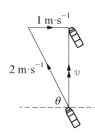

　　F1　(a) 计算合速度的大小。

　　　　(b) 计算船速与河岸所成的角度。

　　F2　实际上,Fraser 是以 1.8 m/s 的速度划船的,他垂直到达河对岸。

（a）画出船运行的矢量三角形。

（b）计算合速度的大小。

（c）计算船速与河对岸所成的角度。（UK－SMP，Mechanics 1，第 42 页）

这里涉及的是一个关于渡船的日常情境，但船速、船达到终点时的方向显然是虚构的。该问题主要是让学生根据题意思考向量加减法以及向量在物理中的应用，使学生应用拓展所学的向量等知识。

（3）纯数学情境

纯数学情境指不含有其他情境的纯数学问题的表述。例如，CN－PEP 中的栏目"思考"中呈现这样的情境：

【内容 10】思考：如果直线 $l$ 与平面 $\alpha$ 有一个公共点 $P$，直线 $l$ 是否在平面 $\alpha$ 内？ 如果直线 $l$ 与平面 $\alpha$ 有两个公共点呢？（CN－PEP，数学 2，第 41 页）

又如，US－PHM，Algebra 1 中，设计了数学探究显性栏目"活动（activity）"中的一个例子：

【内容 11】活动：三角形的三角比。

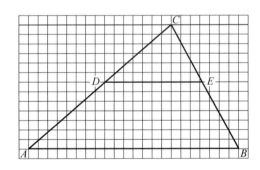

1. 利用尺子量出 $AB$、$CA$、$CB$、$CD$、$CE$ 和 $DE$ 的长度。

2. 算出下列的比值，并用最接近的百分数把它们表示出来：

a. $\dfrac{DE}{AB}$；b. $\dfrac{CE}{CB}$；c. $\dfrac{CD}{CA}$。

3. 计算下面的等式是否是正确的：

a. $\dfrac{DE}{AB}=\dfrac{CE}{CB}$；

b. $\dfrac{CD}{CA}=\dfrac{CE}{CB}$；

c. $\dfrac{DE}{AB}=\dfrac{CD}{CA}$。

4. 利用你所测量的长度,计算 $\dfrac{CB}{CE}$ 的值。

这个数学探究显性栏目中呈现的是没有任何其他背景的纯数学化的问题。这个活动的主要目的是通过学生对三角形对应边比值的计算,发现比值之间的关系,以此来引出相似三角形这个新的知识点。

再如,UK - SMP,Core 1 中,数学探究内容的显性栏目"问题讨论"中呈现这样的情境:

**【内容 12】问题讨论**:导数是 $2x$ 的原函数是什么? 很显然的答案是 $x^2$,但其实不止这一个。将以下 4 个函数求导: $x^2+1$, $x^2+5$, $x^2-9$, $x^2+30$。 你会怎么回答这个问题:"哪个函数的导数是 $2x$?"(UK - SMP,Core 1,第 137 页)

这个数学问题讨论的是纯数学问题,无任何情境。讨论这个问题的目的是希望学生通过求导理解微分和积分的关系,并引入新知——不定积分。

情境中所含的数学信息可以分为如下三种情况:

(1) 数学信息封闭(完备)指,情境中所含数学条件都将用于该情境所提的问题解决,不要额外补充条件,情境中也不会有多余的数学条件。

(2) 数学信息冗余指,情境含有的部分数学信息(条件)不需要用于该情境所提的问题解决,学生在探究过程中需要辨析出有用的条件,并加以利用,解答问题。

(3) 数学信息不足指,情境提供的数学信息(条件)不够完备,学生在探究过程中需要自己再补充数学条件,以便解答问题。

例如,CN - PEP 的数学探究栏目"思考"及"探究"中呈现这样的情境:

**【内容 13】探究**:画出反比例函数 $y=\dfrac{1}{x}$ 的图象。1. 这个函数的定义域 $I$ 是什么? 2. 它在定义域 $I$ 上的单调性是怎么样的? 证明你的结论。(CN - PEP,数学 1,第 30 页)

为解决这一问题,需要用到给出的所有条件,但又不需要额外补充条件,我们称这类显性的数学探究内容包含了完备的数学信息。

【内容14】**思考**：请你从各种媒体中收集一些广告，并用统计的知识分析一下他们所提供的数据和结论的真实性。（CN-PEP，数学3，第60页）

【内容14】没有给出足够的数学条件，学生需要自己再收集一些才可以解决问题，这样的数学探究我们把它归类到数学信息不足的指标中。

例如，UK-SMP，Mechanics 1中，数学探究内容的显性栏目"问题讨论"中呈现这样的情境：

【内容15】**问题讨论**：举出几个例子，要求情境中的物体能被模型化为质点。再举出几个例子，要求情境中的物体不能被模型化为质点，并且解释原因。（UK-SMP，Mechanics 1，第123页）

这里的问题讨论是建立理想化模型的问题，题中没有给出数学条件，需要学生自己结合所学的建模知识和生活实际，举例说明能看作以及不能看作质点的情境。

让我们考察来自德国DE-EDM的数学内容：

【内容16】**滑翔机**：卡龙和他的叔叔第一次乘坐滑翔机。他在学生报上报道了他的经历。

---

"滑翔机自身没有马达，要靠绞车拖曳起飞。座舱内的表盘显示滑翔速度为每秒5米（教材上有图）。我们被牢牢地固定在座舱椅子上。飞机被拖曳约一分钟后，绳索松开，飞行员调整位置，大约一分钟内，我们下降了50米。随着上升气流，飞机又很快上升，在8分钟内我们上升到1200米。

一派特殊的景象啊！我们的村庄显得很渺小，刚好能辨认出我们的学校。往水平方向看去，能看到大海，平时需要驾车两小时才能看到海啊！

大约有10分钟可以欣赏这美景，当然，在这过程中我们的高度有所下降：表盘显示稳定的下降速度，为每秒1米。然后飞行员让飞机快速下降，3分半钟后我们在山腰附近下降了近200米。在那里我们操纵方向舵，在一定高度找寻降落地。2分钟后，我们开始降落。地面似乎给我们很强的阻力。表盘显示的下降速度为每秒4米。从开始滑翔算起，半小时后我们降落到地面。

画出滑翔机飞行高度的函数图象,以时间为变量。在哪段时间上升速度最快? 什么时候下降速度最快?(DE-EDM10,第 134~135 页)

这是微分计算单元的开始部分,教材设计了"描述变化"这一学习领域板块,上述内容为其中一个问题情境。要求学生阅读后,画出滑翔机关于时间与高度的函数图象。显然报告中给出的数学信息很丰富,单就画函数图象而言,学生需要从丰富的数学信息中筛选出必要的信息。也就是说,这个数学情境所给的数学信息多于所用的。

**指标之二:问题表述**

"问题表述",一方面指教材中数学探究内容部分在提出问题时所用的句式,分为陈述句和疑问句两种;另一方面还指所提问题的类型,分为封闭式问题和开放式问题两类。表 6-4 汇总了对"问题表述"的下属指标的说明。

表 6-4　数学探究内容的问题表述的下属指标

| 下属指标 | | | 说　　明 |
|---|---|---|---|
| 问题表述 | 句式 | 陈述句 | 直接陈述一个数学事实、数学任务或者活动要求,句末一般用句号表示。 |
| | | 疑问句 | 用询问或者反问等方式表示数学任务或者活动要求,句末一般用问号表示。 |
| | 问题类型 | 封闭式问题 | 要求学生计算、证明或者解释的答案是唯一的,解答方法也是唯一的。 |
| | | 开放式问题 结论开放 | 没有要求学生去计算、证明、猜测或者解释预设好的唯一结论。学生探究的结论是多元的。 |
| | | 开放式问题 过程开放 | 没有规定学生使用某种方法或策略解决问题,学生探究的过程是多元的。 |

通过对国内外教材中数学探究内容的梳理,发现它们在表述问题时所用句式分为陈述句和疑问句。教材一般使用"请猜测""请分析""请解答""请作图""请说明""请比较"等陈述句式,表述对学生的要求。例如,DE-EDM 的数学探究内容的显性栏目"侦探"中设计了这样的问题:

**【内容 17】侦探:** 迈拉用作图软件画出了 $y=100x^2$ 和 $y=x^4$ 的图象(教材呈现图象),她断定"$y=100x^2$ 的图象总是在 $y=x^4$ 的图象下方。"请你对她的判

断表态。(DE－EDM10,第 68 页)

该教材在"自主问题解决"板块设计了这样的问题:

**【内容 18】自主问题解决:**滑翔机在飞行时需要不断测量飞行高度。一个自动记录仪将记录这些测量结果并且生成图象。(教材呈现图象)

a. 利用这个图象描述这架滑翔机的飞行情况。

b. 计算前 10 分钟内的平均上升速度,单位:米/秒。

c. 计算 40 到 60 分钟之间的平均下降速度。

d. 在滑翔机座舱内有一个可变电感器,感应即时的上升或下降速度。根据图象确定滑翔机在 30 分钟时的上升速度。(DE－EDM10,第 144 页)

再如,CN－PEP 中的数学探究内容显性栏目"探究"中呈现了这样一个问题:

**【内容 19】**简单随机抽样、系统抽样和分层抽样各有其特点和适用范围。请对三种抽样方法进行比较,说说它们各自的优点和缺点。(CN－PEP,数学 3,第 61 页)

教材也会以疑问句方式提出问题,主要使用"是什么?""为什么?""怎么样?""能不能?"等句式,让学生思考解答。DE－EDM10 中,数学探究内容的显性栏目"侦探"中设计了这样的问题:

**【内容 20】侦探:**劳拉、加纳和蒂姆根据求导的斜率三角形来确定导数 $f'(0,75)$(如图),谁的计算正确? 其他人错在哪里? (教材呈现图象)(DE－EDM10,第 139 页)

又如,CN－PEP 在数学探究显性栏目"探究"中呈现了这样的问题:

**【内容 21】探究:**根据正弦函数和余弦函数的图象,你能说出它们具有哪些性质? (CN－PEP,数学 4,第 34 页)

再如,UK－SMP,Core 1 中,数学探究内容的显性栏目"问题讨论"中呈现这样的问题情境:

**【内容 22】问题讨论:**电力公司每三个月(每季度)都会寄送账单。P 公司的计费方式是 0.09 英镑/度,Q 公司是以不同的计费方式收费,具体如下表所示:

| 度数 | 100 | 500 | 700 | 1 000 |
|------|-----|-----|-----|-------|
| 费用 | 22  | 50  | 64  | 85    |

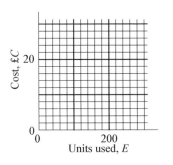

（a）画图，将表格中的数据反映在网格纸上。

（b）写出符合题意的 $E$ 和 $C$ 的关系式。

（c）如果要求你用文字而不是公式来描述 Q 公司每季度的电费方式，你会怎么说？（UK - SMP，Core 1，第 13 页）

这里讨论的是电费收费方式的问题，包括了疑问句和陈述句的问题提出方式。

在分析表述问题的句式时，不管是陈述句还是疑问句，有时表述的是一个封闭式的问题，也就是说，直接要求学生去计算或者证明，且答案是唯一的，解答方法也是唯一的。有时问题表述是开放的，预先没有规定探索的结果或者探索的过程，也就是说，学生面对的探究问题的结论是多元的，或者探究的过程是开放的。

上述【内容 17】用的是陈述句式，但要求学生就某个数学观点表示自己的看法，没有要求学生去证明哪个观点，也就是说，学生可能得到什么结论是开放的，另外也没有规定该怎样表态，因此探索的过程也是开放的。

上述【内容 20】用的是疑问句，但是判断正确或错误的结论是固定的，因此这个问题的结论是确定的，不开放的；但【内容 20】的第二个小问题"错在哪里"，旨在让学生观察分析，没有明确如何分析，因此探究第二个小问题的过程是开放的。

上述【内容 22】的问题 a、b 用陈述句式表达，问题的结论和方法都是封闭的，利用题中的数据和坐标图就能解决。而问题 c 是以疑问句式表达，希望学生应用文字而不是公式来描述电力公司的收费方式，解决这个问题的过程和结论都是开放的，只要能反映电费收取方式信息的文字描述都是合理的。

**指标之三：活动组织形式**

这个分析指标指的是面对某个探究内容，学生是个人活动、同伴活动还是团队活动。根据数学探究的内涵，数学探究还需要学生有善于合作的精神，因此这一指标的分析,对了解数学探究内容的组织和呈现方式有特殊的意义。表6-5汇总了"活动组织形式"的下属指标。

表6-5　数学探究内容的活动组织形式的下属指标

| 下属指标 | | 说　明 |
|---|---|---|
| 活动组织形式 | 个人活动 | 教材没有明确二人以上合作探究的话,假设以个人形式进行探究活动为主 |
| | 同伴活动 | 教材明确需要同伴合作进行探究活动 |
| | 团队活动 | 教材明确需要三人以上小组或团队合作进行探究活动 |

例如,在CN-PEP中的数学探究内容显性栏目"实习作业"中呈现这样的活动形式:

【内容23】实习作业:通过收集微积分创立的时代背景和历史意义的有关材料,体会微积分在数学思想史和科学思想史中的价值。

要求:以小组为单位分头收集资料,最后汇总。每组写一个实习报告,各组分头交流。(CN-PEP,选修1-1,第106~107页)

【内容24】实习作业:现实世界的许多问题中都存在相互关联的各种变量,研究这些变量之间的相互关系,能够为我们的判断和决策提供依据。下面请同学们根据自己对身边事物的观察和体会,通过查阅资料、讨论等方式,确定自己要研究的统计问题,然后进行抽样调查,收集数据,并进行整理和分析,最后对问题中的规律作出判断,确定研究的问题时,要注意研究问题的意义。(CN-PEP,选修1-1,第96页)

类似于【内容23】这样面对整个团队(组)的活动,我们把它们归入到团队活动中。像【内容24】这样面对学生一个人设计的活动,我们把它们划归到个人活动中。

UK-SMP中设置了探究内容的显性栏目——"问题讨论",它希望通过讨论这些问题使学生获得重要知识点或者某种数学技巧,适合全班或者小团队讨论,因此在活动组织维度上均归入了团队活动。

**指标之四:活动类型**

"活动类型"指的是教材在设计数学探究内容时,为学生创造的数学活动条

件和空间,它们包括解答活动、写作活动、项目活动、阅读活动、实验活动等。教
材正是通过这些活动的设计,鼓励学生进行多方位的数学探究。表 6-6 汇总
了关于活动类型的下属指标。

表 6-6　数学探究的活动类型的下属指标及其说明

| 下属指标 | | | 说　明 |
|---|---|---|---|
| 活动类型 | 解答活动 | 验证反思 | 对自己或者他人已有的解答过程或结论进行验证或反思。 |
| | | 计算证明 | 利用数学公式、定理等进行数学意义上的计算、证明或者作图等。 |
| | | 推测解释 | 根据问题情境对可能的解答过程或结论进行推测、判断或解释。 |
| | 实验活动 | 信息技术类 | 借助信息技术(如图形计算器、几何画板等)试验性地探索问题,经历数学化过程等。 |
| | | 科学类 | 设计或者参与小型的物理、化学、生物等实验,观察分析实验中的数学问题或者规律。 |
| | | 日常生活类 | 通过日常的活动(游戏活动、体育活动等),体验与发现活动中的数学规律。 |
| | 写作活动 | 对概念的写作 | 以文字报告或者展板等形式展现对数学概念的认识。 |
| | | 对结论的写作 | 以文字报告或者展板等形式呈现探究的结论。 |
| | | 对过程的写作 | 以文字报告或者展板等形式呈现探究问题的过程与方法。 |
| | 项目活动 | 文本作品 | 围绕有意义的、有价值的、有挑战性的主题进行深入探究活动,并以文本类作品作为活动成果。 |
| | | 实物作品 | 围绕有意义的、有价值的、有挑战性的主题进行深入探究活动,并以实物类作品作为活动成果。 |
| | | 电子作品 | 围绕有意义的、有价值的、有挑战性的主题进行深入探究活动,并以电子或者计算机类作品作为活动成果。 |
| | 阅读活动 | 有问题 | 呈现相关阅读文本,供学生阅读思考,并提出问题要求学生解决。 |
| | | 无问题 | 呈现相关阅读文本,仅供学生阅读思考,没有明确提出要回答的问题。 |

解答活动二级指标下,依据教材的情境与问题表述,学生以代数形式、几何形式、文字形式等呈现探究问题的过程和结论。它包括:(1)学生对已有的解答过程或结论进行验证或反思;(2)利用公式或定理等进行严格的计算或证明;(3)根据数学事实对可能的解答过程或结论进行推测或解释。

如【内容 17】,需要学生对已有的关于几何图形特征的结论进行验证和反思(诊断和反思);如【内容 18】,需要学生利用函数的定义域和单调性的性质进行严格的计算和证明;【内容 21】,是根据正弦函数和余弦函数的图象对正弦函数和余弦函数的所有性质进行推测和解释。

如【内容 22】,需要学生根据题中的表格数据作图,并计算出符合题意的关系式,最后用文字形式解释数学结论,包括数学上的作图与计算、对解答过程与结论的解释等解答活动。

再如,UK‐SMP Statistics 1 中,数学探究内容的显性栏目"问题讨论"中呈现了这样的问题情境:

**【内容 25】问题讨论:**为了保证日常饮水的安全性,相关部门会对水源进行定期检查。判断污染的标准之一是水的酸度,它由 pH 值衡量。若 pH 值为 7 就表示液体是中性的,若小于 7 则是酸性的,而大于 7 是碱性的。欧盟(EU)的建议指出,安全饮用水的 pH 值范围应该在 6.5 至 8.5。

为了调查水质,需要在同一地点取些水样。所取水样的平均值为 $\bar{x}$,然后利用它估计位于该处的全部水源的总体平均值。

水务局往往在两个地点进行取样检测。不同地点采取不同的取样程序。

**河区:**水务局知道河水的 pH 值是呈正态分布的(标准偏差为 1.2)。检测 pH 值的取样方式是在河区随机选 10 个位置取样。

**蓄水池:**水务局知道蓄水池中水的 pH 值是正态分布的(标准偏差为 0.5)。检测 pH 值的取样方式是在河区随机选 15 个位置取样。

每个检测的取样工作是在一个上午完成的。检测所得的 pH 值如下:

河区　7.1 5.6 6.0 6.2 5.1 7.4 8.0 6.7 5.5 3.7

蓄水池　7.8 7.3 9.1 8.2 7.8 7.9 6.5 7.9 7.9 8.3 7.7 7.8 7.1 7.2 7.8

作为估计河水水质总体的两种方式,你认为哪种更有可信度?(UK‐SMP,Statistics 1,第 110 页)

　　这里讨论的是检测水源水质问题,学生需要理解题中所给的信息,并且利用数学事实进行推测和判断,并加以解释。

　　实验活动二级指标下,依据教材的情境与问题表述,学生借助实物(日常用品、简单的科学设备等)、信息技术(如图形计算器、几何画板等)试验性地探索问题,经历数学化过程。根据实验内容和实验情境,实验活动可分为:(1)基于信息技术的实验活动,学生将利用相应的计算机软件(环境),探索含有数学信息的问题;(2)科学类实验活动,学生参与小型的物理、化学、生物等实验,观察分析实验中的数学问题或者规律;(3)日常生活类实验,学生参与日常的活动(游戏活动、体育活动等),体验与发现活动中的数学规律。

　　**【内容 26】刚好冷却**:我们来探索热饮的冷却,热饮温度的降低依赖于初始温度和周边温度。我们要测量周边温度,再测量冷却过程(照片呈现实验用工具:温度测量仪和一杯热饮),观察热饮温度和周边温度之间的温度差,将观察到的数据填写在表格中。

| 观察的时间 | 热饮温度 | 周边温度 | 温度差 |
|---|---|---|---|
|  |  |  |  |
|  |  |  |  |

　　用图象表示这个过程;给出一个计算温度差的公式;确定实际冷却过程的时间。(DE - EDM10,第 62 页)

　　这个探究内容位于"指数增长"单元之前,指导学生用温度测量仪检测温度,在这个小型物理实验过程中,学生可以观察到温度的变化情况,同时尝试用图象、公式等表示这个物理过程,学生有机会经历如何从物理现象寻求数学规律的过程。

　　**【内容 27】找寻函数**:安装教材附带的 CD,打开程序 Graphix,点击"Funktionsterm finden"(找寻函数),然后点击"同伴活动"。先通过找寻线性函数与二次函数,熟悉程序。然后同伴活动,其中一人给出 x 的三次函数的表达式,另一人找出函数图象。然后交换角色。(教材中给出程序的剪辑图)(DE - EDM10,第 185 页)

　　这个内容的设计引导学生使用与教材配套开发的数学程序,并且建议以同伴活动形式开展探索学习,它可以属于利用信息技术进行数学实验活动范畴。

例如,UK－SMP,Core 2 中,数学探究内容的显性栏目"问题讨论"中呈现这样的问题情境:

**【内容 28】问题讨论**:画出下列函数关系式的图象,并且考虑以下可能会帮助你确定图象的问题。

● 当 $x=0$ 或 $y=0$ 时,会出现什么情况?

● 当 $x>0$ 且越变越大时,会出现什么情况?试着思考 $x=100$ 时的情况,并尝试将 $x$ 赋值为其他的较大正值。

● 当 $x<0$ 且绝对值越变越大时,会出现什么情况?试着思考 $x=-100$ 时的情况,并尝试将 $x$ 赋值为其他的绝对值较大的负值。

● 有没有 $y$ 无法取到的值?

● $x$ 取何值时,$y$ 会变得很大?

● 图象有轴对称性吗?

● 图象有中心对称性吗?(UK－SMP,Core 2,第 16 页)

(i) $y=\dfrac{1}{x}$;　(ii) $y=\dfrac{1}{x-2}$;　(iii) $y=\sqrt{x}$;

(iv) $y=\sqrt[3]{x}$;　(v) $y=\dfrac{1}{x^2}$;　(vi) $y=\dfrac{1}{x^2+1}$。

在绘图仪(graph plotter)上检验你的图象是否正确。

这里讨论的是图象绘制和转换的问题,通过学生自己画简图,然后在电脑上检验的方式,给学生发现图象性质的机会,属于利用信息技术进行数学实验活动的范畴。

下面这个内容来自 DE－EDM10。

**【内容 29】同伴活动**:将一堆火柴棍倒在桌上,两个人开始游戏,轮流拿取火柴,每次至少拿一根,但拿的根数要少于桌上火柴数量的一半。谁拿到最后一根,谁就输掉游戏。

多次重复这个游戏,你有什么发现?是否能发现一个赢得游戏的策略?说明并论证下面文本中的观点。(DE－EDM10,第 63 页)

> 这个双人火柴游戏说明,输掉游戏的数字是 3、6、12。如果一个人在拿取
> 火柴时,刚好是这些数字,那么这个人就不会赢。

教材设计的这个探究内容属于游戏活动,让学生在游戏中观察、分析游戏规则所依赖的数学模型。

让我们再分析 JP‐SKS。

**【内容 30】进行思考吧**:把下面的图形一笔画出,其中,所有的图形都可以一笔画出。

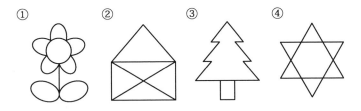

那么,请确认下面的⑤到⑫的图形,能不能一笔画出。其中,有些图形可以一笔画出,有些图形不可以一笔画出。

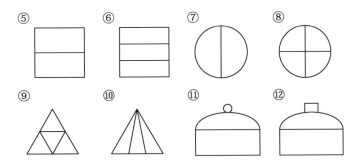

思考可以一笔画出的图形与不可以一笔画出的图形的区别。(JP‐SKS,数学基础,第 7 页)

此探究内容主要让学生对是否可以一笔画出的图形动手检验。

写作活动二级指标下,依据教材的情境与问题表述,学生通过收集、整理资料或者反思思维过程,以文字报告的形式展现探究概念、过程或结论。

【内容31】探究任务:搜索网络资源或者其他资源,了解简易测角器的制作过程。用你的测角器和三角比的知识,找出:(1)珊顿大道上五座最高的建筑的高度;(2)花柏山或者武吉知马山的高度。在你的报告中,要清晰地表述你的假设和结论的局限性。(SG-PPE,第275页)

这一探究内容要求学生以报告的形式展示探究的过程以及探究到的结论。

【内容32】探究与发现:购房中的数学(相关情境的描述)

探究任务:用学过的数列知识帮助这位居民算一笔经济账。根据所给的购房还贷方式,你认为预选方案1、2到底哪个是他的最佳选择? 和同学交流想法,然后给他写一封信,阐述你的建议,并说明理由。(CN-PEP,数学5,第63页)

这一数学探究内容要求学生以书信的形式展示探究的过程以及探究的结论。

阅读活动二级指标下,依据教材中有显性标识"阅读或者阅读与思考"的内容,促动学生进行阅读、思考,或者其他活动。有些阅读内容仅仅呈现数学故事或者事实,不需要再进行问题解决,这类内容被归入无问题的纯阅读活动。而有些阅读素材旨在引起学生的问题解决活动,并且给出明确的任务,要求学生完成,我们称这类内容为有问题的阅读活动。

【内容33】阅读与思考:函数概念的发展历程(函数概念的发展历程的描述)

探究任务:你能以函数概念的发展为背景,谈谈从初中到高中学习函数概念的体会吗?(CN-PEP,数学1,第26页)

【内容34】阅读与思考:对数的发明(对数的发明过程的描述)

没有探究任务。(CN-PEP,数学1,第68页)

类似于【内容33】的数学探究内容栏目出现探究任务的阅读活动,我们把它归入到有问题的阅读活动,反之,类似于【内容34】的没有出现探究任务的阅读活动则划归到无问题的纯阅读活动。

下面这个内容取自 JP-SKS:

【内容35】存在无限多素数:反证法可以有效证明"存在无限多素数"。先做个假设:"不存在无限多素数",即"只有有限多素数"。假如素数一共有 $n$ 个,这 $n$ 个素数用

$$p_1,\ p_2,\ p_3,\ \cdots,\ p_n \qquad\qquad ①$$

来表示。在此,将所有 $n$ 个素数相乘,再加上 1,即 $p_1 p_2 p_3 \cdot \cdots \cdot p_n + 1$。

此数字除以①里面的任何数字都不能除尽,因为都还剩下 1。这与"比 1 大的整数,可以用素数或者素数的积表示"相矛盾。因此,证明了"存在无限多素数"。

事实上,$2+1$, $2\times3+1$, $2\times3\times5+1$, $2\times3\times5\times7+1$ 是素数,但是 $2\times3\times5\times7\times11\times13+1=30\,031$ 是两个素数的积。

所以上面思考的数字 $p_1 p_2 p_3 \cdot \cdots \cdot p_n + 1$ 并不一定是素数,且大数字的素因数分解是需要花很长时间,因此要发现新的素数是不简单的事情。(JP-SKS,新编数学 A,第 75 页)

这一探究内容主要呈现了"存在无限多素数"之证明过程,并没有呈现问题情境,学生只需在阅读的过程中经历探究过程。

**【内容 36】**对于 2 进制世界的小数进行思考。0.625 用 10 进制表示是按如下方法展开的:

$$0.625 = 6\times0.1 + 2\times0.01 + 5\times0.001 = 6\times\frac{1}{10} + 2\times\frac{1}{10^2} + 5\times\frac{1}{10^3}。$$

如果是 10 进制,小数点后面的数位依次是 $\frac{1}{10}$, $\frac{1}{10^2}$, $\frac{1}{10^3}$, $\cdots$,分母依次是 $10$, $10^2$, $10^3$, $\cdots$。

如果是 2 进制,小数点后面的数位依次是 $\frac{1}{2}$, $\frac{1}{2^2}$, $\frac{1}{2^3}$, $\cdots$,以此方法进行思考。

如 $0.625 = 1\times\frac{1}{2} + 0\times\frac{1}{2^2} + 1\times\frac{1}{2^3}$,因此 0.625 在 2 进制的小数上表示 0.101。

那么,把下面的总和用 2 进数的小数表示:$\frac{1}{2} + \frac{1}{2^2} + \frac{1}{2^3} + \frac{1}{2^4} + \frac{1}{2^5} + \frac{1}{2^6}$。

将上述结果采用第 57 页中"进行思考吧"的方法计算出其总和。(JP-SKS,数学基础,第 59 页)

此探究内容主要介绍 2 进制和 10 进制的转换方法,学生可通过阅读经历进制转换的探究过程,最后提出的问题是进制转换的应用。

项目活动二级指标下,教材呈现的项目活动类探究情境包括项目主题、活动建议、成果要求。学生围绕这些有意义的、有价值的、有挑战性的主题进行深入探究,在探索、体验、操作、制作等实践活动中,获得较为完整而具体的知识,形成专门的技能并促进各项能力的发展。项目活动的成果要求,也反映了项目活动的丰富性,从而反映探究的不同水平。因此,我们从"成果要求"来分析项目活动,包括文本作品、实物作品、电子作品。

**【内容 37】项目活动:**神奇的多面体——柏拉图组合多面体

也许你们已经接触过柏拉图多面体,这说明你们已经了解到数学中的精彩,并且掌握了三角几何的部分内容……这里我们提出了关于组合多面体的各种活动建议。

建议 1:哲学和物理中的柏拉图体……有哪些相关的理论?

建议 2:艺术家与科学家们的星体……研究这样的星体,你们一定会感到很精彩!

建议 3:双重组合体……你们愿意尝试制作吗?

建议 4:柏拉图多重组合体……继续尝试制作三重、四重组合体!

建议 5:电脑程序……请用电脑程序制作神奇的几何体或者特殊的星体!

建议 6:柏拉图组合体……是否愿意自己尝试设计,用其他的材料制作? 行动吧!(DE-EDM10,第 240、241 页)

上述项目活动的设计,要求学生制作文本作品(如建议 1),制作实物作品(建议 4,建议 6),或者制作电子作品(建议 5)。项目活动设计的特点主要体现在:以某个有挑战意义的主题为驱动,激发学生从事各种不同的活动,在探索中生成各种不同的学习成果。

**指标之五:上下文关系**

数学教材中的探究内容不是孤立存在的,它对章节内其他内容起着不同的作用,主要有:导入新知、承上启下、归纳总结、巩固深化和应用拓展等五种。这一指标的分析可探析各国教材设置探究内容的整体意图。表 6-7 汇总了探究内容与教材中"上下文关系"的分析要素。

例如【内容 29】设计的是一个实验活动"热饮的冷却",这一实验活动旨在导入数学内容"指数增长",因此该内容具有"导入新知"的特征。

表 6-7　数学探究内容与教材中上下文关系的下属指标

| 下属指标 | | 说　明 |
|---|---|---|
| 上下文本关系 | 导入新知 | 数学探究内容置于某新的单元或者知识点之前,设计的问题情境与将要讨论的新内容相关。 |
| | 承上启下 | 数学探究内容置于两个不同的单元或者知识点之间,设计的问题情境一方面与上面的知识点有关,另一方面也与下面的数学内容相联。 |
| | 归纳总结 | 数学探究内容置于某个单元或者知识点之后,设计的问题情境旨在对上面的内容做梳理和总结。 |
| | 巩固深化 | 数学探究内容置于某个单元或者知识点之后,设计的问题情境旨在训练上面的内容或者加深练习,这些探究内容主要分布在练习中。 |
| | 应用拓展 | 数学探究内容置于某个单元或者知识点之后,设计的问题情境与上面的内容相关,但又体现与其他数学内容的关联。 |

【内容 38】思考:上面的例(3)到例(8)也能组成集合吗? 它们的元素分别是什么? (CN-PEP,数学 1,第 2 页)

这个来自 CN-PEP 的数学探究内容显性栏目"思考",前面的第一小题是对上面的文本知识点的应用,而第二小题是导入集合元素的概念。类似于这种既对上面文本有探究作用,又对下面文本起探究作用的数学探究内容显性栏目,我们把它与上下文的关系归入到承上启下的作用中。

【内容 39】思考:1. 结合上述实例,试比较用自然的语言、列举法和描述法表示集合时,各自的特点和使用的对象。(CN-PEP,数学 1,第 5 页)

这个是 CN-PEP 中的数学探究内容显性栏目"思考"的问题,显然它是对上面文中集合的三种表示方法的各自特点及其使用对象做归纳和总结,因此该文本起着归纳总结的作用。

【内容 40】思考时间:已给 $\sin x = 0.733$,且 $x$ 是锐角,你认为上面提到的锐角三角形可以唯一确定吗? $x$ 可以唯一确定吗? (SG-PPE,第 262 页)

这是 SG－PPE 中的数学探究内容板块"思考时间"的问题,显然它需要学生对上面文本中的锐角三角形有所思考,并加以说明,因此该文本起着巩固深化的要求。

**【内容 41】视角拓展**(交通流量与速度):教材首先介绍挪威人对某隧道限速要求(即每小时不超过 50 公里)的不同看法,有人认为这一"蜗牛速度导致堵车现象",有人认为,"车速较低时车辆之间距离可以较短,这样单位时间内通过隧道的车辆较多"。随后给出了两个以车速为变量的计算车距的模型(A 与 B)。教材围绕这两个模型,提出 6 个问题。例如:

问题 1:请化简这两个计算模型;

问题 3:通过作图和计算,探究在任何车速下,模型 A 所要求的安全车距是否小于模型 B 所要求的,并给出理由。

(DE－EDM10,第 189~190 页)

这一内容被安排在函数部分的"最优化问题"单元以及"有理函数"单元之间,属于独立的"视角拓展"栏目,且该栏目在"最优化问题"单元练习之后。该数学内容(或者数学问题)要求学生基于两个车距计算模型的比较、计算或者说明车速、车距、车流量、周期时间等,显然其内容是"最优化问题"的延伸和拓展。

例如 UK－SMP,Mechanics 1 中关于牛顿第二定律中建模的教学,数学探究内容的显性栏目"问题讨论"贯穿始终,它首先创造问题情境如下:

**【内容 42】**力学中,我们所研究的许多情境是比较复杂的,因此第一步常常是简化情境。在这部分,我们将会看到一个特别的力学体系,位于德文郡的林顿林茅斯(Lynton and Lynmouth)缆索铁路。

铁路如左图所示,它连接了位于悬崖顶部的林顿(Lynton)和位于悬崖底部的林顿茅斯(Lynmouth)。有两条与水平线成 35° 的平行轨道,每条轨道上分别有一辆轿车。在顶端,绕过滑轮的一条绳索连接了这两辆轿车(在底端也有一条相似的绳索绕过滑轮,但是它的影响是次要的)。每辆车配有一个水箱,人们在顶端将这些水箱注满泉水,然后在底端将水箱的水倒入大海。

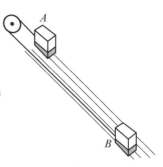

为了理解这条铁路是如何运作的,我们假设轿车 $A$ 在顶端,轿车 $B$ 在底端,而且它们的水箱都是满的,车上有人。

假如 $A$ 比 $B$ 重,$A$ 将会开始下降,而 $B$ 将会上升;

假如 $A$ 不比 $B$ 重,人们将会继续倾倒 $B$ 车水箱中的水,直至 $A$ 比 $B$ 重。

当 $B$ 到达顶端,它的水箱将会注满水,然后整个过程将会再次开始。

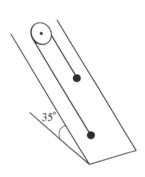

如果系统中只包括上述的——轿车、轨道、绳索、水箱——一旦它们开始运动,你认为轿车将会发生什么变化? 为了运行安全,系统要满足其他什么条件?

这里的第一个"问题讨论"引导学生想象运动情形,便于导入新知,即"建立理想化模型——质点"。教材在"问题讨论"后介绍了关于建立理想化模型的知识。

想象人们正在设计这条铁路。首先要进行轨道和轿车的设计,需要思考以下一些问题:

● 绳索要多牢固?

● 轿车的运行速度有多快?

● 轿车车轴受到的是什么力?

回答以上这些问题(或者是至少要进行合理的估计)的第一步,是简化力学过程,使之更加接近本质,如下图所示。

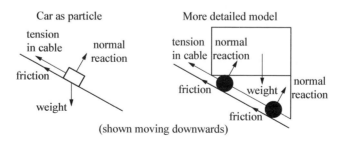

我们将力学中的简化版称为模型(model)。一个模型不一定是物理模型。力学中的大多数模型是用文字、图表或符号描述的。在图示的模型中可以发现,

每辆轿车,包括车内的人和水箱中的水,都被模型化为滑行在斜面上的质点(particle)。

将轿车模型化为质点,那绳索怎么处理? 绳索(实际上有370米长)自身是相当重,但是远低于轿车的重量,所以在简化模型中绳索的质量可以忽略不计。在建模语言中,这条绳索可以看做是"轻"的(即质量可忽略不计)。

当然在实践中,这样"轻"的绳索是不能完成拖拉轿车的任务的。但是人们常常会使模型包含想象的或"理想的"成分,在这种情况下,绳索拥有可忽略不计的质量,但又很牢固。

通常情况下,人们还会假设像这种模型中的绳索是不可伸展的。这就意味着它不能延伸。

你可能会疑惑简化模型会不会因为与现实力学体系差别大,而变得无实际用处。如果忽略了重要因素,模型也是不合适的。例如,如上所述,我们将轿车模型化为质点。关于一个质点的问题是比较容易处理的,因为所有的力都作用在一个点上。

但是,对于真实的轿车来说,这是不正确的,因此为了研究轿车所受的力,我们还需要建立更具体的模型。

建模过程如图6-2所示:

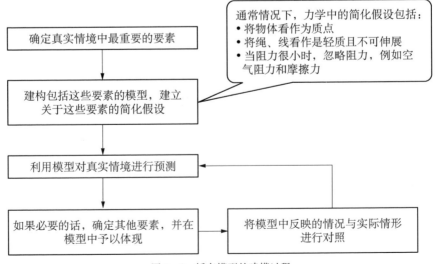

图6-2 轿车模型的建模过程

　　介绍完建模的相关知识,教材设置了四个"问题讨论"进行巩固深化,使学生更进一步地了解能够建立质点模型的条件。"问题讨论"分别如下:

　　A2 Jack 在研究滑冰选手做一个复杂动作时的运动。如果把这位选手看作质点,你认为合适吗? 请给出理由。

　　A3 有个古老的关于力学考试问题的玩笑,它是这么开始的:有个体重可以忽略不计的大象……你能想出在哪种情况下,大象的体重可以忽略不计吗?

　　A4 铁路工程师在研究地铁的运动。她在思考如果以下两个假设都发生,将会发生什么:

　　● 地铁在向前运动时刹车失灵;

　　● 另一辆地铁停在前方轨道。

　　在这种情况下,你认为将空气阻力忽略不计合理吗?

　　你认为,这种情况下建立模型还需要包括哪些要素?

　　A5 跳水选手从距离游泳池水面 5 米高的跳板上跳下。在这种情况下,为什么将跳水选手看作质点是不合理的?(UK‐SMP,Mechanics 1,第 106 页)

　　这里的"问题讨论"贯穿了整节,分别发挥了导入新知和巩固深化的作用。

　　上述各级分析指标构成了完整的数学探究内容的分析指标体系,如图 6‐3、表 6‐8 所示。

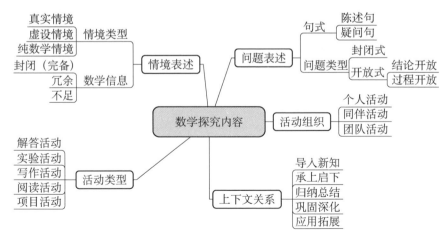

图 6‐3　数学探究内容的分析指标体系

表6-8 数学探究内容的分析指标体系

| 下属指标 | | | 说　明 |
|---|---|---|---|
| 情境表述 | 情境类型 | 真实情境 | 所使用的情境来自日常生活、外部现实世界（自然、艺术、体育、人文等），或者来自文学作品、科幻作品等中有故事情节的情境。 |
| | | 虚设情境 | 所使用的情境尽管与日常生活、外部现实世界情境等相关，但是其中的情节或者数学信息以人为构造为主。 |
| | | 纯数学情境 | 使用纯数学问题表述。 |
| | 数学信息 | 完整（封闭） | 所含的全部数学条件刚好用于解决该数学探究问题。 |
| | | 冗余 | 所提供的数学信息（条件）多于解决实际问题所需要的条件。 |
| | | 不足 | 所提供的数学信息（条件）不够完备，需要自己合理补充数学条件，才能解决问题。 |
| 问题表述 | 句式 | 陈述句 | 直接陈述一个数学事实、数学任务或者活动要求，句末一般用句号表示。 |
| | | 疑问句 | 用询问或者反问等方式表示数学任务或者活动要求，句末一般用问号表示。 |
| | 问题类型 | 封闭式问题 | 要求学生计算、证明或者解释的答案是唯一的，解答方法也是唯一的。 |
| | | 开放式问题 结论开放 | 没有要求学生去计算、证明、猜测或者解释预设好的唯一结论。学生探究的结论是多元的。 |
| | | 开放式问题 过程开放 | 没有规定学生使用某种方法或策略解决问题，学生探究的过程是多元的。 |
| 活动组织形式 | 个人活动 | | 教材没有明确二人以上合作探究的话，假设以个人形式进行探究活动为主。 |
| | 同伴活动 | | 教材明确需要同伴合作进行探究活动。 |
| | 团队活动 | | 教材明确需要三人以上小组或团队合作进行探究活动。 |
| 活动类型 | 解答活动 | 验证反思 | 对自己或者他人已有的解答过程或结论进行验证或反思。 |
| | | 计算证明 | 利用数学公式、定理等进行数学意义上的计算、证明或者作图等。 |
| | | 推测解释 | 根据问题情境对可能的解答过程或结论进行推测、判断或解释。 |

续　表

| 下属指标 | | | 说　　明 |
|---|---|---|---|
| 活动类型 | 实验活动 | 信息技术类 | 借助信息技术(如图形计算器、几何画板等)试验性地探索问题,经历数学化过程等。 |
| | | 科学类 | 设计或者参与小型的物理、化学、生物等实验,观察分析实验中的数学问题或者规律。 |
| | | 日常生活类 | 通过日常的活动(游戏活动、体育活动等),体验发现活动中的数学规律。 |
| | 写作活动 | 对概念的写作 | 以文字报告或者展板等形式展现对数学概念的认识。 |
| | | 对结论的写作 | 以文字报告或者展板等形式呈现探究的结论。 |
| | | 对过程的写作 | 以文字报告或者展板等形式呈现探究问题的过程与方法。 |
| | 项目活动 | 文本作品 | 围绕有意义的、有价值的、有挑战性的主题进行深入探究活动,并以文本类作品作为活动成果。 |
| | | 实物作品 | 围绕有意义的、有价值的、有挑战性的主题进行深入探究活动,并以实物类作品作为活动成果。 |
| | | 电子作品 | 围绕有意义的、有价值的、有挑战性的主题进行深入探究活动,并以电子或者计算机类作品作为活动成果。 |
| | 阅读活动 | 有问题 | 呈现相关阅读文本,供学生阅读思考,并提出问题要求学生解决。 |
| | | 无问题 | 呈现相关阅读文本,仅供学生阅读思考,没有明确提出要回答的问题。 |

　　利用上述分析框架以及指标体系,课题组对主要国家的高中数学教材进行系统分析,了解这些国家的教材在呈现数学探究内容时的特点,了解数学课程对于数学探究能力培养的要求。下一节将讨论自中国、美国、英国、德国、法国、日本和新加坡教材的数学探究内容的呈现方式与组织形式的比较分析结果。

## 6.4　研究结论与建议

　　研究结论主要分为部分教材的基本结构分析、教材中数学探究内容比较分析及其结论这两部分。

### 6.4.1 部分教材的基本结构分析

本课题比较分析的教材分别来自中国、美国、英国、德国、法国、日本和新加坡(参看表6-1;教材的显性栏目见表6-2)。这里首先对所选的部分教材的结构进行简要介绍,然后对其数学探究内容的组织与呈现方式进行分析。

**中国教材-人民教育出版社的高中数学 A 版(CN-PEP)**

此套教材是根据教育部 2003 年颁布的《课程标准 2003》编写的,分为必修教材和选修教材。《课程标准 2003》对高中数学教科书的编写提出原则性的要求,并明确规定在教科书的编写中教材所呈现的学习内容应当是"有现实的、有意义的、富有挑战性的","有利于学生主动地进行观察、实验、猜测、验证、推理与交流"(中华人民共和国教育部,2003)。《课程标准 2003》还强调,在教科书编写时,应当把"数学探究"等新的学习活动恰当地安排在有关的教学内容中(中华人民共和国教育部,2003)。CN-PEP 充分体现《课程标准 2003》所提出来的要求。从教材的编排上看,每个章节都是通过适当的问题情境,引出需要学习的数学内容,然后在"观察""思考""探究"等活动中,引导学生自己发现问题、提出问题,通过亲身实践、主动思维,经历不断地从具体到抽象、从特殊到一般的概括活动来理解和掌握数学基础知识。另外,教材中还开辟了"观察与猜想""阅读与思考""探究与发现""信息技术应用"等拓展性项目,为学生提供了选学素材,学生可以自主选择这些拓展性项目进行探究。

**德国教材-施罗德尔出版社的数学基础(DE-EDM)**

全套教材共两册(10 年级一册,11～12 年级一册)。该教材充分反映了德国 2003 年颁布的《国家数学教育标准(针对 10 年级毕业生)》的要求,这是一个较为典型的能力导向标准,它提出六大宏观数学能力,即数学论证、数学地解决问题、数学建模、数学表征的应用、数学符号、公式以及技巧的熟练掌握和数学交流(徐斌艳,2012)。为促进学生数学能力发展,该教材设计了各种以学生为主的教学活动,旨在让学生去发现、探索、描述以及解释问题解决的答案和过程;让学生体验学习错误分析的价值和意义;重视培养论证、交流、问题解决或者数学建模等能力。从教材处理方法上看,每章起始为"情境描述",所用情境与学生的经验密切结合,旨在驱动学生的数学活动。紧接着是"学习领域",它为学生提供丰富的、开放的学习机会。让学生能够在"学习领域"部分创设的各种问题情境中,以自己的学习方式,结合日常经验以及已有的认识与知识基础,自主或者动手去探索数学内容和方法,鼓励学生形成自己的观点并体验、检验解决问题途径的多样性,这一部分的学习活动以同伴活动和团队活动为主。然后教材设计的是"学习单元",旨在让学生系统学习教材内容。这类单元多以例题开始,在解答过程中逐步引出数学新内容,根据内容的不同,教材也配备了追加性例题。例题之后教材会梳理数学定义、定理等。最后是习题部分,除常规习题外,教材还配置了"自主问题解决"类习题和"侦探"类习题。

**日本教材-数研出版社的数学基础和新编数学(JP‐SKS)**

JP‐SKS的数学基础是根据1999年颁布的日本高中《数学学习指导要领》(以下简称《要领》)修订的,于2003年开始使用。1999年版的《要领》旨在各学校中展开"轻松愉快"与"生存能力"特色并存的教育。日本高中数学教育的目标为:加深对数学概念、原理、法则的理解,对现实生活中的事物提高数学方法研究和处理能力(陈月兰,2010)。通过数学活动培养学生创造性的基础,与此同时,让学生认识到数学研究和思考问题的优越性,并培养他们积极地灵活应用这些能力的态度。JP‐SKS的数学基础,从内容上看,它由"咱们享受数学乐趣吧""应用数学概念吧""访谈数学历史吧""搜集资料吧"四篇组成。从教材处理上看,数学基础的每一章节由一个现实生活中的问题引出,整节内容围绕这个问题解决而展开,并在章节中或末安排"思考内容"。每一章节由"知识点(以定义或定理公式的形式直接呈现)"——"例题"——"练习"循环构成,每一小节的最后都呈现与本节知识相关的重要补充问题;每一章的最后都呈现与本章内容相关的章末补充问题与促进学生发展的学习指导要领要求之外的补充知识。JP‐SKS的新编数学教材中设置了"研究"与"专栏"(Column),即本研究中选为探究内容的板块。其中"研究"主要涉及跟正文内容相关的难度稍高的内容,学习过程中可视情况省略该部分内容;"专栏"涉及有关数学的有趣或接近于生活的话题鼓励学生主动地去探索。

**英国教材-牛津大学出版社的学校数学项目(UK‐SMP)**

UK‐SMP教材通过设置适合全班或小团队的"问题讨论"(discussion questions)板块,以供学生进行数学探究和发现。当然,数学探究的理念不仅仅体现在这些显性的内容设计中,而且也渗透在教材的习题部分、概念导入部分等。

### 6.4.2 教材中数学探究内容比较分析及其结论

由于数学探究内容的分析指标体系由 5 个指标构成,我们的分析分别从这 5 个方面展开。

**指标之一:数学探究内容的情境表述**

(1) 情境类型

统计表明,这七套(国)高中数学教材在呈现数学探究情境时以纯数学情境为主,其中 JP-SKS 有 91.18% 的数学探究情境为纯数学情境,CN-PEP、FR-EDB 分别有 81.85%、67.34% 为纯数学情境,DE-EDM、UK-SMP、US-PHM 的数学探究内容的表述都有近 60% 为纯数学情境。仅有 SG-PPE 的数学探究栏目,在表述问题情境时,不仅使用纯数学情境(40.74%),而且重视虚设数学情境(48.77%),该教材依据一定的现实情境人为构造问题情境,供学生探究数学。

数据也表明,各国教材越来越重视问题情境的真实性、挑战性、趣味性等,以激发学生积极主动地开展数学探究活动。例如 FR-EDB、DE-EDM、US-PHM 分别有 32.66%、27.08%、23.73% 的数学探究情境为真实情境,中国人教 CN-PEP 版有 10.32% 的数学探究情境为真实情境(图 6-4)。

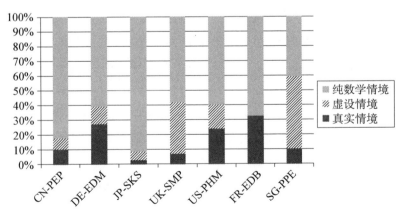

图 6-4　数学探究情境类型的分布

图 6-5 显示,尽管数学探究栏目中设置真实情境的类型占的比例不高,但是比较这七套教材,FR-EDB 设置的真实情境比例最高,学生有机会面对真实情境展开探究,这类数学探究情境将更有挑战性。JP-SKS 则最为重视通过纯数学情境的创设,鼓励学生探究。

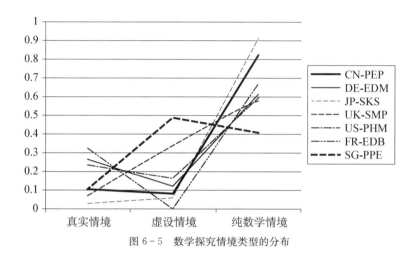

图 6-5　数学探究情境类型的分布

（2）数学信息

数学探究情境所呈现的数学信息也各自有着不同的特点。统计表明（图6-6）,CN-PEP、JP-SKS、UK-SMP 以及 US-PHM 教材的 95% 以上的数学探究情境为学生提供完备的数学信息,学生面对探究情境进行问题解决时需要

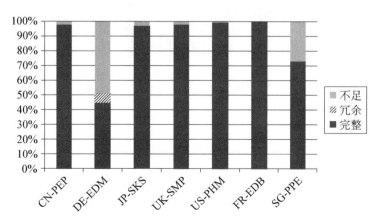

图 6-6　探究情境所呈现数学信息的特点

考虑所给出的所有数学条件或信息。而 DE－EDM 则有 50％以上的探究情境所含的数学信息与问题解决所需的数学条件是不对应的,其中 47.92％的探究情境没有提供足够的数学信息,学生需要根据探究任务的要求,合理补充数学条件;SG－PPE 教材也体现了这一特点,有 26.71％的探究情境没有提供足够的数学信息。DE－EDM 还具有其他国家教材中没有体现的一个特点,也即 6.25％的探究情境所含的数学信息超过解决问题所需的,学生需要学会辨析、筛选数学条件。

**指标之二:数学探究内容的问题表述**

(1) 表述句式

依据上述分析框架对这 7 套教材进行分析(图 6－7),发现 CN－PEP 在表述数学探究内容的问题时注重使用疑问句,其中 82.87％的句式为疑问句,在七个国家的教材中,疑问句比例占最高。这说明 CN－PEP 试图通过"问句"的方式,激活学生主动思考、探索的意识,进而转化成探究行动。其他六国教材在表述探究内容时,超过 60％的句式为陈述句。当然,不同句式在多大程度上引发学生的数学探究意识是个非常复杂的问题,其中通过这些句式呈现的问题类型也起着一定作用。

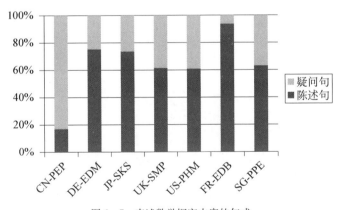

图 6－7 表述数学探究内容的句式

(2) 表述类型

通过分析发现(图 6－8、图 6－9),DE－EDM 有 83.85％的探究问题为开放式问题,其中 26.69％的开放式问题重在结论开放,学生面对结论开放的问题或者可以大胆假设可能的结论,再进行分析、解释或者证明等,或者可以进行合理的归纳推理,得到可能的结论,再进一步加以论证;有 54.16% 的开放式问题重在过程开放,面对这类问题学生可以探索多种解答、推理或实验途径,对结论加以计算、验证或证明等。因此 DE‑EDM 非常注重为学生创设数学探究的学习环境。开放式问题比例仅次于 DE‑EDM 的是 CN‑PEP 和 US‑PHM 教材,分别有 59.35% 和 50.69% 的探究问题为开放式问题,这些数据也表明,CN‑PEP 和 US‑PHM 教材着力为培养学生的数学探究能力创设丰富的环境,让学生有机会寻找多种解决途径,大胆归纳假设,合情推理等。

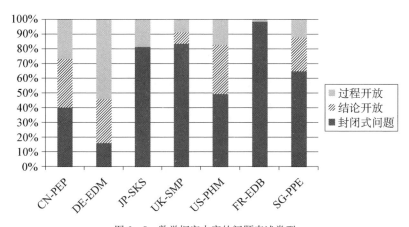

图 6‑8　数学探究内容的问题表述类型

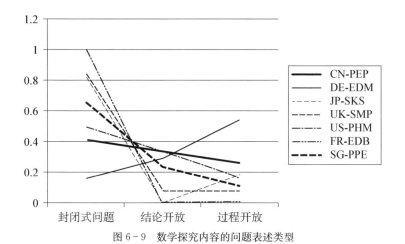

图 6‑9　数学探究内容的问题表述类型

**指标之三：数学探究活动的类型与组织形式**

数学探究内容的情境表述和问题表述为学生的数学探究创设环境，而数学探究内容的组织和呈现还包含有对探究活动的要求，这为学生数学探究提供活动建议。依据以上框架对教材进行编码后，我们发现（图6-10），除JP-SKS以外，CN-PEP、DE-EDM、UK-SMP、US-PHM、FR-EDB以及SG-PPE组织的数学探究活动以解答活动为主，分别占所有活动类型的86.57%、72.97%、98.21%、76.42%、72.76%和99.35%。JP-SKS在设置数学解答活动的同时，特别重视通过阅读活动（占55.88%），激发数学探究意识。除数学解答活动外，CN-PEP、DE-EDM、US-PHM以及FR-EDB组织的探究活动比较丰富，包括实验活动、写作活动、项目活动和阅读活动，各种不同的活动要求对培育学生的数学探究能力起着不同的作用。DE-EDM组织的活动有13.51%为实验活动，它较为关注学生在"动手做"的过程中体验数学，关注学生在趣味性的活动中感受数学，也关注学生基于信息技术的数学探究活动。CN-PEP则更为关注为学生提供一定的数学资源，边阅读、边思考、边探索。US-PHM教材比较重视写作活动（占13.32%）的设置。

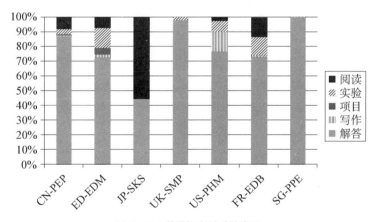

图6-10 数学探究活动的类型

根据上述分析框架，我们还发现，DE-EDM教材在关注个人探究活动的同时，也很注重学生在探究活动时的相互合作以及团队精神的培养。UK-SMP尤为重视学生在探究活动时的团队意识，其数学探究内容的显性栏目完全聚焦在团队活动上。CN－PEP 则很少明确探究活动需要同伴或者团队合作,只有 1.07％的探究内容标识出"团队活动"的要求。

**指标之四:数学探究栏目组织的各类活动的特点**

(1) 解答活动的特点

鉴于教材还是以数学解答(解题)活动为主,我们对解答活动的要求进行分类比较,得到如下统计数据(图 6 - 11)。

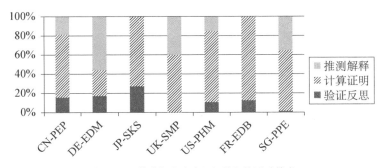

图 6 - 11　数学探究内容组织的解答活动特点

除 DE－EDM 教材外,其他 6 套教材的探究式解题活动皆以严格数学意义上的计算和证明活动为主,其中 FR－EDB、US－PHM、JP－SKS、CN－PEP 和 SG－PPE 教材的计算和证明活动分别占解答活动的 87.61％、73.98％、73.33％、66.53％和 62.50％。这 6 套教材在重视计算与证明活动的同时,设置的解答活动也关注学生的推测、解释、模拟等能力,如 UK－SMP 和 SG－PPE 设置的解答活动中有 39.09％和 36.18％的活动关注推测和解释能力。另外,解答活动促进学生的验证和反思能力,如 JP－SKS、CN－PEP、FR－EDB 分别有 26.67％、15.10％和 12.39％的活动关注这类验证反思能力。DE－EDM 设计的解答活动,以培养学生的推测、解释能力为主(56.17％)。因此,教材同样设计解答活动,但是在培养学生数学探究能力方面的侧重点不同。

图 6 - 12 更为清晰地表明,FR－EDB 教材在设置解答活动时重在提供计算和证明类的问题,DE－EDM 则尤其重视通过解答活动培养学生数学结论的推测能力和数学现象的解释能力。

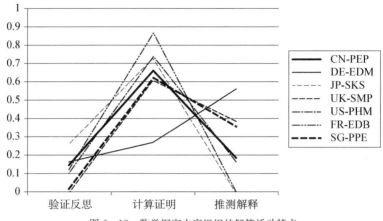

图 6 - 12  数学探究内容组织的解答活动特点

（2）实验活动的特点

在分析教材中呈现的探究活动形式时,我们发现,除了 JP - SKS 和 SG -
PPE 外,其他 5 套教材皆设置了丰富的实验活动(图 6 - 13)。这些实验活动包
括信息技术类、科学类和日常生活类实验活动。其中以信息技术类实验活动为
主,例如 UK - SMP 和 FR - EDB 教材设置的实验活动 100％为信息技术活动;
CN - PEP 的实验活动 90％为信息技术类活动。DE - EDM 和 US - PHM 组织
的实验活动则较为丰富,例如 DE - EDM 的实验活动中,43. 33％为信息技术活
动,13. 34％为科学类活动,43. 33％为日常生活类活动,且以游戏活动为主;
US - PHM 教材设置的实验活动中,57. 72％为信息技术活动,40. 94％为日常生
活类实验活动,仅有少量的为科学类活动(1. 34％)。

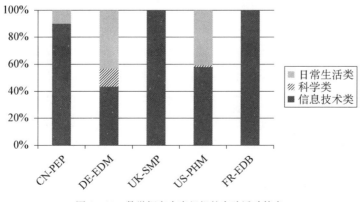

图 6 - 13  数学探究内容组织的实验活动特点

（3）写作活动的特点

以上分析表明，CN－PEP、DE－EDM、US－PHM、FR－EDB 以及 SG－PPE 在设置数学探究类活动时，包含了数学写作活动。而进一步分析这些教材可见（图 6－14），写作活动的侧重点不同，CN－PEP 100％地要求学生对数学过程进行写作，而 FR－EDB 重点只强调对数学结论的写作，SG－PPE 则只重视对概念的写作。仅有 DE－EDM 教材十分重视写作活动的多样性，其中 20％、40％ 和 40％ 的写作活动为对概念的写作、对结论的写作和对过程的写作。

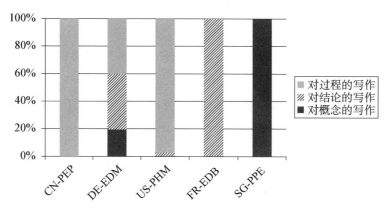

图 6－14　数学探究内容组织的写作活动特点

**指标之五：教材中探究栏目与上下文的关系**

通过编码统计后，我们发现这些显性的数学探究栏目，不仅在情境表述、问题表述、活动要求等方面各有特点，而且与教材的上下文有特定的关系。统计表明（图 6－15），在 CN－PEP、UK－SMP 和 US－PHM 中，数学探究栏目或者仅与其后面的单元或知识点有联系（导入新知），或者与其前后的单元或知识点有联系（承上启下），或者仅与其前面的单元或知识点有联系（归纳总结），或者旨在训练或加深上面的内容（巩固深化），或者探究内容被应用于其他数学内容或学科内容中，或者被扩充（应用拓展）。CN－PEP 这 5 个方面的关系分配比较均衡，分别有 27.05％ 为导入新知，13.52％ 为承上启下，13.88％ 为归纳总结，24.91％ 为巩固深化，20.64％ 为应用拓展。也就是说，CN－PEP 一方面在介绍某一新数学内容时，会设计数学探究内容，激发学生在思考、分析、实验等活动中，进入新知识的学习；另一方面也重视知识的巩固、深化和应用拓展，因此探究栏目也会出现在习题中，或者在某单元结束后。这一特点也适用于 DE - EDM、JP - SKS 和 US - PMH，这 3 套教材都比较重视通过探究问题的提出，让学生巩固、深化和应用单元知识。DE - EDM 没有出现通过探究内容对前面的单元或知识点进行归纳总结，而是关注探究内容与后面知识的联系，也即有22.46％的探究栏目与后面的知识有联系。JP - SKS 的探究内容一般与后面的单元没有关系，也不对前面的单元做总结，它只重视知识的巩固深化，因此大部分数学探究内容（61.67％）置于习题之中。FR - EDB 中的探究内容与后面的单元知识联系比较密切（59.12％为导入新知），SG - PPE 的探究内容则更为主要出现在知识的应用和拓展部分（64.20％为应用拓展），这 2 套教材都没有将探究内容镶嵌在单元知识之间，将上下内容联系起来。尽管 UK - SMP 和 US - PHM 的探究内容出现在教材文本的各种位置上，但是 UK - SMP 教材的探究内容主要与后面的单元知识有联系（37.56％位导入新知），或者与前面的单元知识有联系（31.92％为归纳总结）。

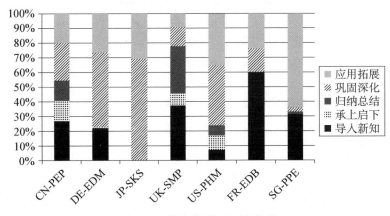

图 6-15　探究栏目与上下文关系

### 6.4.3　研究总结及建议

**一、数学探究内容设计**

上述数据和分析表明，七个国家的 7 套高中数学教材在数学探究内容的组织与呈现方式上各有特点。DE - EDM 在组织和呈现数学探究内容时，力求为学生创设真实情境,通过开放式问题的设计,让学生学会整理、辨别、加工数学信息,通过实验活动等发现并提炼数学问题,另外也十分注重学生在数学解答过程中的反思、推测、解释等能力。CN‐PEP 尽管在设计真实情境方面比例低于 DE‐EDM,但是高于 JP‐SKS 和 UK‐SMP,在基于探究情境的开放式问题的设计上比例也较高,这表明,CN‐PEP 为学生创设了真实、开放的问题情境,让学生去观察、分析、推测数学事实,体验提出有意义的数学问题的过程。当然还需要设计更为丰富的数学活动,让学生有更多机会发展其创新意识和实践能力。JP‐SKS 在呈现数学探究内容方面的力度还不大,但它的一个特点是,为学生组织丰富的数学阅读材料,或者供学生阅读,开拓视野,或者以问题驱动,激发学生从阅读材料中发现、提出并解决数学问题。UK‐SMP 则更关注培养学生的假设、推断和解释能力。US‐PHM 注重发挥探究栏目在教材文本中的作用,既用于导入新单元知识,又注重以探究的方式归纳总结前面的知识,另外也注意在探究中应用知识和拓展知识;US‐PHM 也注重促进学生对过程的思考。FR‐EDB 特别注重学生对信息技术的探究,或者利用信息技术探究数学。SG‐PPE 受新加坡问题解决思想的影响,很注重在设计探究内容时培养学生的推测能力和解释能力。

**二、数学探究的显性特征比较**

由上述统计数据可见,七个国家的教材在设计数学探究内容上各有特点,这有助于相互借鉴。为了突出数学探究内容的本质,我们选取指标体系中直接体现探究性质的指标,如呈现的探究情境是否来源于真实情境,探究内容包含的数学信息是否不完备,探究内容中问题表述是否开放,除探究性解答活动外其他探究活动是否丰富,或者探究性的解答活动是否重在让学生推测或解释。从这些指标出发,再次对这七套教材加以比较,得到如下统计图(图 6‐16)。

数据表明,在这五项指标中,DE‐EDM 的三项探究指标皆高于其他教材,另两项指标也比较高,说明 DE‐EDM 设计的探究栏目最为体现探究本质;而 UK‐SMP 和 JP‐SKS 在各项指标上都比较低,UK‐SMP 只是在“推测解释类的解答活动”上比例较高,而 JP‐SKS 只是在“其他探究活动比较丰富”上比较高,这说明 UK‐SMP 和 JP‐SKS 的探究栏目没有充分体现探究本质。CN‐PEP 除了在“探究内容包含的数学信息不完备”上比例较低,其他几项指标皆比较高。这说明 CN‐PEP 在设计探究栏目时,较能体现探究的本质。

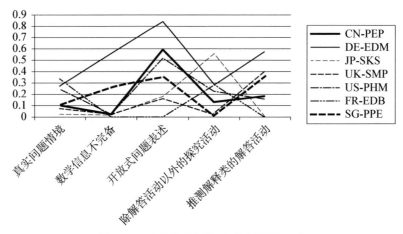

图 6‐16 直接体现数学探究特点的指标比较

## 参考文献

陈月兰(2010).最新日本(2008 版)初中数学学习指导要领框架与内容分析[J].外国中小学教育,(3):40‐49.

陈月兰(2010).日本 2009 版《高中数学学习指导要领》特点分析[J].数学教育学报,19(2):85‐88.

傅赢芳,张维忠(2007).中英初中数学教材中应用题的情境文化性[J].外国中小学教育,(2):29‐32.

郭玉峰(2006).澳大利亚 Mathscape 教材特点分析及思考[J].课程・教材・教法,26(1):92‐96.

柳笛,杰瑞米・基尔帕特里克.(2010).《美国州共同核心数学标准》的简介——美国数学教育家基尔帕特里克的访谈[J].数学教学,(9):4‐6+9.

蒲淑萍(2012).法国中学数学教材的特色及启示[J].外国中小学教育,(8):53‐59.

王建磐,章建跃(2014).高中数学教材核心数学内容的国际比较[J].课程・教材・教法,34(10):112‐119.

吴立宝,宋维芳,杨凡(2013).美国 IM 数学教科书编排结构特点及启示[J].外国中小学教育,(8):60‐64+34.

徐斌艳(2007).关于德国数学教育标准中的数学能力模型[J].课程・教材・教法,27(9):84‐87.

徐斌艳(2012).高中数学教材探究内容的分析指标体系及比较研究[J].课程・教材・教法,32(10),35‐40.

张文宇,傅海伦(2011). 新加坡与中国小学数学教材的比较研究[J]. 外国教育研究,(7)：36–39.

中华人民共和国教育部(2003). 普通高中数学课程标准(实验)[S]. 北京：人民教育出版社.

Ball, D. L. and Bass, H. (2000). *Making Mathematics Reasonable in School* [M]. Reston, VA：National Council of Teacher of Mathematics.

Ernest P. (1991). *The Philosophy of Mathematics Education* [M]. London：The Falmer Press. 中译本：齐建华，张松枝译. 数学教育哲学. 上海：上海教育出版社，1998 年出版.

Fan, L. and Zhu, Y. (2004). An analysis of the representation of problem types in Chinese and US mathematics textbooks [Z]. Paper Accepted for ICME – 10, Discussion Group 14. Copenhagen, Denmark.

Goos, M. (2004). Learning mathematics in a classroom community of inquiry [J]. *Journal for Research in Mathematics Education*, 35(4)：258–291.

Howson, G. (1995). *Mathematics Textbooks：A Comparative Study of Grade – 8 Textbooks* [M]. Vancouver：Pacific Educational Press.

Lakatos, I. (1976). *Proofs and Refutations* [M]. Cambridge：Cambridge University Press.

Leuders, T. (2003). *Mathematik – Didaktik：Praxishandbuch für die Sekundarstufe I und II* [M]. Berlin：Cornelsen Verlag Scriptor.

Mullis, I. V. S., Martin, M. O., Ruddock, G. J., Sullivan, C. Y. and Preuschoff, C. (2009). *TIMSS* 2011 *Assessment Frameworks* [R]. Chestnut Hill, MA：TIMSS & PIRLS International Study Center Lynch School of Education. Boston：Boston College.

NCTM. (1989). *Curriculum and Evaluation Standards for School Mathematics* [S]. Reston, VA：National Council of Teachers of Mathematics, Inc.

NCTM. (2000). *Principles and Standards for School Mathematics* [S]. Reston, VA：National Council of Teachers of Mathematics, Inc.

Park, K. and Leung, F. K. S. (2006). A comparison of the mathematics textbooks in China, Hong Kong, Japan, Korea, United Kingdom, and the United States? [A]. In F. K. S. Leung, K. – D. Graf, & F. J. Lopez – Real (eds.), *Mathematics Education in Different Cultural Traditions：A Comparative Study of East Asia and the West*. New York：Springer. (pp. 227–238)

Siegel, M., Borasi, R. and Fonzi, J. (1998). Supporting students' mathematical inquiries through reading [J]. *Journal for Research in Mathematics Education*, 29 (4)：378–413.

# 第 7 章

## 高中数学教材中的例习题

随着数学教育国际化趋势不断增强,国际数学交流与合作项目日益频繁,数学教育的比较研究越来越受到关注,其中数学教材就是比较研究关注的焦点。罗比塔耶(D. F. Robitaille)曾指出,"在每一个国家,教材都会对数学的教与学产生巨大影响,所以理解不同国家教材在内容和方法上的差异是研究的一个重要领域。"(Howson,1995)数学的学科特点决定研究数学必然要触及数学的心脏——数学问题(Halmos,1982),而教材中数学问题的主要体现形式为例题和习题。本研究关注数学问题,欲对主要国家高中数学教材中的例习题进行比较研究,以期获得编制启示。

## 7.1 文献综述

### 7.1.1 国内外关于例题的研究

例题研究的焦点主要集中在两个方面:一是心理学研究者关于样例对学习者学习效果的影响等实证研究;二是数学教育工作者和研究者对例题教学设计的案例分析。国外关于例题的研究比较多,如:Ross B. H. & Kilbane M. C. (1997)曾从多方面对例题或样例进行研究,提出样例结构、样例作用及提高例题的效能的样例学习新观点;Kalyuga S. et al. (2001)对问题解决学习与样例学习进行过比较研究;Atkinson R. et al. (2000)深入研究了样例学习理论。其实,NCTM 也指出,"教师应解释并示范解决各类数学题的推理过程,然后鼓励学生自己推理。"

国内学者从不同角度对例题(worked problem)也进行了大量研究。朱明新等(1987)通过实验证明了样例学习方式在班级授课制下的有效性。邵光华(2003)对数学样例学习从理论到实证进行了系列研究。赖日生(2006)从样例呈现方式与认知方式对高中生数学学习成绩的影响进行了研究。任金杰等(2009)就样例学习方式和自我解释对大学生数学学习迁移的影响进行了研究。戴再平(1996)将例题分为概念型、原理型、问题解决型。王小明(2007)认为,样例是一种教学手段,它给学习者提供了专家的问题解决方法以供其研习模仿。样例学习的理论基础是类比迁移理论。如果学生通过学习理解了例题,他就可以通过将例题与所需要解决的数学问题进行类比、迁移等手段找到问题的解决方法(邵光华,2013)。

### 7.1.2　国内外关于习题的研究

国外对习题本身的结构进行研究的要数前苏联数学教育家 B. A. 奥加涅相(B. A. Оганесян)。在奥加涅相等(1983)的第四章"学生数学思维的发展与数学习题的配备"中,在数学习题中区分出四个基本成分:У、O、P、3。其中 У 是"初始状态",即习题的条件;O 是解题的基础,即习题的知识背景和解题的依据;P 是解题的方法;3 是"最终状态",即习题的结论。奥加涅相等(1983)按照习题的四个基本成分将习题分为标准型、训练型、探索型、问题型,这样通过基本成分分析进行分类,有利于教师掌握习题的基本结构和难度。美国学者从问题解决的角度对问题进行过较为深入的研究。问题解决是自 20 世纪 80 年代以来国际数学教育研究的热点之一,它作为一种新的教育思想和观念代表着一种新的教学方式,美国数学教师协会于 1980 年 4 月公布的文件《关于行动的议程》明确提出把问题解决作为学校教学的核心。澳大利亚认知学家斯维勒(J. Sweller)等对问题解决都有深刻研究,参看 Sweller(1988)。

国内学者蔡上鹤(1991)对初中数学教材中习题的特征进行了研究。邵光华(1997)对高中数学教材中的"四题"(例题、习题、练习题、复习题)的编制进行了原则探讨。戴再平(1996)对数学习题理论进行了较深入而全面的研究,对练习题、习题和复习题的特征进行了分析,从功能上将习题分为铺垫型、基本型、沟通型、辨析型、综合型、思考型和探究型。罗增儒(2001)依据"结论是否为已知"将数学题分为练习型习题和研究型习题等。鲍建生(2002)基于数学题的五因素——推理水平、知识含量、探究水平、运算水平、背景水平,建立了数学题的综合难度模型。顾泠沅(1981)提出"概念性变式"和"过程性变式",把习题的变式分为水平变式和垂直变式,水平变式主要是问题表面形式特征发生变化,而垂直变式主要是问题结构特征发生变化。孙旭花、张奠宙等(2006)根据变式的数学问题结构提出水平变式和垂直变式概念。

### 7.1.3　小结

已有的文献研究表明,关于例习题的研究多是从数学学习心理发展出发进行的一般性研究,针对数学教材中的例题设计的研究并不多,从教材编制出发研究习题的也较少,关于国内外(如德国等欧洲国家)数学教材中例习题设置的比较研究更少。当前国内外数学教材普遍采用"正文+例题+习题"这一编写模式,但其中例习题的设置有不同特点。通过比较研究,寻找国际数学教材编制的好方法,可借鉴其中积极的、有效的部分,为今后高中数学教材再版提供参考,并为一线数学教师的教案设计和课堂教学带来启示。

## 7.2　研究方法

### 7.2.1　基本概念

#### 7.2.1.1　例题

在心理学研究中,例题也称为样例,是一种能够例说或表征较为抽象的概念原理的相对具体的实体,能够展示同一类事物性质的样本或者可以模仿的榜样(邵光华,2003)。数学教材中的例题是进一步解释说明学习内容或方法的、一般带有较为详细说明或解答的数学问题。它们或是渗透着某些数学方法,或是体现了某种数学思想,或是提供了某种重要结论。样例学习理论是一种重要的学习理论。弗赖登塔尔认为样例是通向一般问题和代数关系的阶梯和钥匙,让学生通过学习样例将样例中的方法迁移应用到解答更一般的问题,符合"为迁移而教"的教学理念。邵光华(2011)指出,数学例题具有解释性、典型性、示范性功能,具有进一步认识新概念、理解新知识、揭示新方法的功效。此外,例题还能起到对概念、原理、公式等进行解释补充说明的功能,帮助学习者理清概念、强化记忆,能让学习者知晓运用原理或公式来解题。例题的选择、布局、数量、难易度、安排顺序等都影响着数学学习。

#### 7.2.1.2　习题

形式上,习题一般都是附在正文和例题之后的数学问题,是数学教材书中不可替代的重要组成部分。从直观上分析,习题应包括那些标签为“练习”“习题”“作业”“试题”等的内容。习题的功能主要体现在知识与教育方面。在知识功能上,通过学习数学习题,学生可以获得系统的数学知识,形成必要的技能;在教育功能上,数学素质教育既注重智力方面的培养,也注重非智力方面的情感、态度和价值观的培养,数学习题是培养思维品质的重要工具,对学生的数学思想方法、数学意识等有很好的训练作用,具有灵活性、精确性、批判性等特点。

### 7.2.2　研究方法

本研究首先通过文献研究归纳出数学教材例习题的概念、功能以及编制原则等,以此制定比较研究框架;进而运用文本研究法,对俄国、德国和美国三个国家高中数学教材例习题与中国高中数学教材例习题进行从量化统计到质性比较分析:运用定量分析方法对例习题的数量、类型以及素材等进行统计,形成对例习题表层特征的清晰认识;运用定性分析方法对例习题进行比较分析,从而获得启示。

### 7.2.3　研究框架与编码体系

本研究主要从量化分析和质性分析两个方面对高中数学教材例习题进行比较,其中量化分析主要是对例习题进行数量统计,质性分析主要是对例习题本身进行特质分析。比较框架与编码体系见表 7-1 和表 7-2。

表 7-1 例题设置比较研究框架及编码体系

| 比较对象 | 比较方向 | 一级类目 | 二级类目 | 内 涵 | 编码 |
|---|---|---|---|---|---|
| 数学教材中的例题 | 量化分析 | 数量 | | 按题干计算题目数量,一个题干有若干问的按一个题目算 | |
| | | 类型 | 概念型 | 用于例释一个概念或定义的例题 | |
| | | | 原理型 | 用于例释一个原理或定理的例题 | |
| | | | 方法型 | 用于例释一种或若干种数学思想方法运用的例题 | |
| | | | 问题解决型 | 该类型的例题是原理型或方法型例题的拓展或综合,是用来展示解决某类具体问题的思路或过程的例题 | |
| | | 素材 | 纯数学、社会生活背景、其他学科背景 | | |
| | 量化分析 | 处理方式 | | 问题+解答 | S |
| | | | | 问题+分析+解答 | AS |
| | | | | 问题+解答+主要步骤说明 | SI |
| | | | | 问题+解答+主要步骤说明+总结 | SIG |
| | | | | 问题+解答+总结 | SG |
| | | | | 问题+分析+解答+总结 | ASG |
| | 质性分析 | 基础性 | 知识关联 | 使用知识点的数量 | |
| | | | 计算操作 | 运算的步骤和复杂度 | |
| | | | 思维水平 | 思维能力方面的要求 | |
| | | 典型性 | 针对性 | 针对新知识应用为主 | |
| | | | 代表性 | 问题结构(数学关系)具有一般性 | |
| | | | 启发性 | 问题易于引申、变式、迁移、拓展 | |
| | | 示范性 | 知识运用示范 | 数学公式、法则、定理的运用前提与格式明朗 | |
| | | | 数学方法示范 | 常规问题的解题步骤清晰 | |
| | | | 数学思维示范 | 分析过程、解题思路或解答过程规范展现 | |

表 7-2  习题设置比较研究框架

| 比较对象 | 比较方向 | 一级类目 | 二级类目 | 内　涵 |
|---|---|---|---|---|
| 数学教材中的习题 | 量化分析 | 数量 | | 按题干计算题目数量,一个题干有若干问的按一个题目算 |
| | | 类型 | 口答题、判断题、选择题、填空题、简答题、计算题、证明题、作图题、解答题、应用题 | |
| | | 素材 | 纯数学、社会生活背景、其他学科背景 | |
| | 质性分析 | 层次性 | 模仿练习 | 与例题的基本概貌和基本结构都相同 |
| | | | 变式训练 | 与例题的基本概貌或基本结构相比,有所改变 |
| | | | 综合应用 | 融合以往的知识和方法 |
| | | | 开放探究 | 结论、过程不唯一 |
| | | 变式性 | 水平变式 | 主要是问题表面形式特征发生变化 |
| | | | 垂直变式 | 主要是问题结构特征发生变化 |
| | | 覆盖性 | 知识技能 | 正文、例题中出现的知识技能 |
| | | | | 新引入的定理、公式等 |
| | | | 思想方法 | 正文、例题中出现的思想方法 |
| | | | | 新引入的解题方法 |

## 7.2.4　研究样本与内容

### 7.2.4.1　研究样本的选择

本研究主要选择俄国、德国、美国的高中数学教材与中国的高中数学教材进行比较。在版本的选择上,主要从时代性和广泛性这两个方面来考虑。中国的教材选用人民教育出版社出版的《普通高中课程标准实验教科书·数学(A版)》(以下用代码 CN-PEP)。该教材使用范围在不断扩大,是我国高中数学课程的主流教材。俄国的教材选用俄国教育出版社（Просвещение Издательство）出版的《代数与分析初步》（Алгебра и начала анализа）和《几何学》（Геометрия）（代码为 RU‐MGU）。这套教材以"国立莫斯科大学中小学教材"（МГУ—Школа）冠名，目前为俄国发行量最大的教材。德国教材选用 Ernst Klett Verlag 出版社出版的巴伐利亚州用的数学教材（代码 DE‐LBS）。巴伐利亚教育质量在德国位于前列，而 Ernst Klett Verlag 出版的教材历史悠久，在该州使用范围较广。美国教材选用了两套，其一是在"芝加哥大学中学数学项目（UCSMP）"旗号下编写出版的教材。UCSMP 项目发端于 1983 年，致力于中小学数学课程与教学的研究，旨在改变当时美国学校数学教育滞后于科技和数学发展的状况。在美国科学基金会和一些知名企业的支持下，第一版中学教材于1991 年出版了。这套教材在强调基础训练的同时着重培养学生独立运用数学知识进行问题解决的能力（程艺华，1996）。第一版和第二版 UCSMP 中学教材已经有成千上万的学校使用过，它在引领学生的学习以及指导教师的教学上都取得了成功，中学生的学习表现普遍得到改善。近年来，教材的设计越来越关注学生的差异性，而且各领域的科技发展以及计算机互联网的普及运用继续推动着教材的改革。因此，自 2008 年至 2010 年，第三版的 UCSMP 中学教材陆续出版发行。这版教材除了组织结构和数学的预备知识与前两版基本一致外，其课程内容是全新的。我们选用的就是这一版的教材（代码 US‐SMP）。我们选用的另一套美国教材系由 McDougal Littell 于 2007/2008 年出版（代码 US‐MDL），其内容编排也较具特色且使用广泛，在很多方面体现了美国课程改革和发展的新理念，如强调数学概念的理解和数学技能的应用，它以现实生活为背景，引入知识、概念，内容由浅入深循序渐进，浅显易懂，以使教材成为学生学习的重要帮手。上述各教材详细信息见表 7‐3。

### 7.2.4.2  研究内容

为了比较的有效性，本研究以中国高中数学教材 CN‐PEP 中的知识内容为基准对各国高中数学教材中的内容进行统一分块，分为五部分：Ⅰ. 代数；Ⅱ. 三角函数；Ⅲ. 立体几何与平面几何；Ⅳ. 统计与概率；Ⅴ. 解析几何（任子朝等，2013）。在量化分析和质性分析过程中，主要按照这五部分内容进行统计和分析。CN‐PEP 知识内容分块结果如表 7‐4 所示。

表 7-3　样本教材信息

| 国家 | 出版者 | 代码 | 主编 | 版本 | 选用的分册 |
|---|---|---|---|---|---|
| 中国 | 人民教育出版社 | CN-PEP | 刘绍学<br>钱珮玲<br>章建跃 | 2007 | 普通高中课程标准实验教材数学A版：<br>➤ 必修 1,2,3,4,5；<br>➤ 选修 2-1,2-2,2-3；<br>➤ 选修 4-1,4-4,4-5 |
| 俄罗斯 | Просвещение<br>Издательство | RU-MGU | С. Никольский<br>М. Потапов<br>Н. Решетников<br>А. Шевкин | 2006 | МГУ—Школа<br>➤ Алгебра и начала анализа, класс 10<br>➤ Алгебра и начала анализа, класс 11 |
| | | | Л. Атанасян<br>В. Бутузов<br>С. Кадомцев | 2006 | МГУ—Школа<br>➤ Геометрия, классы 10—11 |
| 德国 | Ernst Klett<br>Verlag | DE-LBS | A. Schmid<br>I. Weidig<br>H. Götz<br>M. Herbst | 2008 | ➤ Lambacher Schweizer Mathematik für Gymnasien Bayern 10 |
| | | | H. Götz<br>M. Herbst<br>C. Kestler | 2009/10 | ➤ Lambacher Schweizer Mathematik für Gymnasien Bayern 11<br>➤ Lambacher Schweizer Mathematik für Gymnasien Bayern 12 |
| 美国 | Wright Group/<br>McGraw-Hill: | US-SMP | J. McConnell<br>S. Brown<br>P. Karafiol | 2010 | UCSMP (The University of Chicago School Mathematics Project) 系列：<br>➤ Advanced Algebra<br>➤ Functions, Statistics, and Trigonometry |
| | McDougal<br>Littell | US-MDL | R. Larson,<br>L. Boswell,<br>T. Kanold,<br>L. Stiff. | 2007/08 | ➤ Algebra 1<br>➤ Algebra 2<br>➤ Geometry |

表 7-4　CN-PEP 知识内容分布(以章为最小单位)

| 知识内容 | 知识内容的分布 |
|---|---|
| I. 代数 | 必修 1:第一章 集合与函数;第二章 基本初等函数I;第三章 函数的应用<br>必修 3:第一章 算法<br>必修 5:第二章 数列;第三章 不等式<br>选修 2-1:第一章 常用逻辑用语<br>选修 2-2:第一章 导数及其应用;第二章 推理与证明;第三章 数系的扩充与负数的引入<br>选修 2-3:第一章 计数原理<br>选修 4-5:不等式选讲 |
| II. 三角函数 | 必修 4:第一章 三角函数;第三章 三角恒等变换<br>必修 5:第一章 解三角形 |
| III. 立体几何与平面几何 | 必修 2:第一章 空间几何体;第二章 点、线、平面之间的位置关系<br>选修 4-1:几何证明选讲 |
| IV. 统计与概率 | 必修 3:第二章 统计;第三章 概率<br>选修 2-3:第二章 随机变量及其分布;第三章 统计案例 |
| V. 解析几何 | 必修 2:第三章 直线与方程;第四章 圆与方程<br>必修 4:第二章 平面向量<br>选修 2-1:第二章 圆锥曲线与方程;第三章 空间向量与立体几何<br>选修 4-4:坐标系与参数方程 |

## 7.3　RU-MGU 例习题设置的特色分析

### 7.3.1　例习题设置的量化分析

#### 7.3.1.1　例题的量化分析

(1) 例题的数量

RU-MGU 的《代数与分析初步》分为 10 年级和 11 年级两册,《几何学》为 10 年级和 11 年级共用一册。经过统计发现,《代数与分析初步》中例题都有明确标志"ПРИМЕР(Ы)"(例题),但《几何学》中除了必要的定理证明,并没有特意安排例题,而是大量的问题与习题按不同的难度出现。统计结果如表 7-5 所示。可见,"代数"知识的例题数量处于主体地位,占了 77.15%,"三角函数"知识的例题数量只占了 19.81%,而"统计与概率"的例题仅有 3.05%。在下文例题统计与分析的过程中,我们主要以《代数与分析初步》的"代数""三角函数"和"统计与概率"知识内容中的例题为研究对象。

表 7 - 5　RU - MGU 例题的数量统计

| 知识 | Ⅰ. 代数 | Ⅱ. 三角函数 | Ⅲ. 立体几何与平面几何 | Ⅳ. 统计与概率 | Ⅴ. 解析几何 |
|---|---|---|---|---|---|
| 数量 | 557 | 143 | 0 | 22 | 0 |
| 合计 | 722 | | | | |
| 比例 | 77.15% | 19.81% | 0.00% | 3.05% | 0.00% |

此外,我们发现,除了标有"ПРИМЕР(Ы)"的例题,《代数与分析初步》教材的正文中还有标注"ЗАДАЧА"的习题,这类"习题"带有详细的分析解答过程;在《几何学》教材的正文中标注"Задача"并带有明确标识的"Рещение"(解答)的这类"习题"在一定程度上充当着范例的功能。经统计,这类"习题"在《代数与分析初步(10 年级)》中主要出现在"第Ⅱ章　三角公式、三角函数"的"7.5　反正弦"(4 道)、"7.6　反余弦"(4 道)、"7.7　利用反正弦、反余弦的例子"(6 道)、"8.3　反正切"(1 道)、"8.4　反余切"(1 道)、"8.5　利用反正切、反余切的例子"(6 道)、"10.2　函数 $y = \cos\alpha$"(2 道)、"10.4　函数 $y = \cot\alpha$"(2 道),在《代数与分析初步(11 年级)》中主要出现在"4.1　导数的概念"(3 道)、"5.9　极大值和极小值问题"(3 道)。

(2) 例题的类型

RU - MGU 例题的类型统计结果见表 7 - 6。我们发现在《代数与分析初步》中原理型例题最多,占了 37.81%;其次是方法型例题,占了 34.76%;概念型例题占了 26.04%;最少的问题解决型例题仅占了 1.39%。看得出 RU - MGU 非常重视数学原理和数学方法的讲解,通过数学例题的展示将这些数学原理、方法诠释得淋漓尽致。问题解决型例题只出现在了《代数与分析初步(11 年级)》中的"6.8　定积分在几何和物理问题中的应用"和"6.10　列出微分方程的问题"两个小节中。其中前者的例题主要示范了定积分在"求圆的面积""求旋转体的体积"以及物理中"做功""可变密度配重杆""电荷做功""墙壁上的流体压力""重心"等问题解决中的应用,后者的例题主要示范了如何利用速度寻找物体的运动规律、如何利用加速度寻找物体的运动规律以及在物体的冷却中列出微分方程解决问题的过程。

表 7 - 6 RU - MGU 例题的类型统计

| 知识 \ 类目 | 概念型 | 原理型 | 方法型 | 问题解决型 | 合计 | 比例 |
|---|---|---|---|---|---|---|
| Ⅰ. 代数 | 134 | 210 | 203 | 10 | 557 | 77.15% |
| 比例 | 24.06% | 37.70% | 36.45% | 1.80% | / | / |
| Ⅱ. 三角函数 | 36 | 59 | 48 | — | 143 | 19.81% |
| 比例 | 25.17% | 41.26% | 33.57% | — | / | / |
| Ⅳ. 统计与概率 | 18 | 4 | — | — | 22 | 3.05% |
| 比例 | 81.82% | 18.18% | — | — | / | / |
| 合计 | 188 | 273 | 251 | 10 | 722 | / |
| 比例 | 26.04% | 37.81% | 34.76% | 1.39% | / | / |

(3) 例题的素材

RU - MGU 例题的素材统计结果如表 7 - 7 所示。我们发现该版代数教材中例题以纯数学例题占据绝对主体地位,背景例题只出现在了"代数"和"统计与概率"知识内容中,"三角函数"知识中的例题全是纯数学例题。"代数"知识中的社会生活背景例题只有 3 道,都出现在《代数与分析初步(10 年级)》中,分别是"1.5  排列"小节中以"分电影票"为背景设计、"1.6  组合"小节中以"奥林匹克杯数学竞赛学习成员分组"为背景设计以及在"1.10  整数变量问题(不定方程)"小节中以"欧拉问题——买马匹和公牛"为背景设计。"统计与概率"知识中的例题主要以社会生活背景例题为主,取材最多是"掷骰子",其次为"抛硬币""玩纸牌""射击""猜房间号""说数"等,另外还有两道典型的数学历史问题——帕斯卡问题(以赌球为背景)和村居问题。其他学科背景例题主要出现在《代数与分析初步(11 年级)》中的"6.8  定积分在几何和物理问题中的应用"和"6.10  列出微分方程的问题"两个小节中,均是物理学科背景例题;剩余的 1道其他学科背景例题出现在《代数与分析初步(10 年级)》的"统计与概率"知识中,是以生物学科中种子发芽率为背景设计的。我们可以看到,相比于 CN -

PEP 中例题丰富的取材背景,RU-MGU 难免有些欠缺。比如,基本初等函数模型在社会生活或化学、生物等其他学科的问题解决中有非常好的应用,而 RU-MGU 却没有体现。RU-MGU 更关注的是纯数学原理方法的运用,这不仅体现在该版教材以纯数学例题为主,也体现在"统计与概率"知识的 19 道社会生活背景例题中以"掷骰子"为背景的就有 9 道,用以说明不同的概率统计原理。

表 7-7　RU-MGU 例题的素材统计

| 知识＼类目 | 纯数学 | 社会生活背景 | 其他学科背景 | 合计 | 比例 |
|---|---|---|---|---|---|
| Ⅰ. 代数 | 546 | 3 | 8 | 557 | 77.15％ |
| 比例 | 98.03％ | 0.54％ | 1.44％ | / | / |
| Ⅱ. 三角函数 | 143 | — | — | 143 | 19.81％ |
| 比例 | 100.00％ | — | — | / | / |
| Ⅳ. 统计与概率 | 2 | 19 | 1 | 22 | 3.05％ |
| 比例 | 9.09％ | 86.36％ | 4.55％ | / | / |
| 合计 | 691 | 22 | 9 | 722 | / |
| 比例 | 95.71％ | 3.05％ | 1.25％ | / | / |

（4）例题的处理方式

RU-MGU 例题的处理方式比较单一,基本都是"问题＋解答"形式,有些例题的解答中融合着"分析"。"问题＋解答"形式的例题又可以具体区分为两种情况:一种是"问题与解答一体式",指例题没有明确提出问题或者没有题干,类似说明式的例子;另外一种是"问题＋解答分开式",指例题有明确的问题或者题干,并有解答。经统计,两种情况的例题数量和比例如表 7-8 所示。"问题与解答一体式"例题占了总例题数的 37.81％,常出现在教材中的概念或原理知识之后。如图 7-1 是利用数轴和不等式的 9 个例子来说明区间的概念,图 7-2 是用"令 $A$ 集合与 $B$ 集合分别是什么,则 $A \cup B$ 与 $A \cap B$ 分别是什么"的例子来说明并集与交集的概念。62.19％的例题是"问题＋解答分开式",解方程、解不等式等问题则专门出现标志"Ответ"(答案)把答案明确列出来。

表7-8　RU-MGU 例题的处理方式统计

| 知识＼类目 | 问题与解答一体式 | 问题＋解答分开式 |
|---|---|---|
| Ⅰ. 代数 | 199 | 358 |
| 比例 | 35.73％ | 64.27％ |
| Ⅱ. 三角函数 | 66 | 77 |
| 比例 | 46.15％ | 53.85％ |
| Ⅳ. 统计与概率 | 8 | 14 |
| 比例 | 36.36％ | 63.64％ |
| 合计 | 273 | 449 |
| 比例 | 37.81％ | 62.19％ |

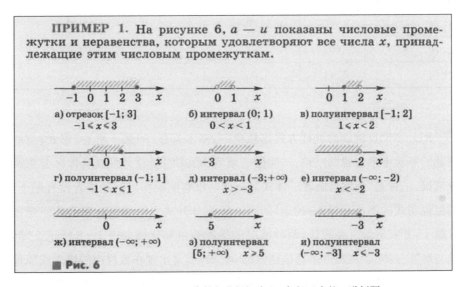

图7-1　RU-MGU《代数与分析初步(10 年级)》中的一道例题

**译文**　例1　图6中的 a 到 и 给出了数轴上的各类区间以及刻划属于该区间的所有数 $x$ 的不等式。（译文中略去区间的图示）

　　a) 闭区间 $[-1;3]$
　　　 $-1 \leq x \leq 3$

　　б) 开区间 $(0;1)$
　　　 $0 < x < 1$

　　в) 半开区间 $[1;2)$
　　　 $1 \leq x < 2$

　　г) 半开区间 $(-1;1]$
　　　 $-1 < x \leq 1$

　　д) 开区间 $(-3;+\infty)$
　　　 $x > -3$

　　е) 开区间 $(-\infty;-2)$
　　　 $x < -2$

　　ж) 开区间 $(-\infty;+\infty)$

　　з) 半开区间 $[5;+\infty)$
　　　 $x \geq 5$

　　и) 半开区间 $(-\infty;-3]$
　　　 $x \leq -3$

**ПРИМЕР 2.** а) Пусть $A = [0;2]$, $B = [1;3]$. Тогда $A \cup B = [0;2] \cup [1;3] = [0;3]$, $A \cap B = [0;2] \cap [1;3] = [1;2]$.
б) Пусть $A = [-1;1]$, $B = (1;2)$. Тогда $A \cup B = [-1;1] \cup (1;2) = [-1;2)$, $A \cap B = [-1;1] \cap (1;2) = \varnothing$.

图 7-2　RU‑MGU《代数与分析初步》（10 年级）中的一道例题

**译文**　例2　а) 令 $A = [0;2]$, $B = [1;3]$, 则 $A \cup B = [0;2] \cup [1;3] = [0;3]$, $A \cap B = [0;2] \cap [1;3] = [1;2]$。
б) 令 $A = [-1;1]$, $B = (1;2)$, 则 $A \cup B = [-1;1] \cup (1;2) = [-1;2)$, $A \cap B = [-1;1] \cap (1;2) = \varnothing$。

### 7.3.1.2　习题的量化分析

RU‑MGU 的习题没有像 CN‑PEP 那样明确的"练习""习题""复习参考题"标识，但是它们以或颜色不同或带有"°""*"符号的数字序号表明不同要求、不同类别的习题，如图 7-3。

《代数与分析初步》和《几何学》教材内容编排顺序都是"章标题→大节标题→小节标题"，但是它们的习题编排结构完全不同。《代数与分析初步》的习题分为两个部分：小节习题，紧随在每个小节内容之后；复习题，附在整册教材正文内容之后。《几何学》的习题编排也可以分为两部分但相对多样：大节习题，附在每个大节内容之后的"Вопросы и задачи"（问题与习题）或"Задачи"（习题）；章末习题，附在每一大章后面，有"第 X 章的问题""Дополнительные задачи"（补充题），"第Ⅵ章　圆柱体、圆锥体和球体"章后还附有"多面体、圆柱

| 1.2 — задания для базового уровня | 1.2 — 基础水平的习题 |
| 2.11 — задания для профильного уровня | 2.11（红色标号）— 专长水平的习题 |
| 3.1° — задания для устной работы | 3.1° — 口头作业 |
| 6.8* — задания повышенной трудности | 6.8* — 增加难度的习题 |
| 123 — задания для повторения | 123（红色标号）— 复习题 |

（1）《代数与分析初步》（10 年级、11 年级）中关于习题类别与要求的说明

| 20 — задача, не являющаяся обязательной на базовом уровне |
| 20（带绿色阴影）— 基础水平选做的习题 |

（2）《几何学》（10—11 年级）中关于习题要求的说明

图 7-3 RU-MGU 用不同标号表示习题的类别与要求

体、圆锥体和球体方面的杂题"，"第Ⅶ章 物体的体积"章后还附有"多面体、圆柱体、圆锥体、球体方面的杂题""复习题"和"难题"。

（1）习题的数量

由于 RU-MGU 代数和几何教材习题编排结构存在差异，我们只能选择其中的某些共通性进行习题的数量统计。按照代数教材对习题的标记，我们按照"基础水平的习题""专长水平的习题"（几何教材中"基础水平选做的习题"）、"增加难度的习题"（几何教材中章末的"杂题"和"难题"对应"增加难度"）进行统计，复习题单独统计（几何学的"复习题"只出现在第Ⅲ章，所以按习题统计）。统计结果见表 7-9 和表 7-10。

表 7-9 RU-MGU《代数与分析初步》习题数量统计

| 知识 ＼ 类目 | 基础水平的习题 | | 专长水平的习题 | | 合计 | 比例 |
|---|---|---|---|---|---|---|
| | | 增加难度 | | 增加难度 | | |
| Ⅰ. 代数 | 712 | 194 | 476 | 48 | 1 430 | 78.40% |
| 比例 | 49.79% | 13.57% | 33.29% | 3.36% | / | / |
| Ⅱ. 三角函数 | 228 | 19 | 76 | 18 | 341 | 18.70% |
| 比例 | 66.86% | 5.57% | 22.29% | 5.28% | / | / |
| Ⅳ. 统计与概率 | 27 | — | 26 | — | 53 | 2.91% |
| 比例 | 50.94% | — | 49.06% | — | / | / |
| 合计 | 967 | 213 | 578 | 66 | 1 824 | / |
| 比例 | 53.02% | 11.68% | 31.69% | 3.62% | / | / |

表 7 - 10　RU - MGU《几何学》习题数量统计

| 知识　　　　类目 | 基础水平习题 | 基础水平选做习题 | 合计 | 比例 |
|---|---|---|---|---|
| Ⅲ. 立体几何与平面几何 | 606 | 119 | 725 | 75.13% |
| 比例 | 83.59% | 16.41% | / | / |
| Ⅴ. 解析几何 | 188 | 52 | 240 | 24.87% |
| 比例 | 78.33% | 21.67% | / | / |
| 合计 | 794 | 171 | 965 | / |
| 比例 | 82.28% | 17.72% | / | / |

　　《代数与分析初步》的复习题开首描述道:"本章的目的是反复研究了九年一贯制学校的材料,和每版最终的重复率。还有最后在全国的大学学校考试和竞争性考试中的一些问题。"因此复习题并不是按前面的章节安排,而是按试题分类设置。在《代数与分析初步(10 年级)》中共有复习题 303 道,分为 19 类:数字与计算(16)、化简表达式(17)、线性方程和二次方程(18)、有理方程(9)、方程组(17)、解不等式(26)、解不等式组(3)、算数和等比级数(14)、对数(12)、指数方程(15)、对数方程(8)、指数不等式(8)、对数不等式(7)、三角函数及计算与变换(28)、三角函数和解方程(10)、关于利息的问题(17)、关于合金和混合物的问题(12)、共同合作问题(3)、不同的习题(63)。在《代数与分析初步(11 年级)》中复习题共有 268 道,分为 22 类:数(20)、代数式(9)、序列(7)、函数(25)、线性方程和二次方程(7)、有理方程(8)、无理方程(15)、指数方程与对数方程(9)、三角方程(18)、绝对值方程(11)、衰变方程(5)、不同的方程(25)、有理不等式(10)、无理不等式(6)、指数不等式和对数不等式(9)、三角不等式(5)、绝对值不等式(4)、区间法(12)、不同的不等式(15)、方程组和不等式组(17)、含参数的习题(17)、文字题(14)。

　　(2) 习题的类型

　　因为复习题的习题分类明确,类型也明确,因此习题类型的统计中不再具体统计,而只进行一般介绍说明。从表 7 - 11 中可以看出,RU - MGU 的习题类型十分丰富,涵盖了八种类型,其中最有特色的是在"Ⅰ. 代数"和"Ⅱ. 三角函数"中专门设计的口答题。整体来看,三本教材中解答题占了 41.18%,居于首位,其次是占 17.43% 的证明题,再是占 14.51% 的计算题,口答题和作图题比例相当,分别为 5.20% 和 5.31%,然后是占 2.21% 的应用题和 1.75% 的判断题。每个知识块中的每种类型习题所占的比例排名也不尽相同,如"代数"中最多的是占 46.02% 的解答题,"三角函数"中最多的是占 29.44% 的计算题,"立体几何与平面几何"中最多的是占 49.14% 的解答题,"统计与概率"中最多的是占 73.58% 的应用题,而"解析几何"中最多的是占 29.32% 的证明题。

表 7-11  RU-MGU 习题类型统计

| 知识＼类目 | 口答题 | 判断题 | 作图题 | 简答题 | 证明题 | 计算题 | 解答题 | 应用题 | 合计 | 比例 |
|---|---|---|---|---|---|---|---|---|---|---|
| Ⅰ. 代数 | 119 | 11 | 96 | 144 | 134 | 253 | 665 | 23 | 1 445 | 51.52% |
| 比例 | 8.24% | 0.76% | 6.64% | 9.97% | 9.27% | 17.51% | 46.02% | 1.59% | / | / |
| Ⅱ. 三角函数 | 27 | 5 | 34 | 57 | 56 | 106 | 75 | — | 360 | 12.83% |
| 比例 | 7.50% | 1.39% | 9.44% | 15.83% | 15.56% | 29.44% | 20.83% | — | / | / |
| Ⅲ. 立体几何与平面几何 | — | 22 | 19 | 67 | 226 | 21 | 343 | — | 698 | 24.88% |
| 比例 | — | 3.15% | 2.72% | 9.60% | 32.38% | 3.01% | 49.14% | — | / | / |
| Ⅳ. 统计与概率 | — | 2 | — | 11 | — | 1 | — | 39 | 53 | 1.89% |
| 比例 | — | 3.77% | — | 20.75% | — | 1.89% | — | 73.58% | / | / |
| Ⅴ. 解析几何 | — | 9 | — | 69 | 73 | 26 | 72 | — | 249 | 8.88% |
| 比例 | — | 3.61% | — | 27.71% | 29.32% | 10.44% | 28.92% | — | / | / |
| 合计 | 146 | 49 | 149 | 348 | 489 | 407 | 1 155 | 62 | 2 805 | / |
| 比例 | 5.20% | 1.75% | 5.31% | 12.41% | 17.43% | 14.51% | 41.18% | 2.21% | / | / |

(3) 习题的素材

经过统计发现(表 7-12),RU-MGU 中的纯数学习题占绝对主体地位,占了 97.79%,而社会生活背景习题只有 1.89%,其他学科背景习题仅有 0.32%。除了"代数"和"统计与概率",其他知识块中几乎没有背景习题。社会生活背景习题主要出现在"统计与概率"中,多以抛硬币、掷骰子、摸球和射靶等问题为背景设计,这与 CN‑PEP 不无相同之处。

表 7‑12　RU‑MGU 习题素材统计

| 知识＼类目 | 纯数学 | 社会生活背景 | 其他学科背景 | 合计 | 比例 |
|---|---|---|---|---|---|
| Ⅰ. 代数 | 1 424 | 13 | 8 | 1 445 | 51.52% |
| 比例 | 98.55% | 0.90% | 0.55% | / | / |
| Ⅱ. 三角函数 | 360 | — | — | 360 | 12.83% |
| 比例 | 100.00% | — | — | / | / |
| Ⅲ. 立体几何与平面几何 | 698 | — | — | 698 | 24.88% |
| 比例 | 100.00% | — | — | / | / |
| Ⅳ. 统计与概率 | 12 | 40 | 1 | 53 | 1.89% |
| 比例 | 22.64% | 75.47% | 1.89% | / | / |
| Ⅴ. 解析几何 | 249 | — | — | 249 | 8.88% |
| 比例 | 100.00% | — | — | / | / |
| 合计 | 2 743 | 53 | 9 | 2 805 | / |
| 比例 | 97.79% | 1.89% | 0.32% | / | / |

### 7.3.2　例习题设置的质性分析

#### 7.3.2.1　例题的质性分析

（1）例题的基础性

经过分析发现,RU‑MGU 的例题在基础性方面相对而言侧重单知识、单步骤、单思维的设计,当然也不乏多知识、多步骤和多思维的例题。在此我们先展示 RU‑MGU 中比较关注的学生概念定理掌握的单知识、单步骤、单思维例题,其他的例题会在后面继续展示说明。

如在《代数与分析初步（10 年级）》的"3.4　偶次幂的根与奇次幂的根"中,为了说明奇次幂的定理 1（任何一个实数 $b$ 有且只有一个奇次方根:正数的奇次方根是正数;负数的奇次方根是负数;零的奇次方根是零）,经过定理证明之后,紧随着附上例题:

例 $\sqrt[3]{8}=2,\sqrt[3]{-8}=-2,\sqrt[5]{100\,000}=10,\sqrt[5]{-100\,000}=-10$。

此例题有点举例说明的味道,紧紧扣住奇次幂的特征展示。

同样,在"3.5 算术根"中引出算术根的概念之后,有如下例题:

例

1) 项 $\sqrt{3},\sqrt[3]{0},\sqrt[4]{5}$ — 这样写的是算术根的形式。

2) 项 $-\sqrt{3},\sqrt[3]{-4},-\sqrt[4]{5}$ — 这样写的根,就不是算术根。

3) 项 $\sqrt{-3},-\sqrt{-1},\sqrt[4]{-5},\sqrt[6]{-11}$ 就没有意义。

注,对于负数 $b$ 有等式 $\sqrt[2m+1]{b}=-\sqrt[2m+1]{|b|}$。举例,$\sqrt[3]{-4}=-\sqrt[3]{4}$;$\sqrt[5]{-7}=-\sqrt[5]{7}$。

通过这样的例题说明,学生在对算术根的概念形成初步轮廓之后,可以对算术根的本质进一步形成较好的认识,同时针对例题 2)中被开方数是负数的情况进行了补充的注释,让学生了解得更全面一些。

再如"7.2 角的弧度"中,在阐述完弧度的概念以及弧度制与角度制的转化之后,共有两道例题:"例 1. 如 $\dfrac{19\pi}{4}=\dfrac{3\pi}{4}+2\cdot2\pi$,其中 $\dfrac{19\pi}{4}$ 可以作为旋转两次获得的结果:通过角 $\dfrac{3\pi}{4}$ 的正方向并在正方向上转过 2 整圈";例 2 与例 1 类似,只是设计为反方向转过 3 圈。这两道例题通过对角的弧度的分解,帮助学生理解弧度。一方面,学生刚接触弧度,需要在头脑中将弧度转化成角度;另一方面,学生需要通过想象能力在心中建立直角坐标系,把转过几圈完整地呈现出来。看似平淡的例题,其中蕴含了设计者不少的良苦用心。

(2) 例题的典型性

经过分析发现,RU - MGU 在例题的典型性设计方面,都比较注重典型性的三个特征。

首先是针对性。在《代数与分析初步(10 年级)》的"5.1 对数的概念"中,三组例题充分体现了例题设计的针对性:文中首先引出了对数的概念,接着通过"计算对数"例题组展示了利用指数和对数的关系计算对数的过程;然后引出自然对数的概念,紧接着展示"计算自然对数"例题组;随后引出十进制对数的概念,又紧接着展示"计算十进制对数"例题组。这套例题组分别针对对数计算、自然对数计算以及十进制对数计算,足见其对新概念、新知识的关注与强调。

例　计算对数:

1) $\log_2 1 = 0$,因为 $1 = 2^0$;

2) $\log_{0.01} 0.01 = 1$,因为 $0.01^1 = 0.01$;

3) $\log_3 27 = 3$,因为 $3^3 = 27$;

4) $\log_5 125 = 3$,因为 $5^3 = 125$;

5) $\log_{10} 0.001 = -3$,因为 $0.001 = 10^{-3}$。

以 e 为底的正数 $b$ 的对数叫做数 $b$ 的自然对数,并表示为 $\ln b$,即替换 $\log_e b$ 写为 $\ln b$。

例　计算自然对数:

1) $\ln e^3 = 3$;

2) $\ln \dfrac{1}{e} = -1$;

3) $\ln e^\pi = \pi$。

以 10 为底的正数 $b$ 的对数叫做数 $b$ 的十进制对数,并表示为 $\lg b$,即替换 $\log_{10} b$ 写为 $\lg b$。

例　计算十进制对数:

1) $\lg 1 = 0$,因为 $1 = 10^0$;

2) $\lg 10 = 1$,因为 $10 = 10^1$;

3) $\lg 100 = 2$,因为 $100 = 10^2$;

4) $\lg 1\,000 = 3$,因为 $1\,000 = 10^3$;

5) $\lg 0.1 = -1$,因为 $0.1 = 10^{-1}$;

6) $\lg 0.01 = -2$,因为 $0.01 = 10^{-2}$;

7) $\lg 0.001 = -3$,因为 $0.001 = 10^{-3}$。

其次是代表性。在 RU‐MGU 例题中,很多作图题、解答题、证明题的问题结构都具备一般性,学生遇到与例题类似的题目比较容易上手。比如在《代数与分析初步(11 年级)》的"1.7　与绝对值有关的函数图象"中的作图题例 2 是构造绝对值函数的曲线图问题,学生比较容易掌握先构造"去绝对值函数 $\varphi(x)$"的图象,然后保留 $y$ 轴右边图象,进而将图象关于 $y$ 轴进行翻转得到目标图象,两幅图的明显对比更能强化构造绝对值函数图象的本质。

例 2 构造函数 $y = \dfrac{2}{|x|-2} + 1$ 的曲线图。

首先我们构造函数 $\varphi(x) = \dfrac{2}{x-2} + 1$ 的曲线图(请参阅图 7-4)。为了绘制函数 $\varphi(|x|)$ 的图象,保留函数 $y = \varphi(x)$ 图象中 $y$ 轴上的点和它的右边部分(如图 7-5),然后作出这部分关于 $y$ 轴对称后的图象(图 7-6)。

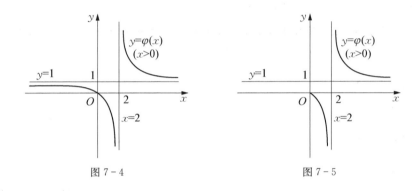

图 7-4          图 7-5

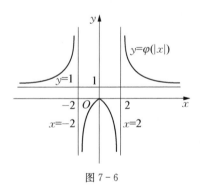

图 7-6

最后是启发性。RU - MGU 例题的启发性设计主要体现在解题方法方面,通过系统全面地归纳解决一类问题的方法,从这些基本的方法出发,当学生遇见更复杂的问题时可以在脑中快速搜索相关方法,判断每种方法适用的情形,从而将新问题进行化简,转到已知的问题。比如我们来看案例,"2.7 有理方程组"中每道例题之前都有方法的说明:

**替代法是解方程组的主要方法。**

例　解方程组：

$$\begin{cases} 3x - y = 1, \\ 5x^2 - 4xy + 3y^2 = 9. \end{cases} \tag{1}$$

从方程组(1)中的第一个方程中用 $x$ 表示 $y$，我们得到：

$$y = 3x - 1. \tag{2}$$

将 $y$ 的表达式 $3x - 1$ 代入方程组(1)中的第二个方程，我们得到关于 $x$ 的方程：

$$5x^2 - 4x(3x - 1) + 3(3x - 1)^2 = 9. \tag{3}$$

解方程(3)，得到它的根 $x_1 = 1$ 和 $x_2 = -\dfrac{3}{10}$。

把得到的数 $x_1$ 和 $x_2$ 带入到表达式(2)中，获得 $y_1 = 2$ 和 $y_2 = -\dfrac{19}{10}$。

故，方程组(1)的解为：$(1, 2)$ 和 $\left(-\dfrac{3}{10}, -\dfrac{19}{10}\right)$。

答案：$(1, 2)$，$\left(-\dfrac{3}{10}, -\dfrac{19}{10}\right)$。

**在解方程组的时候也可以协助加法。**

例　解方程组：

$$\begin{cases} x^2 - 3xy = -2, \\ y^2 + 5xy = 11. \end{cases} \tag{4}$$

让第一个方程保持不变，并合并第一个方程和第二个方程，得到方程组

$$\begin{cases} x^2 - 3xy = -2, \\ (x + y)^2 = 9. \end{cases} \tag{5}$$

方程组(5)等价于方程组(4)。

方程组(5)的所有解是如下两个方程组的所有解的合集：

$$\begin{cases} x^2 - 3xy = -2, \\ x + y = 3 \end{cases} \text{和} \begin{cases} x^2 - 3xy = -2, \\ x + y = -3. \end{cases}$$

解这些方程组，找到方程组(4)所有的解：$(2, 1)$，$(-2, -1)$，$\left(\dfrac{1}{4}, 2\dfrac{3}{4}\right)$ 和 $\left(-\dfrac{1}{4}, -2\dfrac{3}{4}\right)$。

答案：$(2, 1)$，$(-2, -1)$，$\left(\dfrac{1}{4}, 2\dfrac{3}{4}\right)$，$\left(-\dfrac{1}{4}, -2\dfrac{3}{4}\right)$。

**在解方程组的时候常常引入新的未知量。**

例　解方程组：

$$\begin{cases} xy - x + y = 1, \\ 2x^2 y^2 - 3x^2 + 6xy - 3y^2 = 2。 \end{cases} \tag{6}$$

用 $u = xy$，$v = x - y$ 重写方程组(6)的形式如下：

$$\begin{cases} u - v = 1, \\ 2u^2 - 3v^2 = 2。 \end{cases} \tag{7}$$

解方程组(7)，得到解为 $u_1 = 1$，$v_1 = 0$；$u_2 = 5$，$v_2 = 4$。故方程组(6)的解是如下两个方程组所有解的并集：$\begin{cases} xy = 1, \\ x - y = 0 \end{cases}$ 和 $\begin{cases} xy = 5, \\ x - y = 4。 \end{cases}$

解这些方程组，找到方程组(6)的所有解：$(1, 1)$，$(-1, -1)$，$(5, 1)$，$(-1, -5)$。

答案：$(1, 1)$，$(-1, -1)$，$(5, 1)$，$(-1, -5)$。

(3) 例题的示范性

在代数中，例题设计注重数学方法的示范。比如前面谈到的《代数与分析初步(10 年级)》中，第二章"有理方程与有理不等式"里面"2.6　有理方程""2.7 有理方程组""2.8　有理不等式的区间方法""2.9　有理不等式"……第六章"指数、对数的方程和不等式"中"6.1　最简单的指数方程""6.2　最简单的对数方程""6.3　用变量代换将方程化成最简单的形式"……同样，11 年级中的知识内容也多与方程、不等式有关，比如第十二章"解方程与不等式的特殊方法"等，其中的例题主要用于展示解题方法。我们通过案例进行说明。

比如在《代数与分析初步(10 年级)》中，"6.4　最简单的指数不等式"中的例题利用指数函数的性质和图象求解指数不等式，来看第 76 页中例 1：

例 1　解不等式：

$$2^x < 8。 \tag{5}$$

因为 $8 > 0$，所以不等式(5)等价于

$$2^x < 2^3 \text{。} \tag{6}$$

因为 $2 > 1$，所以函数 $y = 2^x$ 是增函数。因此不等式(6)，即不等式(5)的解是所有的 $x < 3$。（图 7-7）

答案：$(-\infty,\ 3)$。

类似地，"6.6　用变量代换将不等式化为最简单的形式"中的例题主要展示了如何利用变量代换将不等式转化为最简单的形式，而最简单形式的不等式的解决方法正是前面几节所学习过的，因此在本节中变量代换是手段也是方法，通过例题掌握好这个手段，运用好这个方法，对解决该类问题是非常重要的。来看

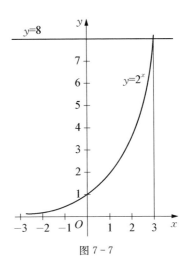

图 7-7

其中一个例题——第 185 页中的例 1：该例题完整展示了运用变量代换解决指数不等式的过程：先引入新的未知量 $t$，再转化为熟悉的最简单形式而得解，最后通过"注"说明在通常解题的时候可以省略引入新未知量的步骤而直接转化不等式。而中国教材中并没有这样具体的方法例题呈现给学生和老师，但是习题中却有很多解指数不等式的要求。在对数不等式中也存在同样的情况。所以在 RU-MGU 中清晰明了地示范了整个求解方法的过程的例题值得我们借鉴。

例 1　解不等式：

$$5^{3x^2 - 2x - 6} < \frac{1}{5} \text{。} \tag{1}$$

用引入新的未知量 $t = 3x^2 - 2x - 6$，改写不等式(1)为 $5^t < 5^{-1}$。

因为 $5 > 1$，那么这个不等式的解就是 $t < -1$。故不等式(1)的所有解是不等式 $3x^2 - 2x - 6 < -1$　(2) 的所有解。

解不等式(2)，找到解为 $-1 < x < \dfrac{5}{3}$。它们就是不等式(1)的所有解。

注：通常在求解形式(1)的时候，不引入新的未知量，并直接写出不等式(2)，相当于不等式(1)，然后继续解不等式(2)。

答案：$\left(-1,\ \dfrac{5}{3}\right)$。

此外,RU‐MGU 也比较重视数学思维的示范。如《代数与分析初步(11 年级)》的"5.1 函数的极大值,极小值"中的例 1,很注重过程,且第 1)步到第 4)步的分解展示了利用导数思想求极值的过程,过程分解充分体现了思维的发展过程,学生不仅可以较好地抓住思维过程,也可以较好地掌握解答书写过程——解答需要几步、每步具体干什么、有什么用等这些均在学生头脑中放映。

例 1   计算函数 $f(x) = x^3 - 3x^2$ 在区间 $[-1, 4]$ 上的最大值和最小值。

1) 求导数 $f'(x)$:$f'(x) = (x^3 - 3x^2)' = 3x^2 - 6x = 3x(x-2)$。

2) 将其值设置为零,解由此产生的方程:$3x(x-2) = 0$。

解得 $x_1 = 1$,$x_2 = 2$。

3) 计算 $x$ 分别为 $-1$、$1$、$2$、$4$ 时的函数值:

$$f(-1) = -4, \; f(1) = -2, \; f(2) = -4, \; f(4) = 16。 \tag{4}$$

4) 找出(4)中的最大值和最小值:

$$\max_{[-1, 4]} f(x) = f(4) = 16, \; \min_{[-1, 4]} f(x) = f(-1) = f(2) = -4。$$

因此,函数 $f(x)$ 在区间 $[-1, 4]$ 上的最大值为 16(当 $x = 4$ 时取得),最小值为 $-4$(当 $x = -1$ 或 $x = 2$ 时取得)。

### 7.3.2.2   习题的质性分析

(1)习题的层次性

RU‐MGU 的习题设置层次性明显:一方面是基础习题、专业水平的习题以及增加难度的习题的明确区分;另一方面是基础习题或者专业水平习题设计也层次分明,比如数学归纳法的习题中"口答题→简单证明→证明等式→证明不等式",又如二项式定理的习题安排"系数比较→写项数→写二项展开式→写某项的系数→写其中一项→用展开式证明等式→用展开式化简分数",等等。我们以"2.6   有理方程"中习题设置为例,展示 RU‐MGU 习题的层次分明:

2.44°   1) 什么方程叫做未知数 $x$ 的有理方程?

2) 什么叫做未知数 $x$ 的方程的根?

3) 解方程是什么意思?

4) 如何解衰变方程?

5) 如何解 $\dfrac{A(x)}{B(x)} = 0$ 形式的方程，其中 $A(x)$ 和 $B(x)$ 是关于 $x$ 的多项式。

**解方程(2.45—2.48):**

2.45　a) $(x+1)(2x-3)=0$;　　　　　б) $(3x+1)(x-2)=0$;

　　　в) $(x^2-1)(x+3)=0$;　　　　　г) $(x^2-4)(x+1)=0$。

2.46　a) $(x^2-7x+10)(x^2-5x+6)=0$;

　　　б) $(x^2-x-6)(x^2+2x-15)=0$;

　　　в) $x^6-1=0$;　　　　　　г) $x^8-1=0$。

2.47　a) $\dfrac{x^2-5x}{2x+1}=0$;　　　　　б) $\dfrac{x^2+4x}{2x+x^2}=0$;

　　　в) $\dfrac{x^2-5x}{2x-6}=1$;　　　　　г) $\dfrac{x^2+17x+72}{x+9}=-1$。

2.48　a) $\dfrac{60}{20+x}+\dfrac{60}{20-x}=\dfrac{25}{4}$;　　б) $\dfrac{1}{5-x}+\dfrac{90}{25-x^2}=\dfrac{4-x}{5+x}$;

　　　в) $\dfrac{3}{x^2-2x+1}+\dfrac{2}{1-x^2}=\dfrac{1}{x+1}$;

　　　г) $\dfrac{2}{x^2+12x+36}-\dfrac{12}{36-x^2}=\dfrac{1}{x-6}$。

**使用替换未知量解方程(2.49\*—2.50\*):**

2.49\*　a) $(x+100)^2-2\,004(x+100)-2\,005=0$;

　　　б) $(x^2-x)^2-3(x^2-x)+2=0$;

　　　в) $(x^2-2x)^2-2(x-1)^2-1=0$;

　　　г) $(x^2-10x)^2+8(x-5)^2-209=0$;

　　　д) $\left(\dfrac{3x-1}{x+1}\right)^2-\dfrac{27x-9}{x+1}+14=0$;

　　　е) $3\cdot\left(\dfrac{2x-3}{x+1}\right)^2-\dfrac{44x-66}{x+1}+7=0$;

　　　ж) $\dfrac{x+1}{x-1}+\dfrac{6x-6}{x+1}-5=0$;　　з) $\dfrac{40x-5}{3x+1}+\dfrac{21x+7}{2x-5}-72=0$。

2.50\*　a) $2x^4+5x^3+6x^2+5x+2=0$;　　б) $3x^4-7x^3+8x^2-7x+3=0$;

　　　в) $2x^8-3x^6-x^4-3x^2+2=0$;　　г) $5x^8-4x^6-2x^4-4x^2+1=0$。

**引自 П. А. Ларичев 的习题集。解方程(2.51—2.52\*):**

2.51　a) $\dfrac{x}{x+1}+\dfrac{x}{x-1}=2\dfrac{2}{3}$;　　　　б) $\dfrac{x}{x+4}+\dfrac{x}{x-4}=5\dfrac{5}{9}$;

в) $\dfrac{x+3}{x-3}+\dfrac{x-3}{x+3}=3\dfrac{1}{3}$;  г) $\dfrac{5x+7}{x-2}-\dfrac{2x+21}{x+2}=8\dfrac{2}{3}$。

2.52* а) $\dfrac{x}{x+a}+\dfrac{x}{x-a}=2\dfrac{2}{3}$;  б) $\dfrac{x}{a}+\dfrac{1}{ax-bx}+\dfrac{b}{a^2x-abx}=\dfrac{2}{a-b}$;

в) $\dfrac{2x}{x-b}+\dfrac{12x^2}{b^2-x^2}=\dfrac{b-x}{x+b}$;  г) $\dfrac{x+a}{x-a}+\dfrac{x-a}{x+a}=\dfrac{a(3x+2a)}{x^2-a^2}$,

其中 $a,b$ 是常数。

**解方程(2.53—2.55):**

2.53  а) $x^3+6x^2+11x+6=0$;  б) $x^3+2x^2-5x-6=0$;

в) $x^3-2x-4=0$;  г) $x^3-6x-9=0$;

д) $x^4+x^3+5x^2+4x+4=0$;  е) $x^5+3x^3+2x=0$。

2.54  а) $2x^3-x^2-2x+1=0$;  б) $3x^3-x^2-12x+4=0$;

в) $3x^4-3x^3+4x^2-x+1=0$;  г) $x^4-4x^3+12x-9=0$;

д) $2x^4+2x^3+5x^2+x+2=0$;  е) $x^4-3x^3+6x-4=0$。

2.55  а) $\dfrac{x^3-6x^2+11x-6}{x-2}=0$;  б) $\dfrac{x^3-7x+6}{x^2+x-6}=0$;

в) $\dfrac{2x^3-3x^2-11x+6}{2x^3-x^2+2x-1}=0$;  г) $\dfrac{3x^3+4x^2-5x-2}{3x^3+4x^2-5x+2}=0$。

(注:习题 2.52* 至 2.55 的题号是红色的)

我们能从不同的颜色的题号和不同的记号上发现,习题的层次是按"基础水平的口答题(2.44°)→基础水平的解答题(2.45—2.48)→基础水平里面增加难度的解答题(2.49*—2.50*)→专业水平的解答题"设计的,中间还设置了拉里切夫(Ларичев,1892—1963,前苏联教育家)的习题集,同样标明了基础水平和专业增加难度水平的习题。这从整体上体现了习题的层次性。口答题 2.44°注重基本概念的理解,在学习了新知识之后需要学生通过自己的理解把概念口头表述出来,这不仅是表面功夫,更是一种内化吸收的过程;基础水平的解答题解方程(2.45—2.48)不仅全面涵盖了解三种形式的有理方程—— $A(x)B(x)=0$, $\dfrac{A(x)}{B(x)}=0$ 以及 $\dfrac{A(x)}{B(x)}=\dfrac{C(x)}{D(x)}$,而且解答难度由易到难,梯度明显;基础水平里面增加难度的解答题(2.49*—2.50*)需要用到以前的换元法解方程,要求又进了一步。到此我们就可以发现,从模仿练习到变式训练再到综合应用的层层递进过程,在综合运用换元法的时候题干中特别提示了求解方法。此外,解方程(2.53—2.55)习题的设置主要应对正文中专业水平的知识,方程次数、项数的增加为求解更是增加了难度;中间插入了 Ларичев 习题集中的习题,特别引入了有字母表示的常数的题。不得不感叹,这样的习题设置,已足见层次性了!

另外,10~11 年级的《几何学》教材通常在某一节内容中设置相同类型的例题,逐渐增加其难度梯度。

(2)习题的变式性

RU - MGU 在习题的变式性设计方面尤其突出,其中水平变式和垂直变式交替出现。比如,在一个总题干下面设置多道大题,大题之间往往实现了垂直变式,当然没有总题干的习题之间也体现出了垂直变式性;在同一道题中设置了多个小题,小题之间主要是问题表面形式发生了变化,而问题结构不变。这在上面的案例中也有体现,我们再欣赏一组案例。

首先是水平变式。RU - MGU 的水平变式定位高而步子小。比如,《代数与分析初步(11 年级)》的"5.10　渐近线.一次分式函数"中的习题 5.111*。

5.111*　画出函数图象:

a) $y = \dfrac{-2x+12}{x-4}$;　　　　б) $y = \left| \dfrac{-2x+12}{x-4} \right|$;

в) $y = \dfrac{-2\,|\,x\,|+12}{|\,x\,|-4}$;　　　г) $y = \left| \dfrac{-2\,|\,x\,|+12}{|\,x\,|-4} \right|$。

该习题设置了 4 道小题,可以说 4 道小题还算是少的,十几道小题在 RU - MGU 中都很常见。观察 5.111* 这道题,可以发现 4 道小题中的数字相同,运算符号除了绝对值符号不一样以外其他也都相同,所以四个表达式之间只是绝对值符号的位置和数量发生了变化,而问题的结构特征却没有变化。学生先做出第一幅图,之后的每一幅图都是在前一幅图的基础上进行对称变换——绝对值图象的本质是关于坐标轴对称。在 RU - MGU 中你可以发现这样类型的水平变式几乎每节都会有。这样的小步子水平变式设计有利于学生从低起点往高触摸点接近,整个变式过程就是关于第 4 个函数的图象的作图思考以及操作过程。

其次是垂直变式。RU - MGU 的垂直变式系统而全面。比如《代数与分析初步(11 年级)》的"7.3 方程的对数还原"主要阐释的是如何利用对数还原方法解对数方程,其中的解方程习题组就体现了习题垂直变式的这一特点:

**解方程(7.21 - 7.27\*):**

7.21　a) $\log_2(x^2-3x)=\log_2(x-3)$;　　　б) $\log_4(x^2-5x)=\log_4(x-9)$;

　　　в) $\log_5(x^2+13x)=\log_5(9x+5)$;　　г) $\log_6(x^2-x)=\log_6(6x-10)$。

7.22　a) $\log_2(x^2-3)=\log_2(5x-9)$;　　　б) $\log_3(x^2+6x)=\log_3(5x+6)$;

　　　в) $\log_4(x^2+8x)=\log_4(2x+7)$;　　г) $\log_5(x^2-9)=\log_5(9-7x)$。

7.23　a) $\log_3(x^2-2x)=1$;　　　　　　　б) $\log_2(x^2+2x)=3$;

　　　в) $\log_7(x^2+1.5x)=0$;　　　　　г) $\log_6\left(x^2+2\dfrac{2}{3}x\right)=0$。

7.24　a) $\log_{11}\left(\dfrac{x+20}{x}\right)=\dfrac{\log_2 41}{\log_2 11}$;　　б) $\log_{13}\left(\dfrac{x+11}{x}\right)=\dfrac{\log_3 23}{\log_3 13}$;

　　　в) $\log_5\left(\dfrac{x+10}{x}\right)=\dfrac{\log_{21} 21}{\log_{31} 5}$;　　г) $\log_7\left(\dfrac{x+15}{x}\right)=\dfrac{\log_{13} 31}{\log_{14} 7}$。

7.25　a) $\log_5(4^x-3\cdot 2^x)=\log_5(3\cdot 2^x-8)$;

　　　б) $\log_4(9^x-5\cdot 3^x)=\log_4(7\cdot 3^x-27)$;

　　　в) $\log_3(2\cdot 3^x-5)=\log_3(3^x+4)$;

　　　г) $\log_7(2\cdot 4^x-3)=\log_7(4^x+1)$。

7.26　a) $\log_2(4^x-2^{x+1}+2)=x$;　　　б) $\log_3(9^x-3^{x+1}+3)=x$;

　　　в) $\log_2(4^x+2^{x+1}-8)=x+2$;　　г) $\log_5(25^x+5^x-5)=x+1$。

7.27\*　a) $\log_2\cos 2x=\log_2\cos x$;

　　　б) $\log_{\frac{1}{2}}\cos 2x=\log_{\frac{1}{2}}(\cos x+\sin x)$;

　　　в) $\log_{\frac{1}{3}}\cos 2x=\log_{\frac{1}{3}}(\cos x-\sin x)$;

　　　г) $\log_{0.2}\cos 2x=\log_{0.2}(\sin x-\cos x)$。

在总题干"解方程"下面共放置了 7 道大题,每道大题中分别设有 4 道小题,可明显发现 4 道小题之间的水平变式以及 7 道大题之间的垂直变式。对数中的真数部分变化过程为"多项式→分式→指数→三角函数",方程右边也是在对数和常数以及多项式之间进行变化。7 道大题不仅表面发生了变化,当对数还原之后相应的解方程的策略也发生了变化,不同的变化系而完整,这样的习题设置非常利于学生有律可循地进行学习巩固。

（3）习题的覆盖性

RU－MGU 在习题的覆盖性设计方面也是下足了功夫，在知识技能、思想方法覆盖上，各有特点。

首先是知识技能方面的覆盖。习题会涵盖正文中出现的所有知识点与相关技能，而且针对性很强，同时也会增加一些新的知识技能。比如，"5.2  对数的性质"中的习题"计算(5.11－5.18)"，涵盖了对数的四种运算性质——公式(1)(2)(3)(4)；习题 5.19 在题干中明确提出了利用对数的性质(3)将表达式同构转换；习题 5.21* 则引入了新性质：

5.21*  证明，对于 $b>0, a>0, a\neq 1$ 以及任意 $\gamma(\gamma\neq 0)$，$\log_a b=\log_{a^\gamma}b^\gamma$。

**利用此性质，计算：**

a) $\log_{5^2}125^2$；    б) $\log_{4^2}16^2$；    в) $\log_{25^2}125^2$；

г) $\log_{7^3}49^3$；    д) $\log_4 8^2$；    е) $\log_{25}125^2$；

ж) $\log_{100}10^{2\pi}$；    з) $\log_4 2^e$；    и) $\log_{\sqrt3}9^\pi$。

这道题融合证明与计算于一体，让学生自己通过证明获得对数的新性质。学生已经掌握证明所需的知识和技能，即正文中已经证实过的四种运算性质，所以证明要求在能力范围之内。在证实的情况下，趁热打铁，马上运用该性质进行计算，进一步巩固引入的新性质。

其次是思想方法方面的覆盖。在习题中，很多习题末尾都附有备注或说明或解答，还有一些习题是历史上的名题或者是各州、各国的招生习题。这部分习题多出现在复习题中，主要用于复习高中毕业时需要掌握的知识以及用于备考高校招生考试，这些习题大多涵盖数学思想方法。在此我们以"1.3  数学归纳法"中的习题 1.35 为例进行说明：

1.35  用归纳法证明，对于任意正整数 $n$，满足等式：

a) $1+2+3+\cdots+n=\dfrac{(n+1)n}{2}$；

б) $2+4+6+\cdots+2n=n(n+1)$；

в) $3+12+\cdots+3\cdot4^{n-1}=4^n-1$；

г) $4+0+\cdots+4\cdot(2-n)=2n(3-n)$；

д) $1\cdot2+2\cdot3+3\cdot4+\cdots+n(n+1)=\dfrac{n(n+1)(n+2)}{3}$；

e) $1 \cdot 4 + 2 \cdot 7 + 3 \cdot 10 + \cdots + n(3n+1) = n(n+1)^2$；

ж) $\dfrac{1}{1 \cdot 2} + \dfrac{1}{2 \cdot 3} + \dfrac{1}{3 \cdot 4} + \cdots + \dfrac{1}{n \cdot (n+1)} = \dfrac{n}{n+1}$；

з) $\dfrac{1}{4 \cdot 5} + \dfrac{1}{5 \cdot 6} + \dfrac{1}{6 \cdot 7} + \cdots + \dfrac{1}{(n+3) \cdot (n+4)} = \dfrac{n}{4(n+4)}$；

и) $1 - \dfrac{1}{2} + \dfrac{1}{3} - \dfrac{1}{4} + \cdots + \dfrac{1}{2n-1} - \dfrac{1}{2n} = \dfrac{1}{n+1} + \dfrac{1}{n+2} + \cdots + \dfrac{1}{2n-1} + \dfrac{1}{2n}$。

说明：用归纳法证明等式 $A(n) = B(n)$ 对于任意的正整数 $n$ 都成立可以这样做：

1) 验证对于等式 $A(1) = B(1)$ 完成。

2) 证明等式 $A(k+1) - A(k) = B(k+1) - B(k)$。　　　　　　　　　　(9)

3) 现在，假设 $A(k) = B(k)$ 和等式(9)成立，由此得出 $A(k+1) = B(k+1)$。

然后根据数学归纳法原理，预期的等式适用于任意正整数 $n$。

　　这道题要求运用数学归纳法证明，一般地大家都会从左证到右，想不到可以两边同时进行证明，两边同时进行证明还需要结合作差法进行转化。因此，此题在题末给出说明归纳思想的进一步特征，开阔学生的思路，也为其提供了解题方便。

　　又如，10—11 年级《几何学》的"5　三线平行"中带解答的习题 32：

32　平面 $\alpha$ 和 $\beta$ 有公共直线 $AB$。直线 $a$ 平行于平面 $\alpha$ 和平面 $\beta$。证明，直线 $a$ 平行于直线 $AB$。

解：

过点 $A$ 画直线 $AM$，平行于直线 $a$（图 7-8）。如果直线 $a$ 平行于平面 $\alpha$ 和平面 $\beta$，那么直线 $AM$ 既在平面 $\alpha$ 上，也在平面 $\beta$ 上（第 6 页，说法 2）。因此，直线 $AM$ 是平面 $\alpha$ 和平面 $\beta$ 的交线，也就是说它与 $AB$ 相重合。故，$AB /\!/ a$。

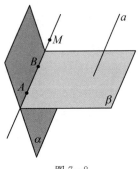

图 7-8

　　该节正文中含有多个定理及证明，而在带解答的习题中用详细的证明让学生了解其余的相关性质，这样设置可避免学生在课堂中由于需要理解与记忆过多的定理证明而疲劳，导致忽略对定理或结论本身的记忆及理解。放在习题中，一方面学生可以建立在初步了解的基础上去尝试证明；另一方面，教材给出解答意味着这不仅是需要掌握的新知识，其中的证明思想与方法也需要掌握。

## 7.4　DE－LBS 例习题设置的特色分析

### 7.4.1　例习题设置的量化分析

#### 7.4.1.1　例题的量化分析

（1）例题的数量

DE－LBS 中的例题以"Beispiel"（例子）为标志出现,统计发现（表 7－13）例题数量共 231 道,其中"Ⅰ.代数"例题占了 59.31%,"Ⅳ.统计与概率"例题占了 16.45%,"Ⅴ.解析几何"例题占了 15.58%,而"Ⅱ.三角函数"例题只占了 4.78%,"Ⅲ.立体几何与平面几何"例题只占了 3.90%。总体来说,DE－LBS 的例题数量较少,很多节中只设计了一道例题,最多不超过 3 道。

表 7－13　DE－LBS 例题数量统计

| 知识 | Ⅰ. 代数 | Ⅱ. 三角函数 | Ⅲ. 立体几何与平面几何 | Ⅳ. 统计与概率 | Ⅴ. 解析几何 |
|---|---|---|---|---|---|
| 数量 | 137 | 11 | 9 | 38 | 36 |
| 合计 | 231 | | | | |
| 比例 | 59.31% | 4.76% | 3.90% | 16.45% | 15.58% |

（2）例题的类型

经过统计发现（表 7－14）,DE－LBS 中原理型例题处于绝对主体地位,占了 81.39%,问题解决型占了 17.75%,而概念型例题和方法型例题均只有 0.43%。"Ⅰ.代数"中最多的是原理型例题,占了 86.13%;"Ⅱ.三角函数"中都是原理型例题;"Ⅲ.立体几何与平面几何"中例题只有 9 道,其中 7 道都是原理型;"Ⅳ.统计与概率"中问题解决型例题占了 57.89%,原理型例题占了 42.11%;"Ⅴ.解析几何"中都是原理型例题。

（3）例题的素材

经过统计发现（表 7－15）,DE－LBS 例题以纯数学例题为主,占 82.68%;但也不乏社会生活背景例题,占 15.15%;也存在少量的其他学科背景例题,占 2.16%。其他学科背景例题主要出现在"Ⅰ.代数"中,涉及物理、化学和生物学

表 7-14 DE-LBS 例题类型统计

| 知识＼类目 | 概念型 | 原理型 | 方法型 | 问题解决型 | 总计 | 比例 |
|---|---|---|---|---|---|---|
| Ⅰ. 代数 | 1 | 118 | 1 | 17 | 137 | 59.31% |
| 比例 | 0.73% | 86.13% | 0.73% | 12.41% | / | / |
| Ⅱ. 三角函数 | — | 11 | — | — | 11 | 4.76% |
| 比例 | — | 100% | — | — | / | / |
| Ⅲ. 立体几何与平面几何 | — | 7 | — | 2 | 9 | 3.90% |
| 比例 | — | 77.78% | — | 22.22% | / | / |
| Ⅳ. 统计与概率 | — | 16 | — | 22 | 38 | 16.45% |
| 比例 | — | 42.11% | — | 57.89% | / | / |
| Ⅴ. 解析几何 | — | 36 | — | — | 36 | 15.58% |
| 比例 | — | 100% | — | — | / | / |
| 总计 | 1 | 188 | 1 | 41 | 231 | / |
| 比例 | 0.43% | 81.39% | 0.43% | 17.75% | / | / |

表 7-15 DE-LBS 例题素材统计

| 知识＼类目 | 纯数学 | 社会生活背景 | 其他学科背景 | 总计 | 比例 |
|---|---|---|---|---|---|
| Ⅰ. 代数 | 123 | 10 | 4 | 137 | 59.31% |
| 比例 | 89.78% | 7.30% | 2.92% | / | / |
| Ⅱ. 三角函数 | 11 | — | — | 11 | 4.76% |
| 比例 | 100.00% | — | — | / | / |
| Ⅲ. 立体几何与平面几何 | 7 | 2 | — | 9 | 3.90% |
| 比例 | 77.78% | 22.22% | — | / | / |
| Ⅳ. 统计与概率 | 14 | 23 | 1 | 38 | 16.45% |
| 比例 | 36.84% | 60.53% | 2.63% | / | / |
| Ⅴ. 解析几何 | 36 | — | — | 36 | 15.58% |
| 比例 | 100.00% | — | — | / | / |
| 总计 | 191 | 35 | 5 | 231 | / |
| 比例 | 82.68% | 15.15% | 2.16% | / | / |

科;在"Ⅳ.统计与概率"中也发现一道以生物学科为背景的例题。社会生活背景例题主要出现在"Ⅳ.统计与概率"中,背景较为丰富,有社会调查问题、工业生产问题、中奖问题、药物医疗问题等等;在"Ⅰ.代数""Ⅲ.立体几何与平面几何"中也出现了少量的社会生活背景例题。

（4）例题的处理方式

经过统计发现(表 7 - 16),DE - LBS 中例题的处理方式较为多样,六种处理方式(见表 7 - 1)均有涉及。其中最多的是"问题＋解答"(S)方式的例题,占了75.76％;其次是"问题＋分析＋解答"(AS)方式的例题,占了 8.23％。各个知识块中例题处理方式的设计也是相互有别。"Ⅰ.代数"中例题设计了六种处理方式,"Ⅴ.解析几何"中例题设计了四种处理方式。剩余的知识块中的例题均只有三种处理方式:"Ⅱ.三角函数"中只有 S、SI、SG 三种,"Ⅲ.立体几何与平面几何"中只有 S、AS、SI 三种,"Ⅳ.统计与概率"中只有 S、AS、SG 三种。

表 7 - 16　DE - LBS 例题处理方式统计

| 知识＼类目 | S | AS | SI | SIG | SG | ASG | 总计 | 比例 |
|---|---|---|---|---|---|---|---|---|
| Ⅰ.代数 | 103 | 10 | 9 | 2 | 11 | 2 | 137 | 59.31％ |
| 比例 | 75.18％ | 7.30％ | 6.57％ | 1.46％ | 8.03％ | 1.46％ | / | / |
| Ⅱ.三角函数 | 4 | — | 4 | — | 3 | — | 11 | 4.76％ |
| 比例 | 36.36％ | — | 36.36％ | — | 27.27％ | — | / | / |
| Ⅲ.立体几何与平面几何 | 6 | 1 | 2 | — | — | — | 9 | 3.90％ |
| 比例 | 66.67％ | 11.11％ | 22.22％ | — | — | — | / | / |
| Ⅳ.统计与概率 | 31 | 6 | — | — | 1 | — | 38 | 16.45％ |
| 比例 | 81.58％ | 15.79％ | — | — | 2.63％ | — | / | / |
| Ⅴ.解析几何 | 31 | 2 | 1 | — | 2 | — | 36 | 15.58％ |
| 比例 | 86.11％ | 5.56％ | 2.78％ | — | 5.56％ | — | / | / |
| 总计 | 175 | 19 | 16 | 2 | 17 | 2 | 231 | |
| 比例 | 75.76％ | 8.23％ | 6.93％ | 0.87％ | 7.36％ | 0.87％ | / | / |

表 7-19　DE-LBS 习题的素材统计

| 知识 ＼ 类目 | 纯数学 | 社会生活背景 | 其他学科背景 | 总计 | 比例 |
|---|---|---|---|---|---|
| Ⅰ. 代数 | 876 | 105 | 27 | 1 008 | 56.79% |
| 比例 | 86.90% | 10.42% | 2.68% | / | / |
| Ⅱ. 三角函数 | 82 | 12 | 1 | 95 | 5.35% |
| 比例 | 86.32% | 12.63% | 1.05% | / | / |
| Ⅲ. 立体几何与平面几何 | 80 | 17 | 4 | 101 | 5.69% |
| 比例 | 79.21% | 16.83% | 3.96% | / | / |
| Ⅳ. 统计与概率 | 157 | 126 | 4 | 287 | 16.17% |
| 比例 | 54.70% | 43.90% | 1.39% | / | / |
| Ⅴ. 解析几何 | 271 | 8 | 5 | 284 | 16.00% |
| 比例 | 95.42% | 2.82% | 1.76% | / | / |
| 总计 | 1 466 | 268 | 41 | 1 775 | / |
| 比例 | 82.59% | 15.10% | 2.31% | / | / |

### 7.4.2　例习题设置的质性分析

#### 7.4.2.1　例题的质性分析

（1）例题的基础性

DE-LBS 的例题在知识点设计方面相对简单纯粹、针对性强,在解题步骤设计方面比较简洁直接,突出单步骤设计,而在思维量设计上也是以单思维量为主。来看几个案例。

图 7-9

比如,10 年级 DE-LBS 第 1 章第 3 节"球的体积"中的例题:

例子

图示为佛罗里达州的"Fuller-Kuppel"(富勒天体观测室),其形状近似一个球形。

a)计算它的体积。

b)半径为其一半的球的体积与该球的体积的

百分比是多少?

c) 体积为 $10\,000\,\mathrm{m}^3$ 的球的半径约为多少?

解:

a) $V = \dfrac{4}{3}\pi r^3 = \dfrac{4}{3}\pi \cdot 25^3 \approx 6.5 \times 10^4 \,(\mathrm{m}^3)$。

b) 由于体积和 $r^3$ 成正比, 故体积的百分比为: $\left(\dfrac{1}{2}\right)^3 = \dfrac{1}{8} = 12.5\%$。

c) $r = \sqrt[3]{\dfrac{3V}{4\pi}} = \sqrt[3]{\dfrac{30\,000}{4\pi}} \approx 13.4\,(\mathrm{m})$。

　　这一节主要要求学生掌握球的体积计算公式,文中只设计了这一道例题却就已足够。它以生活中真实的球体建筑为背景,已知球的直径。第一小题就是运用公式计算球的体积问题,展示对公式的运用;第二小题展示的是球半径的变化与体积变化的关系,这也是本节内容中的关键所在。此题结合实际背景设计抓住了重点,突破了关键,体现了基础。

　　再如,第 4 章"概率与有条件的可能性"第 1 节"事件与概率"中的例题:

$H$:喜欢汉堡

$\overline{H}$:不喜欢汉堡

$G$:喜欢蔬菜

$\overline{G}$:不喜欢蔬菜

**例 1**

针对学生食物喜好进行调查,左边给出了对 10 年级 A 班的同学们调查后的不完整的四格表。

a) 把四格表转移到练习本中并将其补充完整。

b) 用语言叙述数字 4 和 12 在四格表中的意义。

c) 给出 $|G \cap \overline{H}|$。

d) 确定 $|G \cup H|$。

e) 10 年级 A 班有多少学生既不喜欢汉堡也不喜欢蔬菜?

f) 10 年级 A 班有多少学生不喜欢汉堡或不喜欢蔬菜?

g) 学生喜欢蔬菜和不喜欢蔬菜的比例是什么?

解:

a)

|  | $H$ | $\overline{H}$ |  |
|---|---|---|---|
| $G$ | 4 | 8 | 12 |
| $\overline{G}$ | 14 | 6 | 20 |
|  | 18 | 14 | 32 |

b) 10 年级 A 班总共有 4 名学生既喜欢汉堡又喜欢蔬菜。10 年级 A 班总共有 12 名学生喜欢蔬菜。

c) $|G \cap \overline{H}| = 8$。

d) $|G \cup H| = 4 + 8 + 14 = 26$。

e) $|\overline{G} \cap \overline{H}| = 6$。

f) $|\overline{G} \cup \overline{H}| = 14 + 6 + 8 = 28$。

g) $\left|\dfrac{G}{\Omega}\right| = \dfrac{12}{32} = \dfrac{3}{8}$, $\left|\dfrac{\overline{G}}{\Omega}\right| = \dfrac{20}{32} = \dfrac{5}{8}$。

　　此例题以调查学生对食物的喜好为背景设计，与学生在校的生活密切相关，同时食物只设计了汉堡和蔬菜两种，事件关系简单，加上分小题设计问题，从填表格→用语言叙述已知数字的意义→给出事件的交集/并集（题目给出的是符号）→求事件的交集/并集/比例（题目给出的是事件，需要学生自己创建符号），每小题解答都是一步到位，事件的文字、表格和符号表示交替出现，都是对学生的基本要求，都体现了该例题的基础性。

　　再看，12 年级第 2 章"函数及其图象的其他性质"第 1 节"二阶导数"中的例题：

例子

求二阶导数。

a) $f : x \mapsto \sin x + \dfrac{2}{x^2} - \dfrac{1}{\sqrt{x}}$ ;

b) $g : x \mapsto \dfrac{-3x^5 + x}{x^2} + \mathrm{e}^{2x}$ ;

c) $h : x \mapsto 7ax^3 - 5a$ , $a \in \mathbf{R}$ 。

解：

a) $f'(x) = \cos x - 4x^{-3} + \dfrac{1}{2} x^{-\frac{3}{2}}$ , $f''(x) =$

$-\sin x + 12x^{-4} - \dfrac{3}{4} x^{-\frac{5}{2}}$ ;

b) $g(x) = -3x^3 + x^{-1} + \mathrm{e}^{2x}$ , $g'(x) = -9x^2 -$

$x^{-2} + 2\mathrm{e}^{2x}$ ,

$g''(x) = -18x + 2x^{-3} + 4\mathrm{e}^{2x}$ ;

c) $h'(x) = 21ax^2$ , $h''(x) = 42ax$ 。

重要的导数：

| $f$ | $f'$ |
|---|---|
| $c$ , $c \in \mathbf{R}$ | $0$ |
| $x^{-1}$ | $-x^2 = -\dfrac{1}{x^2}$ |
| $\sin x$ | $\cos x$ |
| $\cos x$ | $-\sin x$ |
| $\mathrm{e}^x$ | $\mathrm{e}^x$ |
| $\ln |x|$ | $\dfrac{1}{|x|}$ |

　　此题是求二阶导数的例题，文中也只有这一道例题。可以看到例题的解答过程很简单直接，就是求导展开，那么这道例题的基础性就在于学生在掌握一阶导数的基础上，再进行二阶求导，这本身就是一个基本的过程，没有过多的新知识、新技能或新方法，同时在例题右边还给出了旁注提示，提供了重要的导数公式，基础性不言而喻。

（2）例题的典型性

经过分析发现，DE‐LBS 例题在典型性设计方面都比较注重针对性、代表性和启发性。下面我们结合具体案例进行分析。

比如，10 年级第 3 章"指数函数和对数"第 1 节"线性增长和指数增长"中的例 2：

例 2

折叠一张纸。这样每次都产生两倍厚的纸层。在稳定之前，你可以有足够大的 0.1 mm 厚的薄片纸进行任意多次折叠。

a）纸张经过 1，2，…，10 次折叠后达到多少厚度？给出一个函数来计算厚度并创建表格。

0.1 mm 厚的报纸，人们可以折多少下？先估计一下，然后实践检验一下。

b）请问经过 50 次的折叠可以达到一个房间的高度，达到乌尔姆斯特的高度，还是达到地球与太阳的距离（$=1.5 \cdot 10^8$ km）呢？

解：

a）$f(n) = 0.1 \cdot 2^n$。

| $n$ | 0 | 1 | 2 | 3 | 4 | 5 | 6 | 7 | 8 | 9 | 10 |
|---|---|---|---|---|---|---|---|---|---|---|---|
| $f(n)$ | 0.1 | 0.2 | 0.4 | 0.8 | 1.6 | 3.2 | 6.4 | 12.8 | 25.6 | 51.2 | 102.4 |

b）$f(50) = 0.1 \cdot 2^{50} \approx 1.126 \cdot 10^{14}$，$1.126 \cdot 10^{14}$ mm $= 1.126 \cdot 10^8$ km。

即纸片经过折叠 50 次后，其厚度接近地球与太阳的距离。

此题是经典的折纸问题，针对性主要体现在第一小问中要求给出厚度增长的函数模型，学生在学习了指数增长概念后比较容易能够想到，要求创建的表格，是让学生通过有限的具体运算感受指数增长过程，表格展示了一一对应变化过程。接着是代表性，第二小问大家都知道是直接运算公式就可以了，从模型的建立到公式的运用都体现出这是代表指数增长模型的一个非常好的例子。最后是启发性，做第二小问的时候，学生不单单是直接利用公式，绝大多数学生都会惊讶于这个问题——折纸能达到这样的高度吗？加上最左边的旁注"0.1 mm 的报纸，人们可以折多少下？先估计一下，然后实践检验一下"，利用理论与实际的冲击，不仅激发了学生的好奇心理，也启发了学生的想象能力，可以说这道例题是学生从具体到抽象的生长点。

再如,11 年级第 8 章"微分学的应用"第 2 节"极值问题"中的例 1:

例 1

一个体育场的 400 米跑道被设计成由两条平行的直线段路线和两个半圆形的路线。其中封闭的矩形面积是否可以和足球场的面积一样大?

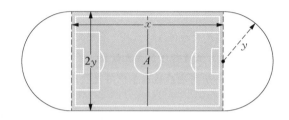

解:

矩形面积:(Ⅰ)$A = x \cdot 2y$。

限制条件:(Ⅱ)$2x + 2\pi y = 400$,所以 $y = \dfrac{1}{\pi} \cdot (200 - x)$。

带入(Ⅰ)得到目标函数:$A(x) = x \cdot 2 \cdot \dfrac{1}{\pi} \cdot (200 - x) = \dfrac{2}{\pi} \cdot (200x - x^2)$,$x \in (0, 200)$。

$$A'(x) = \frac{2}{\pi} \cdot (200 - 2x)。$$

极值点:由 $A'(x) = 0$ 得 $x_0 = 100$。 这是一个局部的极大值,

$A'(x) > 0$ 为 $x < 100$,$A'(x) < 0$ 为 $x > 100$。

同时也是全域的最大值,因为边界值

$$A(0) = A(200) = 0 \text{ 比 } A(100) \text{ 小}。$$

宽度:$2 \cdot y_0 = 2 \cdot \dfrac{1}{\pi} \cdot 100 \approx 2 \times 31.85 = 63.7$。

最大面积:$100 \times 63.7 = 6\,370(\text{m}^2)$。

注意:

足球场的尺寸:

长度:90 m～120 m;

宽度:45 m～90 m;

在德甲联赛和国际比赛中常见的是:

长度:105 m;

宽度:68 m。

　　此题主要体现利用导数求最值问题,它的典型性主要体现在以下两个方面:首先,例题主要通过从建体育场的具体方案中抽象出函数模型,直接体现了

导数在生活中的具体应用,同时在最右边的旁注中还附上了足球场的图片以及有关足球场长、宽的尺寸常识,时刻提醒着学生学习数学的重要性在于运用数学知识解决实际问题;其次,利用导数求最值的关键步骤和过程,例题通过简洁的方式呈现出来,从公式→限制条件→目标函数→极值点→解,让人一览无余、熟记心中,受此启发,以后不管是遇见纯数学利用导数求最值问题还是实际应用题,学生就知道该如何下手了。

再看,12 年级第 3 章"随机变量和二项分布"第 2 节"随机变量的概率分布"中的例 1:

例 1

一个玩家付 1 欧元的赌注,从装有 3 个黑球、2 个红球、1 个绿球的箱子中取 2 个球,不能放回。根据规则,抽到 2 个红球得 3 欧元,抽到 2 个黑球得 2 欧元,抽到 1 个绿球和 1 个任意的颜色的球得 1 欧元。其他的情况不得钱。

a) 可变增益 G 可以随机取得什么值?

b) 绘制相关概率分布的树状图。

解:

a)利润＝支付－订金,

G 可能的取值是{2, 1, 0, -1}欧元。

b) 树状图如下:

$$P(G=2) = \frac{2}{6} \cdot \frac{1}{5} = \frac{2}{30},$$

$$P(G=1) = \frac{3}{6} \cdot \frac{2}{5} = \frac{6}{30},$$

$$P(G=0) = \frac{3}{6} \cdot \frac{1}{5} + \frac{2}{6} \cdot \frac{1}{5} + \frac{1}{6} = \frac{10}{30},$$

$$P(G=-1) = 1 - [P(G=2) + P(G=1) + P(G=0)] = \frac{12}{30}.$$

策略:

考虑相反的(互补事件)

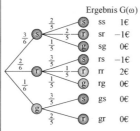

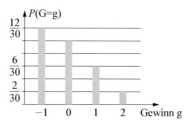

在这一章里面,很多正文、例题和习题都是以摸小球为背景设计,在一定意义上此题就已极具典型性。它利用简单的摸小球问题刻画了随机变量的取值、概率分布等重要概念,同时结合树状图、概率公式和统计图三方面强化了随机变量概率分布问题,此外还在最左边的旁注中给出策略提示,启发学生从不同的方向思考问题。

(3) 例题的示范性

经过分析发现,DE - LBS 中的例题示范性设计突出知识运用的示范,强调数学方法的示范,也注重数学思想方法的示范。前面的案例也无不体现着这些特点,我们再看几个突出例题示范性的例子。

比如,10 年级 第 3 章"指数函数和对数"第 2 节"指数函数"中的例 2:

例 2

放射性元素铯137,以半衰期 33 年呈指数衰减。计算生长因子 $a$ 和每年减少的百分比 $p$。

解:

列出:$f(t) = b \cdot a^t$。

它适用:$f(0) = b \cdot a^0 = b$ 和 $f(33) = b \cdot a^{33} = \frac{1}{2}b$。

由此如下:$\dfrac{f(33)}{f(0)} = a^{33} = \dfrac{1}{2} \Rightarrow a = \left(\dfrac{1}{2}\right)^{\frac{1}{33}} \approx 0.979$。

从而适用 $p = a - 1 : p \approx 0.979 - 1 = -0.021 = -2.1\%$。

在物理学中衰变规律的形式写成:

$$N(t) = N_0 \cdot \left(\frac{1}{2}\right)^{\frac{1}{T_N}}。$$

提醒:

$a^0 = 1$。

此题是指数函数的衰减模型,例题以放射性元素铯 137 的衰变性为背景设计,从最左边的旁注中提供的物理学中的衰变公式和提醒的知识点,可以看到它突出知识运用的示范。同时通过列式假设、利用已知条件、计算、解的过程,可以看到指数函数增长模型和衰变模型的常规解题步骤的示范。

再如,11 年级第 5 章"高阶导数"第 1 节"正弦和余弦求导"中的例 3:

例 3

确定函数 $f: x \mapsto \sin x - \dfrac{1}{2}x$ 在区间 $[0, 2\pi]$ 上的极值。计算 $f(0)$ 并画出在指定区间的图象。

解：

$f'(x) = \cos x - \dfrac{1}{2}$。必须应用 $f'(x) = 0$，

则 $\cos x = \dfrac{1}{2}$，解得 $x_1 = \dfrac{\pi}{3}$ 和 $x_2 = \dfrac{5}{3}\pi$。

函数 $f$ 单调性：

提醒：
$f' > 0$ 意味着 $G_f$ 单调递增；
$f' < 0$ 意味着 $G_f$ 单调递减。

最大值：$f\left(\dfrac{\pi}{3}\right) = \dfrac{\sqrt{3}}{2} - \dfrac{\pi}{6} \approx 0.342\,4$。

最小值：$f\left(\dfrac{5}{3}\pi\right) = -\dfrac{\sqrt{3}}{2} - \dfrac{5}{6}\pi \approx -3.484\,0$。

它适用：$f(0) = \sin 0 - 0 = 0$。

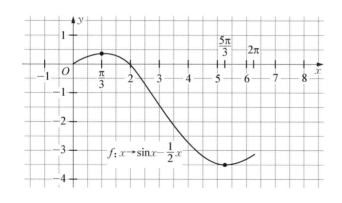

此题是对正弦函数求导知识的示范，旁注给出了函数单调性的判断原理，同样注重知识的示范性。同时充分展示了求导、算极值、判断函数单调性、判断最值的完整过程及利用导数求最值的过程。在判断函数单调性的时候，充分利

用数轴图象以及相应的字母、箭头、符号来表示,最后画出了指定区间函数的图象,该具体问题示范了运用数形结合的思想对新知识进行教学突破。

再看,11 年级第 6 章"自然指数函数和自然对数函数"第 2 节"自然对数函数及其导数"中的例 3:

例 3

证明,对于 $x \neq 0$,函数 $F$ 是函数 $f$ 的原函数。

a) $f: x \mapsto \dfrac{2}{3x}$;

b) $f: x \mapsto \dfrac{x+1}{x}$;

$F: x \mapsto \dfrac{2}{3} \ln |x| + c$。

$F: x \mapsto x + \ln |x| + c$。

解:

a) $x > 0: F(x) = \dfrac{2}{3} \cdot \ln x + c$

b) $x > 0: F(x) = x + \ln x + c$

$\Rightarrow F'(x) = \dfrac{2}{3} \cdot \dfrac{1}{x} = \dfrac{2}{3x} = f(x)$;

$\Rightarrow F'(x) = 1 + \dfrac{1}{x} = \dfrac{x+1}{x} = f(x)$;

$x < 0: F(x) = \dfrac{2}{3} \cdot \ln(-x) + c$

$x < 0: F(x) = x + \ln(-x) + c$

$\Rightarrow F'(x) = \dfrac{2}{3} \cdot \dfrac{1}{(-x)} \cdot (-1) = \dfrac{2}{3x} = f(x)$。

$\Rightarrow F'(x) = 1 + \dfrac{1}{(-x)} \cdot (-1) = \dfrac{x+1}{x}$

$\qquad = f(x)$。

提醒:

如果 $F(x)$ 是一个原函数,那么 $F(x) + c$ 也是原函数,其中 $c$ 是任意常数。

同样的,例题设计本身从对数函数导数、原函数等基本知识出发,主要示范了两者之间的关系,旁注中给出原函数的注意事项,证明过程突出分类讨论思想,善用符号(如用 $\Rightarrow$ 表示推出,用 : 表示在这类情况下),直观简洁,没有文字,值得我们借鉴。

### 7.4.2.2 习题的质性分析

(1)习题的层次性

DE-LBS 的习题设置也体现出层次性,每节内容后面的习题层次性设计特征基本相同,我们以 12 年级第 2 章"函数及其图象的其他性质"第 1 节"二阶导数"中的习题为案例进行说明。该节正文中只有一道例题(上文已经进行说

明),却设置了 11 道习题,其中的几道习题如下所示:

2　求一阶导数和二阶导数并且计算 $f'(1)$。

a) $f : x \mapsto 5x^3 + \ln x$;

b) $f : x \mapsto -x^{-2} + \mathrm{e}^{3x-3}$;

c) $f : x \mapsto (3x-5)^2$;

d) $f : x \mapsto \cos(x-1)$;

e) $f : x \mapsto 123$;

f) $f : x \mapsto \sqrt{(x^3+3)^3}$;

g) $f : x \mapsto \dfrac{4x^2}{x+1}$;

h) $f : x \mapsto \dfrac{x}{(x-3)^2}$。

5　请建立一阶导数和二阶导数;画出 $f$, $f'$ 和 $f''$ 的图象并且用函数自动绘图仪检验。

a) $f : x \mapsto 2x^3 + x^2 + x$;

b) $f : x \mapsto \cos x + \sin x$;

c) $f : x \mapsto 3 + \dfrac{1}{x^2}$;

d) $f : x \mapsto 5x + \mathrm{e}^x$。

8　下面给出的函数中哪些具有几何意义? 请求出它们的一阶导数和二阶导数。

a) $A(r) = \pi r^2$;

b) $U(a) = 2(a+b)$;

c) $O(h) = 2\pi r^2 + 2\pi r h$;

d) $V(r) = \dfrac{4}{3}\pi r^3$;

e) $V(h) = \dfrac{1}{3}\pi r^2 h$;

f) $O(r) = \pi r(s+r)$。

9　找到与函数 $f$ 二阶导数匹配的曲线图

a) $f : x \mapsto -2\cos x + x$;

b) $f : x \mapsto \sin x - x$;

c) $f : x \mapsto \sin x + \cos x$。

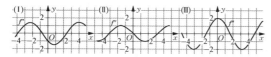

10　观察右边函数的项。哪些项通过再次求导会变得复杂,哪些会变得简单?

11　给出的函数图象是蓝的。红色的是一阶导数的图象,橙色的是二阶导数的图象。这些符合什么?

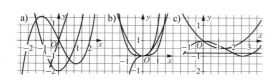

　　二阶导数的学习是在熟练一阶求导的基础上进行,本节课的重点在于理解二阶导数的概念,难点在于了解二阶导数的几何意义。二阶导数是比较理论和抽象的一个量,它不像一阶导数那样有明显的几何意义,因为它表示的是一阶导数的变化率。在图形上,它主要表现函数的凹凸性,直观地说,即函数是向上凸起的,还是向下凸起的。所以对于高中生来说,比较合适的学习路径是先用代数的方法,掌握对具体函数求高阶导数的方法,然后适当渗透高阶导数的图象以及几何意义。明显第 2 题是对例题一阶求导和二阶求导的直接模仿,在模仿的基础上要求简单特殊点的二阶导数值,旁注还给出了习题 2 的答案。还有第 4 题(未展示)依旧是求具体函数一阶导数和二阶导数的代数问题,只是函数较为复杂,属于低度变式。在对例题的模仿和变式结束后,第 5 题就开始要求画出具体函数的图象、一阶导数图象和二阶导数图象,并利用函数自动绘图仪检验,从高度抽象到通过动手画图的具象,初步了解导函数的几何意义。第 8 题,综合利用以前学过的几何中的基本公式,先让学生判断公式的几何背景,再求导,而公式中的变量较多,这就需要学生把握“对谁求导”的关键。第 9 题,出的题目一个是让学生了解三角函数的二导函数图象,另一个是让学生感受三角函数求高阶导数后依旧是三角函数,图象仍然是周期性的。第 10 题,主要是通过观察判断函数求导之后是变得复杂了还是简单了,一般学生经过从抽象到具体再到具体与抽象结合的过程,会具有这样的判断能力。第 11 题就算是升华了,问题也算开放,需要从具体升华到抽象,这就需要经过前面对二阶导数的几何意义了解的基础上再来做综合判断,不同的学生达到的水平是各异的。总的来说,习题组完整地实现了从模仿练习→变式训练→综合应用的过程。

　　(2) 习题的变式性

　　DE - LBS 中的水平变式习题主要体现在对例题或者文中知识等的直接变式,或者题干内部小题之间的小幅度变式;垂直变式习题则主要体现于问题背景或者问题结构的大幅度变式。每节内容后面习题的变式性设计规律与特点较为一致,因此我们主要以向量的习题为例进行变式性设计说明。11 年级第 4 章“空间解析几何”第 3 节“向量的加法和减法”后面设置了 19 道习题,其中第 2 题和第 11 题如图 7 - 10 所示:

2

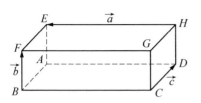

用向量 $\vec{a}$、$\vec{b}$、$\vec{c}$ 表示向量 $\overrightarrow{AG}$、$\overrightarrow{CE}$、$\overrightarrow{RH}$、$\overrightarrow{BF}$、$\overrightarrow{DG}$。

11

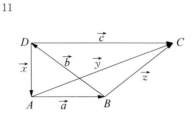

用向量 $\vec{x}$、$\vec{y}$、$\vec{z}$ 表示向量 $\vec{a}$、$\vec{b}$、$\vec{c}$。

图 7-10

　　这两题是针对例题的直接变式，都是向量的图形表示，属于水平变式。例题是用同起点、首尾相连的三个已知向量表示四点构成的其余向量，在平面上基本示范了向量的加法和减法。习题 2 就直接利用长方体中的边和顶点元素，也是利用已知三个向量表示未知向量，但把平面向量提升到空间向量及其运算，经过向量平移之后发现和例题的三个已知向量位置关系基本一致。而习题 11 虽然也是用三个已知向量表示未知向量，但是已知向量的位置关系发生了变化，在一定程度上增加了难度。又如习题 10（如图 7-11）：

10

　　在你的作业本上画出六面体并且给出六个角顶点缺少的坐标。$M$ 是 $AE$ 的中点，$N$ 是 $BC$ 的中点，$S$ 是 $HG$ 的中点。计算向量 $\overrightarrow{MN}$、$\overrightarrow{MS}$、$\overrightarrow{NS}$ 的坐标。

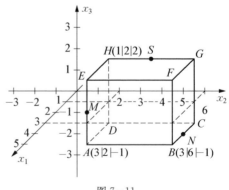

图 7-11

　　该题也是对例题的直接变式，求点的坐标问题，是求向量的坐标表示，也属于水平变式问题。

　　接下来，看习题 13 和习题 15（如图 7-12），它们是例题的垂直变式，不仅利用实际背景设计问题，而且问题结构也更加复杂化。习题 13 中问题的本质是运用向量加法原理解释生活中遛狗的用力问题，同时需要求出向量的夹角。习题 15 也是利用人们的兴趣爱好设计的问题，向量个数增加了，向量间角度也已知,要求向量大小。这些问题再一次说明了向量也是来源于生活背景,利用向量的大小、方向(向量间的关系)可以解释和解决生活中的具体问题。

13

a) 如果两只狗用同样的力量拉人的话,人会被拉向哪个方向? 如果上面的狗用两倍的力气的话,结果又会如何? 请用向量解释。
b) 两只狗用什么角度会让人受力最小?

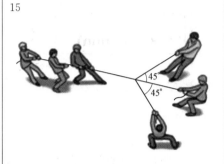

15

有些喜欢健身的人,有共同的兴趣爱好,他们在一起做一个健身游戏。游戏方式如图。左边是兴趣爱好者,方向相同,右边是职业运动员,三个方向。
每组的三个成员用的力是相同大小的。兴趣爱好者至少要用多大的力气才能不输。

图 7-12

(3) 习题的覆盖性

经分析发现,DE‐LBS习题覆盖的内容最多的还是正文、例题中出现的思想方法,其次是正文、例题中出现的知识技能,而新知识、新技能和新方法引入得较少,因此习题设计比较突出地体现了基础性和巩固性功能。

我们来看一种特殊的习题,以"G"开头的习题,它覆盖前面学过的知识。也就是说,此类习题并不是用本节的知识就可以解决的,其主要功能在于复习前面的知识。这样的习题,设置在每节习题的最后,一般情况下有1～3道题。如11年级第4章"空间解析几何"第3节"向量的加法和减法"设置的19道习题中的最后3道题:

G17

通过对函数进行因式分解确定函数的零点。

a) $f: x \mapsto -2x^2 + 8$;

b) $g: x \mapsto 4x^2 - 4x - 8$;

c) $k:x\mapsto x^3-2x^2+x$；

d) $h:x\mapsto 2x^4-20x^2$；

e) $s:x\mapsto 10x^5+40x^3$；

f) $d:x\mapsto 8x^2-4x-5x^3+x^4$；

g) $f:x\mapsto 5x^4-45x^2$。

G18　解方程组：

a) $\begin{cases} \dfrac{2}{3}x-5y+1=0, \\ \dfrac{1}{3}x=y+1; \end{cases}$　　　　b) $\begin{cases} \dfrac{x}{2}-\dfrac{y}{3}=5, \\ \dfrac{x}{4}-4=\dfrac{2y}{3}。 \end{cases}$

G19

扔 4 个拉普拉斯骰子。至少有一个是 6 的概率是多大？

这三道习题覆盖了前面的函数零点问题、解方程组问题以及概率问题。这样的习题设置，让学生每学完新知识的时候总不忘回顾一下前面所学的内容，充分发挥习题的基础性和巩固性功能。

另外，DE‐LBS 习题在最左边或者最右边设置了旁注，旁注的主要用途在于引入问题的解决策略、生活常识、需要用到的学到过的知识技能或者习题的答案，同样也体现了习题的基础性和巩固性功能。

## 7.5　US‐SMP 例习题设置的特色分析

### 7.5.1　例习题设置的量化分析

#### 7.5.1.1　例题的量化分析

（1）例题的数量

表 7‐20　US‐SMP 例题数量统计

| 知识 | Ⅰ. 代数 | Ⅱ. 三角函数 | Ⅳ. 统计与概率 |
|---|---|---|---|
| 数量 | 413 | 105 | 78 |
| 合计 | 596 | | |
| 比例 | 69.3% | 17.6% | 13.1% |

从表 7 - 20 中,我们可以清晰地得知,US - SMP 中代数、三角函数和统计与概率三个部分共有 596 道例题。其中代数部分的例题占例题总量的 69.3%,三角函数部分的例题占 17.6%,统计与概率部分的例题占 13.1%。

由于三部分内容的比重不同,各部分例题的数量差异较大。代数部分有 18 章,共 152 节,平均每节约 3 个例题;三角函数部分有 4 章,共 36 节,平均每节约 3 个例题;统计概率部分有 4 章,共 29 节,平均每节约 3 个例题。每节呈现的知识点的数量在两到三个左右,整体来看,例题的数量与每节呈现的知识点的数量基本匹配。单就数量方面来看,能够满足对新知识学习的需求。

（2）例题的类型

三部分例题类型的统计数据如表 7 - 21 所示:

表 7 - 21　US - SMP 例题类型统计

| 知识＼类目 | 概念型 | 原理型 | 方法型 | 问题解决型 | 合计 | 比例 |
|---|---|---|---|---|---|---|
| Ⅰ. 代数 | 115 | 137 | 137 | 24 | 413 | 69.3% |
| 比例 | 27.8% | 33.2% | 33.2% | 5.8% | / | / |
| Ⅱ. 三角函数 | 59 | 21 | 21 | 4 | 105 | 17.6% |
| 比例 | 56.2% | 20% | 20% | 3.8% | / | / |
| Ⅳ. 统计与概率 | 20 | 46 | 9 | 3 | 78 | 13.1% |
| 比例 | 25.6% | 59.0% | 11.5% | 3.8% | / | / |
| 合计 | 194 | 204 | 167 | 31 | 596 | / |
| 比例 | 32.6% | 34.2% | 28.0% | 5.2% | / | / |

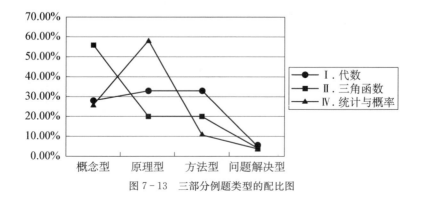

图 7 - 13　三部分例题类型的配比图

图 7-13 清晰地表明：

第一，三部分内容的例题类型分布不同。代数部分概念型、原理型和方法型例题的分布较为均衡；三角函数部分概念型例题居多，原理型和方法型例题分布均衡；概率与统计部分的原理型例题居多。出现这种情况与三部分的内容有直接的关系。

第二，三部分内容的问题解决型例题的比重均较低。这与例题的性质有着莫大的关系。例题是用于帮助学生理解、巩固新知，甚至是用于引入新知的。例题要用最简洁易懂的形式为学生呈现新知，因此，例题的复杂程度受到了一定的限制，问题解决型例题的设计自然不会太多。

教材是一个整体。为了更全面地反映教材中四种例题类型的分布情况，作统计图如图 7-14 所示：

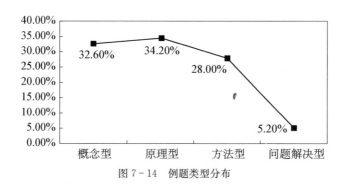

图 7-14　例题类型分布

图 7-14 可以反映出 US-SMP 以概念型、原理型和方法型例题为主，致力于学生对新知的记忆、理解和巩固。辅以少量的问题解决型例题，结合具体现实背景及知识的综合运用，用于拓展学生的思维空间。

（3）例题的素材

US-SMP 例题素材的统计数据如表 7-22 所示：

表 7 - 22   US - SMP 例题素材统计

| 知识 \ 类目 | 纯数学 | 社会生活背景 | 其他学科背景 | 合计 | 比例 |
|---|---|---|---|---|---|
| Ⅰ. 代数 | 137 | 252 | 24 | 413 | 69.3% |
| 比例 | 33.2% | 61.0% | 5.8% | / | / |
| Ⅱ. 三角函数 | 78 | 19 | 8 | 105 | 17.6% |
| 比例 | 74.3% | 18.1% | 7.6% | / | / |
| Ⅳ. 统计与概率 | 12 | 66 | — | 78 | 13.1% |
| 比例 | 15.4% | 84.6% | — | / | / |
| 合计 | 227 | 337 | 32 | 596 | / |
| 比例 | 38.1% | 56.5% | 5.4% | / | / |

为了更清晰地反映三种例题在三部分之间的配比关系,作如下折线统计图 7 - 15:

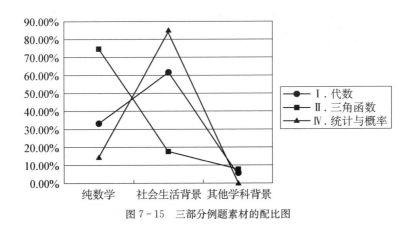

图 7 - 15   三部分例题素材的配比图

图 7 - 15 清晰地反映出了三部分内容例题素材的分布情况:

代数和统计与概率两个部分的例题素材的分布趋势相似,都是与社会生活背景相关的例题占主要部分,其次是纯数学问题,有其他学科背景的例题数量最少。出现这种情况很可能是因为这两部分内容与社会生活的关系较为密切。三角函数部分的例题以纯数学问题为主,辅以少量的有现实生活背景的例题。

为了更全面地反映教材中例题素材的分布情况,作如下统计图 7 - 16:

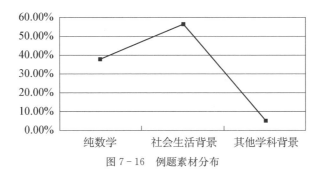

图 7 - 16　例题素材分布

图 7 - 16 反映出，US - SMP 中有社会生活背景的例题占有很大的比重，其次是纯数学问题，而与其他学科相关的例题的数量较少。适时适当地设计与其他学科相关的数学问题，有助于新知的理解与应用以及体现知识之间的连通性，建立更加合理的知识体系。以下是 US - SMP 中出现的与棋牌和体育文化有关的两个例题：

　　例 1　棋牌游戏"大富翁"中，Boardwalk 是最昂贵的财产。它的一次性成本加上一个旅馆是 1 400 美元，把它租给另外一个玩家登录一次是 2 000 美元。如果 $n$ 代表登录 Boardwalk 玩家的人数，那么 $f(n) = 2000n - 1400$ 代表有 $n$ 个玩家登录 Boardwalk 后拥有者总共获得的利润。

　　a）4 个玩家登录 Boardwalk 后，拥有者获得的利润是多少？

　　b）拥有者有可能刚好获得 10 000 美元的利润吗？

　　例 3　在 2006 年 NBA 总决赛的第五场迈阿密和达拉斯小牛队之间的比赛中，德克·诺维斯基的得分占达拉斯小牛队总分的 $\frac{1}{5}$，约翰·霍华德的得分占达拉斯小牛队总

Dirk Nowitzki, of the Dallas Mavericks.

图 7 - 17

分的 $\frac{1}{4}$。达拉斯小牛队其他队员的总分是 55 分。达拉斯小牛队总共获得了多少分？

　　（4）例题的处理方式

　　例题的处理方式在很大程度上反映出教材的可读性。下面是三部分内容例题处理方式的统计表 7 - 23：

表 7 - 23　US-SMP 例题处理方式统计

| 知识＼类目 | S | AS | SI | SIG | SG | ASG | 合计 | 比例 |
|---|---|---|---|---|---|---|---|---|
| Ⅰ.代数 | 137 | 45 | 159 | 24 | 24 | 24 | 413 | 69.3% |
| 比例 | 33.2% | 10.9% | 38.5% | 5.8% | 5.8% | 5.8% | / | / |
| Ⅱ.三角函数 | 55 | 44 | — | — | 4 | 2 | 105 | 17.6% |
| 比例 | 52.4% | 41.9% | — | — | 3.8% | 1.9% | / | / |
| Ⅳ.统计与概率 | 17 | 55 | 3 | — | — | 3 | 78 | 13.1% |
| 比例 | 21.8% | 70.5% | 3.8% | — | — | 3.8% | / | / |
| 合计 | 209 | 144 | 162 | 24 | 28 | 29 | 596 | / |
| 比例 | 35.1% | 24.2% | 27.2% | 4.0% | 4.7% | 4.7% | / | / |

　　为了更清晰地反映例题的处理方式在三部分之间的配比关系,作如下折线统计图 7 - 18:

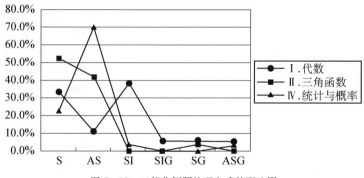

图 7 - 18　三部分例题处理方式的配比图

　　依据上述图表,不难得出如下结论:

　　第一,代数部分中"问题＋解答＋主要步骤说明"(SI)和"问题＋解答"(S)形式例题占多数,较其他部分例题更加重视主要步骤的说明。例如《高级代数》的"解方程"一节中的例题(p.42):

　　例 2　大流士有 500 美元,买了棒球卡公约。他决定花费他所有的钱去购买他最喜欢的两个选手的新手卡。在本赛季结束的时候,大流士发现第一张卡增值了 21%,而第二张卡贬值了 7%。他买的第一张卡花费了 $d$ 美元,所以他买第二张卡花费(500－$d$)

美元。

所以，

$$T(d) = 1.21d + 0.93(500 - d)$$

代表两张卡的总价值。如果本赛季结束时大流士的卡价值 550 美元，那么两张卡各花费多少美元？

解答　给定 $T(d) = 550$，然后找出 $d$。解方程。

$1.21d + 0.93(500 - d) = 500$。

$1.21d + \underline{\ \ ?\ \ } - \underline{\ \ ?\ \ } = 550$。　　（分配 0.93）

$\underline{\ \ ?\ \ } - \underline{\ \ ?\ \ } = 550$。　　（合并同类项）

$\underline{\ \ ?\ \ } = \underline{\ \ ?\ \ }$　　（两边同时减去 465）

$d \approx \underline{\ \ ?\ \ }$　　（两边同时除以 0.28）

$500 - \underline{\ \ ?\ \ } = \underline{\ \ ?\ \ }$。　　（找到另一张卡片的价值）

为了使本赛季结束时卡片值为 ___?___ 美元，大流士需要用大约 ___?___ 美元购买第一张卡片，用大约 ___?___ 美元购买第二张卡片。

第二，三角函数部分以"问题＋分析＋解答"（AS）形式的例题居多，较为重视例题的解析，充分发挥例题的示范引领作用。

第三，概率与统计部分以"问题＋解答"（S）"问题＋分析＋解答"（AS）形式例题为主。

第四，三部分内容的例题中具有"总结"这一环节的例题较少。这说明在解题方法等方面的归纳概括较为弱化。当然，这在某种程度上也是培养学生独立归纳总结习惯的手段之一。

为了更全面地反映教材中例题处理方式的分布情况，作如下统计图 7－19：

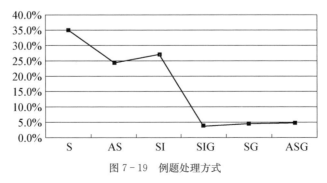

图 7－19　例题处理方式

由图 7-18,我们可以发现 US-SMP 例题绝大多数是以"问题＋解答"(S)"问题＋分析＋解答"(AS)和"问题＋解答＋主要步骤说明"(SI)的形式出现的,例题中很少出现总结性的话语。下面是《高级代数》中三角函数部分出现的一道"问题＋分析＋解答＋总结(ASG)"形式的例题(P713):

例 1    将 1 弧度转换为度。

解答:因为给定的是弧度,所以弧度乘以转换因子。

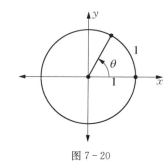

$$1 \text{ radian} = 1 \text{ radian} \cdot \frac{180^\circ}{\pi \text{radians}}$$

$$= \frac{180^\circ}{\pi}$$

$$\approx 57.3^\circ 。$$

注意:1 弧度比 1 度大。

图 7-20

该例题在结尾处利用总结性的语句指出"注意:1 弧度比 1 度大",将计算结果升华为单位大小的比较,具有一定的启发意义。

### 7.5.1.2  习题的量化分析

(1) 习题的数量

表 7-24    US-SMP 习题数量统计

| 知识 \ 类目 | 习题 | 复习题 | 合计 | 比例 |
|---|---|---|---|---|
| Ⅰ. 代数 | 3 689 | 1 513 | 5 202 | 70.8% |
| 比例 | 70.9% | 29.1% | / | / |
| Ⅱ. 三角函数 | 861 | 339 | 1 200 | 16.3% |
| 比例 | 71.8% | 28.2% | / | / |
| Ⅳ. 统计与概率 | 667 | 278 | 945 | 12.9% |
| 比例 | 70.6% | 29.4% | / | / |
| 合计 | 5 217 | 2 130 | 7 347 | / |
| 比例 | 71.0% | 29.0% | / | / |

从表 7-24 中可以看出,US-SMP 共有 7 347 道习题和复习题,其中习题有 5 217 道,约占题目总量的 71%。代数部分习题有 3 689 道,复习题有 1 513

道,平均每节约有 24 道习题,平均每章有 84 道复习题;三角函数部分习题有 861 道,复习题有 339 道,平均每节约有 24 道习题,平均每章约有 85 道复习题; 统计与概率部分习题有 667 道,复习题有 278 道,平均每节约有 23 道习题,平均 每章约有 70 道复习题。这在一定程度上表明各部分的教学和学习任务较为 平均。

（2）习题的类型

三部分习题类型的统计数据如表 7-25:

表 7-25　US-SMP 习题类型统计

| 知识 \ 类目 | 判断题 | 选择题 | 填空题 | 简答题 | 计算题 | 证明题 | 作图题 | 解答题 | 合计 | 比例 |
|---|---|---|---|---|---|---|---|---|---|---|
| Ⅰ.代数 | 104 | 156 | 156 | 2 102 | 1 446 | — | 208 | 1 030 | 5 202 | 70.8% |
| 比例 | 2.0% | 3.0% | 3.0% | 40.4% | 27.8% | — | 4.0% | 19.8% | / | / |
| Ⅱ.三角函数 | 43 | 22 | 95 | 501 | 342 | 22 | 50 | 125 | 1 200 | 16.3% |
| 比例 | 3.6% | 1.8% | 7.9% | 41.8% | 28.5% | 1.8% | 4.2% | 10.4% | / | / |
| Ⅳ.统计与概率 | 30 | 15 | 15 | 457 | 122 | 15 | 62 | 229 | 945 | 12.9% |
| 比例 | 3.2% | 1.6% | 1.6% | 48.4% | 12.9% | 1.6% | 6.6% | 24.2% | / | / |
| 合计 | 177 | 193 | 266 | 3 060 | 1 910 | 37 | 320 | 1 384 | 7 347 | / |
| 比例 | 2.4% | 2.6% | 3.6% | 41.6% | 26.0% | 0.5% | 4.4% | 18.8% | / | / |

为了更清晰地表明三部分内容中各题型的分布情况,作如下统计图 7-21:

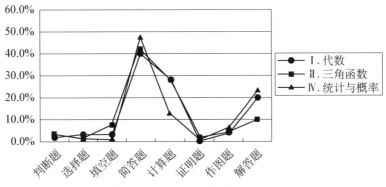

图 7-21　三部分习题类型的配比图

图 7-21 清晰地反映出:第一,三部分内容例题类型的分布趋势基本一致,都是以简答题和计算题为主,其余类型的题目均较少;第二,统计与概率部分的计算题较其他两部分较少;第三,统计与概率部分的解答题较其他两部分较多;第四,三个部分的证明题的数量都很少。US-SMP 中的证明题较 CN-PEP 而言有较大的差异,证明题主要是对新知的再认。例如《高级代数》的"余弦定理"一节中的习题(p.710):

9. 在 $\triangle ABC$ 中,用余弦定理证明:如果 $\angle C$ 是锐角,那么 $a^2 + b^2 > c^2$。

再例如《函数、统计与三角》的"概率原理"一节中的习题(P372):

11. 用加法计数原理的一般形式推导联合事件概率定理的一般形式。

(3) 习题的素材

三部分习题素材的统计数据如表 7-26:

表 7-26　US-SMP 习题素材统计

| 知识＼类目 | 纯数学 | 社会生活背景 | 其他学科背景 | 合计 | 比例 |
|---|---|---|---|---|---|
| Ⅰ. 代数 | 3 256 | 1 711 | 235 | 5 202 | 70.8% |
| 比例 | 62.6% | 32.9% | 4.5% | / | / |
| Ⅱ. 三角函数 | 1 055 | 102 | 43 | 1 200 | 16.3% |
| 比例 | 87.9% | 8.5% | 3.6% | / | / |
| Ⅳ. 统计与概率 | 564 | 320 | 61 | 945 | 12.9% |
| 比例 | 59.7% | 33.9% | 6.5% | / | / |
| 合计 | 4 875 | 2 133 | 339 | 7 347 | / |
| 比例 | 66.4% | 29.0% | 4.6% | / | / |

为了更清晰地反映三种例题在三部分之间的配比关系,作如下折线统计图 7-22:

由上述图表可知,三部分内容的习题均是以无背景的纯数学问题为主,其次是有社会生活背景的习题,最后是有其他学科背景的习题。以下是《高级代数》的"重写公式"一节中与化学和物理有关的两道习题(p.51、p.52):

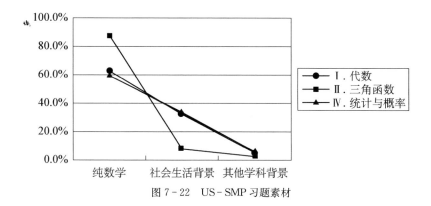

图 7 - 22　US - SMP 习题素材

10. 多项选择　在化学中，一个给定质量和体积的气体满足方程 $\dfrac{T_1}{P_1} = \dfrac{T_2}{P_2}$，这里的 $P_1$ 和 $T_1$ 代表的是此时的压强和温度，$P_2$ 和 $T_2$ 代表的是另一时刻的压强和温度。能解出 $P_2$ 的等价公式是哪一个？

A. $P_2 = \dfrac{T_2 T_1}{P_1}$　B. $P_2 = \dfrac{T_1}{P_1 T_2}$　C. $P_1 = \dfrac{P_2 T_1}{T_2}$　D. $P_2 = \dfrac{P_1 T_2}{T_1}$

20. 一个物体从开始的静止到以 $a$ 为加速度行驶路程为 $d$ 时的速度公式为 $v = \sqrt{2ad}$。一个物体从静止到加速度为 $6\,\mathrm{m/s^2}$ 行驶了 $6.75\,\mathrm{m}$ 时的速度是多少？

### 7.5.2　例习题设置的质性分析

#### 7.5.2.1　例题的质性分析

（1）例题的基础性

第一，关于知识关联。US - SMP 以单知识点和两个知识点的例题为主。教材中知识点与例题往往是交替出现的，例题主要是针对新知识点而设计的，而且每节的新知识点的数量有限，因此，一个例题中涉及的知识点较少。例如，《高级代数》的"正弦与余弦的关系"一节中的例 2（p. 689）：

例 2　说明为什么 $\sin 222° = -\sin 42°$。

解答：画个简图（如图 7 - 23）。$P' = (\cos 222°, \sin 222°)$ 与 42 度角（$P = (\cos 42°, \sin 42°)$）旋转 180 度得到的图象相同。因为 $(x，y)$ 的图象旋转 $180°$ 得到 $(-x，-y)$，所以 $P'$ 的坐标是 $(-\cos 42°，-\sin 42°)$。那么 $\sin 222° = -\sin 42°$。

检验：利用计算器，$\sin 222° \approx -0.669$，$-\sin 42° \approx -0.669$，即结果正确。

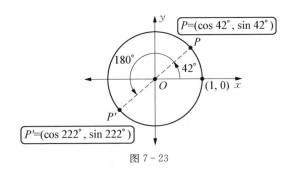

图 7 - 23

该例题是出现在知识点"用对称性找正弦和余弦（using symmetry to find sines and cosines）"之后的例题，能够让学生很好地感受该知识点的本质，也充分运用了数形结合的思想方法，同时也能够培养学生的数学表达能力。

第二，关于计算操作。与例题涉及的知识点数量的性质类似，US - SMP 例题大多是只用一步计算即可解决的问题，但也有一些例题需要多步计算，且具有较高的思维含量。例如《函数、统计与三角》的"正弦和余弦的二倍角公式"一节中的例 2：

例 2 利用 $\cos 2\theta$ 公式计算出 $\sin \frac{\pi}{12}$ 的精确值。

解答：注意到 $\frac{\pi}{12}$ 是 $\frac{\pi}{6}$ 的一半，用已知的三角函数值计算。令 $\theta = \frac{\pi}{12}$。利用 $\cos 2\theta = 1 - 2\sin^2\theta$。

$\cos 2\left(\frac{\pi}{12}\right) = 1 - 2\sin^2\left(\frac{\pi}{12}\right)$。（代入 $\theta$）

$\cos\left(\frac{\pi}{6}\right) = 1 - 2\sin^2\left(\frac{\pi}{12}\right)$。（计算）

$\frac{\sqrt{3}}{2} = 1 - 2\sin^2\left(\frac{\pi}{12}\right)$。（利用 $\cos\frac{\pi}{6}$ 的值）

现在来解 $\sin\frac{\pi}{12}$。

$\frac{\sqrt{3}}{2} - 1 = 1 - 1 - 2\sin^2\left(\frac{\pi}{12}\right)$。

$\frac{\sqrt{3} - 2}{2} = -2\sin^2\left(\frac{\pi}{12}\right)$。

$\frac{2 - \sqrt{3}}{4} = \sin^2\left(\frac{\pi}{12}\right)$。

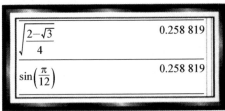

图 7 - 24

$$\sqrt{\frac{2-\sqrt{3}}{4}} = \sin\left(\frac{\pi}{12}\right)。$$

检验:用计算器分别计算$\sqrt{\frac{2-\sqrt{3}}{4}}$和$\sin\left(\frac{\pi}{12}\right)$(如图 7 - 24)。

　　本例题中计算步骤很详细,回顾了解方程的一般方法,增强了教材的可读性,方便学生自学。该例题出现在知识点"用二倍角公式找$\sin\frac{1}{2}\theta$和$\cos\frac{1}{2}\theta$"之后。该例题说明了如何用二倍角公式来解决已知角$\theta$求$\sin\frac{1}{2}\theta$和$\cos\frac{1}{2}\theta$的问题,对这类问题具有一般性的指导意义。

　　第三,关于思维水平。在例题的思维量上,US - SMP 中简单直接的单思维例题较多,大多是仅有一种答案或用一种方法解决的思维水平较低的例题。有个别例题出现了两种方法,但往往第二种方法是利用信息技术手段的解决方法。例如《高级代数》的引例 2(p.56):

例 2　人们普遍利用每年有较高利息的存款单(CDs)的储蓄账户存钱。假定你存款 28 700 美元,每年 4.1% 的利率。那么公式 $S_n = 28700(1.041)^{n-1}$ 代表你的钱储蓄 $n$ 年后的本金和。

a. 计算数列的前五项。

b. 计算数量的第 100 项。

c. 在这种情况下,b 部分的答案有什么意义?

解答 1:

a. 在 CAS 上用函数定义数列,并计算前五项的值。

S(1) = 　?　;

S(2) = 　?　;

S(3) = 　?　;

S(4) = 　?　;

S(5) = 　?　。

b. 用相同的方法计算 S(100)。

S(100) = 　?　。

c. 这个数列指的是 $n$ 年后账户中的钱数。所以,S(100)= 　?　意味着开户 100 年

后账户中将有 ___?___。

解答 2：

a. 在记录仪中输入公式，并产生含有前五项值的表格。

表格开始的值是 $n =$ ___?___ ，

增量是 ___?___ ，

表格最后一个值是 $n =$ ___?___ 。

b. 向下滚动看 S(n) 的值，当 $n = 100$ 时，S(100) = ___?___ 。

c. 100 年后，账户中将有 ___?___ 。

图 7 - 25

当然，例题的思维含量不能仅凭是否有多种答案、多种解法来评判。如《高级代数》的"三角函数图象变化"一节的例 4(p. 260)同样是一道思维含量较高的例题：

例 4 不利用现代技术，确定下面各方程的所有在 0～2π 之间的解的个数。用图象来确定你的答案。

a. $\cos(3x) = 0.8$；

b. $5\tan\left(\dfrac{x}{2}\right) = 3$。

解答：

a. 母余弦函数在区间 0～2π 上有两个解，因为这个定义域代表一周。$y = \cos(3x)$ 是 $y = \cos x$ 的图象在水平方向上缩小为原来的 $\dfrac{1}{3}$。这意味着 $y = \cos(3x)$ 的每个周期相当于 $y = \cos x$ 一个周期的 $\dfrac{1}{3}$。因此，$y = \cos(3x)$ 在区间 0～2π 有三个周期，即有 6 个解。图象在 0～2π 上 $y = \cos(3x)$ 与 $y = 0.8$ 有六个交点。

b. $y = 5\tan\left(\dfrac{x}{2}\right)$ 的图象是 $y = \tan x$ 的图象在水平方向上拉伸 2 倍。所以每一周期是原来的 2 倍。在区间 0～2π 上的交点是原来的一半。因此，只有一个解。由图 7 - 26 可以确定只有一个解。

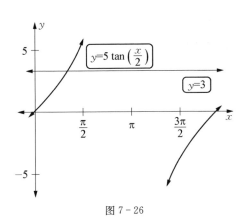

图 7 - 26

该例题出现在知识点"正弦波的频率"之后,结合余弦和正切的图象及其平移才能解决这个问题。在三角函数图象部分,CN-PEP 中几乎没有出现过这种类型的例题,但在平时的训练中会有所涉及。CN-PEP 例题基本是知识点的直观应用,但在平时的练习中题目的难度要比教材例题大得多。这也是有很多学生在课堂上听得懂,课下不会做的原因之一。

（2）例题的典型性

概率自成体系,是数学中一个较独立的学科分支,与以往所学的数学知识有很大的区别,但与人们的日常生活密切相关,而且对思维能力有较高要求。条件概率在教材中起着承前启后的作用:一方面,可以巩固古典概型概率的计算方法;另一方面,为研究相互独立事件打下良好的基础。基于上述陈述,下面选取 US-SMP 中的《函数、统计与三角》"条件概率"一节中的例题来分析美国教材例题的典型性特征。

教材利用上一节内容中呈现的豪华游轮泰坦尼克号在第一次航行时触礁沉没事件中一等、二等、三等乘客和船员的死亡和幸存人数的表格说明了什么是条件概率,并证明了条件概率的计算公式,然后给出确切的条件概率的定义:

在已知 A 事件发生的条件下发生 B 事件的条件概率,记作: $P(B \mid A)$,即

$$\frac{P(A \cap B)}{P(A)}。$$

基于大家耳熟能详的事实提出新的知识点,不会让新知的出现显得突兀,能让学生对数学知识更有亲切感,体会数学知识的应用价值。在条件概率的定义给出后并没有直接呈现例题,而是出现了一个小专题"条件概率与医疗测试"。这块内容分为两部分:第一部分介绍了当一个人做了一个看他是否对某种事物过敏或者有某种疾病的测试时,如果测试结果表明这个人不具备患病的条件时其结果称为阴性,如果测试结果表明这个人具备患病的条件时其结果称为阳性。但并非所有的药物测试都是准确的。有两种测试结果是错误的,分别叫做伪阳性（测试结果是你有患病的条件,但你并没有患病）和伪阴性（测试结果是你没有患病的条件,但你患病）。最后用树形图的形式表明各种测试结果。第二部分说明了测试结果错误时的危害,让学生对药物测试有了一定的认识,方便引入接下来的例题 1(p. 396):

图 7-27

例 1 1997 年美国医学协会杂志的一篇文章称,当人们喉咙痛并认为自己患了链球菌性喉炎去看医生时,事实上只有 30% 患了链球菌性喉炎。文章指出,对于当前链球菌性喉炎的测试,如果你患有咽喉炎,80% 的概率能确诊,但如果你没有患咽喉炎,则有 90% 的概率测出你没有患病。那么一个人测试结果为阳性但是他并没有患病的概率是多少?

解答:首先,用树形图表示给定的信息。

我们令 $A = \{$测试阳性$\}$,$B = \{$患咽喉炎$\}$。

我们要计算 $P((\text{not } B) | A)$,即一个人测试结果表示他患病但事实上并未患病的概率。假定有 $T$ 人参加测试。那么 $0.30T$ 患病,$0.70T$ 未患病。

$0.30T$ 患病的人中:

$0.80 \cdot 0.30T = 0.24T$ 测试结果为阳性;

$0.20 \cdot 0.30T = 0.06T$ 测试结果为阴性。

$0.70T$ 未患病的人中:

$0.10 \cdot 0.70T = 0.07T$ 测试结果为阳性;

$0.90 \cdot 0.70T = 0.63T$ 测试结果为阴性。

你现在可以画出一个树形图(如图 7-28)。每片叶子代表一种可能性,各个分支的乘积就是它的概率。

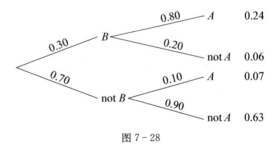

图 7-28

总结这些可能性的另一种方法是利用表格。注意,在最后一行和最后一列增加合计。

|  | $B=$Patient has strep | not $B=$Patient does not have strep | Total |
|---|---|---|---|
| $A =$ Test + | $P(A \cap B) = 0.24$ | $P(A \cap \text{not } B) = 0.07$ | $P(A) = 0.31$ |
| not $A =$ Test − | $P(\text{not } A \cap B) = 0.06$ | $P(\text{not } A \cap \text{not } B) = 0.63$ | $P(\text{not } A) = 0.69$ |
| Total | $P(B) = 0.30$ | $P(\text{not } B) = 0.70$ | 1.0 |

这张表格的概率是参加测试的病人的描述性的信息。

根据条件概率的定义:

$$P(\text{not}\, B \mid A) = \frac{P(A \text{ and not}\, B)}{P(A)} = \frac{0.07T}{0.07T + 0.24T} = \frac{0.07}{0.31} \approx 23\%.$$

假定一个人的咽喉炎测试是阳性的,她或他没有患病的几率大约是 23%。

该例题呈现的是测试结果为阳性但实际并没有患病的概率,完全是针对"条件概率"的定义及计算方法设计的具有很强现实意义的应用型例题,给学生的不仅仅是知识本身还有对生活中常见问题的认识上的引导。其问题结构也具有一般性,是典型的利用条件概率解决问题的例题。

在例题解答完毕之后,教材对该例题结果的意义作了简要的说明:例 1 中的答案 23% 的意思是,在这种情况下,每 4 个人中大约有 1 个人的测试结果是阳性的,但他没有患链球菌性喉炎。以防万一,医生很可能开抗生素以确保安全,但对于更严重的、治疗过程很痛苦且治疗费用昂贵的疾病,二次测试可能会提供更加准确的结果。

这样呈现的例题有始有终,即例题之前给出了医疗测试的相关常识,例题之后给出了例题结果的具体意义,让学生更真切地体会到数学的意义。

此外,该例题也具有很好的启发性,易于拓展、迁移。

(3) 例题的示范性

关于例题的示范性,以 US - SMP《函数、统计与三角》"概率原理"一节中出现的"互补事件概率的定理"为例来说明。

定理(互补事件概率):

如果 $A$ 是任意事件,那么 $P(\text{not}\, A) = 1 - P(A)$。

针对该定理设置了一道例题(p. 371),如下:

例 4　例 1 中学习语言的 298 名同学中,如果一个学生被随机分配,他不同时学习两门语言的概率是多少?

解答 1　令 $B = \{$学习两种语言$\}$,$\text{not}\, B = \{$不同时学两种语言$\}$。我们知道有 26 个同学学习两种语言,所以 $N(B) = 26$,$P(B) = \dfrac{26}{298}$。

应用互补定理的概率:

$$P(\text{not}\, B) = 1 - P(B) = 1 - \frac{26}{298} = \frac{272}{298} \approx 91.3\%.$$

检验：$P(B) + P(\text{not } B) = \dfrac{26}{298} + \dfrac{272}{298} = \dfrac{298}{298} = 1$。

**解答2** 利用解法1的方法。由于 $N(B) = 26$ 和 $N(S) = 298$，$N(\text{not } B) = 298 - 26 = 272$，

所以 $P(\text{not } B) = \dfrac{N(\text{not } B)}{N(S)} = \dfrac{272}{298}$。

该例题基于本节的例1的背景，使例题与例题之间建立了紧密的联系，让学生明白相同的故事背景可以引申出很多不同的问题，同时也促使学生认真学习每一个题目。

该例题以现实问题为背景充分展示了"互补事件概率的定理"这一新知，为学生理解、巩固和应用新知提供了风向标。第一种解法完全利用新知，第二种解法利用了旧有知识。在巩固新知的同时复习旧知，建立了新旧知识的联系，有利于学生构建新的知识网络。此外，该例题的分析和解题步骤清晰明朗，为学生独立解决此类问题提供了蓝本，能够达到很好的示范引领效果。

### 7.5.2.2 习题的质性分析

（1）习题的层次性

以"余弦定理"一节的习题来说明 US-SMP 在习题层次性方面的特点。针对余弦定理，教材设置三个例题。例1是已知两边及夹角求第三边；例2是已知两边及一角求第三边；例3是已知三边求角。在后面的习题中，挑选几个有代表性的习题说明习题设置的层次性。

为了便于说明问题，将本节的例1呈现如下：

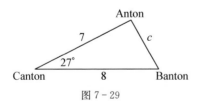

图 7-29

**例1** 两条笔直的马路在坎顿处交汇，且它们的夹角为 27°。安东在一条马路上距离交汇点7米，班顿岛在另一条马路上距离交汇点8米。那么安东距班顿岛多远？（如图 7-29）

习题的第6题如下：

参考例1. 丹东是从坎顿到班顿岛的路上的一个小镇，距离坎顿5米，这是一条笔直的连接丹东到安东的路。从丹东到安东的直线距离是多少？

这是一道对例1的模仿练习，只要找到丹东的位置，然后同样利用余弦定

理解决已知两边及夹角求第三边的问题。本习题以例 1 为背景，有利于巩固和加深对例题的理解以及对余弦定理的应用的理解。

习题的第 9 题如下：

对于 $\triangle ABC$，利用余弦定理来证明：如果 $\angle C$ 是锐角，那么 $a^2 + b^2 > c^2$。

该习题是对余弦定理的变式应用。利用锐角的余弦值是正数，得出结论，进一步加深对余弦定理的认识。同时，该习题需要学生联想已有知识解决问题，有助于建构完整的知识网络。

接下来的第 16 题如下：

在刑事审判中，一位目击者给出了如下证言："被告距离受害者 25 英尺。当劫案发生时，我距离被告 65 英尺，距离受害人大约 100 英尺。"

a. 根据给出的情况画出一个三角形。

b. 用余弦定理来表明证词是错误的。

c. 还有什么方法可以证明证词是错误的？

该习题表面上给出了构成三角形的三条边的长度。第一问让学生画一个三角形。事实上这个三角形是不存在的。学生能不能发现这一点，不仅与本节课所学知识有关，还跟之前学习的三角形三边长度的关系有关。这是一道检验学生掌握知识程度的很好的题目。无论学生能不能发现这个三角形是不是存在的，接下来的问题会引领学生思考这个三角形是否存在。显然，从第二问中可以清晰地知道该三角形是不存在的。"用余弦定理来表明证词是错误的"，这样的问法为学生提供了思考的方向。这个问题是对余弦定理的变式应用。第三问就是要让学生回顾先前学习的三角形三边长度的关系。

这道习题通过三个问题，不仅巩固和加深了学生对余弦定理的理解，还让学生联想到之前学习过的知识，是一道集变式运用和综合运用于一身的好题目。

本节的最后一道习题是一道探索开放题，如下：

"你想学习好并做一些美妙的事情，如了解星星的运动，就必须知道这些关于三角形的定理。了解这些就可以了解天文学和某些集合问题。"这句话来自雷格蒙塔努斯（Regiomontanus）的《论各类三边形》（*De Triangulis Omnimodis*）。请了解更多的 15 世纪数学家在三角形方面的成果。

本题要求学生自己查阅与三角形有关的资料,了解更多该领域的成果,让学生自己体会三角形在生活和科学中的应用,在培养查找、整理和分析资料的能力的同时增强学习兴趣。

(2) 习题的变式性

《高级代数》的"函数图象和表格的应用"一节中的例题(p.33)如下:

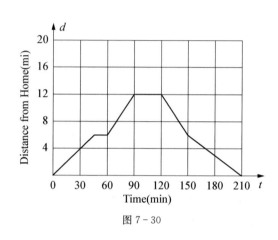

图 7 - 30

引例 1　弗兰克·福尔特尔骑自行车去查克烧烤店参加返校野餐。图 7-30 代表的是弗兰克从家出发在时间为 $t$ 时行驶的路程 $d$。

利用弗兰克的自行车行车图来回答下面的问题:

a. 哪个变量是另一个变量的函数? 用符号 $f(x)$ 来表示函数关系。(函数的名字是 $f$)

b. 在这种情况下,写出函数的定义域和值域。

c. 估计弗兰克离开家 60 分钟后与家的距离,用 $f(x)$ 写出你的答案。

d. 估计第一次距离家有 12 英里时需要多少时间? 用符号 $f(x)$ 写出你的答案。

e. 左侧水平线段有什么意义? 估计它的端点,用符号 $f(x)$ 来描述。

该例题建立起图象与现实之间的联系,指导学生理解图象的现实意义。

本节习题的第 10 题(p.37)如下:

10. 图 7-31 中 $M(t)$ 和 $P(t)$ 代表的是玛利亚和皮亚骑行 40 km 的情况。

a. 估计 $P(0.5) - M(0.5)$。 这个数量代表什么?

b. 找到当 $M(t) = P(t)$ 时,$t$ 的值。这时发生了什么?

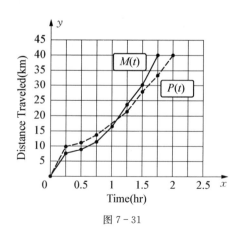

图 7 - 31

c. $M$ 和 $P$ 有相同的定义域吗？为什么有或者为什么没有？

该习题表征的是两个人随着时间的推移，行进路程的变化情况。问题的形式由例题中只涉及一人的行进情况变成了两个人行进路程的变化情况。问题的结构特征发生变化，是对例题的垂直变式。这样的变式有助于加深对图象意义的理解，有利于培养学生利用数形结合思想解决问题的意识和能力。

本节习题的最后一题是对例题的水平变式，但加入了开放性的元素，需要学生留心自己上学、放学的行程。该题目调动了学生数学学习的参与性，让学生留心观察自己周边的数学元素，做个有心人，发现生活中的数学，体会数学的价值。该习题如下：

24. 考虑昨天你从家到学校的路线。以例1为例画出你行程的图象。你的自变量是什么？你的因变量是什么？在你的图象上有水平线吗？如果有，它们代表什么？如果没有，说明理由。

（3）习题的覆盖性

US-SMP 中的习题绝大多数是对教材正文、例题的模仿与巩固，较少涉及新的知识、技能和思想方法。当然，这也正是习题对教材正文、例题等内容的巩固和强化作用的体现。在个别情况下，由于教材篇幅等的限制，某些重要的知识、技能和思想方法需要通过习题来体现。一方面，是对教材内容的必要补充；另一方面，因为习题往往是学生在独立思考或合作探究等情况下完成的，通过习题来呈现更能体现学生是学习的主体这一新课程的基本理念。

下面列举 US-SMP 中一些引入了新的知识、方法等的题目，以探寻其特点：

《高级代数》的"弧度制"一节中的习题：

当 $x$ 是弧度时，$\sin x$ 可以通过如下公式进行估算：$\sin x = x - \dfrac{x^3}{6} + \dfrac{x^5}{120} - \dfrac{x^7}{5\,040}$。

a. 当 $x = \dfrac{\pi}{4}$ 时，这个表达式计算出来的值与 $\sin x$ 的值有多接近？

b. 为了更加精确，你可以在 a 中加上 $\dfrac{x^9}{362\,880}$。这个 362880 从何而来？

c. 在 a 中加上 $\dfrac{x^9}{362\,880}$。这个值与 $\sin \dfrac{\pi}{4}$ 的值有多接近？

该题直接给出了当 $x$ 为弧度时 $\sin x$ 的计算公式。这是一种直接给出新知的方法。在第一问中,通过运用该公式计算 $\sin \dfrac{\pi}{4}$ 来体会该公式的正确性,当然这只是一种估算方法。再通过第二、第三问来让学生进一步体会估算的意义和价值。

《高级代数》的"正弦与余弦的关系"一节中的习题:

| $\theta$ | $\sin\theta$ | $\tan\theta$ | $\sin\theta-\tan\theta$ |
|---|---|---|---|
| 10° | ? | ? | ? |
| 5° | ? | ? | ? |
| 2° | ? | ? | ? |
| 1° | ? | ? | ? |
| 0.5° | ? | ? | ? |
| 0.1° | ? | ? | ? |

图 7 - 32

a. 利用计算器或电子制表软件复制并完成如图 7 - 32 所示的表格。答案保留 6 位小数。

b. 你会发现 $(\sin\theta-\tan\theta)$ 越来越接近 0。请说明原因。

该题让学生利用自己填出的表格发现 $\sin\theta$ 和 $\tan\theta$ 之间的关系,使他们参与到新知的发现过程中,加深对正弦和正切的理解。

US - SMP 还倡导利用信息技术来发现新知。例如,《函数、统计与三角》的"基本三角恒等式"一节的习题:

利用计算器来探讨 $\dfrac{\cos^2\theta}{1-\sin\theta}=1+\sin\theta$ 是否为一个恒等式。试着用一个反例或用定义和性质来证明你的结论。

该题先让学生利用计算器发现存在恒等式 $\dfrac{\cos^2\theta}{1-\sin\theta}=1+\sin\theta$,这是一个提出猜想、验证猜想的过程。虽然这样得出结论不够严谨,但这样通过实际动手得出猜想的思维方式正是发现问题、提出问题、解决问题的一般思维模式,是培养学生创新意识、创新思维的绝好方法。接下来,让学生证明该恒等式的正确性,使学生在进一步理解基本三角恒等式的意义的同时增强思维的严谨性。

US - SMP 还倡导利用开放式的题目引入新知。譬如《函数、统计与三角》的"三角函数建模"一节的习题:

法国物理学家莱昂·傅科利用一个大钟摆证明了一个事实,地球有它自己的轴。最初的傅科摆挂在法国巴黎的万神殿,复制品被陈列在世界各地的科学博物馆。这个钟摆的运动是怎样展示地球的旋转的? 搜索傅科的相关信息回答这个问题并找出他的其他发明。

## 7.6　US‑MDL 例习题设置的特色分析

首先简要介绍 US‑MDL 的组织结构(见表 7‑27)。"代数 1:概念和技巧""代数 2:概念和技巧"(以下简称代数 1、代数 2),两本教材均以代数内容为主,也有少量的解析几何和统计以及三角函数的知识。两本教材的结构相似,具体如下:

第一章之前:教材自述、作者介绍、对本书提出评论和建议的教师、章节目录、学生资源目录、你书本中的帮助、预检测、预练习。

各章内容:第一章……最后一章。

最后一章之后:学生资源目录、技能复习手册、每章增补训练、期末测试、数学符号、数学度量、公式和性质、平方和平方根表、三角函数值表、引用说明、部分节后答案。

几何教材以平面几何内容为主,它与前两本教材的整体结构相同,但章的组织略有差异,增加了"extension"(拓展小节)和"investigating"(探索小节),为了统计的对等性,这两类小节中的例题和习题不予统计。

表 7‑27　三本教材各章内容具体设置

| 教材<br>章 | 代数 1 | 代数 2 | 几何 |
|---|---|---|---|
| 第一章 | 与代数相关的知识 | 代数 | 基础几何 |
| 第二章 | 实数的性质 | 线性方程和线性函数 | 推理和证明 |
| 第三章 | 解线性方程 | 线性方程组 | 线的平行和垂直 |
| 第四章 | 画一次方程和一次函数的图象 | 不等式和绝对值 | 三角形全等 |
| 第五章 | 一元一次方程的表达式 | 二次函数和因式分解 | 三角形的性质 |
| 第六章 | 解一元一次不等式,画一元一次不等式的图象 | 多项式和多项式方程 | 相似 |

续 表

| 教材<br>章 | 代数 1 | 代数 2 | 几何 |
|---|---|---|---|
| 第七章 | 线性方程组和不等式组 | 幂、根和根式 | 直角三角形和三角 |
| 第八章 | 指数和指数函数 | 指数和对数函数 | 四边形 |
| 第九章 | 二次方程和二次函数 | 有理数方程和函数 | 平移的性质 |
| 第十章 | 多项式和因式分解 | 数据分析和概率 | 圆的性质 |
| 第十一章 | 有理式和方程 | 离散数学 | 测量长度和面积 |
| 第十二章 | 根式及其与几何的进一步联系 | 三角学 | 表面积和体积 |
| 第十三章 | | 圆锥曲线 | |

### 7.6.1 例习题设置的量化分析

#### 7.6.1.1 例题的量化分析

需要说明的是,"章"和"技能复习手册"部分均设置了例题,"章"内各节的例题与 CN - PEP 中例题的设置相似,但 US - MDL 章后的"章末总结和回顾"部分也设置了例题和习题,这部分例题与"技能复习手册"部分的例题相似,主要为示范某一方法技能的操作而设置,与各节中的例题有较大不同。为了统计的有效性和对等性,仅统计"章"内各节的例题。

(1)例题的数量

依据研究框架,对三本教材中的例习题进行统计,结果如表 7 - 28:

表 7 - 28  US - MDL 例题数量统计

| 知识 | Ⅰ. 代数 | Ⅱ. 三角函数 | Ⅲ. 立体几何与平面几何 | Ⅳ. 统计与概率 | Ⅴ. 解析几何 |
|---|---|---|---|---|---|
| 数量 | 588 | 22 | 324 | 32 | 136 |
| 合计 | 1 102 | | | | |
| 比例 | 53.4% | 2.0% | 29.4% | 2.9% | 12.3% |

由上表可知,US - MDL 设置了大量的例题,共有 1 102 道,远高于 CN - PEP。究其原因,一方面是因为 US - MDL 设置了更多的章和节,三本教材共有

37 章、263 节(CN‐PEP 对应的数据为 16 章、54 节),如此多的节数必然带来相应数量的例题。另一方面,US‐MDL 中文字叙述较少,正文以例题为主阐释、讲解知识,这就要求例题的量要足。从内容上来看,US‐MDL 以代数内容为主,接下来分别是平面几何和解析几何,三角函数和统计与概率所占比例较小,相比之下中国人教 A 版教材的五个知识板块更加均衡。

(2) 例题的类型

接下来继续认识 US‐MDL 例题的类型,具体统计结果见表 7‐29:

表 7‐29　US‐MDL 例题类型统计

| 知识 ＼ 类目 | 概念型 | 原理型 | 方法型 | 问题解决型 | 合计 | 比例 |
|---|---|---|---|---|---|---|
| Ⅰ. 代数 | 34 | 150 | 271 | 133 | 588 | 53.4% |
| 比例 | 5.8% | 25.5% | 46.1% | 22.6% | / | / |
| Ⅱ. 三角函数 | 2 | — | 17 | 3 | 22 | 2.0% |
| 比例 | 9.1% | — | 77.3% | 13.6% | / | / |
| Ⅲ. 立体几何与平面几何 | 84 | 160 | 28 | 52 | 324 | 29.4% |
| 比例 | 25.9% | 49.4% | 8.6% | 16.0% | / | / |
| Ⅳ. 统计与概率 | 8 | 20 | 4 | — | 32 | 2.9% |
| 比例 | 25% | 62.5% | 12.5% | — | / | / |
| Ⅴ. 解析几何 | 11 | 19 | 82 | 24 | 136 | 12.3% |
| 比例 | 8.1% | 14.0% | 60.3% | 17.6% | / | / |
| 合计 | 139 | 349 | 402 | 212 | 1 102 | / |
| 比例 | 12.6% | 31.7% | 36.5% | 19.2% | / | / |

从整体来看,US‐MDL 例题的类型以方法型为主,占例题总体的 36.5%,其次是原理型例题,这与其重视概念和技能的理念相呼应。代数 2 一书的自述指出:“每一节的习题为练习和技能的获得提供很多机会,同样地,也为把概念应用于现实世界问题提供机会”。两本代数教材的标题是“Concepts and Skills”(概念和技能),可见 US‐MDL 对二者的重视,而统计结果恰好再次说明了教材对概念和技能的强调。

(3) 例题的素材

首先横向分析五块内容的统计结果(见表 7－30),发现代数、三角函数、立体几何与平面几何、解析几何这四块内容的素材来源较为相近,均以纯数学问题为主,占总体的 70％左右;其次是具有社会生活背景的习题,所占比例 20％上下;最后是具有其他学科背景的习题,数量较少。虽然一直提倡数学的应用性及数学与实际生活的结合,但是数学的"数学味"不能丢失,因此教材中的题目仍需以纯数学问题为主。统计与概率板块与其他板块例题素材来源差异较大,统计与概率板块以具有社会生活背景的例题为主,比例高达 96.9％。在美国,统计与概率因实际应用的需要而引入教材,所以这部分内容具有很强的应用性。在统计时发现 US－MDL 统计与概率章节问题设置的角度非常特别,与 CN－PEP 有较大不同。如第十章"数据分析和概率"第一节"人口和测量"的例3(如图 7－33):

表 7－30　US－MDL 例题素材统计

| 知识＼类目 | 纯数学 | 社会生活背景 | 其他学科背景 | 合计 | 比例 |
|---|---|---|---|---|---|
| Ⅰ. 代数 | 396 | 159 | 33 | 588 | 53.4％ |
| 比例 | 67.3％ | 27.1％ | 5.6％ | / | / |
| Ⅱ. 三角函数 | 18 | 3 | 1 | 22 | 2.0％ |
| 比例 | 81.8％ | 13.6％ | 4.6％ | / | / |
| Ⅲ. 立体几何与平面几何 | 251 | 49 | 24 | 324 | 29.4％ |
| 比例 | 77.5％ | 15.1％ | 7.4％ | / | / |
| Ⅳ. 统计与概率 | 1 | 31 | — | 32 | 2.9％ |
| 比例 | 3.1％ | 96.9％ | — | / | / |
| Ⅴ. 解析几何 | 110 | 123 | 3 | 136 | 12.3％ |
| 比例 | 80.9％ | 16.9％ | 2.2％ | / | / |
| 合计 | 676 | 365 | 61 | 1 102 | / |
| 比例 | 61.3％ | 33.1％ | 5.5％ | / | / |

**EXAMPLE 3 Identify Potentially Biased Survey Questions**

**Explain why the survey question may be biased. Then rewrite the question to remove the bias.**

　　**a.** Would you like to see healthy food served in our cafeteria?

　　**b.** Do you plan to vote to replace the current mayor with a more effective one?

**Solution**

　　**a.** This question is biased because it suggests that the food now served is unhealthy, which encourages a response of *yes*. A more neutral wording might be "Do you think our cafeteria menu includes enough healthy food choices?"

　　**b.** This question is biased because it suggests that the current mayor is ineffective. A more neutral wording might be "If the mayoral election were held today, would you vote for the current mayor or the mayor's opponent?"

图 7 - 33　US - MDL 关于调查问题设计的一道例题

译文　例 3　　确定有潜在偏差的调查问题

解释为什么下面的调查问题可能有偏差，然后重写问题以消除偏差。
　　a. 你想在我们的餐厅吃到健康的食品吗？
　　b. 你打算投票把现任市长换成一个更能干的人吗？
解
　　a. 这个问题是有偏差的，因为它暗示现在提供的食物是不健康的，支持了"是"的回答。更中性的措辞可以是"你认为我们的餐厅菜单包含了足够多健康食品的选择吗？"
　　b. 这个问题是有偏差的，因为它暗示现任市长不够能干。更中性的措辞可以是"如果今天举行市长选举，你会投票给现任市长还是市长的对手？"

　　通过这道例题学生可以学到如何提问能够得到更客观的回答，这是做统计分析最基本的能力。

　　接着纵向分析三类例题，纯数学问题的例题占 61.3%，具有社会生活背景的例题占 33.1%，具有其他学科背景的例题占 5.6%。虽然仍以纯数学问题为主，但具有背景的例题所占的比例非常高，相当于每三道例题就有一道具有实际背景。值得一提的是在立体几何与平面几何、解析几何两块内容中，具有实际背景的例题所占的比例高于 15%。这两块内容其实很难与现实生活相联系，这点值得我国借鉴。举一实例（如图 7 - 34）说明：

**EXAMPLE 3** **Solve a real-world problem**

**STRUCTURAL SUPPORT** Explain why the bench with the diagonal support is stable, while the one without the support can collapse.

**Solution**

The bench with a diagonal support forms triangles with fixed side lengths. By the SSS Congruence Postulate, these triangles cannot change shape, so the bench is stable. The bench without a diagonal support is not stable because there are many possible quadrilaterals with the given side lengths.

图 7 - 34　US - MDL 来自现实生活的一道例题

---

**译文**　例 3　解决现实世界的问题

**结构支撑**　解释为什么有对角线支撑的长凳是稳定的，而没有此支撑的长凳可能垮塌。

**解**

长凳带上对角线支撑形成了有固定边长的三角形。据三角形全等的边边边共设，这样的三角形不能改变形状，于是长凳是稳定的。没有支撑的长凳是不稳定的，因为很多四边形都可能具有所给定的边长。

---

（4）例题的处理方式

US - MDL 例题的处理方式与 CN - PEP 有很大不同。US - MDL 例题不含"分析"环节，对题目的总结也非常少。由表 7 - 31 可知，AS 类处理方式在五块内容中的比例均为 0.0%，而 SIG 类处理方式在各块内容中的比例也较低。US - MDL 的特点是设置大量的"步骤"解释，在步骤后面指出产生这种结果的操作，这同样与其重视"概念和技能"的理念相呼应。

表 7-31　US-MDL 例题处理方式统计

| 知识　类目 | S | AS | SI | SIG | SG | ASG | 合计 | 比例 |
|---|---|---|---|---|---|---|---|---|
| Ⅰ. 代数 | 250 | — | 329 | 9 | — | — | 588 | 53.4% |
| 比例 | 42.5% | — | 56.0% | 1.5% | — | — | / | / |
| Ⅱ. 三角函数 | 11 | — | 11 | — | — | — | 22 | 2.0% |
| 比例 | 50.0% | — | 50.0% | — | — | — | / | / |
| Ⅲ. 立体几何与平面几何 | 281 | — | 42 | 1 | — | — | 324 | 29.4% |
| 比例 | 86.7% | — | 13.0% | 0.3% | — | — | / | / |
| Ⅳ. 统计与概率 | 28 | — | 3 | 1 | — | — | 32 | 2.9% |
| 比例 | 87.5% | — | 9.4% | 3.1% | — | — | / | / |
| Ⅴ. 解析几何 | 54 | — | 81 | 1 | — | — | 136 | 12.3% |
| 比例 | 39.7% | — | 59.6% | 0.7% | — | — | / | / |
| 合计 | 624 | — | 466 | 12 | — | — | 1 102 | / |
| 比例 | 56.6% | — | 42.3% | 1.1% | — | — | / | / |

#### 7.6.1.2　习题的量化分析

习题出现的地方较多,预检测、预练习、各章内容、技能复习手册、每章增补训练和期末测试部分均有设置。同样地,在此不统计"章末总结和回顾"部分以及"技能复习手册"部分的习题,仅统计小节内的"练习"(checkpoint),节后的"习题"(exercise)和章末测试以及章末标准测试。

（1）习题的数量

由表 7-32 可知,US-MDL 具有大量的习题,数量远超中国人教 A 版教材。依据所统计的例题和习题总量来看,习题和例题的比例约为 20∶1。事实上,这一比例更大,因为如上所述,还有几部分的习题没有统计。问题是数学的心脏,数学教材离不开数学问题的支撑,但是应该设置多少道习题,习题和例题的比例多大较为合适,这是一个值得思考和研究的问题。

表 7-32　US-MDL 习题数量统计

| 知识 ＼ 类目 | 课内练习 | 课后练习 | 章末练习 | 合计 | 比例 |
|---|---|---|---|---|---|
| Ⅰ. 代数 | 1 228 | 10 851 | 845 | 12 924 | 58.3% |
| 比例 | 9.5% | 84.0% | 6.5% | / | / |
| Ⅱ. 三角函数 | 37 | 383 | 44 | 464 | 2.1% |
| 比例 | 8.0% | 82.5% | 9.5% | / | / |
| Ⅲ. 立体几何与平面几何 | 465 | 4 040 | 365 | 4 870 | 22.0% |
| 比例 | 9.5% | 83.0% | 7.5% | / | / |
| Ⅳ. 统计与概率 | 40 | 501 | 42 | 583 | 2.6% |
| 比例 | 6.9% | 85.9% | 7.2% | / | / |
| Ⅴ. 解析几何 | 251 | 2 850 | 213 | 3 314 | 15.0% |
| 比例 | 7.6% | 86.0% | 6.4% | / | / |
| 合计 | 2 021 | 18 625 | 1 509 | 22 155 | / |
| 比例 | 9.1% | 84.1% | 6.8% | / | / |

纵向来看,发现课后练习为习题的主要部分,约为总体的 84.1%,其次是课内练习,约为总体的 9.1%。US-MDL 指出,"课内练习(checkpoint)为学生提供一种检验是否理解的方法",因此课内练习非常必要,学生可以通过解决课内练习达到自我监控的目的。课后练习主要用来及时巩固本节所学,由其所占的比例来看,US-MDL 非常强调课后练习对巩固新知识的作用。章末习题则较少。

(2)习题的类型

由表 7-33 可知,US-MDL 中数量排在前三位的三类习题是计算题、解答题和应用题,所占比例分别为 36.4%、25.1% 和 7.8%,可见运算能力仍然是学习数学首先要获得的能力。解答题同样训练学生的运算能力,而且这是首先需要学生具备的能力,其次还能训练学生对技能方法以及原理法则的使用,要求更多样。应用题主要用来训练学生解决现实问题的能力,这与其"为将来做准备"的教育理念相符,而且是大势所趋。

表 7 - 33　US - MDL 习题类型统计

| 知识＼类目 | 口答题 | 判断题 | 选择题 | 填空题 | 简答题 | 计算题 | 证明题 | 作图题 | 解答题 | 应用题 | 合计 | 比例 |
|---|---|---|---|---|---|---|---|---|---|---|---|---|
| Ⅰ. 代数 | 110 | 686 | 946 | 211 | 519 | 5 561 | 22 | 831 | 2 921 | 1 117 | 12 924 | 58.3% |
| 比例 | 0.9% | 5.3% | 7.3% | 1.6% | 4.0% | 43.0% | 0.2% | 6.4% | 22.6% | 8.6% | / | / |
| Ⅱ. 三角函数 | — | 26 | 36 | 18 | 10 | 128 | — | 51 | 168 | 27 | 464 | 2.1% |
| 比例 | — | 5.6% | 7.8% | 3.9% | 2.2% | 27.6% | | 11% | 36.2% | 5.8% | / | / |
| Ⅲ. 立体几何与平面几何 | — | 208 | 324 | 69 | 868 | 382 | 266 | 243 | 2 163 | 347 | 4 870 | 22.0% |
| 比例 | — | 4.3% | 6.7% | 1.4% | 17.8% | 7.8% | 5.5% | 5.0% | 44.4% | 7.1% | / | / |
| Ⅳ. 统计与概率 | — | 46 | 30 | 28 | 70 | 278 | 3 | — | 105 | 23 | 583 | 2.6% |
| 比例 | — | 7.9% | 5.1% | 4.8% | 12.0% | 47.7% | 0.5% | — | 18.0% | 3.9% | / | / |
| Ⅴ. 解析几何 | 2 | 354 | 224 | 40 | 126 | 1 706 | — | 460 | 193 | 209 | 3 314 | 15.0% |
| 比例 | 0.1% | 10.7% | 6.8% | 1.2% | 3.8% | 51.5% | — | 13.9% | 5.8% | 6.3% | / | / |
| 合计 | 112 | 1 320 | 1 560 | 366 | 1 593 | 8 055 | 291 | 1 585 | 5 550 | 1 723 | 22 155 | / |
| 比例 | 0.5% | 6.0% | 7.0% | 1.7% | 7.2% | 36.4% | 1.3% | 7.2% | 25.1% | 7.8% | / | / |

需要说明的排名第四的简答题,所占比例为 7.2%,CN - PEP 中的简答题则较少。US - MDL 中的简答题主要考察学生对概念技能的掌握,通过简答发现学生隐藏的问题。例如,《代数 2》10.1 节后练习题 2 为

2. 描述偏差样本和无偏差样本的差别,并举出这两类样本的例子各一个。

此简答题既要求学生对概念的理解和掌握,又要求举出实例,能达到检验概念掌握情况和训练概念运用能力的作用。

（3）习题的素材

表 7 - 34　US - MDL 习题素材统计

| 知识 ＼ 类目 | 纯数学 | 社会生活背景 | 其他学科背景 | 合计 | 比例 |
|---|---|---|---|---|---|
| Ⅰ．代数 | 11 301 | 1 320 | 303 | 12 924 | 58.3％ |
| 比例 | 87.4％ | 10.2％ | 2.3％ | / | / |
| Ⅱ．三角函数 | 433 | 30 | 1 | 464 | 2.1％ |
| 比例 | 93.3％ | 6.5％ | 0.2％ | / | / |
| Ⅲ．立体几何与平面几何 | 4 396 | 463 | 11 | 4 870 | 22.0％ |
| 比例 | 90.3％ | 9.5％ | 0.2％ | / | / |
| Ⅳ．统计与概率 | 350 | 230 | 3 | 583 | 2.6％ |
| 比例 | 60.0％ | 39.5％ | 0.5％ | / | / |
| Ⅴ．解析几何 | 3 023 | 224 | 67 | 3 314 | 15.0％ |
| 比例 | 91.2％ | 6.8％ | 2.0％ | / | / |
| 合计 | 19 503 | 2 267 | 385 | 22 155 | / |
| 比例 | 88.0％ | 10.2％ | 1.7％ | / | / |

如表 7 - 34，首先横向分析五块内容的统计结果，发现习题素材来源与例题素材来源有相似之处，都表现出这样一个特点：代数、三角函数、立体几何与平面几何、解析几何这四块内容的素材来源较为相近，均以纯数学问题为主，占总体的 90％左右，其次是具有社会生活背景的习题，所占比例为 6.5％到 10.2％，最后是具有其他学科背景的习题，数量较少，而统计与概率内容与其他内容例题素材来源差异较大。但与例题素材来源不同的是，这五个内容板块纯数学习题所占的比例均高于纯数学例题所占的比例（见表 7 - 30）。也就是说，从例题到习题，纯数学问题增多，具有实际背景的习题比例下降。这可能是因为例题的目的在于传授新知识，帮助学生理解，而赋予意义背景的例题有利于学生理解数学问题，顺利进入学习情境；而习题的主要目的在于巩固、训练和解决问题，所以其问题性和数学性更加突出。此外，US - MDL 习题的素材更加新颖有趣，素材涉及各行各业，非常丰富。如《几何》3.2 节平行和相交的课后练习

3 - 8(如图 7 - 35):

　　使用平行线　求角的度量,并说明用到哪个公设或定理。

图 7 - 35

　　4. 如果 $\angle 4 = 65°$,那么 $\angle 1 = \underline{?}$。

　　5. 如果 $\angle 7 = 110°$,那么 $\angle 2 = \underline{?}$。

　　6. 如果 $\angle 5 = 71°$,那么 $\angle 4 = \underline{?}$。

　　7. 如果 $\angle 3 = 117°$,那么 $\angle 5 = \underline{?}$。

　　8. 如果 $\angle 8 = 54°$,那么 $\angle 1 = \underline{?}$。

### 7.6.2　例习题设置的质性分析

#### 7.6.2.1　例题的质性分析

(1) 例题的基础性

US - MDL 例题的基础性较强。首先,例题的知识点含量较低,以覆盖一个知识点的例题为主,覆盖三个及以上知识点的例题非常少。这主要是因为 US - MDL 中的例题由浅入深、小步子变化,前后例题呈现递进的特点,它以多个例题为载体说明某一原理法则或概念内涵。如《代数 2》的 9.4 节"有理式的除法"中的五道例题如下(解题过程略去):

　　例题 1. 有理式相除。化简 $\dfrac{x}{10} \div \dfrac{x^2}{25}$。

　　例题 2. 有理式相除。化简 $\dfrac{1}{3x + 15} \div \dfrac{x}{2x + 10}$。

　　例题 3. 除以一个多项式。化简 $\dfrac{6 - 3x}{5x^2} \div (x - 2)$。

　　例题 4. 化简繁分式。化简 $\dfrac{\dfrac{1}{x + 1}}{\dfrac{2}{x}}$。

　　例题 5. 化简繁分式。化简 $\dfrac{\dfrac{x + 1}{x + 5}}{\dfrac{x + 1}{x + 2}}$。

可以看到,从例 1 到例 5,问题越来越深入,形式越来越复杂。但是这五道例题中的三道仅覆盖"有理式除法"这一个知识点,另外两道覆盖两个知识点——"有理式除法"和简单的"因式分解",要求也较低。

其次,US－MDL 例题对学生的运算能力、空间想象能力和思维能力的要求较低。对运算能力的要求由以上五个例题可以看出,五道题目涉及的有理式的最高次数为二次,且是单项式;因式分解可以通过提公因数进行,这是最基本、最简单的因式分解法,可见其对有理式除法的要求甚至比我国义务教育阶段对这块内容的要求还要低。US－MDL 例题总是赋予题目生动形象的背景或图画,尤其是在几何教材中,复杂的几何图形较少,对学生的空间想象能力要求较低,如几何教材 7.4 节中的例 6(如图 7－36):

例题 6 求高

自卸车 自卸车靠提高车身以卸空所装载的沙子。14 英尺长的车身要从车架上抬高多少才能使车身倾斜成

    a. 45°角        b. 60°角

图 7－36

这道例题给出自卸车倾倒沙粒的实景图,有助于学生顺利画出数学的几何图形。同样地,US－MDL 例题对思维能力的要求也比较低。由以上六道例题可以看出,前五道主要运用"化除为乘"的运算法则,第六道则主要运用特殊的直角三角形的边的长度关系,只是法则和性质的应用,问题简单直接,不需要做进一步转化或整理,思维层面的要求较低。

(2) 例题的典型性

US－MDL 例题具有较好的典型性。首先,它的针对性非常强,如上面"有理式的除法"一节中的五道例题,五道例题紧扣"有理式除法"这一新知识,示范了不同类型的有理式除法。其次,它的问题结构具有一般性,仍然以上述五道例题来说明,题目从分子、分母都是单项式的有理式的除法,到分子或分母中含有多项式且需要因式分解的有理式的除法,再到分数形式的有理式除法,从简单形式到复杂变形,示范得全面而深入。最后,US－MDL 例题具有较好的启发性。通过《代数 2》的 12.4 节"正弦定理"的三道例题来说明:

例题 3 解三角形求角(SSA)

给定 $A = 120°, a = 9, c = 7$,求角 $C$ 的大小。

先画一个草图。因为 $A$ 是钝角,且 $a > c$,我们知道只可画出一个三角形。

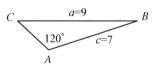

$$\frac{\sin C}{c} = \frac{\sin A}{a} \qquad\qquad 写出正弦定理;$$

$$\frac{\sin C}{7} = \frac{\sin 120°}{9} \qquad\qquad 把 c, A 和 a 的值代入;$$

$$\sin C = \frac{7 \sin 120°}{9} \qquad\qquad 两边同乘以 7;$$

$$\sin C \approx 0.673\,6 \qquad\qquad 用计算器化简$$

$$C \approx \sin^{-1}(0.673\,6) \qquad\qquad 用反正弦函数$$

$$\approx 42.3° \qquad\qquad 化简。$$

答案:角 $C$ 的大小是 $42.3°$。

例题 4 解三角形求角(SSA)

给定 $A = 40°, a = 13, b = 16$,求角 $B$ 的大小。

先画草图。因为 $A$ 是锐角,且 $a < b$,我们要先求 $h$。

$$h = b\sin A = 16\sin 40° \approx 10.3$$

因为 $h < a$ 且 $a < b$,可以画两个三角形。

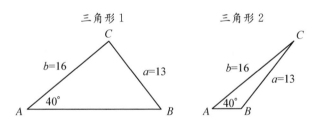

三角形 1　　　　　　三角形 2

用正弦律求出 $B$ 可能的度数。

$$\frac{\sin B}{b} = \frac{\sin A}{a} \qquad\qquad 写出正弦定理;$$

$$\frac{\sin B}{16} = \frac{\sin 40°}{13} \qquad\qquad 把 b, A 和 a 的值代入;$$

$$\sin B = \frac{16 \sin 40°}{13} \qquad\qquad 两边同乘以 16;$$

$sinB \approx 0.7911$                    用计算器化简。

在 $0°$ 和 $180°$ 之间有两个角满足 $sinB \approx 0.7911$，一个是锐角，另一个是钝角。用计算器求出锐角：

$$B = sin^{-1}(0.7911) \approx 52.3°.$$

另一个角是 $B = 180° - 52.3° = 127.7°$。所以有两个可能的三角形，它们的三个角的大小分别是 $40°,52.3°,87.7°$ 和 $40°,127.7°,12.3°$。

例题 5　识别不可能的三角形

给定 $a = 7, b = 3, B = 50°$，求角 $A$ 的大小。

解

用正弦定理，我们可得

$\dfrac{sinA}{7} = \dfrac{sin50°}{3}$            写出正弦定理；

$sinA = \dfrac{7\ sin50°}{3}$            两边同乘以 7；

$sinA \approx 1.7874$            用计算器化简。

因为 $sin\theta$ 的值总是在 $-1$ 与 $1$ 之间，没有任何角满足上述方程。由此可见不可能画出所指定的三角形。

这三道都是解三角形的例题，例 3 有一个解，例 4 有两个解，而例 5 没有解。三道例题讲了用正弦定理解三角形的三种情形。例题虽然结束了，但思考还在进行——如果给你两条边和一个角，什么情况下会得到一个解、两个解或没有解，这给学生留下了很大的思考空间，也给老师留下了拓展的余地。三个问题，三种情形，三种不同的解题思路，这有利于学生辨别其他变式问题，实现相应思路和方法的迁移。

（3）例题的示范性

US-MDL 例题具有较好的示范性。教材中，数学公式、法则、定理的运用格式非常明朗，常规问题的解题步骤很清晰。如"有理式的除法"一节中，正文部分首先提出有理式除法的步骤：①化除为乘，除式的分子、分母互换；②分子与分子相乘，分母与分母相乘；③如果分子、分母需因式分解，则首先进行因式分解；④约去相同的因式；⑤化简。观察给出的五道例题可以发现，前三道例题的解题步骤都恰好含有上述五步，没有累赘也没有精简，严格按照文中提出的五步来进行有理式的除法，非常清晰、非常规范。例 4 和例 5 的步骤相对精简，省略了第三步，同时把第二步和第四步合为一步，为学生展示了更精练的运算程序。与中国人教 A 版不同的是，US - MDL 例题均没有"分析"这一环节，但在某些步骤之后会设置相应的解释说明，它非常强调技能的程序性操作。

### 7.6.2.2　习题的质性分析

（1）习题的层次性

US - MDL 习题的层次性不明显。习题以模仿练习为主。如上文关于自卸车的例题 6 对应的一道习题如下：

例题 6（p. 460）可供习题 27 参考

27. 小划艇的泊位 小划艇的泊位是一个坡道。当坡道的角度是 30° 时（如图所示），11 英尺长的坡道的高度是多少？

图 7 - 37

对比习题 27 和例题 6 可以发现，两道题目均与 30°、60°、90° 的直角三角形有关，都是已知斜边和 30° 角求其所对的边，两个图形的相对位置完全相同，两道题目的表面特征和结构特征相同，习题 27 只是例题 6 的模仿练习。需要指出，这一节练习和习题中涉及的三角形，多为等腰直角三角形和 30°、60°、90° 的直角三角形，也就是说，这一节的习题主要是对例题的模仿练习。

US - MDL 习题的综合性较弱。在几何教材中，习题设置了"综合回顾"（mixed review）环节，主要用于融合新知识和以往的知识方法。同样选择几何教材 7.4 节中综合回顾环节的习题来说明 US - MDL 习题的综合性：

图中，$\overleftrightarrow{BD}$ 是 $\overline{AC}$ 的垂直平分线。

36. 图中有那些长度相等的线段对？

37. $x$ 的值是多少？

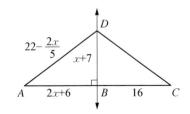

38. 求 *CD*。

这些题目融合了方程和三角形的相关知识,把解一元二次方程和勾股定理结合起来,虽然实现了不同内容的综合,但综合的途径过于直白,为了结合而结合,没有达到质的融合。

(2) 习题的变式性

US - MDL 习题以水平变式为主,主要是问题表面形式特征的改变,很少发生问题结构特征的改变。如几何教材 9.3 节"反射"中的例 4 及其对应习题 34(如图 7 - 38):

例题 4  求最短距离

停车  你打算去买一些书,你的朋友要买些 CD。你要把车停在哪个位置使你们俩步行的距离最短?

图 7 - 38

解

把点 *B* 关于直线 *m* 反射,得到点 *B′*,画连线 $\overline{AB'}$,把 $\overline{AB'}$ 和 *m* 的交点标为 *C*。因为 *AB′* 是 *A* 和 *B* 之间的最短距离,而 *BC* = *B′C*,在点 *C* 停车可使你们俩要步行的总距离 *AC* + *BC* 最短。

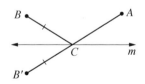

例题 4(p. 591)可供习题 34 参考

34. 派送披萨 你把车停在直线 *n* 上的某点 *K*,到房子 *H* 送一份披萨,走回到停车处后,再到房子 *J* 送一份披萨。假定你可以斜插每家的院子,你如何确定你的停车点使得你的总步行最短?

图 7 - 39

问题情境由去买书和 CD 变为送披萨,但本质上都是求从直线上一点到直线同侧的不同两点的连线的最小距离问题,仅是表面情境的改变,问题结构特征仍然相同。

（3）习题的覆盖性

US - MDL 习题具有较好的覆盖性。首先,习题对知识的覆盖较好。US - MDL 在习题处会指出例题和习题的对应,这些与例题对应的习题,不仅覆盖例题所展示的新知识,而且覆盖例题所展示的技能和思想方法。如《代数 2》教材的 9.4 节中,例题见第 8.6.2.1 节之(1)和习题的对应如图 7 - 40 所示。

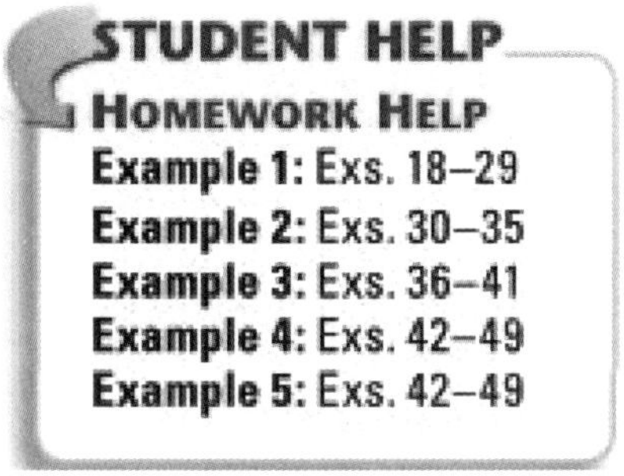

STUDENT HELP

HOMEWORK HELP

Example 1: Exs. 18–29
Example 2: Exs. 30–35
Example 3: Exs. 36–41
Example 4: Exs. 42–49
Example 5: Exs. 42–49

译文　学生帮手

作业帮手
例题 1: 习题 18–29
例题 2: 习题 30–35
例题 3: 习题 36–41
例题 4: 习题 42–49
例题 5: 习题 42–49

图 7 - 40　US - MDL 中例题与习题对应关系实例

其中,与例题 4、5 对应的 8 道化简繁分式的习题如下:

42. $\dfrac{\dfrac{1}{x+4}}{\dfrac{1}{2x}}$ ;　　43. $\dfrac{\dfrac{1}{x-3}}{\dfrac{2}{x}}$ ;　　44. $\dfrac{\dfrac{1}{x+9}}{\dfrac{2}{x+9}}$ ;　　45. $\dfrac{\dfrac{2}{x}}{\dfrac{x+6}{x^2}}$ ;

46. $\dfrac{\dfrac{x+1}{3}}{\dfrac{x-7}{6}}$ ;　　47. $\dfrac{\dfrac{x^2}{x+3}}{\dfrac{2x}{x+3}}$ ;　　48. $\dfrac{\dfrac{x+8}{x+3}}{\dfrac{x^2+4x-32}{x-4}}$ ;　　49. $\dfrac{\dfrac{x^2-6x+8}{4x-12}}{\dfrac{x^2+5x-14}{3-x}}$ .

我们可以看出,例题 4、5 与所对应的习题的题型完全一致,均为化简分子、分母中含有分式的繁分式。但是习题与例题又不完全相同,习题从前往后形式上越来越复杂,次数由低到高发生变化,分母由单项式变为多项式。相比之下,既有与例题非常相近的习题,又有相对例题形式更复杂、要求更高的习题。也就是说,习题不仅完全覆盖了例题所展示的知识技能和方法,而且在此基础上有所提高、拓展。

## 7.7 中美德三套教材例习题设计量化比较

本节中我们对中、美、德的三套教材——CN - PEP、US - MDL 与 DE - LBS——中的例习题设计进行量化的比较。例习题的设置与知识点应该是相对应的,必须在保持知识点相对一致的前提下进行深入分析。三套教材整体知识点之间还是存在一定差异的,但三套教材关于"指数函数和对数函数"部分的知识点经统计发现一致性比较高[①],结果如表 7 - 35 所示,CN - PEP 有 18 个知识点,US - MDL 有 19 个知识点、DE - LBS 有 18 个知识点。因此,我们试就这部分内容做量化比较。根据例题设计基本原理,下面主要从例题的数量、例题的类型、例题的素材、例题的基础性、例题的处理方式等几个方面展开量化比较。

表 7 - 35　三套教材指数函数和对数函数知识点比较

| CN - PEP | US - MDL | DE - LBS |
| --- | --- | --- |
| 指数函数模型的实际背景 | 增长型指数的定义 | 线性增长 |
| 指数函数的概念 | 增长型指数的图像画法 | 指数增长 |
| 指数函数的图像与性质 | 指数型下降 | 增长因子 |
| 指数函数的计算机作图 | 指数型下降的图像 | 线性减少 |
| 指数函数解决实际问题 | 增长型指数函数的应用 | 指数减少 |
| 对数的定义 | 指数型下降函数的应用 | 指数函数的定义 |
| 常用对数 | 求指数函数关系式 | 指数函数的图像 |
| 自然对数 | 指数函数定义 | 指数函数的性质 |
| 指数与对数之间的关系 | 对数函数定义 | 指数函数增长模型 |
| 对数的运算性质 | 化对数式为指数式 | 对数函数的定义 |
| 换底公式 | 对数式的估算 | 对数函数的图像 |
| 对数函数图像与性质 | 画对数函数的图像 | 对数函数的性质 |
| 对数函数的计算机作图 | 对数关于积的性质 | 对数函数与指数函数的关系 |
| 反函数 | 对数关于商的性质 | 对数式的估算 |
| 线性增长模型 | 利用积商性质化简对数表达式 | 对数的运算性质(公式) |
| 指数函数型增长模型 | 幂相等两边同时取同底对数 | 换底公式 |
| 对数函数型增长模型 | 两边同时取指数 | 指数方程的定义以及求解方法 |
| 函数模型的实例应用 | 对数在现实生活中的应用 | 对数方程的定义以及求解方法 |
| | 计算机作图 | |

---

[①] 由于比较分析的需要,三套教材"彼有此没有"的知识省略统计,比如 DE - LBS 中奈培算法、对数刻度尺、等比数列等内容不做统计。

### 7.7.1　中美德教材例题设计量化比较

我们从例题的数量、类型、素材、基础性及处理方式五个方面进行量化比较。

#### 7.7.1.1　三套教材例题数量比较[①]

三套教材中"指数函数和对数函数"部分例题数量统计结果如图 7 - 41 所示。

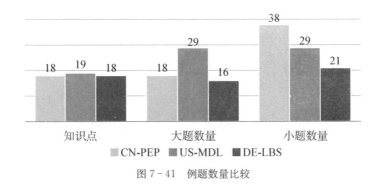

图 7 - 41　例题数量比较

从图中发现,US - MDL 的例题大题数和小题数统计没有变化,一道例题就只有一个问题,而 DE - LBS、CN - PEP 中均有一道包含 2~3 道甚至更多的小问题的例题。以例题大题数量统计时,US - MDL 的例题以 29 个居首,而在以例题小题数量统计时,CN - PEP 以 38 个居首,DE - LBS 在前后两次统计中一直居于第三位。DE - LBS 和 CN - PEP 中例题大题数与知识点数大致以 1∶1 的比例保持相对一致,而三套教材在例题小题数与知识点数的配置比例上相差较大,DE - LBS 只有 1.3∶1 左右,US - MDL 超过 1.5∶1,而 CN - PEP 着实超过了 2∶1。

#### 7.7.1.2　三套教材例题类型量化比较

根据相关知识点的要求,学生首先需要理解指数函数、对数函数的概念意义,同时掌握其运算性质,在解决简单实际问题的过程中还要体会两种重要的函数模型,所以概念原理型例题、方法型例题和应用型例题缺一不可。按概原型、方法型和应用型将三套教材中的例题进行统计,结果如图 7 - 42 所示:

———————————

① US - MDL 中的增补训练和期末测试以及节后小测试的题目均不作统计。

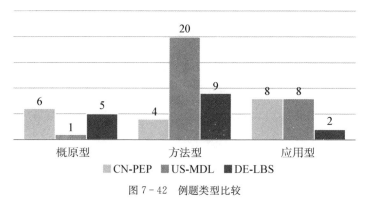

图 7-42　例题类型比较

从图中发现,三套教材在例题类型上差别甚大。US-MDL 以方法型例题为主,比例接近 70%,而概原型例题只有 1 道;DE-LBS 同样注重方法型例题,并集中出现在第 7 节"指数方程和对数方程"部分,分别列出了求解两种方程的四种情况,概原型例题则出现在指数函数、对数函数等概念部分,概原型例题还多体现了应用性,剩下的应用型例题则出现在"指数函数增长模型"中;相比于US-MDL 和 DE-LBS,CN-PEP 的例题类型则更侧重应用型,尤其是几类不同函数的增长模型均以实际应用型例题出现,其次是概原型例题,相对来说纯方法型例题比较少。

### 7.7.1.3　三套教材例题素材量化比较

按问题取材的来源,从无背景(纯数学)问题、有生活背景问题和有学科背景问题三方面对三套教材例题进行统计,具体数据如图 7-43 所示。

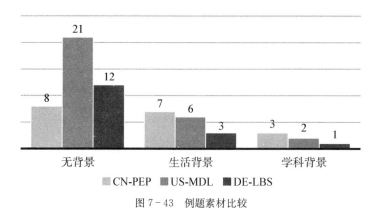

图 7-43　例题素材比较

可以看到,三套教材例题中均设有纯数学问题、生活背景问题和学科背景问题,有背景与无背景的比例分别是 1∶2.6(美)、1∶3(德)和 1∶0.8(中)。US‐MDL 和 DE‐LBS 均以纯数学问题为主,注重指数、对数运算以及指数函数方程与对数函数方程的求解计算,而 CN‐PEP 在例题设计上更注重联系背景实际,应用性强。在有背景例题中,三套教材都倾向取材于生活背景,这与指数函数和对数函数的应用性有很大关系,指数函数与对数函数模型所刻画的数量关系,在日常生活中或者科学研究中都有非常重要的作用。

### 7.7.1.4 三套教材例题基础性量化比较

例题的基础性涉及三个维度,包括(1)知识关联:单知识——主要涉及本节教学内容的一个知识点,例如增长型指数函数的作图法;多知识——涉及两个及以上的知识点,如运用图象的变换做出指数函数型图象。(2)计算操作:单步骤——只需直接运用本节内容的单个知识点简单操作便可一步到位求解答案的例题;多步骤——需要综合运用本节知识的多个知识点或者综合前面所学的知识点方可求解的操作步骤较多的例题。(3)思维水平:单思维——即简单思维,以"简单直接"为主,只用一种方法或技能就能解决的思维水平较低的例题,如只需直接套用指数或对数运算公式即可化简出答案;多思维——即复杂思维,指思维水平较高、较复杂的例题,如需要通过分析实际问题建立函数模型,再用函数模型分析问题变化趋势等。根据上述原理,对三套教材例题基础性数据统计结果如下图 7‐44 所示。

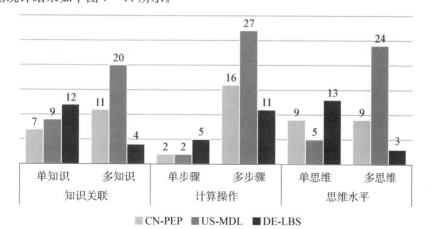

图 7‐44 例题基础性比较

从图中可以看出,三套教材在例题的基础性方面相差甚大:例题囊括的知识点上,US－MDL 单知识点与多知识点的例题数量比例是 1∶2,CN－PEP 是 1∶1.6,DE－LBS 是 3∶1,说明 DE－LBS 的例题在知识点方面相对简单纯粹、针对性强,US－MDL 和 CN－PEP 的例题更喜欢综合示范。例题的解题步骤上,DE－LBS 例题的多步骤与单步骤的比例在 2∶1 左右,而 CN－PEP 例题比例则是 8∶1,US－MDL 是 13.5∶1,表明 US－MDL 和 CN－PEP 例题更注重按部就班展现出每一步解题过程,DE－LBS 中单步骤例题大部分是概原型的举例说明,并无步骤多少之分,只是将其放入单步骤例题中。在例题的思维量上,DE－LBS 简单思维例题与复杂思维例题的比例是 4∶1 左右,CN－PEP 比例则是 1∶1,US－MDL 是 1∶5,说明 DE－LBS 和 CN－PEP 都很注重例题的基础性,DE－LBS 例题相对更简单易懂些,思维量少些,而 US－MDL 例题多,训练复杂思维的例题也多。

### 7.7.1.5  三套教材例题处理方式量化比较

在进行三套教材例题的处理方式统计的过程中,发现 US－MDL 中"解"就是"解(solution)","答"就是"答(answer)","检验"就是"检验(check)",但是几乎没有分析和总结部分;CN－PEP 中解和答往往是合在一起的,答以"所以""因此"等做结论的形式出现,检验也是融合在解答里面;DE－LBS 中的例题,几乎没有检验,答的方式和 CN－PEP 很像。统计结果如图 7－45 所示。

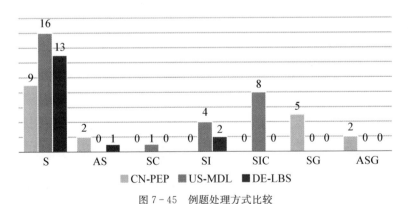

图 7－45  例题处理方式比较

从图中可以看出,三套教材例题的处理方式有共性也有特色。首先三者中以"问题 ＋ 解答"(S)呈现的例题都居首位,而且大幅度多于其他呈现方式;

US－MDL 例题共有四种处理方式,分别是"问题 ＋ 解答"(S)、"问题 ＋ 解答 ＋ 检验"(SC)、"问题 ＋ 解答＋ 主要步骤说明"(SI)以及"问题 ＋ 解答 ＋ 主要步骤说明 ＋ 检验"(SIC),US－MDL 例题在呈现的时候非常注重波利亚解题表中的四个阶段:了解问题——题干之前给出问题类型或者解题提示,拟定计划——给出主要步骤说明,实行计划——有多步骤的解答,检验——有时会采取多种方法进行检验,如回代检验、借助图形计算器检验等;相对于 US－MDL 例题的主要步骤说明和检验,CN－PEP 的例题也很注重问题的"分析"和"总结",其呈现方式也有四种,分别是"问题 ＋ 解答"(S)、"问题 ＋ 分析 ＋ 解答"(AS)、"问题 ＋ 解答 ＋ 总结"(SG)以及"问题 ＋ 分析 ＋ 解答 ＋ 总结"(ASG);而 DE－LBS 例题的处理方式却相对简单,只有"问题 ＋ 解答"(S)、"问题 ＋ 分析 ＋ 解答"(AS)以及"问题 ＋ 解答 ＋ 主要步骤说明"(SI),后两者也极为少数,主要步骤说明也显得简单。

### 7.7.1.6　小结

通过对三套教材例题的量化分析可以得出例题设计存在差异,但也存在共性。

共性之一是例题与知识点配置比例大致相同。从例题对知识点的呈现功能上分析,例题与知识点的配置比率至少达到 1：1,以小题计时三套教材的平均比例是 1.6：1 左右。在这点上 DE－LBS 例题稍有欠缺。

共性之二是例题背景素材设计多元。三套教材例题均设计了纯数学问题和有背景问题,其中有背景问题或者取材于学科中的问题,比如自然学科的物理、化学、生物,人文学科的地理、政治,或取材于生活中的问题,如股票、借贷等。但是,US－MDL 和 DE－LBS 的例题设计中有背景的问题明显少于 CN－PEP,更注重纯数学运算。这些差异与教学的侧重点有很大的关系,与学生的水平更是脱不了干系。若是学生的计算能力已较好,那么例题的设置偏重综合性的应用型背景题则更能激发与训练学生的综合能力。特别是函数模型往往抽象于生活中的实际问题,背景例题设计更值得重视。

共性之三是例题类型设计全面,独具示范,彰显典型。三套教材均设计了概念原理型、方法型和应用型例题。但是三套教材的例题类型设计也各有侧重,US－MDL 和 DE－LBS 比较侧重方法型例题的设计,而 CN－PEP 更注重应用型例题的呈现,在方法型例题的设计上明显不够。比如对数运算部分,换底公式的推导以及方法运用就没有计算题的展示。例题类型的设计在一定程度上会影响例题示范性的设计追求。US‐MDL 注重对数学方法与过程的示范,在题干之前会指出"问题类型"或者"解题提示",并在解题步骤右边有相应步骤的解释,同时要求检验;DE‐LBS 注重数学方法与思维的示范,有层次有梯度;CN‐PEP 例题则注重数学建模应用型示范。

共性之四是三套教材例题在处理方式设计上都侧重"问题 + 解答"的形式。US‐MDL 和 CN‐PEP 例题的呈现方式相对多样化,只是例题的处理方式也不能一味追求多样性,具体要看例子的功能。相对于简单明了的例子,能够以"问题 + 解答"方式便可以使学生理解的就没有必要非要追求 ASG 方式的完整性;有些方法型例题或者背景例题,含有一定的复杂性和综合性,则对例子的处理方式就需要全面考虑了。一般地,例题的设计要符合学生的认知方式,也要符合波利亚解题表的要求。

### 7.7.2 中美德教材习题设计量化比较

根据习题设计基本原理,习题的量化比较主要从习题的数量、习题的类型和习题的素材、习题的层次性等几个方面展开。

#### 7.7.2.1 三套教材习题数量比较

根据练习、习题、复习题设置分类,将三套教材习题数量按大题和小题统计,结果如图 7‐46 所示:

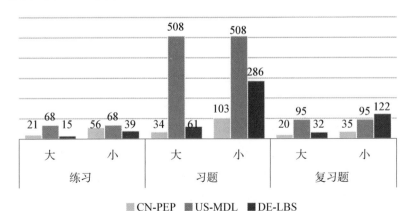

图 7‐46 习题数量比较

从图中可以看出,US‐MDL 习题和例题一样,一道题即一个问题,所以无论以小题数统计还是以大题数统计,US‐MDL 的习题量大幅度多于 CN‐PEP 和 DE‐LBS,而 CN‐PEP 习题数量是最少的。以小题计量时,在课内练习当中,US‐MDL 和 CN‐PEP 的练习数量明显多于 DE‐LBS 练习,说明在相同的教学条件下学生要学习的知识和用于课堂完成的练习时间上有差别;在习题当中,DE‐LBS 的习题数量却是 CN‐PEP 习题的 2 倍多,最多的还是 US‐MDL;在复习题当中,DE‐LBS 习题数量接近达到了 CN‐PEP 习题的 3 倍,也明显超越了 US‐MDL。可见 DE‐LBS 对于课后习题、复习题的要求相对较高。

### 7.7.2.2　三教材习题类型量化比较

按习题类型设计原理,将三套教材的习题类型进行统计,结果如图 7‐47 所示。此处将应用题统计到解答题中。

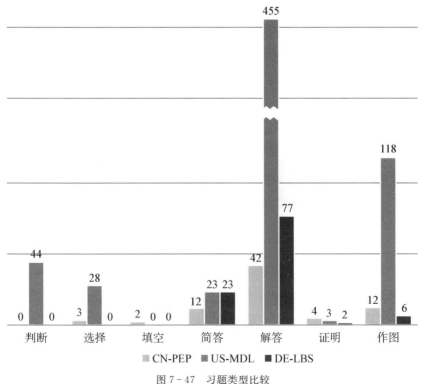

图 7‐47　习题类型比较

　　从图中可知,US‑MDL 和 CN‑PEP 习题设计的类型较为丰富,US‑MDL 除了填空题,其余的六种类型都涵盖了,CN‑PEP 除了判断题其余的六种也都涵盖了。DE‑LBS 习题的类型设计则相对简单,只有简答题、解答题、证明题和作图题四种类型。可见传统上的简答题、解答题和证明题所占比例仍旧很高,结合指数函数和对数函数的教学目标,作图题也必不可少,尤其是 US‑MDL 中有大量的作图题。为了促进学生对指数函数和对数函数概念和性质的理解,适当的设计其他类型的题目也是有必要的,不同的学生认知方式存在差异。

### 7.7.2.3　三套教材习题素材量化比较

　　根据习题素材的设计基本原理,将三套教材习题按有学科背景、有生活背景(人文)和无背景分类统计,结果如图 7‑48 所示:

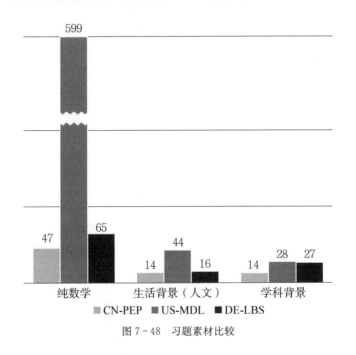

图 7‑48　习题素材比较

　　从图中可以看出,三套教材中的习题都以纯数学问题为主,同时均设有背景题,而背景题的设计存在明显的差异。US‑MDL 习题注重生活背景题的设计,DE‑LBS 习题注重学科背景题的设计,尤其好以理工科为背景,而 CN‑PEP 的背景题在生活方面和学科方面达到了平衡。对于函数部分的知识来讲,背景题是必不可少的。一方面生活中的很多实际问题都可以抽象成函数模型，习题取材来自生活，能更好地让学生理解数学的应用性；另一方面，函数在物理、化学等学科中的计算求解过程中发挥着不可替代的作用。选取素材设计背景题时，一定要本着有利于学生理解数学知识、掌握数学方法以及运用数学思想的原则。

### 7.7.2.4　三套教材习题层次性量化比较

基于习题层次的分类理论，对三套教材习题层次进行统计分析，结果如图 7-49 所示。

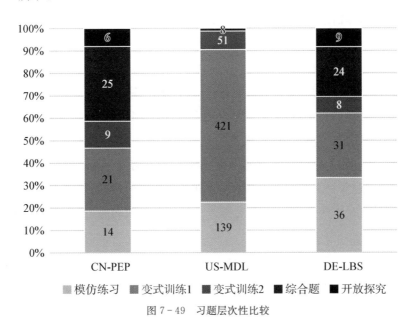

图 7-49　习题层次性比较

从统计图中可以看出，三套教材习题在模仿练习题和综合题数量上差异比较明显，模仿练习在 DE-LBS 习题中占了 33%，在 US-MDL 习题中占了 22%，而在 CN-PEP 习题中占了 19%。综合题在 DE-LBS 习题中占了 22%，在 CN-PEP 习题中占了 33%，而 US-MDL 为 0%。由此看来，DE-LBS 的习题以模仿练习居多，而 CN-PEP 的习题更注重综合性应用。开放探究题中德各自所占比率均为 8%，而 US-MDL 为 1%。三套教材习题层次较为分明，均侧重于变式训练，所占比率基本都超过 40%，US-MDL 以 76% 居首。从统计结果看,DE-LBS 中习题变式训练 1：变式训练 2 的比例接近 8：2,CN-PEP 比例则是 7：3,而 US-MDL 则为 8：1,三套教材的习题都较多选用变式训练 1(水平变式)的问题,主要是问题表面形式特征发生变化。由此可见教材中的习题主要功能还是以巩固知识、熟练技能以及掌握方法为重,在此基础上再适当地辅以垂直变式问题,一来防止学生重复学习简单知识而觉枯燥乏味,二来适当增加有难度的习题可以刺激学生的学习欲望,提供给学生更多的学习空间。

### 7.7.2.5 小结

经过上述统计分析可以得出三套教材习题设计上存在很大差异。

差异之一是习题数量相差甚大。在知识点保持相对一致的情况下,以小题计,US-MDL 习题量最大,达到 671 题,DE-LBS 次之,CN-PEP 最少。

差异之二是习题类型设计各有选择,素材设计各有倾向。DE-LBS 习题只涉及四种类型,而 CN-PEP 习题涉及六种类型,多出了选择和填空两类习题,US-MDL 则比较重视作图题,尤其是计算器作图。三套教材均以解答题数量居首位。在习题素材中 60% 都是纯数学习题,而在背景习题上两版教材各有侧重。设计习题素材时要在注重基本知识和基本技能的基础上,密切关注数学知识与学科知识、生活实际的联系,发展学生的应用意识和能力,从而提高对数学整体的认识。

差异之三是习题分层次性独具特色。US-MDL 习题的层次设计注重基础变式巩固性,DE-LBS 的习题层次设计注重模仿性,CN-PEP 习题的设计更注重综合性和复杂性。

## 7.8 启示

我们把本研究给我们的启示归纳如下。

第一,例题需合理体现思维过程,便于学生掌握思维方法,提高思维水平。

例题是学生理解新知、运用新知的重要载体,其处理方式直接影响学生解决问题的思路及思维方式。程序化的解题系统和启发式的过程分析是波利亚解题理论所强调的。他认为数学教育不仅应教会学生受益终生的知识与技能,更应教会学生去思考,还应该培养学生的独立性、能动性及创新精神。他心目中良好的教育不仅要给学生自己发现事物的机会,而且要帮助学生自己再发现所教的内容。他认为亲自去发现是学好东西的最好途径。他尤其重视发展学生的数学思维能力以及运用所学知识的能力,培养学生有益的思考方式和科学的思维习惯(刘俊等,2012)。"在教材编制过程中,我们应该注重样例的一般指导性分析说明,也就是说,每个例题的解法之前都应该带有该样例问题的解题思路的分析与说明。"(邵光华,2003)

第二,关注习题类型的多样性,加强学生分析、解决问题的意识和能力。

教材习题在类型的选择方面要注重多样性,通过展示不同类型的题目,潜移默化地培养学生的思维意识,锻炼学生的思维能力,培养其问题解决的意识和能力。譬如,判断题对学生明晰概念、原理,矫正错误观念具有较好的作用。通过质量高的数学判断题的练习能够促使学生联系该命题涉及的数学知识,与此同时进行积极的数学思维,这是学生把握数学知识的本质与内涵的有效手段(吴存明,2007)。简答题往往是从"是什么""怎么样""为什么"等几个方面提问,这对发展学生严谨的逻辑思维,培养其问题解决能力颇有裨益。教材习题的类型在很大程度上反映了数学教学的目标。

第三,调整例习题的选材角度,取材力争贴近学生的现实生活。

数学知识来源于生活又服务于生活。作为教材中传递并拓展延伸数学知识技能的例习题,其选材同样要贴近生活,特别是要贴近学生这个特殊群体的生活。选材贴近学生熟知的生活的例习题更能够拉近学生与数学之间的距离,让学生感受到数学与日常生活的密切联系,体验应用数学的乐趣和解决问题时的成就感。由此,在教材编制过程中要充分挖掘学生身边的生活资源,设计选材贴近学生生活实际的例习题,让学生感受到数学在生活中是如影随形的,能够从数学中感受生活、从生活中热爱数学。

第四,进一步凸显例习题的层次性,关注不同学生的发展需要。

我国教材例习题的栏目设置均较为单一。例题几乎都是给出完整解答步骤的"例"。但是,解题步骤不完整的例题也许更能激发学生的思维潜能。Stark(1999)的实验研究发现,与使用完整样例组的被试相比,使用不完整样例组的被试不仅自我解释质量较高而且问题解决方法的迁移效果也较好。由此,我们的教材也应尝试恰当地设置这类不完整的例题。我国高中数学教材的习题虽然进行了分层处理,但这种层次化的处理方式过于简单。对教材习题进行细化分层处理,为学生提供更多的选择空间,有助于培养学生的学习兴趣并提升其整体的学习效果。

## 参考文献

奥加涅相,B. A. ,等(1983),中小学数学教学法[M]. 管承仲,秦璋,王慧芬译. 北京:测绘出版社.

鲍建生(2002). 中英两国初中数学期望课程综合难度的比较[J]. 全球教育展望,(9),48 - 52.

蔡上鹤(1991). 谈谈初中数学教科书的习题[J]. 中学数学教学,(2),30 - 32.

程艺华(1996). 美国芝加哥大学中学数学设计(UCSMP)[J]. 数学通报,35(1),28 - 33.

戴再平(1996). 数学习题理论[M]. 上海:上海教育出版社.

顾泠沅(1981). 演变图形在几何教学中的直观效果和心理意义[R]. 上海市数学会年会报告.

Halmos, P. R. (1982). 数学的心脏[J]. 弥静译. 数学通报,21(4),27 - 31.

赖日生(2006). 样例呈现方式与认知方式对高中生数学学习成绩的影响研究[D]. 南昌:江西师范大学.

刘俊(2012). 数学教学概论[M]. 北京:科学出版社.

罗增儒(2001). 解题学引论[M]. 西安:陕西师范大学.

邵光华(1997). 浅谈高中数学教材"四题"的编制要求[J]. 数学通报,36(11):12 - 13.

邵光华(2003). 数学样例的学习理论与实证研究[D]. 上海:华东师范大学.

邵光华(2011). 主要国家高中数学教材例习题设置比较研究[J]. 中学数学月刊,(4):33 - 34.

邵光华(2013). 样例学习的理论与实践[M]. 杭州:浙江大学出版社.

孙旭花,黄毅英,林智中,张奠宙(2006). 问题变式:结构与功能的统一[J]. 课程・教材・教法,26(5):38 - 42.

任金杰,路海东(2009). 自我解释与样例学习方式对大学生数学学习的影响[J]. 黑龙江高教研究,185(9),188 - 190.

任子朝,周远方,陈昂,田祥高(2013). 高考数学科考核目标研究[J]. 数学通报,52(7):1 - 8.

王小明(2007). 国外有关样例学习的研究[J]. 外国中小学教育,(1):48 - 51.

吴存明(2007). 数学判断题不应有歧义[J]. 教学与管理,(20):52 - 53.

朱明新,秦裕林,施铁如,司马贺(1987). 通过样例和问题解决建立产生式[J]. 心理学报,19(2):176 - 183.

Atkinson, R. K. (2000). Learning from examples: Instructional principles from the worked examples research [J]. *Review of Educational Research*, 70 (2): 181 – 214.

Howson, A. G. (1995). *Mathematics Textbooks: A Comparative Study of Grade - 8 Texts* [M]. Vancouver: Pacific Education Press.

Kalyuga, S., Chandler, P., Tuovinen, J. and Sweller, J. (2001). When problem solving is superior to studying worked examples [J]. *Journal of Educational Psychology*, 93(3): 579 – 588.

Ross, B. H. and Kilbane, M. C. (1997). Effect of principle explanation and superficial similarity on analogical mapping in problem solving [J]. *Journal of Experiment Psychology: Learning Memory and Cognition*, 23(2): 427 – 440.

Stark, R. (1999). Learning by worked-out examples: The impact of incomplete solution steps on example elaboration, motivation, and learning outcomes [M]. Bern, CH: Huber.

Sweller, J. (1988). Cognitive load during problem solving: Effects and solving [J]. *Cognitive Science*, 12(2):257 – 285.

# 第8章

高中数学教材的综合难度与难度特征

## 8.1 研究的意义

鉴于我国中小学生学业负担过重,《国家中长期教育改革和发展规划纲要》中提出了"调整教科书内容,科学设计课程难度",于是,中小学教科书的难度成为近年来的一个国际比较热点。据报道,由中国教育科学研究院袁振国担任组长的"中小学理科教科书难度的国际比较研究"课题组,分别围绕小学、初中、高中三个层次,对教科书的难易程度进行了大规模的国际比较研究,在实证研究基础上得出结论:我国中小学理科教科书难度属中等水平,其中,小学数学排在第 4 位,初中和高中数学排在第 3 位(王庆环,2014)。这一结果的公布,很快引来广泛关注,新华网等多家网络和报刊均作了相关的报道。

显然,影响教科书难度的因素很多,而难度水平的界定则取决于所使用的评价工具。本文要介绍的是我们所承担的"主要国家高中数学教科书比较研究"课题中,关于例题综合难度的分析结果。在数学学习中,教科书中的例题具有重要的作用。首先,数学概念、原理和思想方法都比较抽象,例题就成了学生理解概念、原理,领悟数学思想方法的具体途径,基于例题教学也就成为数学教学的基本形式;其次,例题反映了教科书在问题解决方面的基本要求,而问题解决是数学学习的主要活动,因此,例题的难度水平在一定程度上反映了教科书的难度水平。

需要说明的是,我们的研究目的不是给国家排座次,而是从教科书中例题的角度,考察不同国家在不同难度因素上的特征与水平。

## 8.2　文献综述

　　一门学科的课程难度一般可以从统计难度和内容难度两个角度去研究,课程的统计难度是指在确定的被试对象上表现出来的难度值,主要是通过考试,衡量学生是否达到课程目标的要求,也叫相对难度。课程的内容难度是由课程目标确定的、在课程标准和教材上表现出来的难度,课程标准和教材一旦形成,课程的内容难度便成为一种不附加任何条件、不受任何限制的客观存在,因此也叫绝对难度。而课程的内容难度和统计难度是两种不同性质的难度,内容难度是客观存在的,与被试无关,具有绝对性,统计难度则与被试有关,具有相对性,因此,内容难度大的课程其统计难度不一定大,反之亦然。由于试题的难度、被试的水平、对题目的熟悉程度、临场发挥的好坏以及判卷人员的素质、判卷误差大小等都是随机因素,都影响着课程的统计难度,因此,统计难度多用于理论研究方面,而内容难度多用于实际应用。

　　目前,文献中常用的刻画内容难度的途径主要有两种:一种途径是通过影响课程的三要素(即课程广度、课程深度和时间),建立一个衡量课程难度的定量模型,然后通过分析课程大纲、课程标准和教材等文本材料,由设想出来的公式计算出上述三个主要因素的数值,进一步在模型中用这些数值计算得到一个数量指标,用以衡量课程难度,典型的代表便是东北师范大学史宁中、孔凡哲、李淑文所提出的“课程难度系数模型”(史宁中等,2005);另一种途径是对数学题目的分析,通过分析和比较教材、试卷中的题目(一般是例题、习题)的相关数据来反映课程的难度,在这种想法中,数学题的难度被分解为若干维度,每个维度又赋予了若干水平,鲍建生 2002 年建立的课程的“综合难度模型”便是此途径的典型代表(鲍建生,2002)。

　　据已有研究表明,无论在信度还是效度方面,上述两种评价课程难度的方法都不相伯仲,效果都比较好。当然,它们的应用还是有所区别的:难度系数模型更适用于对抽象的指导性文件,诸如课程标准、要求等的比较研究;而维度和水平难度模型则更适用于对日常数学教学中的载体,比如数学问题(包括例题、习题和试题)、教材等进行比较研究,在潜在课程、实施课程的难度研究方面尤具参考价值。

国外第一位系统触及课程难度问题的是赞可夫,作为一名有着渊博造诣的心理学家,长期耕耘在教学实验上,他提出了"以高难度进行教学的原则"(赞科夫编,桂殿坤等译,1985),他的心血凝结成了"实验教学论体系",他又成功地把小学学制缩短一年。赞可夫成功的数学实验和新思想给世界教育改革注入了新的活力。然而他努力得到的实验成果,并没有进入教育实践的大门。

与赞可夫同时期的布鲁纳,依据认知心理学原理提出了结构课程论。布鲁纳强调教育"应传授知识和发展智力"。他认为没有难教难学的知识,"任何学科都能够以某种智育上适宜的方式教给任何发展阶段的任何儿童。"为此,他特别重视学习的迁移规律并倡导"发现学习法"。布鲁纳的教学理论过分强调学科的结构化、形式化,脱离学生的认知水平和生活实际,教材内容过难,很多学生接受不了,从而受到了社会的负面批评(皇甫全,王晶,1994)。

我国学者对课程难度进行了一些研究。皇甫全是国内对此进行系统研究的先驱之一,他从认识论的角度给出了课程难度的定义和特点。课程难度,实质上就是以课程内容为表征的预期结果从简单到复杂、从低级到高级的质与量在时间上相统一的动态进程;中小学生课程难度具体表现为课程内容在广度、深度和进度上的时空分布。他认为,作用于课程难度的因素主要有三个:社会发展的需要与可能、个人发展的要求与可能、人类知识及其体系结构。这三个因素分别制约着课程难度,又综合地决定着课程难度。然后他根据灰色系统理论建立了课程难度模型系统,此课程难度模型是以 $0\sim11$ 岁脑电频率数据作为心理发展的映射量建立起来的由均值模型、低值模型、高值模型组成的三维动态曲线体。并通过对"中小学课程难度的实际调查分析",得出结论:语文课程难度"过高过低矛盾并存"现象;各年级课程难度"过高过低矛盾并存"现象及其实际情况(皇甫全,1995)。

史宁中、孔凡哲和李淑文(2005)认为影响课程难度的基本要素至少有三个:课程深度、课程广度和课程时间。其中,课程深度泛指课程内容所需要的思维的深度,这是一个非常难以量化的要素,涉及概念和数学原理的抽象程度以及概念之间的关联程度,还涉及课程内容的推理与运算步骤;课程广度是指课程内容所涉及的范围和领域的广泛程度,可以用我们通常所说的知识点的多少进行量化;课程时间是指课程内容的完成所需要的时间,可以用我们通常所说的课时多少进行量化。这样,课程难度就可以看成是课程广度、课程深度和课程时间的一个函数,其中任何一个量的变化都会导致函数值也就是课程难度的变化。如果用 $N$ 表示课程难度,$G$ 表示课程广度,$T$ 表示课程时间,可以建立数学课程难度模型为:

$$N = a\frac{S}{T} + (1-a)\frac{G}{T}$$

其中,$\dfrac{S}{T}$ 和 $\dfrac{G}{T}$ 分别表示单位时间下的课程深度和课程广度,也称为可比深度和可比广度,$a$ 称为加权系数且满足 $0 < a < 1$,反映了可比深度、可比广度对课程难度影响的侧重程度。

孔凡哲、史宁中(2006)利用此模型,以"四边形"为例,对我国初中阶段三套典型的义务教育数学课程标准实验教科书进行了课程难度的定量比较分析。李淑文(2006)在其博士论文中以此模型为平台,对我国初中新旧几何课程以及中日两国初中现行几何课程的难度进行了比较研究。

鲍建生(2002)的综合难度模型提出后也一直被许多相关的研究所引用。其中包括:苏州大学教育硕士韦芳(2009)利用综合难度模型对中英两国高中数学课程中函数内容进行了比较,得到中英两国在函数部分差别不大的结论。任晓峰利用综合难度模型进行了中国和新加坡两国高中微积分课程难度的比较研究,得到如下结论:在背景因素上,新加坡微积分课程中的习题在背景设置上比较欠缺,我国新微积分课程的习题在"实际背景"的变化方面越来越丰富;在推理因素上,新加坡微积分课程中的习题的复杂程度都低于我国新微积分课程,但在运算、知识含量和探究因素上,新加坡微积分课程中的习题的复杂程度都高于我国新微积分课程。苏州大学的陆正美(2008)利用综合难度模型对比分析了江苏省近十年的高考试卷和全国卷,研究显示在运算、推理、知识含量这三个体现双基的难度维度上,江苏卷高于全国卷,但江苏卷的稳定性比全国卷差。重庆师范大学的贾安贡、宋娜和黄翔(2008)用综合难度模型对"上海、重庆两市 2007 年中考数学试题"进行了比较研究,得到如下结论:两市在"推理""运算"和"知识含量"水平上均无太大差异,并保持了我国注重双基考察的传统,同时两市都注重对知识背景的考察,关注知识与社会及生活的联系,但探究水平要求较低。以上研究均未对"综合难度"模型进行修改,所得结果也与人们的普遍认识相吻合,可见此模型的科学性与可实施性较强。而在李淑文(2006)的博士论文《中日两国初中几何课程的比较研究》中认为在原"综合难度模型"的"探究"因素的水平划分中,简单的"识记""理解"和"探究"三个水平并不能将几何题的难度特点表现到位,同是属于"理解水平"的几何题中仅运用定理证明和需要通过添加"辅助线"建立不同数学对象间的联系的题在认知水平上要求截然不同,但按照"综合难度模型"却都同属于"理解水平"。为了更好地适应几何题的研究,李淑文将鲍建生的"综合难度模型"中的"探究水平"修改为四个层次:"识记""理解""应用"和"探究",其中"理解"是指对已学数学理论、方法和过程的理解,包括能合理地选择数学知识和方法,对问题进行简单的分解或转化,从而对问题作出解答。"应用"是指能发现新关系,能在未实践过的情境中,使用和组织已有的概念和运算。李淑文(2006)运用改进后的"综合难度模型"把日本几何课程中的习题、日本中考中的几何题与我国新几何课程(2003 年版《课程标准 2003》下的几何课程)中的习题、旧几何课程(1992 版《教学大纲》下的几何课程)中的习题进行了比较,研究发现在"背景"水平上日本几何课程和我国旧几何课程一样欠缺,而新几何课程则背景较多且丰富,在其余四个水平上日本几何课程的习题的复杂程度均高于我国新几何课程而低于旧几何课程。

## 8.3 研究的设计与工具

### 8.3.1 样本教科书

在有关数学教科书的国际比较研究中,样本教科书的选取是有一定难度的。既要照顾到教科书的使用面;也要考虑到教科书是否符合所在国家课程改革的主流思想。但由于许多国家的教科书出版是一种商业行为,教科书的选用也缺乏国家层面上的指导,因此,要挑选到一套理想的样本教科书并不容易。本课题组在考虑到上述两个因素的基础上,再根据教科书的出版时间及购买教科书的便利性,最终确定了表 8-1 所列高中数学教科书作为比较的样本。

表 8-1　样本教科书及例题总数

| 国别 | 教科书代码 | 教科书样本 | 出版年代 | 例题数量 |
|---|---|---|---|---|
| 中国 | CN-PEP | ➤ 必修 1~5<br>➤ 选修 2-1,选修 2-2,选修 2-3 | 2009 | 458 |
| | CN-SEP | ➤ 必修:高一两册,高二两册,高三一册<br>➤ 高中三年级拓展 2(理科) | 2007 | 548 |
| 美国 | US-PHM | ➤ Algebra 1, Algebra 2<br>➤ Geometry | 2009 | 1 155 |
| 法国 | FR-EDB/HLT | Editions Belin:<br>➤ Math 1ʳᵉS, Maths 2ᵉ<br>Hachette Livre:<br>➤ Déclic Maths Terminale S | 2010/2004 | 301 |
| 俄罗斯 | RU-MGU | ➤ Алгебра и начала анализа(代数与分析初步),10、11 年级各一册<br>➤ Геометрия(几何),10~11 年级 | 2006 | 634 |
| 澳大利亚 | AU-IBM | ➤ Mathematics for the International Student (Mathematical Studies SL;HL) | 2004 | 907 |

在本研究中,教科书中的“例题”是指那些出现在教科书正文中,给出详细解答或思考过程的问题。由于我们是依据数学题的解题过程来分析数学题的各项难度指标的,因此,教科书例题的“标准解法”能保证一定的客观性。在具体确定各套教科书的例题时,采取的规则如下:

(1) CN-PEP 和 CN-SEP 中的例题

按照中国教科书的传统习惯,我们把具有“例”或者“例题”这类标记的数学题统称为例题,如图 8-1 和图 8-2 所示的两个例子。

**例2** 物理学中的玻意耳定律 $p=\dfrac{k}{V}$（$k$ 为正常数）告诉我们，对于一定量的气体，当其体积 $V$ 减小时，压强 $p$ 将增大．试用函数的单调性证明之．

**分析：** 按题意，只要证明函数 $p=\dfrac{k}{V}$ 在区间 $(0,+\infty)$ 上是减函数即可．

**证明：** 根据单调性的定义，设 $V_1$，$V_2$ 是定义域 $(0,+\infty)$ 上的任意两个实数，且 $V_1<V_2$，则

$$p(V_1)-p(V_2)=\frac{k}{V_1}-\frac{k}{V_2}=k\,\frac{V_2-V_1}{V_1V_2}.$$

由 $V_1$，$V_2\in(0,+\infty)$，得 $V_1V_2>0$；
由 $V_1<V_2$，得 $V_2-V_1>0$．
又 $k>0$，于是

$$p(V_1)-p(V_2)>0,$$

即

$$p(V_1)>p(V_2).$$

所以，函数 $p=\dfrac{k}{V}$，$V\in(0,+\infty)$ 是减函数．也就是说，当体积 $V$ 减小时，压强 $p$ 将增大．

图 8-1　CN-PEP 必修 1，p. 29

**例2** 设 $f(x)=x$，$g(x)=\dfrac{2}{x}$，$p(x)=f(x)+g(x)$，求 $p(x)$，并利用 $y=f(x)$ 及 $y=g(x)$ 的图像（图 3-6 中的虚线所示）作出 $y=p(x)$ 的图像．

**解** 函数 $f(x)=x$ 的定义域 $D_1=\mathbf{R}$，$g(x)=\dfrac{2}{x}$ 的定义域 $D_2=(-\infty,0)\cup(0,+\infty)$，故 $p(x)$ 的定义域 $D=D_1\cap D_2=(-\infty,0)\cup(0,+\infty)$，即

$$p(x)=x+\frac{2}{x},\ x\in(-\infty,0)\cup(0,+\infty).$$

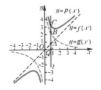

图 3-6

过 $x$ 轴上不同于原点 $O$ 的任意点 $Q(d,0)$，作垂直于 $x$ 轴的直线 $l$，交 $y=f(x)$ 的图像于点 $A(d,d)$，交 $y=g(x)$ 的图像于点 $B\left(d,\dfrac{2}{d}\right)$，即

$$QA=y_A=d,$$
$$QB=y_B=\frac{2}{d}.$$

在 $l$ 上取点 $C$（位于点 $A$ 上方），使 $AC=QB$，于是

$$QC=QA+AC$$
$$=QA+QB$$
$$=d+\frac{2}{d},$$

即点 $C$ 是 $y=p(x)$ 的图像上的点．

取一定数量的点 $Q$，就能得到一定数量的点 $C$，然后用描点法即可作出 $y=p(x)$ 的图像，如图 3-6 中红实线所示．

类似于求两个函数的和，我们也可以求两个函数的积．同样考虑两函数的公共定义域后，可以定义两个函数的积．

**思考**

参照两函数和的定义，写出两函数积的定义．

图 8-2　CN-SEP 高中一年级第一学期，p. 63

从上述两个样例中可以看到,CN‐SEP 中的"例题"都有详细的解答过程和"标准的"书写格式供学生阅读和参考。

(2) US‐PHM 中的例题

在本研究中,我们把 US‐PHM 中所有标记为"Example(例题)"的数学题作为统计对象,如图 8‐3 所示。

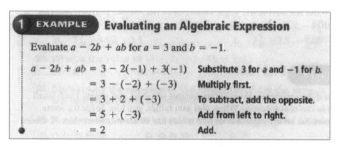

图 8‐3　US‐PHM，Algebra 2，p. 12

译文　例　求代数式的值

当 $a = 3$、$b = -1$ 时，求 $a - 2b + ab$ 的值。

$$
\begin{aligned}
a - 2b + ab &= 3 - 2(-1) + 3(-1) \qquad &&用 3 代 a，-1代 b。\\
&= 3 - (-2) + (-3) \qquad &&先做乘法。\\
&= 3 + 2 + (-3) \qquad &&减去一个数，等于加上它的相反数。\\
&= 5 + (-3) \qquad &&从左到右依次做加法。\\
&= 2 \qquad &&做加法。
\end{aligned}
$$

(3) FR‐EDB 中的例题

FR‐EDB 中的"例题"是指所有标记为"Exemple(例题)""Capacetè(能力培养,有解答)"及"Mèthodes(有解答的习题)"的数学题,如图 8‐4、图 8‐5 所示。

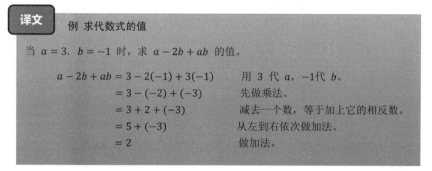

Exemple :
OAB est un triangle équilatéral direct,
donc : $(\overrightarrow{OA}, \overrightarrow{OB}) = \dfrac{\pi}{3}\ [2\pi]$.

D'où : $\cos(\overrightarrow{OA}, \overrightarrow{OB}) = \cos\left(\dfrac{\pi}{3}\right) = \dfrac{1}{2}$

et $\sin(\overrightarrow{OA}, \overrightarrow{OB}) = \sin\left(\dfrac{\pi}{3}\right) = \dfrac{\sqrt{3}}{2}$.

图 8‐4　FR‐EDB，Math 1$^{\text{re}}$S，p. 251

此例题紧接在教科书直接给出的两个非零向量夹角的余弦值、正弦值的定义之后，没有进行任何提问，而是直接为阐明定义给了一个例子。

**译文** 例

因为 OAB 是等边三角形，
所以 $(\overrightarrow{OA}, \overrightarrow{OB}) = \dfrac{\pi}{3}$ $\quad [2\pi]$
因此 $\cos(\overrightarrow{OA}, \overrightarrow{OB}) = \cos\left(\dfrac{\pi}{3}\right) = \dfrac{1}{2}$，
$\sin(\overrightarrow{OA}, \overrightarrow{OB}) = \sin\left(\dfrac{\pi}{3}\right) = \dfrac{\sqrt{3}}{2}$.

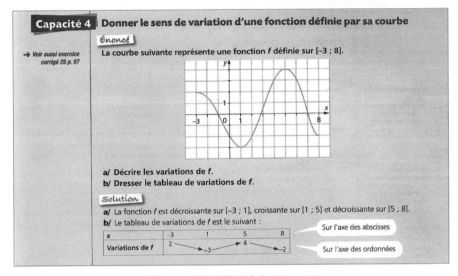

图 8-5  FR-EDB，Maths $2^{\mathrm{e}}$，p. 49

**译文** 能力锻练 4　根据函数的曲线描述它的变化.

参看 p.57，习题 23

问题

如下曲线表示定义在区间 $[-3;8]$ 上的函数 $f$（图略）

**a/** 描述函数 $f$ 的变化；
**b/** 绘制 $f$ 的变化表。

解

**a/** 函数 $f$ 在区间 $[-3;1]$ 上单调递减，在 $[1;5]$ 上单调递增，而在 $[5;8]$ 上单调递减。

**b/** 函数 $f$ 的变化表如下所示：

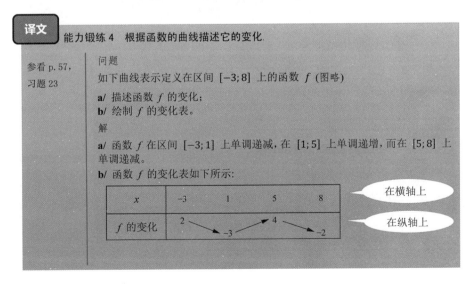

这类数学题有问有答,与中国教科书中的例题有可比性。

除了上述两类"例题"外,法国教科书中还经常出现一类"有解答的练习题",教科书会先讲解解题方法,然后进行解答,如图 8 - 6 所示。

**① Calculs de limites de fonctions**

exercices résolus

Déterminer, si elle existe, la limite des fonctions suivantes :

a) $f : x \mapsto \dfrac{x^2 + 4x}{3x - 1}$ en $+\infty$ ;　　b) $g : x \mapsto \sqrt{x^2 - 2x} - x$ en $+\infty$ ;

c) $k : x \mapsto \dfrac{\cos x - \sin x}{4x - \pi}$ en $\dfrac{\pi}{4}$ ;　　d) $m : x \mapsto \dfrac{x}{2 - \cos x}$ en $-\infty$.

**• Méthodes**

Si les théorèmes sur les limites (somme, produit, quotient, composée) ne permettent pas de conclure, on peut :

• repérer les termes prépondérants dans l'expression algébrique de la fonction ou utiliser un résultat remarquable ;

• utiliser un changement de variable ; par exemple $\lim\limits_{x \to a} f(x) = \lim\limits_{h \to 0} f(a + h)$ ;

• comparer la fonction $f$ a une fonction dont on connaît la limite et utiliser un théorème de comparaison.

• conjecturer la limite $\ell$ de la fonction $f$, puis montrer que $\lim\limits_{x \to a} |f(x) - \ell| = 0$.

a) En $+\infty$, $x^2$ « l'emporte » sur $4x$ et $3x$ « l'emporte » sur $-1$ donc $f(x)$ à la même limite que $\dfrac{x^2}{3x}$.

On obtient donc $\lim\limits_{x \to +\infty} \dfrac{x^2 + 4x}{3x - 1} = \lim\limits_{x \to +\infty} \dfrac{x}{3} = +\infty$.

b) À l'aide d'une calculatrice ou d'un tableur, on conjecture que la limite de $g$ en $+\infty$ est $-1$.

On a $|g(x) - (-1)| = |\sqrt{x^2 - 2x} - (x - 1)|$ et en utilisant l'expression conjuguée :

$|g(x) - (-1)| = \dfrac{1}{|\sqrt{x^2 - 2x} + x - 1|}$.

Comme $x^2$ « l'emporte » sur $-2x$,

$$\lim\limits_{x \to +\infty} (x^2 - 2x) = +\infty$$

et, par composée, $\lim\limits_{x \to +\infty} \sqrt{x^2 - 2x} = +\infty$.

Donc, par somme :

$$\lim\limits_{x \to +\infty} (\sqrt{x^2 - 2x} + x - 1) = +\infty,$$

donc $\lim\limits_{x \to +\infty} |g(x) - (-1)| = 0$.

En conséquence, $\lim\limits_{x \to +\infty} g(x) = -1$.

c) On pose $x = \dfrac{\pi}{4} + h$. On obtient, en utilisant les formules d'addition :

$$k\left(\dfrac{\pi}{4} + h\right) = \dfrac{\cos\left(\dfrac{\pi}{4} + h\right) - \sin\left(\dfrac{\pi}{4} + h\right)}{4h}$$

$$= \dfrac{-\sqrt{2}\sin h}{4h} = -\dfrac{\sqrt{2}}{4}\left(\dfrac{\sin h}{h}\right).$$

Comme $\lim\limits_{h \to 0} \dfrac{\sin h}{h} = 1$, on obtient :

$$\lim\limits_{h \to 0} k\left(\dfrac{\pi}{4} + h\right) = -\dfrac{\sqrt{2}}{4}, \text{ donc } \lim\limits_{x \to \frac{\pi}{4}} k(x) = -\dfrac{\sqrt{2}}{4}.$$

d) Pour tout réel $x$, $-1 \leqslant \cos x \leqslant 1$, donc :

$$1 \leqslant 2 - \cos x \leqslant 3.$$

La fonction $m$ est donc définie sur $\mathbb{R}$.

Pour tout réel $x$ négatif, on a :

$$\dfrac{1}{3} \leqslant \dfrac{1}{2 - \cos x} \leqslant 1, \quad \text{d'où} \quad \dfrac{1}{3} x \geqslant m(x).$$

Comme $\lim\limits_{x \to -\infty} \dfrac{1}{3} x = -\infty$, on en déduit que :

$$\lim\limits_{x \to -\infty} m(x) = -\infty \text{ par un théorème de comparaison.}$$

图 8 - 6　FR - HLT, p. 44

**译文**

**带解答的习题**

## 函数极限的计算

如下函数的极限如果存在，请求出来：

a) $f$: $x \longmapsto \dfrac{x^2+4x}{3x-1}$ 在 $+\infty$; 　　　　 b) $g$: $x \longmapsto \sqrt{x^2-2x}-x$ 在 $+\infty$;

c) $k$: $x \longmapsto \dfrac{\cos x-\sin x}{4x-\pi}$ 在 $\dfrac{\pi}{4}$; 　　 d) $m$: $x \longmapsto \dfrac{x}{2-\cos x}$ 在 $-\infty$。

**方法**

如果关于极限的（和、积、商与复合的）定理都不适用，可尝试使用如下方法：

- 找出函数代数表达式中支配成分，再用已知结论；
- 使用变量替换，例如 $\lim\limits_{x \to a} f(x) = \lim\limits_{h \to 0} f(a+h)$;
- 把函数 $f$ 与一个已知极限的函数做比较，用比较定理；
- 猜测函数 $f$ 的极限 $l$，再证明 $\lim\limits_{x \to a}|f(x)-l| = 0$。

**a)** 因为在 $+\infty$, $x^2$ 比 $4x$ "强势"，$3x$ 比 $-1$ "强势"，所以 $f(x)$ 与 $\dfrac{x^2}{3x}$ 有相同的极限。

于是，$\lim\limits_{x \to +\infty} \dfrac{x^2+4x}{3x-1} = \lim\limits_{x \to +\infty} \dfrac{x}{3} = +\infty$.

**b)** 借助计算器的电子表格，猜想函数 $g$ 在 $+\infty$ 的极限是 $-1$。我们又有

$$|g(x)-(-1)| = \left|\sqrt{x^2-2x}-(x-1)\right|,$$

再用共轭式：

$$|g(x)-(-1)| = \dfrac{1}{\left|\sqrt{x^2-2x}+x-1\right|}。$$

因为 $x^2$ 比 $-2x$ "强势"，
$$\lim\limits_{x \to +\infty}(x^2-2x) = +\infty;$$
取平方根，$\lim\limits_{x \to +\infty}\sqrt{x^2-2x} = +\infty$。
求和，$\lim\limits_{x \to +\infty}(\sqrt{x^2-2x}+x-1) = +\infty$,
所以 $\lim\limits_{x \to +\infty}|g(x)-(-1)| = 0$。
于是得到 $\lim\limits_{x \to +\infty}g(x) = -1$。

**c)** 令 $x = \dfrac{\pi}{4}+h$. 用加法公式，得到

$$k\left(\dfrac{\pi}{4}+h\right) = \dfrac{\cos\left(\frac{\pi}{4}+h\right)-\sin\left(\frac{\pi}{4}+h\right)}{4h}$$
$$= \dfrac{-\sqrt{2}\sin h}{4h} =$$
$$\dfrac{\sqrt{2}}{4}\left(\dfrac{\sin h}{h}\right)$$

已知 $\lim\limits_{h \to 0}\dfrac{\sin h}{h} = 1$,

得到 $\lim\limits_{h \to 0}k\left(\dfrac{\pi}{4}+h\right) = -\dfrac{\sqrt{2}}{4}$,

所以 $\lim\limits_{x \to \frac{\pi}{4}}k(x) = -\dfrac{\sqrt{2}}{4}$。

**d)** 对任何实数 $x$, $-1 \le \cos x \le 1$, 故
$$1 \le 2-\cos x \le 3。$$
可见函数 $m$ 定义在整个 $\mathbb{R}$ 上。
对任何负实数 $x$,

$\dfrac{1}{3} \le \dfrac{1}{2-\cos x} \le 1$, 从而 $\dfrac{1}{3}x \ge m(x)$。

因为 $\lim\limits_{x \to -\infty}\dfrac{1}{3}x = -\infty$, 据比较定理得到 $\lim\limits_{x \to -\infty}m(x) = -\infty$。

（4）RU - MGU 中的例题

统计样本是教科书中标记为"Пример"（例题）的所有数学题，如图 8 - 7 所示。

ПРИМЕР 2. Вычислим приближенно интеграл $\int_0^{\frac{\pi}{2}} \sin x\, dx$.

Для этого разобьем отрезок $\left[0; \frac{\pi}{2}\right]$ на 10 равных частей точками $0 < \frac{\pi}{20} < \frac{2\pi}{20} < \ldots < \frac{9\pi}{20}$ и вычислим приближенно интеграл $I = \int_0^{\frac{\pi}{2}} \sin x\, dx$ по формуле (5), воспользовавшись таблицами значений синуса:

$$I \approx \left(\sin\frac{\pi}{20} + \sin\frac{2\pi}{20} + \ldots + \sin\frac{9\pi}{20} + \frac{\sin 0 + \sin\frac{\pi}{2}}{2}\right) \cdot \frac{\pi}{20} \approx$$

$$\approx (\sin 9° + \sin 18° + \ldots + \sin 81° + 0,5) \cdot 0,1571 \approx 0,998.$$

Полученный результат отличается от точного, равного 1, не больше чем на 0,2%.

图 8 - 7　RU - MGU，Алгебра и начала анализа класс 11，p. 174

译文

例 2　近似计算积分 $\int_0^{\frac{\pi}{2}} \sin x \ dx$。

为此，我们用点 $0 < \frac{\pi}{20} < \frac{2\pi}{20} < \cdots < \frac{9\pi}{20}$ 把区间 $\left[0; \frac{\pi}{2}\right]$ 十等分，根据公式（5）并使用正弦函数值表来近似计算积分 $I = \int_0^{\frac{\pi}{2}} \sin x \ dx$：

$$I \approx \left(\sin\frac{\pi}{20} + \sin\frac{2\pi}{20} + \cdots + \sin\frac{9\pi}{20} + \frac{\sin 0 + \sin\frac{\pi}{2}}{2}\right) \cdot \frac{\pi}{20} \approx$$

$$\approx (\sin 9° + \sin 18° + \cdots + \sin 81° + 0.5) \cdot 0.1571 \approx 0.998。$$

所得结果与精确值 1 的误差不大于 0.2%。

　　说明：教科书中本章节内容是定积分的近似运算，开始部分是详细讲解如何对区间进行划分，然后讲解怎样进行积分近似求解，最后应用曲边梯形的面积进行直观上的说明。

　　（5）AU - IBM 中的例题

　　样本包括所有标记为"Example"（例题）的数学题，如图 8 - 8 所示。

## Example 15

Let $A = \{1, 2, 3, 4\}$ and define a relation $R$ by: $xRy \Leftrightarrow x+y$ is even.

**a** Show that $R$ is an equivalence relation.　　**b** Find the equivalence classes.

**a** *Reflexive:*　　$x + x = 2x$

　　　　　　　　But $2x$ is even for all $x \in A$ so, $xRx$ for all $x \in A$

　　*Symmetric:*　If $xRy$ then $x+y$ is even.

　　　　　　　　Now $x + y = y + x$ for all $x, y \in A$

　　　　　　　　$\Rightarrow$ $y+x$ is also even 　$\Rightarrow$ $yRx$ also

　　　　　　　　i.e., if $xRy$, then $yRx$

　　*Transitive:*　Suppose $xRy$ and $yRz$

　　　　　　　　Then $x+y$ is even and $y+z$ is even.

　　　　　　　　i.e., $x + y = 2m$ and $y + z = 2n$ where $m, n \in \mathbb{Z}$

　　　　　　　　$\Rightarrow$ $x + y + y + z = 2m + 2n$

　　　　　　　　$\Rightarrow$ $x + 2y + z = 2m + 2n$

　　　　　　　　$\Rightarrow$ $x + z = 2m + 2n - 2y$

　　　　　　　　$\Rightarrow$ $x + z = 2(m + n - y)$

　　But as $m, n, y \in \mathbb{Z}$　　$m + n - y \in \mathbb{Z}$ also

　　$\therefore$ $x + z$ is even i.e., if $xRy$ and $yRz$ then $xRz$

图 8 – 8　AU – IBM，Mathematical Studies HL，p. 125

**译文**　　例 15

设 $A = \{1, 2, 3, 4\}$，按如下方式定义一个关系 $R$：$xRy \Leftrightarrow x+y$ 是偶数。

a 证明 $R$ 是一个等价关系。　　　　　　b 找出等价类。

a 自反性：　$x + x = 2x$

　　　　　　对所有 $x \in A$，$2x$ 是偶数，所以对所有 $x \in A$，$xRx$。

　对称性：如果 $xRy$，那么 $x+y$ 是偶数。

　　　　　　而对所有 $x, y \in A$，$x + y = y + x$

　　　　　　$\Rightarrow y + x$ 也是偶数 $\Rightarrow yRx$。

　　　　　　此即：如果 $xRy$，那么 $yRx$。

　传递性：假设 $xRy$ 与 $yRz$，

　　　　　　那么 $x+y$ 是偶数，$y+z$ 也是偶数。

　　　　　　即 $x + y = 2m$，$y + z = 2n$，这里 $m, n \in \mathbb{Z}$。

　　　　　　$\Rightarrow x + y + y + z = 2m + 2n$

　　　　　　$\Rightarrow x + 2y + z = 2m + 2n$

　　　　　　$\Rightarrow x + z = 2m + 2n - 2y$

　　　　　　$\Rightarrow x + z = 2(m + n - y)$。

　　　　　　因为 $m, n, y \in \mathbb{Z}$，所以也有 $m + n - y \in \mathbb{Z}$，

　　　　　　$\therefore x + z$ 也是偶数。此即：如果 $xRy$ 与 $yRz$，那么 $xRz$。

从表 8-1 中统计的例题数量可以看到，US-PHM 的例题最多，其次是 AU-IBM，接下来是 RU-MGU，中国的两套教科书差别不大；FR-EDB/HLT 的例题相对较少，只有 US-PHM 的四分之一和 AU-IBM 的三分之一。当然，这里的数据与我们所选择的样本教科书是有关系的，并不代表所在国家的普遍情况，此外，在中国的实际教学中，教师在课堂上所使用的例题除了来自教科书以外，还会根据班级的需求选用大量的课外教辅资料中的例题。

### 8.3.2　综合难度模型

为了比较教科书例题的综合难度，鲍建生（2002）构建了一个五因素多水平的模型，这一模型近年来常被用于比较数学问题的综合难度，如胡莉莉（2008），高文君、鲍建生（2009），苗健（2009），张维忠、黄丽虹（2009），金松玉（2012），赵玉明（2013）等都使用过该模型进行比较研究。课题组在原有模型基础上首先进一步完善难度因素、水平、指标体系和编码方案，并运用专家认证和统计分析对相关分析工具进行内容效度、结构效度和信度的检验；其次确定难度分析的基本单元和范围，以保证不同国家之间的可比性和公平性；然后运用构建的指标体系按照分析单元逐章节地进行分析，统计相关数据，解释例外情形；最后对统计的结果进行教学和背景因素的分析。

我们根据青浦实验得出的数学认知水平框架对原有的综合难度模型进行修正，修正后的难度因素见表 8-2。

表 8-2　数学习题的难度因素与水平

| 难度因素 ＼ 水平 | 1 | 2 | 3 | 4 |
|---|---|---|---|---|
| 1　背景（A） | 无背景（$A_1$） | 个人生活（$A_2$） | 公共常识（$A_3$） | 科学情境（$A_4$） |
| 2　数学认知（B） | 操作（$B_1$） | 概念（$B_2$） | 领会—说明（$B_3$） | 分析—探究（$B_4$） |
| 3　运算（C） | 无运算（$C_1$） | 数值运算（$C_2$） | 简单符号运算（$C_3$） | 复杂符号运算（$C_4$） |
| 4　推理（D） | 无推理（$D_1$） | 简单推理（$D_2$） | 复杂推理（$D_3$） | |
| 5　知识综合（E） | 一个知识点（$E_1$） | 两个知识点（$E_2$） | 多个知识点（$E_3$） | |

其中,除了数学认知水平,其他难度因素和水平的界定保留了鲍建生(2002)的二级指标,而数学认知水平则是在青浦实验的基础上做了细化(见表8-3)。

表8-3 数学认知水平分析框架

| 水平 | 类别 | 描述 | 二级指标 |
| --- | --- | --- | --- |
| 1 | 计算——操作性记忆水平 | 按照课本要求的程序或方法进行基本计算或对问题中的元素进行常规操作(包括几何中的基本作图) | (1)数值计算与简单的符号运算,如分式的通分、分母有理化,简单的因式分解等;<br>(2)解数字系数的、常规的一元一次方程、一元二次方程和二元一次方程组;<br>(3)常规的几何作图,如求作一个角的角平分线、线段的垂直平分线等 |
| 2 | 概念——概念性记忆水平 | 以与课本一致或几乎完全一样的方式回忆或复述定义、概念、命题、规则、表达形式或数学事实;或者呈现已经学习过的数学事实或术语、基本概念 | (1)对基本数学事实的记忆,如知道144是12的平方,3、4、5是一组勾股数,17是素数等;<br>(2)对基本测量单位的识别,如知道1米等于100厘米,1平方米等于100平方分米,1公斤等于1000克等;<br>(3)对基本规则、公式、关系、程序的记忆,如知道三角形面积公式,$a$ 与 $-a$ 是互为相反数、一元二次方程的求根公式等;<br>(4)了解基本概念的内涵,对数学概念及相关符号、定义、基本性质的记忆,如知道等腰三角形有两条等边、两个等角,一次函数的图象是一条直线等 |

续　表

| 水平 | 类别 | 描述 | 二级指标 |
|---|---|---|---|
| 3 | 领会——说明性理解水平 | 不仅能复述,而且能理解概念、原理、法则和数学结构的内涵,从而能根据课本例题解决常规的问题;涉及转化问题的不同形式,并比较、分析常规问题的不同变式的条件异同和类型;能够根据已呈现的关系读懂推理思路 | (1)用自己的语言解释复杂或复合概念、命题、原理、法则、数学结构;<br>(2)在多种表现形式之间建立起有助于发展意义理解的联系;<br>(3)问题形式的转化,即把问题从一种形式向另一形式转化,转化为熟悉的形式;<br>(4)作出类型识别,根据题型合理地选择数学知识、方法,灵活地运用数学的程序性知识;<br>(5)阅读、解释和解决常规问题,即读懂题目并能按样例解题、解释问题;<br>(6)理解并延续推理思路,即在读懂推理思路的基础上延续说明过程,能够进行归纳推理和非形式的演绎推理;<br>(7)作出比较和联系。题目背景或条件略作变化,对某些概念、图形、性质、解法进行比较,并建立有意义的联系 |
| 4 | 分析——探究性理解水平 | 能分析、创造性地解决没有接触过的非常规问题,把分析过程综合起来,通盘考虑,对于问题的解决过程或方案可以作出价值判断 | (1)发现并形成合适的数学问题。从各种情境中发现所包含的数学要素、关系或结构,提出合适的数学问题;<br>(2)解决非常规的和开放性的数学问题;<br>(3)提出猜想与构造模型。分析出条件和结论间的主要关系或重点步骤,形成假设或初步的数学模型;<br>(4)特殊化与一般化。全面结合已分解的各要素及其关系,按照模型需要对已有的数学概念、程序、性质和命题进行推广或特殊化;<br>(5)数学推理与证明。形成结论并给出严格的证明,需要依据逻辑推理作判断(对错)、依据价值标准作判断(优劣繁简) |

## 8.4　初步的研究结果

依据第 2 节给出的分析框架和综合难度的计算公式,我们首先得到如表 8-4 所示的数据。

表 8-4 各国高中教科书难度因素的量化指标

| 难度因素 | 等级水平 | 题量与百分比 | CN-PEP | CN-SEP | FR-EDB/HLT | US-PHM | AU-IBM | RU-MGU |
|---|---|---|---|---|---|---|---|---|
| 背景 | 无 | 题量 | 346 | 463 | 263 | 799 | 750 | 601 |
| | | 百分比 | 75.55% | 84.49% | 87.38% | 69.12% | 82.69% | 94.79% |
| | 个人生活 | 题量 | 48 | 28 | 24 | 159 | 50 | 15 |
| | | 百分比 | 10.48% | 5.11% | 7.97% | 13.75% | 5.51% | 2.37% |
| | 公共常识 | 题量 | 30 | 47 | 12 | 172 | 32 | 9 |
| | | 百分比 | 6.55% | 8.58% | 3.99% | 14.88% | 3.53% | 1.42% |
| | 科学情景 | 题量 | 34 | 10 | 2 | 26 | 75 | 9 |
| | | 百分比 | 7.42% | 1.82% | 0.66% | 2.25% | 8.27% | 1.42% |
| 数学认知 | 计算 | 题量 | 39 | 88 | 90 | 171 | 81 | 119 |
| | | 百分比 | 8.52% | 16.06% | 29.90% | 14.81% | 8.93% | 18.77% |
| | 概念 | 题量 | 126 | 115 | 10 | 394 | 347 | 210 |
| | | 百分比 | 27.51% | 20.99% | 3.32% | 34.11% | 38.26% | 33.12% |
| | 领会 | 题量 | 205 | 325 | 187 | 570 | 398 | 245 |
| | | 百分比 | 44.76% | 59.30% | 62.13% | 49.35% | 43.88% | 38.65% |
| | 分析 | 题量 | 88 | 20 | 14 | 20 | 81 | 60 |
| | | 百分比 | 19.21% | 3.65% | 4.65% | 1.73% | 8.93% | 9.46% |
| 运算 | 无运算 | 题量 | 124 | 94 | 100 | 316 | 101 | 90 |
| | | 百分比 | 27.07% | 17.15% | 33.22% | 27.36% | 11.10% | 14.20% |
| | 数值计算 | 题量 | 131 | 135 | 66 | 392 | 118 | 114 |
| | | 百分比 | 28.60% | 24.64% | 21.93% | 33.94% | 13.08% | 17.98% |
| | 简单符号运算 | 题量 | 139 | 246 | 70 | 362 | 272 | 208 |
| | | 百分比 | 47.82% | 59.85% | 41.20% | 31.34% | 30.00% | 32.81% |
| | 复杂符号运算 | 题量 | 64 | 73 | 65 | 85 | 416 | 222 |
| | | 百分比 | 13.97% | 13.32% | 21.59% | 7.36% | 45.82% | 35.02% |
| 推理 | 无推理 | 题量 | 162 | 196 | 113 | 759 | 375 | 326 |
| | | 百分比 | 35.37% | 35.77% | 37.54% | 65.71% | 41.32% | 51.42% |
| | 简单推理 | 题量 | 219 | 328 | 124 | 387 | 423 | 220 |
| | | 百分比 | 47.82% | 59.85% | 41.20% | 33.51% | 46.59% | 34.70% |
| | 复杂推理 | 题量 | 77 | 24 | 64 | 9 | 109 | 88 |
| | | 百分比 | 16.81% | 4.38% | 21.26% | 0.78% | 12.09% | 13.88% |
| 知识综合 | 1个 | 题量 | 173 | 312 | 79 | 927 | 454 | 250 |
| | | 百分比 | 37.77% | 56.93% | 26.25% | 80.26% | 50.06% | 39.43% |
| | 2个 | 题量 | 145 | 196 | 148 | 212 | 346 | 194 |
| | | 百分比 | 31.66% | 35.77% | 49.17% | 18.35% | 38.15% | 30.60% |
| | 3个以上 | 题量 | 140 | 40 | 74 | 16 | 107 | 190 |
| | | 百分比 | 30.57% | 7.30% | 24.58% | 1.39% | 11.80% | 29.97% |

下面,我们按照每个难度特征分别对六套教科书进行定量分析和定性描述。

### 8.4.1　在背景上的差异

在背景因素上的统计结果如图 8-9 所示。

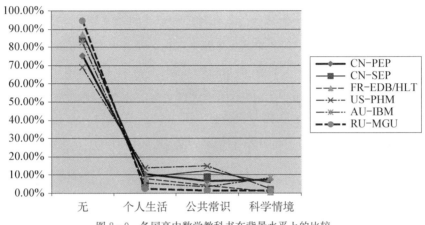

图 8-9　各国高中数学教科书在背景水平上的比较

上图清晰地反映出六个版本的高中数学教科书在背景因素上的水平分布情况非常类似,属于"无背景"水平的例题占绝大部分,例如 CN-SEP 高二第二学期的数学教科书中 90 道例题仅有 5 道是有具体背景的题。总体看来,RU-MGU、FR-EDB/HLT、CN-SEP 和 AU-IBM 在"无背景"例题中的百分比稍高于其他教科书。US-PHM 中有背景的例题要多一些;在与生产生活相关的"个人生活"和"公共常识"方面,US-PHM 都有近 15% 的内容;但在"科学情境"上,US-PHM 的百分比处于较低的水平。

不可否认,由于本研究仅以例题为研究对象对六个版本的高中数学教科书进行背景水平的测量,具有一定的片面性。事实上,六个版本的教科书中,许多有背景的问题并不在例题中,多数教科书都偏向在引入部分和探究建模部分设置有情境的例题,CN-PEP 常常出现在"观察""探究"及"思考"中,FR-EDB/HLT 里"课堂活动""指导课程"中也包含了很多情境。

背景在数学例题中的作用,不同国家是有差异的。例如:CN-PEP 和 CN-SEP 通常是作为"应用题"出现的,目的是将所学的数学概念、技能和原理应用于实际的情境。US－PHM 中的背景一般有以下几个作用：(1)在开篇引出为什么学习此知识点；(2)从背景中挖掘数学问题，进行探究或是建模，一般设置在这一部分内容的最后；(3)作为概念、定理、法则的直接应用，这种题目往往紧随概念等之后；(4)帮助学习者理解数学概念，领会实际意义，能够做出合理的解释，这种例题的放置形式较多，难以描述。其中前两条和 CN－PEP、CN－SEP 相似，这里重点介绍后两条作用。FR－EDB/HLT 中有背景的例题绝大部分都在"概率与统计"板块，这与该块内容的特点息息相关，而传统数学内容如"数""代数""几何"中一般都是纯粹的数学问题。RU－MGU 虽然在课题引入和习题中有一些应用题，但其中的例题仍然以纯粹的数学题为主，少有的一些含有背景的例题主要是为了说明应用。AU－IBM 的背景比较多样，许多是跨学科的，目的是为了说明数学模型在解决实际生活和学科交叉问题中的应用。

CN－PEP 和 CN－SEP 一般会将有情境的例题放在这一节末尾，通常说来，有两个原因：一是前面无背景的题目讲解之后，它作为实际应用出现；二是放在后面压轴的题目也就是我们所说的"难题"，是需要我们理解领会甚至探究建模的。比如 CN－SEP 高一下册正弦定理和余弦定理这一节中，首先应用定理解决了 8 道无背景例题，然后引出 2 道有背景的题目，说明了这些定理在实际生活尤其是测量中的重要作用；CN－PEP 必修 5 中则直接把这部分内容分为两节，第一节是用 5 道无背景的例题作为两个定理的直接运用，第二节则是给出定理在实际测量距离中的应用，这正是上述第一个因素的体现。然而在对数函数这一节，CN－PEP 必修 1 中，首先讲解了对数的概念和运算法则，然后用 4 道无背景的题目作为直接应用，最后设置了两道有情境的题目，其中一道是要求用对数的意义来求地震级数，另一道是用建模的思想推算马王堆古墓的年代；CN－SEP 高一下册中，这一节的例题情境设置和 CN－PEP 的一致，也是先用 5 道无背景的例题作为概念和运算法则的直接应用，然后一道求国民生产总值的和一道地震等级的题目，让学习者理解领会对数函数的意义，并且可以从生活中提炼出所需的数学知识，这是第二个因素的很好体现。当然，除了这两种情况，还有一些特殊章节，比如 CN－SEP 高三理科中"独立事件积的概率"，就是用 6 道和个人生活或者公共常识相关的题目进行讲解，CN－SEP

的这部分内容的设置也是如此,这主要是因为在概率统计这一大块知识上,我们经常会把骰子、扑克牌、商品次品率等有情境的题目作为例题,方便学习者理解。再如一些讲解应用问题的章节,也一般会设置较多的例题。

前面已经指出,US‐PHM 中的背景一般有四个作用。比如,代数 1 的第 1.4 节是关于函数的讲解,共有 4 道例题,都是与生产生活相关的题目。这一节首先用两道例题要求学习者写出函数表达式,接着用一道有关存储卡和价格的例题,让学习者理解并找出自变量和因变量,并且给出合理的解释。第 4 道例题也是和个人生活相关的,要求找出做保姆的时间和收入的关系,并且要给出相应自变量的范围,对这两者给出合理的解释。这就需要学习者通过实际生活的题目,理解函数中两个变量的各自意义,对自己得出的答案给出恰当的解释。几何中第 10.5 节是求多边形面积的一节新课,共有 3 道例题,其中后两道是对于前面给出的三角形和五边形面积公式的实际应用;再如代数 2 中的第 6.7 节是排列组合的内容,出现一个公式,紧随其后就是一个现实的应用。纵观 US‐PHM 可以发现,这套教科书更加重视对答案的思考和解释,这让学习者能够充分体会到数学在日常生活中的重要性,更重要的是,通过领会数学的现实意义,可以拓宽思维,加深理解,而不是"死"学数学。

在 FR‐EDB 中,大量的数学例题是与社会生活相关的,如法国人口、世界人口、法国出生率、居民增长率、到法国的游客数、温度、监狱、沙漠等等;其次是娱乐生活,如赛马、纸牌游戏、彩票、球类运动、乐特游戏等等;接下来是日常生活,如话费、家庭人口数、家禽数、壁炉数、房间数等等;与经济生活和学校生活相关的例题较少,最少的是与职业生活相关的例题。在 FR‐EDB 中,具有科学情境的例题虽然不多,但其中的一些还是挺有意思的。例如:FR‐EDB Math2 中有一道例题是关于理想气体状态方程的,如图 8‐10 所示。

在 RU‐MGU 中,除了在引言和习题部分会出现一些应用性问题外,联系实际的例题并不多,绝大多数例题都是纯数学的。

作为一种国际文凭课程,AU‐IBM 虽然比较重视基本的技能训练,但却有大量的例题是与实际背景相关的,其中特别注重学科间的交叉、建立模型、科学背景题目的出现,生物、物理、化学的题目在应用题目中占的比例很大,而这些题目又大部分在解题过程中需要建立数学模型。

**Capacité 6** **Traduire le lien entre deux quantités, en identifiant la variable**

→ *Voir aussi exercice corrigé 40 p. 34*

*Énoncé*

L'équation d'état du gaz parfait est : PV = $n$RT avec P, la pression en pascal (Pa) ; V, le volume en $m^3$ ; $n$ nombre de moles (quantité de matière en mol) ; R = 8,314 $Pa \cdot m^3 \cdot K^{-1} \cdot mol^{-1}$, la constante du gaz parfait ; et T la température en kelvin (K).

**1.** On suppose que P = 1,013 × $10^5$ Pa et T = 273,15 K.

**a/** Exprimer le nombre $n$ de moles en fonction du volume V.

**b/** Préciser la fonction modélisant cette situation.

**2.** On observe la pression en fonction de la température avec V et $n$ fixés.

**a/** Quel paramètre doit-on faire varier pour l'expérience ? En déduire la nouvelle variable associée à cette situation.

**b/** Si l'on dresse un tableau de résultats de l'expérience, que met-on dans la 1re ligne (ou colonne) du tableau ? Et dans la 2de ?

**c/** Si l'on représente graphiquement les résultats, quelle grandeur place-t-on en abscisses ? Et en ordonnées ?

图 8－10　FR－EDB, Maths 2e, p. 25

**译文**

**能力锻炼 6　选定变量，考察两个量之间的联系**

参看 p. 34，习题 40

问题

理想气体的状态方程是 PV = $n$RT，其中 P 是压强，以帕斯卡（Pa）为单位，V 是体积，$m^3$ 为单位，$n$ 是摩尔数（以 mol 为单位的气体量），R = 8.314 $Pa \cdot m^3 \cdot K^{-1} \cdot mol^{-1}$，这是理想气体常数，T 是开氏（K）温度。

1. 假定 P = 1.013 × $10^5$Pa，T = 273.15K。

**a/** 把摩尔数 $n$ 表示成体积 V 的函数。

**b/** 明确描述这一情境下的函数模型。

2. 固定 V 和 $n$，观察压强关于温度的函数。

**a/** 在此实验中哪个变量在变化？哪个变量跟着变化？

**b/** 如果把实验结果画成表，表的第一行（或列）要放什么？第二行（或列）呢？

**c/** 如果把结果用图像表示，什么量要标在横轴上？什么量标在纵轴上？

## 8.4.2　在数学认知水平上的差异

在数学认知水平上的统计结果如图 8－11 所示。

从整体来看，所有数学教科书都是领会水平的例题最多，概念水平的居次（FR－EDB/HLT 除外），最少的是计算和分析水平的例题。这也反映了高中教科书更加重视让学习者理解领会知识，而不仅仅是简单的计算和概念识记，尤其是最低层次计算水平的知识高中阶段明显比初中阶段比例少很多。另一方面，从图表中可以发现，不同版本教科书在数学认知水平上是有不同之处的。对于较低层次（计算和概念）而言，CN－PEP 和 CN－SEP 只有 35%左右处于这

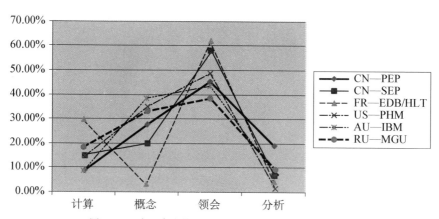

图 8 - 11　各国高中数学教科书在数学认知水平上的比较

两个水平,而 US - PHM 则有近 50%,尤其是 CN - PEP 在分析层次上的例题百分比将近 20%,明显高于美国的 1.73%。

比较教科书中的具体例题可以发现,CN - PEP 和 CN - SEP 更加重视对高水平例题的设置,例题中变式训练较多,而且常常融合多个知识点来深化理解,甚至有一些需要建模探究的题目,让学习者自行找出解题策略,建立模型,用多种方式解决问题。而 US - PHM 则对概念的直接应用更为广泛,不需要知识迁移深化。例如,对直线方程这一部分内容,CN - SEP 是在第 11 章中讲述的,统计发现,在数学认知的计算、概念、领会、分析四个水平上,这一部分内容的例题量分别为 8、2、16、1,所占百分比分别为 30%、7%、59%、4%;CN - PEP 在第六章,四个层次上的题量依次为 0、9、10、2,所占百分比分别为 0、43%、48%、9%;US - PHM 在第六章,四个层次上的题量依次为 1、19、13、0,所占百分比分别为 3%、58%、39%、0。CN - PEP 和 CN - SEP 中,除了会有部分例题要求学习者用点斜式、一般式等直接代入求解,还有更多的例题是需要理解才能解决的,尤其重视与向量、图形等知识的融合。例如在 CN - SEP 中,就有类似这样的题目:已知在 $\triangle ABC$ 中,$\angle BAC = 90°$,点 $B$、$C$ 的坐标分别为 $(4,2)$、$(2,8)$,向量 $\boldsymbol{d} = (3,2)$,且 $\boldsymbol{d}$ 与 $AC$ 边平行,求$\triangle ABC$ 的两条直角边所在直线的方程。这道题目需要学习者画出图形,然后结合向量平行与垂直的概念,综合求解,使得直线方程、向量、三角形等多个知识点交汇,在认知维度上属于理解水平。而 US - PHM 中这部分内容的设置很多都是通过直接代入求方程的斜率和截距、画出一般式方程的图象、过已知一点作与已知直线平行的直线等题目，这样的题目按照所给公式代入求解就可以了，而不需要深入领会，所以都归为计算或概念水平。

除此之外，US-PHM的数学认知水平较低的一个重要原因是很多知识在中国义务教育阶段就学习过了，而这些内容的数学认知水平一般较低。如在第二章有理数中，处于计算、概念、领会、分析四个水平的题量分别是 23、10、4、0，百分比分别为 62%、27%、11%、0；再如在第十七章二次函数中，处于四个水平的题量分别是 10、17、18、0，百分比分别为 22%、38%、40%、0；几何题目也有相似情况，如在第二十九章平行线和垂线段中，处于四个水平的题量分别是 4、19、12、0，百分比分别为 12%、54%、34%、0。这些内容都是我们初中学过的，而 US-PHM 中更加重视对这些知识点的直接运用，例如进行有理数的混合运算和相反数以及绝对值计算、用求根公式直接代入求解、利用定义找出对顶角同位角等，这些题目一般都归为数学认知水平的前两个层次中，所以使得这部分内容的低层次水平明显高于后两个水平，从而对最后的结果产生影响。

FR-EDB/HLT 例题中属于"分析"水平的比例比 CN-PEP 和 CN-SEP 都低！特别是比 CN-PEP 低了近 15 个百分点。这个数据当然不能覆盖全高中课程，因为我们缺失了法国理科的拓展教科书中的数据，同时在法国教科书里课堂活动和指导课程部分包含了很多"分析"水平的数学问题，与此同时，CN-PEP 和 CN-SEP 在探究、思考等板块也有很多探索性的问题，但例题作为教科书最重要的一块，其所反映出来的数字还是很令我们欣喜的，至少这体现了课改的一个进步。

RU-MGU 在分析水平上的百分比是比较高的，仅次于 CN-PEP，但在领会水平上却是所有教科书中最低的。俄罗斯的《全日制普通中等教育数学标准（专业水平）》规定高中学生数学学习的目的是达到以下四个方面的要求："形成数学思想和方法的观念，以及数学作为通用的科学语言、作为模拟现象和过程的工具的观念；掌握口头与书面形式的数学语言，掌握为了学校自然科学各课程学习、继续教育及当代水平专业发展所需要的数学知识和技能；发展为继续教育和为将来在数学及应用方面独立工作所必需的逻辑思维、算法文化、空间想象力、数学思维与直觉和创新能力；通过了解数学发展历史和数学思想演变过程,培育数学文化人格,理解数学对科学和技术进步的重要性。"(贺晓华,2009)俄罗斯的高中数学课程对知识和技能方面的要求,不但注重数学概念和术语,更注重基础知识的应用,这在一定程度上也使课程的认知水平趋向于较低级水平,所以计算与概念类题目和占总题目的一半以上。在发展学生的能力方面,注重数学基本能力的培养,教科书中领会类题目占的比例为总题量的 $\frac{1}{3}$ 之多,是四个水平中最多的部分。

与 CN‑SEP 和 CN‑PEP 相比,AU‑IBM 更注重学生操作性步骤与概念性理解、公式掌握等数学基础的培养。但值得一提的是,AU‑IBM 教科书的探究性问题并不是常规普通的应用题,或是我们常见的普通的选择策略性问题,而是真正要学生去探索、研究、发现的数学问题。虽然 AU‑IBM 教科书的探究题比例不多,但有许多很有新意的数学探究题。

### 8.4.3　在运算水平上的差异

在运算水平上的统计结果如图 8‑12 所示。

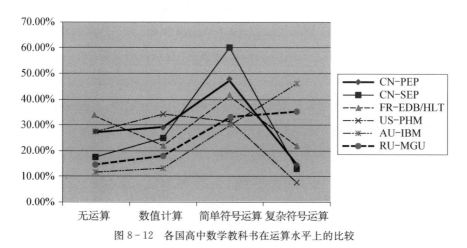

图 8‑12　各国高中数学教科书在运算水平上的比较

从图中可以看到,在复杂符号运算水平上,百分比最高的是 AU‑IBM,然后依次是 RU‑MGU、FR‑EDB/HLT、CN‑PEP、CN‑SEP,最低的是 US‑PHM;简单符号运算上,占比最高的是 CN‑PEP 和 CN‑SEP。

纵向比较,运算因素的各水平中,RU‑MGU 复杂符号运算所占比例最大,

CN－PEP 中数值运算所占比例最大,CN－SEP 中简单符号运算所占比例最大;在前两个水平中,均是 CN－PEP 所占比例最大,RU－MGU 最小;简单符号运算中,CN－SEP 最大,CN－PEP 最小;复杂符号运算中,CN－PEP 和 CN－SEP 所占比例相当,分别是 13.32% 和 13.50%,两者都明显低于 RU－MGU (35.02%)。横向来看,RU－MGU 的四个水平所占比例递增,其中前两个水平相当,后两个水平相当;CN－PEP 是前三个水平相当,复杂符号运算所占比例最小;CN－SEP 中,前三个水平呈递增趋势,四个水平中还是复杂符号运算所占比例最小。从图象的变化趋势来看,三条曲线之间均有明显的差异,RU－MGU 曲线缓慢上升;CN－PEP 前三项趋向直线,最后降低;CN－SEP 的变化幅度较大,前三个水平呈递增趋势,幅度较大,后又大幅度下降。

可以看出,不同版本的教科书侧重点非常不同,CN－PEP 在无运算、数值运算与简单符号运算的比例相当,并且在全书中占据主要地位;而 CN－SEP 则更重视简单符号运算,无运算与数值运算其次;AU－IBM 则更重视符号运算,符号运算中更重视复杂符号运算,相对来说,无运算与数值运算比例非常少。RU－MGU 总体运算水平虽然不高,但在复杂符号运算方面的占比却很高。

FR－EDB/HLT 在"数与代数"方面,除"数值计算"水平的例题较少外,其余三个水平上的例题所占比例都差不多,特别是"复杂符号运算"水平所占比例明显比 CN－PEP 和 CN－SEP 高! 这与 FR－EDB/HLT 在"分析"上的内容及要求有关,例如数列和函数极限中要求函数极限的夹值定理、函数连续性中的中值定理、求原函数等。在"空间与图形"部分,FR－EDB/HLT 却是"无运算"水平的例题居多,这主要是由于几何证明题、几何作图题、计算机作图题居多导致的,对此可参见图 8－13 所示的问题。

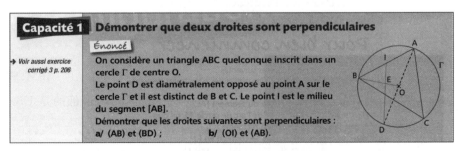

图 8－13 FR－EDB,Maths $2^e$,p. 202

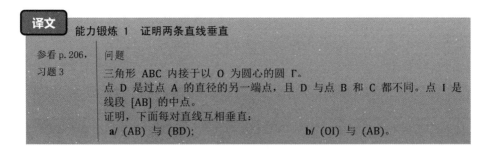

**译文**　能力锻炼 1　证明两条直线垂直

参看 p.206，
习题 3

问题
三角形 ABC 内接于以 O 为圆心的圆 Γ。
点 D 是过点 A 的直径的另一端点，且 D 与点 B 和 C 都不同。点 I 是
线段 [AB] 的中点。
证明，下面每对直线互相垂直：
a/ (AB) 与 (BD);　　　　　　　　　b/ (OI) 与 (AB)。

AU－IBM 与 CN－PEP 和 CN－SEP 最大的不同点在于，CN－PEP 和 CN－SEP 很重视欧式几何与逻辑关系，表现的内容可概括为：空间直线与平面、圆锥曲线、简单几何体、集合与命题、常用逻辑用语。这些内容在 AU－IBM 中并没有体现。但是与代数相关的例如直线方程、平面方程在 AU－IBM 也有些涉及，可见，AU－IBM 的课程理念更注重用代数来解决几何问题，而 CN－PEP 和 CN－SEP 更注重几何题的逻辑推理证明。这些内容的不同会导致运算水平上有很大的差异。

### 8.4.4　在推理水平上的差异

在推理水平上的统计结果如图 8－14 所示。

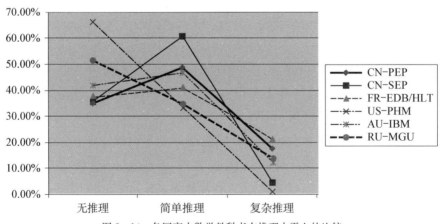

图 8－14　各国高中数学教科书在推理水平上的比较

从图 8－14 中，我们不难看出 CN－PEP 和 CN－SEP 在推理各个水平上基本保持一致，都是推理的题目较多，达到了 65% 左右，其中又以简单推理的题目为

主。在复杂推理层次上,CN-PEP 比 CN-SEP 更重视一些。US-PHM 和 RU-MGU 中几乎是以直线单调递减的速度下降,但 RU-MGU 的推理水平明显高于 US-PHM。

除了 US-PHM 和 RU-MGU 外,其余版本的高中数学教科书的走势比较接近,都呈现倒勾型。其中例题所占比例最大的都是"简单推理"水平,CN-SEP 和 CN-PEP 在"无推理"水平上例题所占百分比几乎一样,而 CN-PEP 在"复杂推理"水平上例题的含量要比 CN-SEP 高出 12.43 个百分点,从这个侧面不难看出,CN-PEP 例题的推理水平整体要稍高于 CN-SEP。而对于 FR-EDB/HLT 而言,其在"复杂推理"水平上的例题含量远高于 CN-SEP 和 CN-PEP。从图 8-14 中不难看出,在"无推理"水平一致的情况下,FR-EDB/HLT 在"复杂推理"水平的例题含量更多,FR-EDB/HLT 的推理水平高于其余两个版本。

纵向比较,RU-MGU 在三个水平中无推理占的比例最大,CN-SEP 简单推理所占比例最大,CN-PEP 也是简单推理所占比例最大。在无推理方面,RU-MGU 所占的比例最大,CN-SEP 最小;简单推理方面两者恰好相反;复杂推理方面 CN-PEP 所占比例最大,CN-SEP 最小。从图象变化趋势来看,RU-MGU 趋于一条直线,比例间趋向于等差数列,CN-PEP 和 CN-SEP 的变化趋势也是相当,只是 CN-PEP 较 CN-SEP 平和。

在无推理水平上,AU-IBM 的题目比例处于中间位置,这与它的内容更偏于代数、计算题目有很大的关系。简单推理的题目 CN-PEP 与 AU-IBM 相对较少,CN-SEP 的比例与其相差很大。而复杂推理题目比例三者排序为 CN-PEP、AU-IBM 与 CN-SEP。

从教科书各块内容来看,CN-PEP 复杂推理水平的章节集中在欧式几何、函数的应用、函数模型、统计与概率、向量、数列、圆锥曲线与方程、空间向量与立体几何、推理与证明、回归分析、独立性检验等。与初中教科书不同的是,高中数学教科书的推理已不限于几何内容,在数与代数方面也有对数学推理的较高要求,比如求复合函数的定义域、单调函数的判定等,并且这一块内容的证明题目也明显多了许多。

US-PHM 的数学推理主要集中在几何内容上,但是和中国相比,还是有较多的题目停留在操作上,比如说画出与已知角相等的角等,需要给出严格的数学证明的题目几乎没有。在数与运算、代数和概率统计内容上,没有看到达到复杂推理水平的例题。

FR‐EDB/HLT 在"复杂推理"水平上的例题含量远高于 CN‐SEP 和 CN‐PEP。出现这种情况的原因可能要归结到 FR‐EDB/HLT 中的一类特殊的"例题",即"有解答的例习题"(exercices resolus)。这部分练习中,教科书都会给出解题的规范模式,一般难度较大,推理步骤较多,属于"复杂推理"水平的数学题。

RU‐MGU 的数学推理水平在所有样本教科书中只位于中流水平,有点出乎我们的意料,因为从数学教育传统来看,俄罗斯数学教育在逻辑推理方面的要求一直是比较高的。但是,如果我们把目光从例题稍稍移开,关注一下教材的正文,就不难发现这一统计结果的原因了。俄罗斯的教材十分注意数学内容的系统性和严谨性。在教材正文中,定理都是严格表述的,并且,只要可能,都给出完整的证明。如果一个定理的证明超出了中学数学的范围,教材中通常会明确注明这一点。例如,在 RU‐MGU 的几何教材中,整整两个页面用于多面体欧拉定理的叙述和证明(参看 RU‐MGU,*Геометрия*,классы 10—11, pp. 62—63)。又如,在 11 年级的《代数与分析初步》教材中,连续函数的介值定理给出之后,明确声明不作证明(参看 RU‐MGU,*Алгебра и начала анализа*,класс 11, pp. 63—64)。在这种特点的教材中,再给出大量需要复杂证明的例题,似乎就是多余的了。

AU‐IBM 复杂推理水平的章节主要集中在多项式、图象平移、数列、复数、数学归纳法、排列组合、概率、离散随机变量、微分学与曲线绘法、积分学的应用、向量。

### 8.4.5 知识综合水平上的差异

在知识综合水平上的统计结果如图 8‐15 所示。

从总体上来看,US‐PHM 的知识综合程度是最低的;CN‐SEP 与 AU‐IBM 的结果比较相像;RU‐MGU 与 CN‐PEP 几乎一致,处于最高的水平;FR‐EDB/HLT 的知识综合程度也是比较高的。

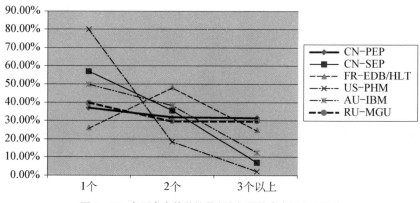

图 8-15　各国高中数学教科书在知识综合水平上的比较

　　不同版本的高中数学教科书在知识含量上形态迥异,CN-SEP 的例题中有 56.93% 都只有一个知识点,而多个知识点的例题仅有 7.30%,90% 以上的例题都只包含一到两个知识点,在几个版本中,CN-SEP 的知识含量水平偏低,有点出乎意料。FR-EDB/HLT 在知识含量水平上的分布是两头少中间多的,例题异常偏向于"两个知识点"水平,分布更符合正态分布一些;CN-PEP 和 RU-MGU"两个知识点"和"三个以上的知识点"水平的例题含量只差了一个百分点,在"知识含量"水平 CN-PEP 的加权平均值为 1.93,要略低于法国教科书的 1.98。

　　CN-PEP 中例题的综合水平比较高的一个原因是有较多的变式训练,这些题型一般都是综合题目,需要运用多个知识点和学习过的多种方法进行解答,而不是简单的一步解题或者是重复同一个方法步骤。但 CN-SEP 无论在哪个内容部分属于"三个以上"知识点水平的例题所占比例都最少,这也可能与上海数学课程标准中的"素材内容要体现与学习要求的一致性以及对学生的心理特征和能力水平的适切性,具有基础性、典型性、多样性和可接受性,切忌过于繁难或偏重技巧"的要求有一定的关系。

### 8.4.6　综合难度的差异

　　前面我们分五个因素比较了六套教科书的难度。在上述框架的基础上,我们在得出每一道例题在五个难度因素上的值后又该怎样利用所得数据进行教科书的综合难度的分析和比较呢? 在此,我们利用下面的公式计算每套教科书所有例题在每个因素上的加权平均值：

$$d_i = \frac{\sum_j n_{ij} d_{ij}}{n} \ (i=1,2,3,4,5;j=1,2,\cdots),$$

其中，$d_i$ 表示第 $i$ 个难度因素上的加权平均值，$d_{ij}$ 表示第 $i$ 个难度因素的第 $j$ 个水平的权重，我们直接采用等级权重，即 $d_{ij}=j$；$n_{ij}$ 则表示这套教科书例题中属于第 $i$ 个难度因素的第 $j$ 个水平的题目的个数，而 $n$ 是样本（该套教科书例题）总数。显然，对任何 $i$，都有 $\sum_j n_{ij}=n$。

各套教科书在各个难度因素上的加权平均值如表 8-5 所示。

表 8-5　各国高中教科书在各个难度因素上的加权平均值

| 难度因素 | CN-PEP | CN-SEP | FR-EDB/HLT | US-PHM | AU-IBM | RU-MGU |
|---|---|---|---|---|---|---|
| 背景 | 1.46 | 1.28 | 1.18 | 1.50 | 1.37 | 1.10 |
| 数学认知 | 2.75 | 2.57 | 2.42 | 2.38 | 1.71 | 2.39 |
| 运算 | 2.31 | 2.54 | 2.33 | 2.19 | 3.11 | 2.89 |
| 推理 | 1.81 | 1.69 | 1.84 | 1.35 | 1.71 | 1.63 |
| 知识综合 | 1.93 | 1.50 | 1.98 | 1.21 | 1.62 | 1.91 |

根据表 8-5 的数据，我们得到如图 8-16 所示的雷达图。

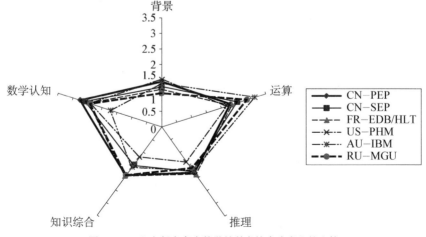

图 8-16　六个版本高中数学教科书综合难度上的比较

从图 8-16 中看到,在教科书例题的数学认知水平方面,中国教科书占据前两位,CN-PEP 高于 CN-SEP,排在 3～6 位的依次是 FR-EDB/HLT、RU-MGU、US-PHM 与 AU-IBM;在背景水平上,US-PHM 最高,CN-PEP 次之,其后依次是 AU-IBM、CN-SEP、FR-EDB/HLT 与 RU-MGU,法国和俄罗斯的高中数学教科书基本上还保留了数学教科书的传统模样,以数学内部的问题为主,与实际联系较少;在例题的推理水平上,最高的是 FR-EDB/HLT 与 CN-PEP,其后依次是 AU-IBM、CN-SEP、RU-MGU 与 US-PHM,这里俄罗斯教材的低表现有点意外,但如前所述,其教科书正文推理上的深入和严谨可以解释这一点;在运算水平上,最高的是 AU-IBM 和 RU-MGU,其后依次是 CN-SEP、FR-EDB/HLT、CN-PEP 与 US-PHM;在例题的知识综合程度上,FR-EDB/HLT、CN-PEP 和 RU-MGU 都占据高位,这些教科书中每道例题平均包含 2 个知识点,而占低位的是 AU-IBM、CN-SEP 和 US-PHM,绝大多数例题只包含一个知识点,其中上海教材 CN-SEP 在知识综合程度方面水平不高是出乎意料的。

此外,图中的六个五边形均有下倾的趋势,说明这六套教科书的实际背景水平都偏低,这是高中数学教科书与初中数学教科书的明显差异(鲍建生,2002),这说明,到高中阶段,随着数学理论深度的提高,除了概率统计等新兴课题外,数学教科书更关注数学本身的问题,与生活实际的联系也逐渐减弱。

## 8.5 对我国高中数学教材编写的建议

在教材的实际背景方面:各国高中数学教材在背景因素上的水平分布情况非常类似,属于"无背景"水平的例题占绝大部分,总体看来,RU-MGU、FR-EDB/HLT、CN-SEP 和 AU-IBM 在"无背景"例题中的百分比稍高于其他教材。这说明,多数国家的高中数学教材比较关注数学的内部结构。在现实背景的编排方面,多数教材都偏向在引入部分和探究建模部分设置有情境的例题,并且例题所放位置也很相似。良好的开端是成功的一半,在引入部分设置这样的例题,从学习者身边或者是感兴趣的事物出发,更能吸引学生的眼球,激发思维的灵感,调动学习的积极性;而对于探究建模方面,设置有背景的例题,可以让学习者感受到数学在实际生活中的重要作用,而不是仅仅限于理论,另一方面,通过拉近与学生的距离,降低了题目的难度。相比之下,CN-PEP 和 CN-SEP 一般会将有情境的例题放在这一节末尾,通常说来,有两个原因:一是前面无背景的题目讲解之后,它是作为实际应用出现的;二是放在后面压轴的题目也就是我们所说的"难题",是需要我们理解领会甚至探究建模的题目。这种做法有一定的道理,但可以增加引入部分的情境设置。US-PHM 在现实情境的设置上有值得我们借鉴之处,它们更加重视对答案的思考和解释,这让学习者能够充分体会到数学在日常生活中的重要性,更重要的,通过领会数学的现实意义,可以拓宽思维,加深理解,而不是"死"学数学。这一点很好地回答了开篇提到的问题:中国学生的数学成就显著,但是他们对答案的意义很难做出合理的解释。

在数学认知层次上:从整体来看,所有数学教材都是领会水平的例题最多,概念水平的居次,最少的是计算和分析水平的例题。这也反映了高中教材更加重视让学习者理解领会知识,而不仅仅是简单的计算和概念识记,尤其是最低层次计算水平的知识高中阶段明显比初中阶段比例少很多。CN-PEP 和 CN-SEP 在讲述一个新知识点的时候,一般在概念讲解之后,紧随着设置一两道直接运用概念的例题巩固知识,接着就会有一些需要学习者理解领会所学知识才能解决的题目,并且数量上要多于运用概念的题目,这也使得领会和分析层次上的题目总和明显多于前两层。中国的例题中变式训练较多,而且常常融合多个知识点来深化理解,甚至有一些需要建模探究的题目,让学习者自行找出解题策略,建立模型,用多种方式解决问题。而 US-PHM 的例题对此要求较少,基本上都是直接运用数学概念和操作解决问题,不需要知识迁移深化。从某种程度上,中国这些理解分析水平题目的训练有助于中国学生在国际数学竞赛和相关测试中取得优异的成绩,这也从一个角度上回答了开篇的问题。

在推理水平上,除了 US-PHM 和 RU-MGU 外,其余版本的高中数学教材的走势比较接近,都呈现倒勾型。CN-PEP 例题的推理水平在整体上虽然处于较高水平,但与 FR-EDB/HLT 相比,在"复杂推理"水平上仍有一定的差距。中国两套教材在数学推理水平上有较大的差异,CN-SEP 中,简单推理占了很大一部分比例,复杂推理内容明显减少,与 CN-PEP 相比,仅占其复杂推

理的 $\frac{1}{4}$，这似乎也在一定程度上解释了人们常说的 CN‐PEP 比 CN‐SEP 难的结论。

在简单符号运算水平上，我国两套教材的比例是最高的，但在复杂符号运算水平上，我国的两套教材处于中下游的水平。这说明，我国高中数学教材的符号运算水平仍可以适当地提高。

不同版本的高中数学教材在知识含量上形态迥异，总体而言，CN‐PEP、RU‐MGU 和 FR‐EDB/HLT 在"两个知识点"和"三个以上的知识点"水平上处于较高的水平，这说明三套教材都保持了高中数学综合程度较高的传统特色。

从综合难度上看，除了 US‐PHM 和 AU‐IBM 以外，其他教材的难度水平大体相当，而从难度特征上看，处于较高水平的还是传统的双基部分，即数学推理和符号运算，以及数学知识的综合程度；而在数学探究和现实应用方面，都有提高的余地。

## 参考文献

鲍建生(2002).中英两国初中数学课程综合难度的比较[D].上海：华东师范大学.

邓小俐(2002).中美初中数学教材中习题的对比研究[D].南京：南京师范大学.

高文君,鲍建生(2009).中美教科书习题的数学认知水平比较——以二次方程及函数为例[J].数学教育学报,18(4):57‐60.

胡莉莉(2008).中美初中数学教科书难度的比较研究[D].上海：华东师范大学.

黄甫全(1995).对中小学课程难度灰色模型 GM_s(1,1)的探索.系统工程理论与实践, (10):63‐70.

黄甫全,王晶(1994).课程难度刍论[J].东北师范大学学报(哲学社会科学版),(4):91‐ 96.

贾安贡,宋娜,黄翔(2008).上海、重庆两市 2007 年中考数学试题综合难度比较[J].数学教学通讯,(5):39‐41.

贾萍(2008).中美初中数学教科书比较——以统计与概率为中心[D].沈阳：辽宁师范大学.

贾晓华(2009).中美高中课程标准比较研究[D].兰州：西北师范大学.

金美月,傅瑜,贾萍(2009).中美初中统计与概率教科书比较[J].外国中小学教育,(12): 40‐44.

金松玉(2012).中韩初中数学教科书比较研究[D].延边:延边大学.

孔凡哲,史宁中(2006).现行教科书课程难度的静态定量对比分析——以初中数学课程
  标准实验教科书"不等式"、"四边形"课程内容为例[J].教育研究,22(3):40-43.

李淑文(2006).中日两国初中几何课程难度的比较研究[D].长春:东北师范大学.

陆正美(2008).近十年江苏省高考数学卷的综合难度及其成因分析[D].苏州:苏州
  大学.

苗健(2009).人教版和苏科版七年级数学教科书的比较研究[D].福州:福建师范大学.

任晓峰(2009).中国新加坡两国高中微积分课程难度的比较研究[D].苏州:苏州大学.

史宁中,孔凡哲,李淑文(2005).课程难度模型:我国义务教育几何课程难度的对比
  [J].东北师范大学大学报(哲学社会科学版),(6):152-156.

王庆环(2014).我国中小学生教科书难度被高估[N].光明日报,2014 年 5 月 8 日第
  6 版.

韦芳(2009).中英两国高中数学课程中函数内容的比较研究[D].苏州:苏州大学.

赞科夫(Л. В. Занков)(1985).教学与发展[M].杜殿坤等译.北京:人民教育出版社.

张维忠,黄丽虹(2009).新教科书"三角形"课程难度的对比分析[J].数学教育学报,18
  (4):61-64.

赵玉明(2013).初中数学教科书"数与代数"部分习题难度的对比研究[D].石家庄:河北
  师范大学.

朱娅梅(2010).中美两国初中数学课程综合难度的比较研究[D].上海:华东师范大学.

# 第 9 章

........................................................................

## 高中数学教材中的数学文化：中法比较

## 9.1 问题的提出

### 9.1.1 研究背景

我国《国家中长期教育改革和发展规划纲要(2010—2020)》指出："百年大计，教育为本。教育是民族振兴、社会进步的基石，是提高国民素质、促进人的全面发展的根本途径，寄托着亿万家庭对美好生活的期盼。强国必先强教。优先发展教育、提高教育现代化水平，对实现全面建设小康社会奋斗目标、建设富强民主文明和谐的社会主义现代化国家具有决定性意义。"科教兴国战略已实施多年，教育已是全社会关注的焦点话题，所以中国的教育研究有着极其重要的社会价值。

继 PISA 2009 之后，在 PISA 2012 国际测评中，上海再次以阅读素养、数学素养和科学素养三项第一的优异成绩震惊全世界，引来全世界关注的目光。近年来，中国的数学教育也一直是国外学者感兴趣的话题，关于中国数学教育的国际研究越来越多。在墨西哥的蒙特雷召开的第十一届国际数学教育大会上，中国被提名为举办"国家展示会"的五个国家(地区)之一，足见中国数学教育的国际地位日益提高。

体现数学的文化价值是我国普通高中数学课程标准的基本理念之一，2003年颁布的《课程标准 2003》明确指出，学生要"初步了解数学科学与人类社会发展之间的相互作用，体会数学的科学价值、应用价值、人文价值"(中华人民共和国教育部,2003)。自此,数学文化教育便成了新课程中的一个热点话题,数学文化越来越受到数学教育界和广大数学教师的重视。然而,很多教师虽然已经意识到数学文化的重要价值,也已有了数学文化的应用意识,但常常感到"巧妇难为无米之炊",他们非常渴望获得更多与数学文化教学有关的参考资料。

张奠宙和宋乃庆(2004)指出:"一方面,数学的内容、思想、方法和语言,深刻地影响着人类文明的进步。另一方面,数学又从一般文化的发展中汲取营养,受到所处时代的文化的制约。在这个意义上说,数学教育是数学文化的教育。"因此,在日常的数学教学中揭示数学的文化意义,使学生受到深刻的文化感染,可以让学生理解数学,喜欢数学,欣赏数学的人文价值、科学价值、应用价值和社会价值。

教材比较是数学教育的重要研究领域之一。"他山之石,可以攻玉",教材比较有助于了解和认识各国教材的特点,发现我国教材中的不足之处,并借鉴他国教材中适合我国国情的内容,为我国教材编写者提供参考。近几年来,我国学者对美国、英国、日本、新加坡等国的数学教材的研究较多,而对法国的数学教育,特别是法国的数学教材知之甚少,因此,我们有必要对法国数学教材进行深入研究。此外,我国数学教育工作者对其他国家数学教材中的数学文化了解和研究甚少,对不同国家数学教材中的数学文化的比较研究更是寥寥无几。

本子课题在研究过程中发现,不同国家数学教材中的数学文化的运用情况差异很大,如日本教材中的数学文化内容很少。法国教材在数学文化方面较有特色,因此,本章着重对中、法教材进行比较。

### 9.1.2　研究的问题及意义

在初步分析中、法两国教材和相关教材比较研究的基础上,本文拟就以下几个问题进行分析研究:

(1) 中、法高中数学教材中,数学文化内容呈现方式有哪些异同点?

(2) 中、法高中数学教材中,数学文化内容运用方式有哪些异同点?

(3) 法国高中数学教材中数学文化内容对我国教材有哪些启示?

本研究的意义在于:

(1) 通过对法国教材的研究,可以借鉴和吸收其中的可取之处,为我国的数学教材编制提供有意义的参考。通过教材比较,我们不仅可以了解其他国家的教材,也能更好地了解自己,继续发扬自己的优势,弥补自身的不足之处。如此,我国的数学教材才能不断得到改善。

（2）教材比较研究在国内已有很多成果,如对教材中的单一知识点的比较、综合难度的比较等。然而,有关教材中的数学文化的比较研究非常少,现有研究中也没有比较成熟的理论框架。因此,数学教材中的数学文化比较具有创新性。本文拟通过对中、法两国数学教材中数学文化的比较,建立起数学教材中数学文化比较的理论框架。

## 9.2 文献综述

### 9.2.1 数学文化研究的现状

数学文化一词是由美国数学家怀尔德（Raymond Louis Wilder,1896—1982）在 *Mathematics as a Culture System*（Wilder,1981）一书中提出的。如今,有关数学文化的研究非常多,而且近年来国内越来越多的学者开始关注数学文化的教育价值及其在数学教学中的运用。

首先,一些学者关注数学文化的定义及其内涵,如刘洁民（2010）探讨了"数学文化是什么和为什么"的问题,追溯了数学文化研究的三大流派:"基于数学史的实证研究;基于数学史和一般文化学的思辨研究;基于数学哲学和数学社会学的思辨研究"。作者也提到,关于数学文化,至今并没有一个得到学术界广泛认同的定义,所以只是探讨数学与文化之间的关系和相互影响。此外,作者还提到数学文化在数学教育中的重要作用,如促进数学理解,改变学生的数学观,培养处理现实问题的思维。

虽然数学文化并没有统一定义,但有不少学者都给出了自己的见解。如顾沛（2008）给出的数学文化的定义为:"'数学文化'一词的内涵,简单地说,是指数学的思想、精神、方法、观点,以及它们的形成和发展;广泛些说,除上述内涵外,还包含数学家、数学史、数学美、数学教育、数学发展中的人文成分、数学与社会的联系、数学与各种文化的关系,等等。"持相同观点的学者还有黄秦安

（1999），他将数学文化表述为以数学科学为核心，以数学的思想、精神、方法、技术、理论等所辐射的相关文化领域为有机组成部分的一个具有强大功能的动态系统。其涉及的基本文化领域包括哲学、艺术、历史、经济、教育、思维科学、政治及各门自然科学等。方延明（2001）指出，数学文化是一种外延广泛的学科，其涉及诸如文学、史学、哲学、经济、语言、高科技等多种学科。

　　对于数学文化还有另一种解释，即一种由职业因素联系起来的特殊群体，即数学共同体所特有的行为、观念和态度等（郑毓信，2001）。也有学者将数学文化定义为以数学家为主导的数学共同体所特有的行为、观念、态度和精神等，也即是指数学共同体所特有的生活（或行为）方式，或者说是特定的数学传统（课程教材研究所，2003）。当然，对于数学文化的解释还有很多，但这不是本文所关注的问题，故不再列举关于数学文化的其他定义。

　　关于数学文化的另一类研究是对数学文化与数学教育关系的探讨。这类研究也使数学教育家和一线教师越来越认可数学文化的教育价值和在教学中的积极作用。

　　国内关于师生对数学文化认同感和数学文化观念的调查研究表明，我国中学的数学文化教育不容乐观，还有许多亟待解决的问题。

　　由于《标准》在选修系列 3 中安排了"数学史选讲"，并在第三部分安排了"数学文化"版块，因而在有关数学文化研究中，最多的一类就是关于如何在数学教学中运用数学文化的研究。

　　王青建和陈洪鹏（2009）首先分析了《课程标准 2003》中的数学史及数学文化，《课程标准 2003》中的数学史选讲内容可分为两个方面：一是介绍数学史的专题，包括早期算术与几何——计数与测量、古希腊数学、平面解析几何的产生——数与形的结合、微积分的产生——划时代的成就、康托的集合论——对无限的思考、随机思想的发展、算法思想的历程；二是介绍数学家科学探索精神的专题，包括中国古代数学瑰宝、近代数学两巨星——欧拉与高斯、千古谜题——伽罗瓦的解答、中国现代数学的发展。在数学文化方面，《课程标准 2003》给出了 19 个参考选题：关于数学史的有"数的产生与发展"等 4 个、阐述数学思想的有"计算的复杂性"等 7 个、涉及数学应用的有"金融中的数学"等 6 个、数学与其他学科联系的有"艺术中的数学"等 2 个。此外，作者还认为，数学史选讲的选题数量偏少,且分布不合理;数学文化部分的选题大多脱离中学实际,一些选题偏难,而且数学文化版块暂未见于教材,《课程标准 2003》列出的选题很难用于课堂教学。因此,在数学文化的教学和选题方面还有很多的工作需要做。

纵观以上关于数学文化的研究,可以发现,大多数研究还是停留在理论探讨上,如讨论数学文化的定义、内涵、流派等,探讨数学文化的教育价值,研究数学文化融入实际教学的途径和策略。然而,有关数学文化的实证研究非常少,大多数案例研究都没有指出融入数学文化的教学效果。

### 9.2.2  教材比较研究的现状

从 TIMSS 到 PISA,东亚国家学生的优异表现成为数学教育的热门话题。由此,国际比较越来越成为世界各国数学教育家感兴趣的研究领域。东西方数学教育的差异也成为大家感兴趣的话题,作为数学教育环节中重要一环的教材,自然也成为学者们研究的对象。可以说,教材比较研究方兴未艾,国内外也涌现出一大批研究成果。

教材比较作为 TIMSS 研究的一个方面而兴起于数学教育界。该研究对象包括了 50 个国家的上千套教材、课程指导文件及其他课程材料。TIMSS 的研究产生了一批研究成果,如 Howson(1995)对六个欧洲国家、美国和日本的八年级学生使用的教材内容做了详细分析,探讨了如何实现知识的应用,并提出数学与其他学科整合的观点等。Valverde(2002)对 TIMSS 参与国家或地区的数学教科书的编排特点和教学特点进行了研究,还介绍了教科书研究的过程、教科书的结构、内容表征及教科书使用期望等内容,并将数学与物理教科书分成了五类:内容不多,比较强调习题和问题解决的能力;篇幅较小,集中关注一些主题,且大多数课程通过叙述进行;篇幅较大、页数较多,对主题适当排列,由很多间断的内容组成,且大部分是习题;强调叙述,有许多主题,其页数、宽度、深度较为适中;页数非常多,主题复杂,主题转换较多。

Park & Leung(2006)从五个维度对中、日、韩、英、美五国的八年级数学课本进行了研究:课本开发与出版政策、内容选择、课本在教学中的地位、呈现方式、内容特点。作者发现,英美教科书偏重于帮助学生认识数学在生活中的作用,但有时数学概念与相应现实生活情境联系不清,学生有时无法完全掌握此数学概念;而中国教材多以直接的方式向学生灌输数学概念,但此方式不能激发学生学习数学的兴趣。

对东西方数学教材比较研究的学者还有很多,如 Li(2000)选择中美两国数学教材,研究两套教材在引入整数加减法时所呈现的问题模式。在三个维度(数学特征、衔接特征和实施特征)进行比较研究,其中衔接特征被分为两类:以数字或文字形式叙述的纯数学内容;以图片或故事形式来说明的内容。作者发现,美国和中国教科书在数学特征和衔接特征上比较相似,但是美国教科书的问题类型更多,且更关注概念理解。中美两国教科书的比较研究一直是国际比较研究的热点课题。除了上述研究外,Zhu & Fan(2006)比较了中美初中数学教材中题目配置方式的差异和共性,并将数学教材中的问题分为:常规题与非常规题、开放题与封闭题、传统题与非传统题、应用题与非应用题、单步骤题与多步骤题、充足数据题与无数据题、纯数学形式题与口头形式题等。作者发现,中国教材中的常规题与传统题所占比例比美国教材高,美国教材中的非传统题更多且分布更均衡,而中国教材包含更多的多步骤题等。

有关教材中数学文化的比较研究是近年来兴起的研究课题,国内外相关文献相对较少。张维忠(2011)评价了美国、英国、法国等国外数学课程目标中对数学文化的要求,列举了英国、俄罗斯与美国中小学数学教材中的数学文化,还介绍了美国阿拉斯加数学文化教学项目,这个项目有两个主要课程目标,其一是将学校文化与社区文化结合,其二是提高阿拉斯加本土学生的数学成绩。

除了中外教材中数学文化内容的比较研究外,还有一些研究是比较国内教材中的数学文化内容。如贾金平(2008)对我国四个版本的初中数学教材中的数学文化内容做了对比分析,并对初中师生对教材中数学文化的认知情况进行了调查。作者还从三方面分析了教材中数学文化内容的教育价值:数学文化在精神方面对人的影响、数学的应用价值、数学史的人文教育价值。研究发现,四套教材在联系日常生活、社会和其他学科三个方面基本相似,都是偏重日常生活,社会次之,最后是其他学科。此外,作者还发现:教材在几何内容中比在代数内容中设置了更多的数学史内容。

从上述教材比较研究中,可以发现东西方数学教材,特别是中美数学教材是学者最感兴趣的研究对象。教材比较研究一般从教材的整体信息（如出版信息、版面设计、页码等）、内容编排特点、学习课题的选择和安排顺序、教材在课堂中的使用情况或教学特点等角度展开。另外，许多学者将综合难度、问题解决或某个知识内容作为比较的出发点，进行教材比较的研究。有关数学教材中的数学文化比较主要集中于数学史内容的比较，且缺乏成熟的理论框架。

### 9.2.3 文献综述小结

综上所述，数学文化的研究近年来越来越流行，而且研究的角度也非常多，如研究数学文化的定义、涵义、流派等，然而至今，对于数学文化一词的定义尚未有统一的界定，而且仍有不同的争论和探讨。一些学者聚焦于数学文化在数学教学中的教育价值的探讨。另有一些学者对师生的数学文化观念进行了调查研究，大多数研究结果表明，对于数学文化在数学教学中的教育价值及其重要地位已经得到学界和教师的普遍认同，教师普遍认为数学文化可以帮助学生理解数学思想、数学方法和数学哲学，帮助学生养成良好的数学观和数学思维能力，帮助学生认识数学的科学、人文及应用价值，帮助学生欣赏数学的美，帮助学生运用数学解决现实问题，帮助学生创造学习数学的动机并激发对数学的兴趣。此外，数学文化融入数学教学的途径和策略研究，以及在教学中运用数学文化的教学案例，都让我们看到数学文化在数学教学中的价值和前景。但是，大多数研究没有探讨数学文化运用后的实践效果，很多研究还是停留在理论探讨和教学设计上，而缺乏实证研究或行动研究。

数学教材比较的研究大多是以某个知识点为切入点，而且大多数研究从教材的背景信息、编排特点、内容呈现方式、教材结构特征、课题的安排顺序、综合难度、对学生的期望要求、教学课堂中的使用情况等角度出发。此类研究较为成熟，出现了如评价综合难度的五边形模型等理论框架，这些框架已被大多数学者所认可。但是有关数学教材中的数学文化的比较研究却相对较少，而且也没有非常好的研究框架，多停留在理论探讨，将主要关注点放在数学史内容上，对于数学文化内容的分类也比较粗糙，且很多研究停留在数学文化的内容统计上，对数学文化的运用方式探讨不足。可以说，数学教材中的数学文化比较还是一块亟待开发的处女地。

本文在上述文献的基础上，通过文本分析、定量和定性分析，从数学文化的内容分布和数学文化的运用方式两个维度比较中法两国数学教材中的数学文化。

## 9.3　研究方法

### 9.3.1　研究对象

本研究的对象为我国人民教育出版社的高中数学 A 版的五本必修教材（CN‐PEP），上海教育出版社的高一至高三的五本必修教材（CN‐SEP）以及法国 Belin 出版社的两本高中数学必修教材（FR‐EDB）。三种教材的具体信息见表 9‐1。需要指出的是，本文所涉及的教材仅限于教科书。此外，本文研究的是中法两国教材中的必修部分，不涉及选修内容。本文选择人教版和 Belin 出版社的教材是因为它们是中法两国使用最多的教材，具有很强的代表性。因为上海在 PISA 2009 和 PISA 2012 国际比较中均以数学测评第一的成绩引起全球关注，所以上海教材也具有重要的研究价值，本文也将其作为研究对象。

表 9‐1　教材基本信息

| 教材系列 | 课本名称 | 出版日期 | 页数 | 色彩 | 纸张 |
|---|---|---|---|---|---|
| CN‐PEP(共 654 页) | 数学必修 1 | 2007 年 1 月 | 113 | 黑白 | A4 |
| | 数学必修 2 | 2007 年 2 月 | 144 | 黑白 | A4 |
| | 数学必修 3 | 2007 年 2 月 | 146 | 黑白 | A4 |
| | 数学必修 4 | 2007 年 2 月 | 147 | 黑白 | A4 |
| | 数学必修 5 | 2007 年 1 月 | 104 | 黑白 | A4 |
| CN‐SEP(共 569 页) | 高一第一学期 | 2006 年 7 月 | 96 | 黑白 | A4 |
| | 高一第二学期 | 2008 年 12 月 | 116 | 黑白 | A4 |
| | 高二第一学期 | 2007 年 8 月 | 145 | 黑白 | A4 |
| | 高二第二学期 | 2008 年 1 月 | 95 | 黑白 | A4 |
| | 高三 | 2008 年 8 月 | 117 | 黑白 | A4 |
| FR‐EDB(共 773 页) | Maths $2^e$ | 2010 年 4 月 | 311 | 彩色 | A4 |
| | Math $1^{re}$ s | 2005 年 4 月 | 462 | 彩色 | A4 |

三套教材的出版日期都比较接近,均在 2005 年至 2010 年之间,可以说是同一时期的教材。此外,在容量方面,三套教材区别不大,最多的是 FR－EDB,有 773 页之多,其次是 CN－PEP,有 654 页,最少的是 CN－SEP,但也有 569 页之多。因此,三套教材在出版时间和知识容量上非常相似,这也为教材比较提供了有利的前提条件。

表 9－2　三套教材的章结构

| CN－PEP | CN－SEP | FR－EDB |
|---|---|---|
| 1. 集合与函数概念 | 1. 集合和命题 | 1. 函数概念 |
| 2. 基本初等函数 | 2. 不等式 | 2. 定性研究 |
| 3. 函数的应用 | 3. 函数的基本性质 | 3. 仿射函数与一次问题 |
| 4. 空间几何体 | 4. 幂函数、指数函数和对数函数 | 4. 函数与二次问题 |
| 5. 点、直线、平面之间的位置关系 | 5. 三角比 | 5. 反函数与单射 |
| 6. 直线与方程 | 6. 三角函数 | 6. 统计描述与取样 |
| 7. 圆与方程 | 7. 数列和数学归纳法 | 7. 概率与频率 |
| 8. 算法初步 | 8. 平面向量的坐标表示 | 8. 右手平面坐标系 |
| 9. 统计 | 9. 矩阵和行列式初步 | 9. 平面结构 |
| 10. 概率 | 10. 算法初步 | 10. 向量 |
| 11. 三角函数 | 11. 坐标平面上的直线 | 11. 右手空间 |
| 12. 平面向量 | 12. 圆锥曲线 | 12. 三角学 |
| 13. 三角恒等变换 | 13. 复数 | 13. 数值函数:概念 |
| 14. 解三角形 | 14. 空间直线与平面 | 14. 多项式函数和二次三项式 |
| 15. 数列 | 15. 简单几何体 | 15. 求导及其应用 |
| 16. 不等式 | 16. 排列组合与二项式 | 16. 渐近趋势——极限 |
|  | 17. 概率论初步 | 17. 数列 |
|  | 18. 基本统计方法 | 18. 统计 |
|  |  | 19. 概率 |
|  |  | 20. 角的方向和三角学 |
|  |  | 21. 数量积在平面中的应用 |
|  |  | 22. 多面体的截面 |
|  |  | 23. 空间向量与空间笛卡儿方程 |
|  |  | 24. 平面与空间中的重心 |
|  |  | 25. 平面与空间中的位似与平移 |

为了便于对三套教材有一个直观的认识,下面分别介绍其中所含的数学内容及其分布,详见表 9－2 和 9－3。

CN－PEP 共有 16 个章,CN－SEP 为 18 个章,FR－EDB 最多,有 25 个章。中国两套教材在知识体系上比较类似,但 CN－PEP 必修不包括复数、圆锥曲线、矩阵和行列式、排列组合与二项式内容,其他内容基本相同;FR－EDB 与中

表 9 - 3　三套教材数学内容分布表

| 教材 | 代数与分析 | 几何 | 统计与概率 |
|---|---|---|---|
| CN - PEP | 9(56%) | 5(31%) | 2(13%) |
| CN - SEP | 11(61%) | 5(28%) | 2(11%) |
| FR - EDB | 12(48%) | 9(36%) | 4(16%) |

国教材在知识体系上有很大区别，同样没有 CN - SEP 的复数、圆锥曲线、矩阵和行列式、排列组合与二项式内容，也没有算法初步、不等式，但也有中国教材所没有的内容，如微积分、空间向量及其运用、多项式函数等内容。因此，本文首先整体比较三套教材的数学文化内容分布和数学文化的运用方式，再以案例的形式比较三套教材中的公共知识点。

从表 9 - 3 可以得知，中国的两套教材在数学内容分布上比较相近，而 FR - EDB 中几何、统计与概率内容所占比例都较中国教材高，内容设置也更加均衡。而中国教材更侧重代数与分析，在向量方面远远不如 FR - EDB。由表 9 - 2 可以了解到三套教材的公共数学内容有统计、概率、三角形、数列、函数、向量等内容。因此，本文将选取公共内容的一部分作为案例研究的对象，其中，代数部分选取函数内容，几何部分选取简单几何体，概率与统计部分选取概率、统计。

### 9.3.2　研究方法

本研究主要采取内容分析法和比较研究法。在具体比较研究时，首先整体比较三套教材中数学文化的内容分布和数学文化的运用方式，主要是定量分析；然后是比较三套教材中具有代表性的公共内容，此时主要是定性分析，并列举一些法国教材中的具体数学文化案例，以便教材编写者和教师对法国数学教材中的数学文化有一个直观的认识和了解。

为了对数学文化的内容分布和数学文化的运用方式进行细致的比较，首先需要对数学文化的内容和运用方式进行划分，具体见下面两节内容。此外，为了保证编码和数据的客观性，两位研究者单独进行编码，并对编码结果进行一致性检验，均达到 92% 以上。

#### 9.3.2.1　数学文化内容的分类

首先为了便于分析，本研究所涉及的数学文化是广义的，具体包括数学史、数学与现实生活、数学与科学技术、数学与人文艺术等,不涉及数学思想、数学哲学、数学方法等。教材中数学史的呈现方式包括显性和隐性两大类。显性方式如数学家肖像、数学家的简介、数学知识与概念的历史发展介绍、历史名题、数学史事件等,而隐性方式是基于数学史上的问题和概念进行改编,或重构历史发展顺序,以适应现代课堂的环境。

在数学与现实生活方面,PISA 研究根据学生与现实背景的接近程度,对数学问题背景进行分类,见表 9-4。

表 9-4　PISA 研究中数学问题背景的分类

| PISA | 类　　别 |
|---|---|
| PISA 2000 | (1)个人生活;(2)学校生活;(3)工作与运动;(4)当地社区与社会;(5)科学的 |
| PISA 2003 | (1)个人的;(2)教育的和职业的;(3)当地和国外的社区;(4)科学背景 |
| PISA 2006/2009 | (1)个人的;(2)教育的和职业的;(3)公共的;(4)科学的 |

另外,鲍建生(2002)也借鉴 PISA 的分类,将问题背景分为个人的、公共的和科学的三部分。通过借鉴 PISA 的分类,本文根据学生与现实生活中数学文化内容的接近程度,将数学与现实生活内容分为个人的和公共的两大类,见表 9-5。

表 9-5　数学与现实生活的分类

| 类别 | 描述 | PISA | 鲍建生 |
|---|---|---|---|
| 个人的 | 每个学生都能接触到的,如个人、家庭和学校生活 | 个人生活、学校生活、教育的 | 个人的 |
| 公共的 | 不是所有学生都能接触的,如运动、公共的、社区的、社会的 | 运动、当地社区、社会、公共的、职业的 | 公共的 |

此外,为了更细致地分析数学与现实生活的内容,将个人类又细分为:日常生活、学校生活,公共类又细分为社会生活、娱乐生活、经济生活、职业生活。科学内容将作为一个大的子类来处理,是为了分析教材中数学与其他学科的关联程度。同样,对于数学与科学技术内容,本文也借鉴 PISA 研究的分类。在 PISA 研究中,科学内容的分类如表 9-6 所示。

表 9-6　PISA 研究中科学问题背景的分类

| PISA | 类　　别 |
|---|---|
| PISA 2000/2003 | (1)生活与健康；(2)地球与环境；(3)技术 |
| PISA 2006/2009 | (1)健康；(2)自然资源；(3)环境；(4)灾害；(5)前沿科学与技术 |

本文在借鉴 PISA 的科学分类的基础上，根据科学内容所研究的对象，将数学与科学技术分为生命科学、地球科学、物质科学、高新技术，如表 9-7 所示。

表 9-7　数学与科学技术的分类

| 类别 | 描　　述 | PISA |
|---|---|---|
| 生命科学 | 生物学、医学、药学、生命健康等 | 生活、健康 |
| 地球科学 | 地理、地球、天文、自然资源、环境、灾害等 | 地球、环境、自然资源、灾害 |
| 物质科学 | 物理、化学等 | —— |
| 高新技术 | 高新技术 | 前沿科学与技术 |

一般来说，根据表现手段和方式的不同，艺术可分为：绘画、雕塑、舞蹈、音乐、建筑艺术、文学、戏剧和影视艺术等(张同道，2009)。本文根据教材中所呈现的艺术内容，将数学与人文艺术内容分为 4 个子类，见表 9-8。

表 9-8　数学与人文艺术的分类

| 类别 | 描　　述 |
|---|---|
| 人文 | 语言学、文学、历史等 |
| 美术 | 绘画、雕塑、手工艺等 |
| 音乐 | 乐器、乐理、舞蹈等 |
| 建筑 | 世界知名建筑(不包括普通建筑) |

#### 9.3.2.2　数学文化运用方式的分类

为了进行有效地比较，除了对数学文化内容分布进行统计外，本研究还需要对文化材料的运用方式进行划分。

Tzanakis & Arcavi(2000)总结了数学史在数学教学中的三种运用方式：一是提供直接的历史信息；二是借鉴历史进行教学，即发生教学法；三是开发数学及其社会文化背景的深刻意识。Jankvist(2009)则提出另三种方式:启发法、模块法和基于历史法。这些分类法针对的是数学课堂教学,而对数学教材的历史分析不尽合适,且过于粗略。汪晓勤(2011a、2011b、2011c,2012)借鉴已有分类方法,按数学史与数学知识的关联程度,将数学教材运用数学史的方式分成四类,本研究也将采用此分类方式,见表9-9。

表9-9 数学教材运用数学史的四种方式

| 类别 | 描 述 | Tzanakis & Arcavi(2000) | Jankvist(2009) |
|---|---|---|---|
| 点缀式 | 孤立的图片,如数学家画像、数学图案 | 直接运用法 | 启发法 |
| 附加式 | 文字阅读材料,包括数学家生平、数学概念、符号、思想的起源、历史上的数学问题、思想方法等 | 直接运用法 | 启发法 |
| 复制式 | 正文各栏目中直接采用历史上的数学问题、问题解法、定理证法等 | 直接运用法 | 启发法 |
| 顺应式 | 正文各栏目中对历史上数学问题进行改编,使之具有适合于今日课堂教学的情境或属性 | 间接运用法 | 基于历史法 |

Lange(1995)根据背景与数学知识的关联程度将背景分为3个层次:(1)无背景;(2)用于掩饰数学问题;(3)背景成为数学问题的一个有机组成部分。本文在Lange(1995)的基础上,根据数学文化内容与数学知识之间的关联度,将数学文化(包括数学与现实生活、数学与科学技术、数学与人文艺术)的运用方式进行划分,见表9-10。

表9-10 数学教材数学文化的运用方式

| 类别 | | 描 述 | Lange(1995) |
|---|---|---|---|
| 外在型 | | 文化内容的介绍,不涉及数学内容 | — |
| 内在型 | 可分离型 | 文化用以掩饰数学问题,仅仅运用数学知识解决数学问题,文化与数学可以分离 | 掩饰数学问题 |
| | 不可分离型 | 文化内容成为数学问题的一个有机的组成部分,运用数学知识解决具体的文化问题,两者不可分离 | 成为数学问题的有机组成部分 |

需要说明的是,有的数学文化内容可能有多种运用方式,则将其归为高层次的运用方式。

## 9.4　中法两国数学教材中的数学文化比较

### 9.4.1　三套教材中的数学文化栏目设置

数学文化内容在教材中的分布非常广泛,几乎在教材的各个栏目中都会出现。中、法两国的三套教材虽然各自有着不同的栏目设置,如 CN‐PEP 的栏目设置有章头、引入、例题、练习、阅读材料、复习参考题等,CN‐SEP 有章头、引入、例题、练习、阅读材料、旁白等,两套教材的栏目设置比较相近;FR‐EDB 则在栏目设置上有着自己的特色,其将栏目分为:章头、引入、例题、练习、习题、旁白、供好奇心者学习的探究题等。

根据以上三套教材的栏目设置,为了便于比较,本文将栏目设置划分为四类:非正文、引入、例题、习题。

非正文包括章头、旁白、阅读材料,由于这些内容均属于非正文部分,而且 FR‐EDB 没有阅读材料这部分内容,为了比较的方便和统一性,所以将上述内容均归为非正文部分,如:

【例 1】CN‐SEP 高一第一学期,p. 52,第三章《函数的基本性质》的旁白部分,介绍了张遂:

张遂(Zhang Sui,683—727)又名僧一行,巨鹿(今属河北省)人。在天文研究中发明了"不等间距二次内插"。中国古代没有一般的函数的概念,但在内插法中使用了二次函数。

【例 2】CN‐SEP 高一第一学期,p. 52,第三章《函数的基本性质》的章头,介绍中文"函数"一词的来源:

我国清代数学家李善兰(1811—1882)1859 年在解释为什么把英文数学名词"function"译成函数时写道:"凡此变数中函彼变数,则此为彼之函数"。他的译著传至日本,函数一词为日本沿用。后来日文限制使用汉字的数量,随后用日文发音与"函"相近的"关"字代替"函"字,称为"关数"。

【例3】FR‐EDB Maths 2ᵉ,p. 182,第8章《右手平面坐标系》章头的一个插图,是关于 Poggendorf 错觉的问题(图9‐1):

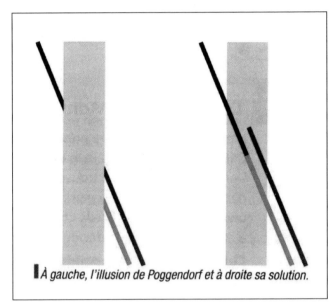

À gauche, l'illusion de Poggendorf et à droite sa solution.

图9‐1　FR‐EDB Maths 2ᵉ第8章章头插图之一

"引入"指正文中除问题以外的其他内容,如引入活动、文字描述等,如:

【例4】CN‐PEP 必修2,p. 54,"直线、平面平行的判定及其性质"一章的引入:

在生活中,我们注意到门扇的两边是平行的。当门扇绕着一边转动时,另一边始终与门框所在的平面没有公共点,此时门扇转动的一边与门框所在的平面给人以平行的印象。

例题是指有解答的题目,如

【例5】CN‐SEP 高一第二学期,p. 22,一道关于火箭速度与质量关系的例题(图9‐2)。

**例 1**　假设在不考虑空气阻力的前提下，火箭的最大速度 $v(\text{km/s})$ 和燃料的质量 $M(\text{kg})$、火箭（除燃料外）的质量 $m(\text{kg})$ 之间的关系是

$$v = 2\ln\left(1 + \frac{M}{m}\right).$$

当燃料质量是火箭质量的多少倍时，火箭的最大速度能达到

(1) 8km/s；（精确到 0.1 倍）

(2) 10km/s.（精确到 0.1 倍）

**解**　(1) 根据题意，得

$$2\ln\left(1 + \frac{M}{m}\right) = 8,$$

$$\ln\left(1 + \frac{M}{m}\right) = 4,$$

$$1 + \frac{M}{m} = e^4.$$

所以

$$\frac{M}{m} = e^4 - 1 \approx 54.6 - 1 = 53.6（倍）.$$

(2) 用同样方法，可得

$$\frac{M}{m} = e^5 - 1 \approx 148.4 - 1 = 147.4（倍）.$$

综上所述，当燃料的质量分别是火箭质量的 53.6 倍和 147.4 倍时，火箭的最大速度能达到 8km/s 和 10km/s.

图 9 - 2　CN - SEP 高一第二学期的一道例题

习题指无解答的各类问题，包括练习、习题、探究题等，如

【例 6】CN - SEP 高一第二学期，p. 25，关于经验公式的一个课题（图 9 - 3）。

课题一　声音传播问题

声音传播的最大距离(米)与声音强度(分贝)的对应实验数据如下表.(在特定条件下)

| 分贝 | 0.5 | 3.2 | 5.3 | 16.8 | 35.8 | 84.2 | 120.0 |
|------|-----|-----|-----|------|------|------|-------|
| 米 | 0.1 | 16.0 | 20.4 | 30.5 | 37.0 | 44.5 | 47.6 |

完成以下作业.

1. 建立声音强度与传播最大距离间的数学模型.

(1)确定模型中函数的类型;

(2)寻找适当的方法,定出函数模型中的待定系数,建立经验公式;

(3)验证计算结果与数据是否相符;

(4)修正你的数学表达式,提出结论.

2. 写一篇数学建模的小论文,说明建模的过程、方法、结论及应用范围.

3. 运用你所学的知识,收集其他实际问题的数据,建立经验公式.

4. 同学间口头交流建模成果和经验.

图9-3　CN-SEP高一第二学期的一道探究题

【例7】FR-EDB Maths 2ᵉ,p. 265:阿基米德立体（图9-4）。

**Communiquer**　**Les solides d'Archimède**

Le solide ci-contre appartient à la famille des solides d'Archimède.
Comment s'appelle-t-il ?

**Qu'est-ce qu'un solide d'Archimède ?**

*Quelques pistes pour répondre*

1/ Effectuer une recherche sur les solides d'Archimède.
2/ Faire un inventaire des solides de ce type en les décrivant (nombre de sommets, de faces et d'arêtes).

*Communiquer les résultats*

Répondre à la question à l'aide d'un exposé ou un rapport écrit.

图 9 - 4　FR - EDB Maths 2ᵉ 中的阿基米德问题

**译文**　交流题　阿基米德立体

如图所示是阿基米德立体的一种。它为什么叫这个名字呢？

**什么是阿基米德立体？**

若干提示
1/ 搜索有关阿基米德立体的资料。
2/ 通过图示找出这类立体的要素（点、棱、面的个数）。

结果的交流
用演示文稿或书面报告结果。

　　表 9 - 11 与图 9 - 5 分别用表格和柱状图的形式给出了中法三套教材中数学文化栏目的分布。

表 9 - 11　数学文化栏目分布表

|  | CN - PEP | CN - SEP | FR - EDB |
|---|---|---|---|
| 非正文 | 83(16%) | 71(25%) | 46(16%) |
| 引入 | 109(20%) | 68(24%) | 25(9%) |
| 例题 | 68(13%) | 65(23%) | 33(12%) |
| 习题 | 275(51%) | 82(29%) | 176(63%) |
| 总数 | 535 | 286 | 280 |

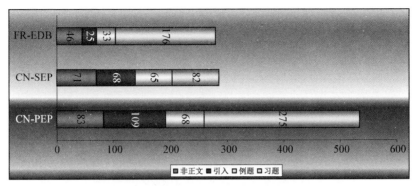

图 9-5　数学文化内容栏目分布图

　　从图 9-5 和表 9-11 可以明显看出,在 CN-PEP 和 FR-EDB 两套教材中,数学文化内容主要集中在习题部分,超过了总数的 50%,这主要有两个原因:第一,在这两套教材中,习题本身就是占版面最多的栏目,习题的数量非常多;第二,习题部分更容易与数学文化相结合,成为数学问题的背景,或者本身就是用数学知识解决实际问题的数学文化内容。因此,数学文化内容主要集中在习题部分是显而易见的。但也可以看出,CN-SEP 在处理数学文化内容的栏目分布上,更加均衡,数学文化在四个栏目中所占比例均为 25% 左右。FR-EDB 引入栏目中的数学文化内容最少,占 9%,而习题栏目中的数学文化占了 63%,内容分布不均衡。从数学文化内容在各栏目的分布均衡性考虑的话,CN-SEP 处理得最好,内容分布最为均衡。

### 9.4.2　三套教材中的数学文化内容分布

　　正如上文所提及的,本研究中的数学文化界定为广义的数学文化,具体分为四类:数学史、数学与现实生活、数学与科学技术、数学与人文艺术,而不涉及数学思想和数学方法等内容。其中数学史指数学家肖像、数学家生平介绍、数学概念的发展历史和背景、数学名题等;数学与现实生活指个人生活、学校生活、公共生活、经济生产、常识等内容;数学与科学技术指除数学外其他学科与技术,科学必须要有本学科的公式、定理、特有知识等;数学与人文艺术指文学、历史、语言学、艺术作品(包括绘画、雕塑、音乐、建筑等),普通图画与建筑不属于人文艺术,而是属于现实生活。根据以上分类,统计结果见图 9-6。

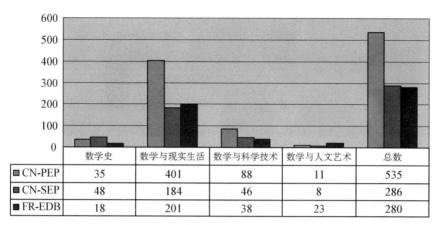

| | 数学史 | 数学与现实生活 | 数学与科学技术 | 数学与人文艺术 | 总数 |
|---|---|---|---|---|---|
| CN-PEP | 35 | 401 | 88 | 11 | 535 |
| CN-SEP | 48 | 184 | 46 | 8 | 286 |
| FR-EDB | 18 | 201 | 38 | 23 | 280 |

图 9-6　数学文化内容分布统计图

从数学文化内容的总量上来说，CN-PEP 的数学文化总数为 535 项，远远超过 CN-SEP 和 FR-EDB，几乎是它们的两倍，因此 CN-PEP 蕴含着丰富的数学文化内容。但是从图表中也可以清晰地看出，CN-PEP 比另外两套教材多出的数学文化内容主要集中在数学与现实生活这部分。此外，在数学与科学技术方面，CN-PEP 也是最多的，与其他学科的联系程度也更加紧密，但是数学史方面则不如 CN-SEP 多，数学与人文艺术方面也没有 FR-EDB 多，CN-SEP 与 FR-EDB 在数学文化内容的总量及分布上比较类似。总体来说，三套教材的共同点是：数学与现实生活的内容都是最多的，均占了各自数学文化内容的一半以上，而其他三类的数量相比较而言，显得单薄和不足，这说明数学文化在内容分布上非常不均衡。

数学与现实生活主要反映数学的应用价值，数学史、数学和人文艺术更多的是反映数学的人文价值，数学与科学技术更多反映的是数学的科学价值。从这个角度来说，各教材更加注重的是数学的应用价值，而对数学的人文价值和科学价值的关注有所欠缺。以下我们从四个方面分别探讨三套教材在数学文化的内容分布上的异同点。

### 9.4.2.1　数学史的分类

数学文化的数学史部分可以分为显性的和隐性的两部分，显性的数学史指数学家肖像、数学家的简介、数学知识与概念的历史发展介绍、历史名题、数学史事件等内容，而隐性的数学史指基于数学史上的问题和概念进行改编，或重构历史发展顺序,以适应现代课堂环境的数学史内容。统计结果见图9-7。

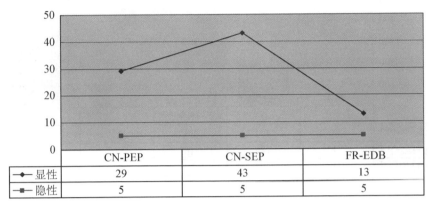

| | CN-PEP | CN-SEP | FR-EDB |
|---|---|---|---|
| 显性 | 29 | 43 | 13 |
| 隐性 | 5 | 5 | 5 |

图9-7 数学史分布统计图

从图9-7可以看出,CN-SEP所含的数学史内容最多,CN-PEP次之,FR-EDB最少,但是这三套教材中隐性数学史的数量都是5项,都较少。中国的教材,更多的是在阅读材料中介绍数学家的生平、数学概念发展的历史与背景,或者是在旁白中介绍数学家的生平,并插入数学家的肖像。法国教材更多的是在章头给出本章所学知识的历史背景和相关数学家的介绍等。为了便于对教材中数学史内容有直观的认识,给出FR-EDB的两个例子。显性的如数学家肖像,见图9-8,是在法国教材Maths 2$^e$ 中第9章"平面结构"的章头中出现的数学史内容,给出了平面解析几何的创始人笛卡儿及其著作《方法论》的图片。

René Descartes (1596-1650), mathématicien, physicien et philosophe français.

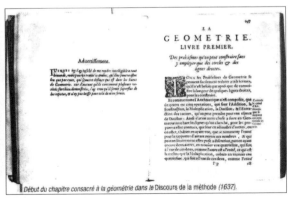

Début du chapitre consacré à la géométrie dans le Discours de la méthode (1637).

图9-8 FR-EDB Maths 2$^e$ 的笛卡儿肖像及其《方法论》

隐性的数学史,如 Maths 2$^e$ 第 8 章"右手平面坐标系"中的一道探究题,是阿基米德羊皮书中的十四巧板(stomachache puzzle),问题是:将正方形切割成 14 块之后(见图 9-9),再重新拼凑成为正方形的组合方法有多少种? 在这张羊皮书上,阿基米德所给的答案是 17 152 种! 这个答案经过计算机科学家比尔·卡特勒验证无误,卡特勒也指出:将旋转或者轴对称视为同一种的话,仍然有 536 种不同的拼法。题目是让学生自己给出可能的拼法。

**Communiquer**

**Le Stomachion d'Archimède**

C'est un puzzle de 14 pièces qu'il s'agit de reconstituer en carré. En 2003, Bill Cutler a démontré informatiquement qu'il y a 536 solutions si on excepte les symétries et les rotations.

**Vous souhaitez expliquer au téléphone à un ami comment fabriquer un stomachion. Que lui direz-vous ?**

*Quelques pistes pour répondre*

1/ Reproduire d'abord la figure afin de comprendre comment elle est faite.
2/ Attention : certains segments sont tracés non pas à partir de leurs extrémités, mais à partir d'une droite passant par deux points de la figure (par exemple le segment séparant la zone rose et la zone vert foncé).

*Communiquer les résultats*

Répondre à la question en faisant un exposé oral à vos camarades. À eux de reproduire correctement la figure !

图 9-9　FR-EDB Maths 2$^e$ 介绍的阿基米德羊皮书中的十四巧板

**译文**　交流题　阿基米德的十四巧板

这是十四片图形拼成正方形的难题。2003 年比尔·卡特勒用计算机证明了如果把轴对称和旋转而成的当成同一种的话,一共有 536 种拼法。

如果你要给朋友解释十四巧板,你该怎么说?

**若干提示**
1/ 先拼出一个图形,再看看是怎么回事。
2/ 注意:有些线段不是从端点出发,而是从两个端点连线中的某点出发(例如图中分割粉色和深绿的线段)。

**结果的交流**
给同学做口头展示,使他们正确地拼出图形。

FR－EDB 中的数学史内容包括函数的历史、欧拉肖像、欧拉无穷级数问题、古埃及纸草书上的一次问题、概率产生的历史、梅迪西斯（Médicis）肖像、伽利略肖像、帕斯卡肖像、海伦公式、阿基米德拼图、笛卡儿及其著作《方法论》、毕达哥拉斯定理、阿基米德圆柱容球、柏拉图立体、高斯求和法等等。

CN－SEP 中的数学史内容包括数学家的介绍或数学家的肖像，如康托尔、吴文俊、笛卡儿、欧拉、李善兰、张遂、高斯、阿基米德、莱布尼茨、关孝和、华罗庚、陈省身、卡尔丹、苏步青、祖暅、陆家羲、帕斯卡、许宝騄等等，也有一些数学问题如德摩根与集合问题、萨莫斯岛上的穿山隧道、柯克曼女生问题、旅行商问题、象棋问题、费尔马猜想等，还有一些古代数学方法或概念的历史如斐波那契数列、古代求圆周率方法、古代代数教材、九章算术、中算、辗转相除法、解析几何的历史、祖暅原理、欧拉公式、堑堵、阳马、鳖臑、杨辉三角、排列组合的历史、投硬币实验、赵爽弦图、函数名词的来源、高斯求和法等。这套教材最多的就是数学家的简介，并且大多是在旁白中，而其他数学史内容较少。

CN－PEP 中的数学史内容包括：函数概念的发展和历史背景、对数的发展历史、中外求解方程的方法、画法几何与蒙日、圆柱容球、祖暅原理、笛卡儿、费马、坐标法与机器证明、中算、海伦公式、欧几里得算法、辗转相除法、更相减损法、秦九韶算法、割圆术、雅各布、蒙特卡罗方法、三角学与天文学的历史、向量的由来、海伦、秦九韶、萨莫斯岛上的穿山隧道、高斯求和法、斐波那契数列、棋盘问题、古埃及纸草书等。这套教材中最多的数学史内容是数学概念的历史背景或一些古代数学方法的介绍，一般这些内容放在阅读材料栏目中。

三套教材中，数学史的具体内容还是有一些差异，CN－SEP 更加关注数学家的生平介绍，CN－PEP 更加关注数学概念的历史背景及古代数学方法，而FR－EDB 没有像中国教材那样在数学史内容上有所偏重，比较均衡。

### 9.4.2.2 数学与现实生活的分类

本文根据学生与现实生活的接近程度，将数学与现实生活分为两类：个人的、公共的。其中个人的是指学生的个人生活、家庭生活、学校生活等所有学生都可以接触到的数学文化内容；公共的是指公共生活、经济生产、金融、工作与运动等非全部学生能轻易接触到的数学文化内容。统计结果见表 9－12 和图 9－10。

表 9 - 12　数学与现实生活分布表

|  | CN - PEP | CN - SEP | FR - EDB |
|---|---|---|---|
| 个人的 | 137 | 66 | 93 |
| 公共的 | 264 | 118 | 108 |
| 总数 | 401 | 184 | 201 |

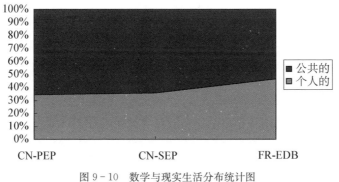

图 9 - 10　数学与现实生活分布统计图

在三套教材中，数学与现实生活都是数量最多的数学文化内容。由表 9 - 12 可以看出，中国的两套教材中，公共生活数量是个人生活数量的两倍左右，说明中国教材中，与学生紧密相关的数学文化内容只占少数，而较多的是一些公共生活的内容，特别是一些经济生产类的内容较多。而 FR - EDB 中个人生活和公共生活的数量相近，说明法国教材中的现实生活内容更加贴近学生个人的日常生活实际，学生更易理解这些内容。

### 9.4.2.3　数学与科学技术的分类

本文根据科学技术研究的对象类型进行分类，将其分为四类：生物科学、地球科学、物质科学、高新技术。统计结果见图 9 - 11。

在数学与科学技术方面，三套教材的总量都不是很多，而且从图 9 - 11 中可以看出，物质科学所占比例最高，说明在三套教材中，都是更加注重数学与物质科学的联系，特别是与物理的联系，这当然是与数学学科本身的特点有关，因为一些数学知识和概念首先来自于物理学。而在当今社会，数学早已不是 18 世纪时期那样只与物理相关，如今，数学已经渗透到各个学科中，特别是生物科

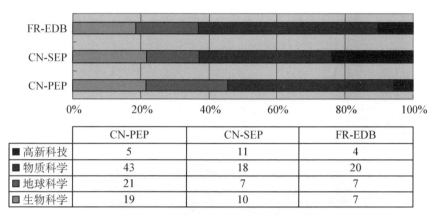

| | CN-PEP | CN-SEP | FR-EDB |
|---|---|---|---|
| ■ 高新科技 | 5 | 11 | 4 |
| ■ 物质科学 | 43 | 18 | 20 |
| ■ 地球科学 | 21 | 7 | 7 |
| □ 生物科学 | 19 | 10 | 7 |

图 9 - 11　数学与科学技术分布统计图

学和地球科学,此外数学知识也用于一些高新技术的开发中。但是从三套教材来看,数学与生物科学、地球科学及高新技术的联系还不够紧密,与前沿科学存在着脱节的现象。

### 9.4.2.4　数学与人文艺术的分类

数学与人文艺术根据艺术形式的不同,分为人文、美术、音乐和建筑四类。统计结果见图 9 - 12。

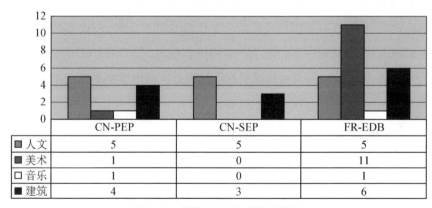

| | CN-PEP | CN-SEP | FR-EDB |
|---|---|---|---|
| ■ 人文 | 5 | 5 | 5 |
| ■ 美术 | 1 | 0 | 11 |
| □ 音乐 | 1 | 0 | 1 |
| ■ 建筑 | 4 | 3 | 6 |

图 9 - 12　数学与人文艺术分布统计图

FR - EDB 所含的数学与人文艺术内容最多,这与法国注重传统和人文艺术的培养相一致。FR - EDB 最大的特色是在每一章的章头介绍与本章学习内容相关的数学文化内容,如数学史、数学的应用,出现较多的还有著名画作,让学生在学习数学之余，了解数学知识在人文艺术中的作用，同时也培养学生对名画的鉴赏能力。三套教材在人文的数量上一样多，而且主要是语言学中的字母出现率。CN‐SEP 在美术和音乐方面有缺失，没有这方面的数学文化内容。三套教材都缺乏音乐方面的内容，说明教材对数学与音乐这方面关注度不足，在数学与建筑方面，三套教材虽有所触及，但内容也不多。总之，数学与人文艺术这部分内容是各教材中所欠缺的，虽然说 FR‐EDB 中的数学文化比其他两套教材多，但总量相对其他数学文化内容而言，还是偏少。

### 9.4.3 三套教材中的数学文化运用方式

除了比较各教材中数学文化的内容分布外，还需要对数学文化内容的运用方式做一比较，由于数学史内容与其他数学文化内容形式上有所区别，本文分别比较数学史和其他数学文化内容的运用方式。

#### 9.4.3.1 数学史的运用方式

根据数学知识与数学史内容的关联程度，将数学史的运用方式分为四类，按照运用方式的层次，从低往高依次排列为：点缀式、附加式、复制式、顺应式。其中点缀式和附加式是在非正文部分出现的数学史内容，而复制式和顺应式是在正文出现的数学史内容。点缀式主要指孤立的图片，如数学家画像、数学图案、反映数学主题的绘画或摄影作品等，例如图 9‐13 是欧拉的肖像；附加式是指文字阅读材料，包括数学家生平、数学概念、符号、思想的起源、历史上的数学问题、思想方法等，例如图 9‐14 是人教版中关于画法几何及蒙日的文字介绍；复制式是正文各栏目中直接采用历史上的数学问题、问题解法、定理证法等，如 FR‐EDB 中的海伦公式，是未做修改直接运用的数学史内容，见图 9‐15；顺应式是正文各栏目中对历史上数学问题进行改编，使之具有适合于今日课堂教学的情境，如 FR‐EDB 中古埃及纸草书中的一次函数的

Portrait de Leonhard Euler (1707-1783) mathématicien et physicien suisse.

图 9‐13 FR‐EDB Maths 2$^e$中的欧拉肖像

问题,要求学生自己查阅相关资料,解答此问题,见图 9 - 16。

**画法几何与蒙日**

画法几何就是在平面上绘制空间图形,并在平面图上表达出空间原物体各部分的大小、位置以及相互关系的一门学科. 它在绘画、建筑等方面有着广泛的应用.

画法几何起源于欧洲文艺复兴时期的绘画和建筑技术. 意大利艺术家达·芬奇 (Leonardo da Vinci, 1452—1519) 在他的绘画作品中已经广泛地运用了透视理论,主要是中心投影. 法国数学家笛沙格 (Desarque, 1593—1662) 在他的"透视法"中给出了空间几何体透视像的画法,以及如何从平面图中正确地计算出几何体的尺寸大小的方法,主要是运用正投影. 以后又经过法国数学家蒙日 (Monge, 1745—1818) 的深入研究,并在 1799 年出版了《画法几何学》一书. 在该书中,蒙日第一次详细阐述了怎样把空间 (三维) 物体投影到两个互相垂直的平面上,并根据投影原理 (这种原理后来发展成射影几何学) 推断出该空间物体的几何性质. 蒙日的《画法几何学》一书不论是在概念上,还是在方法上都有深远的影响. 这种方法对于建筑学、军事学、机械制图等方面都有极大的实用价值,从此画法几何就成为一门独立的几何分支学科. 蒙日成为画法几何的创始人.

蒙日生长在法国大革命时代,曾任海军部长,并创立了巴黎多科工艺学校. 他出生在迪隆附近的一个小商人家庭,16 岁就在里昂学院任讲师,他熟练地比比例尺绘出他家乡的地图,因而被梅育爱尔军事学院聘为绘图员. 1768 年,蒙日在梅育爱尔担任数学教授,那时他只有 23 岁. 1780 年,他被选为巴黎科学院院士,迁居巴黎后曾在海军学校教书. 为了从数据中算出要塞中炮兵阵地的位置,蒙日用几何方法避开了麻烦的计算,他用二维平面上的适当投影来表达三维物体的聪明方法,在实际中有着广泛的应用,并导致画法几何的产生. 法国大革命前后,由于军事建筑上的迫切需要,蒙日的画法几何方法被列为军事秘密,所以很久未能公诸于世,直到当时的军事约束解除后,蒙日才公布了他的研究成果,这已是他建立画法几何之后 30 年的事了.

图 9 - 14 CN - PEP 数学 2 关于画法几何与蒙日的介绍

### 44 Formule de Héron

*Info : Héron d'Alexandrie est un mathématicien grec qui vécut au $1^{er}$ siècle après J.C.*

Héron démontre que l'aire d'un triangle vaut $\sqrt{s(s-a)(s-b)(s-c)}$ où $s$ est le demi-périmètre du triangle et $a$, $b$, $c$ sont les longueurs des trois côtés. Soit un repère orthonormé (O, I, J). On donne dans ce repère les points A(2 ; −3), B(−4 ; 5) et C(0 ; 3).

a/ Déterminer les longueurs $a$, $b$, $c$ des trois côtés [BC], [AC] et [AB] du triangle ABC, puis son demi-périmètre.

b/ À l'aide de la formule de Héron, déterminer l'aire du triangle ABC dont vous donnerez une valeur à $10^{-2}$ près.

图 9 - 15 FR - EDB Maths $2^e$ 中关于海伦公式的习题

**译文**　44 海伦公式

资料：亚历山大的海伦是生活在公元 1 世纪的希腊数学家。

海伦证明了三边长是 $a、b、c$ 的三角形的面积是 $\sqrt{s(s-a)(s-b)(s-c)}$，其中 $s$ 是半周长。在直角正规坐标系 $(O, I, J)$ 中给定三点 A$(2; -3)$，B$(-4; 5)$ 和 C$(0; 3)$。

a/ 求三角形 ABC 的三边 [BC]、[AC] 与 [AB] 的长 $a、b$ 和 $c$，再求半周长。

b/ 借助海伦公式，求三角形 ABC 的面积，精确到 $10^{-2}$。

**Communiquer**　**Fils de la Lune**

Les problèmes du premier degré apparaissent dès 1650 avant J.-C. sur le Papyrus de Rhind (du nom de l'Écossais Henry Rhind qui l'acheta en 1858 à Louqsor) écrit par le scribe égyptien « fils de la lune ».

**Quel type de méthode de résolution est employé ?**

**Quelques pistes pour répondre**

1/ Une des méthodes fait partie des méthodes dites de fausse position.

2/ Le papyrus présente des exemples de problème du premier degré qui peuvent aider à comprendre la méthode.

3/ Expliciter cette méthode sous la forme d'un algorithme.

**Communiquer les résultats**

Répondre à la question à l'aide d'un exposé ou un rapport écrit.

**Suggestions :** – commencer l'exposé par une présentation du papyrus ;
– mettre en parallèle la méthode de l'époque et la méthode moderne.

图 9 - 16　FR - EDB Maths $2^e$ 中关于古埃及纸草书的问题

**译文** 交流题 月亮之子

一次方程的问题出现在公元前 1650 年的莱因德纸草书（此命名是由于苏格兰人亨利·莱因德于 1858 年购得此书）上，此书作者是古埃及的书记官"月亮之子"。

**纸草书中用什么方法解决问题？**

**一些提示**
1/ 方法之一是所谓假位法；
2/ 纸草书中所载录的一次方程的例子有助于理解其所用的方法；
3/ 把它的方法解释成算法的形式。

**结果的交流**
用演示或书面陈述形式报告问题的结果。
建议： — 从纸草书的展示开始你的演示或报告；
— 把当时的方法和现代的方法平行展示。

三套教材中数学史运用方式的统计结果见图 9 - 17。

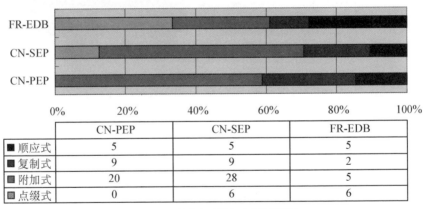

| | CN-PEP | CN-SEP | FR-EDB |
|---|---|---|---|
| ■ 顺应式 | 5 | 5 | 5 |
| ■ 复制式 | 9 | 9 | 2 |
| ■ 附加式 | 20 | 28 | 5 |
| ■ 点缀式 | 0 | 6 | 6 |

图 9 - 17 数学史运用方式的统计图表

从图 9 - 17 可以看出，CN - PEP 中不含点缀式，最多的是附加式，特别是阅读材料中的数学史内容，全为附加式，直接介绍相关内容的数学史背景，而复制式和顺应式都比较少。CN - SEP 与 CN - PEP 相类似，最多的运用方式也是附加式，不同的是 CN - SEP 有一些点缀式材料，如数学家的肖像，正如前文所述，CN - SEP 经常是在旁白中介绍相关数学家的背景资料。FR - EDB 中，复制式是最少出现的运用方式，其他运用方式的出现频率相类似。前三个层次的运用方式都属于直接运用，顺应式则是间接运用方式。三套教材中，大多数运用方式还是停留在直接运用上，间接融入数学史的运用方式不足。

### 9.4.3.2　其他数学文化内容的运用方式

本研究根据数学文化内容与数学知识之间的关联度，将数学文化（包括数学与现实生活、数学与科学技术、数学与人文艺术）的运用方式进行划分，可分为外在型和内在型两大类，其中内在型又可细分为可分离型和不可分离型。外在型是指仅仅介绍数学文化本身，不涉及数学知识，不需要运用数学知识解决问题，如图 9 - 18，是一张关于沙漠中商队的图片，出现在 FR - EDB Maths $2^e$ 第 2 章"函数：定性研究"的章头；可分离型是指数学文化用以掩饰数学问题，仅仅运用数学知识解决数学问题，文化与数学可以分离，如图 9 - 19，是关于收益最大化的问题，出现在 FR - EDB Maths $2^e$ 第 2 章的练习中，如果去掉数学文化背景，也不会影响此数学问题，文化与数学可以分离；不可分离型是指数学文化内容成为数学问题的一个有机组成部分，运用数学知识解决具体的文化问题，两者不可分离，图 9 - 20 是关于维生素 C 的分子式问题，出现在 FR - EDB Maths $2^e$ 第 1 章"函数概念"中。统计结果见图 9 - 21。

*Caravane traversant le désert.*

图 9 - 18　FR - EDB Maths $2^e$ 中沙漠商队的插图

**51 Bénéfice maximal**

Une entreprise produit et commercialise *x* tonnes d'engrais chimiques pour l'agriculture (ne pouvant pas dépasser 13 tonnes).

**1.** Le coût mensuel de production, exprimé en millier d'euros, est donné par $p(x) = 0,5x^3 - 7,5x^2 + 38x$.

**a/** On admet que la fonction *p* est croissante sur [0 ; 13] : en donner la signification concrète pour le coût mensuel de production, et dresser le tableau de variations de *p*.

**b/** Dans un repère orthogonal, construire la courbe 𝒞 représentant la fonction *p* (on prendra 1 cm pour l'unité sur l'axe des abscisses, et 1 cm pour 25 unités sur l'axe des ordonnées).

**2.** L'entreprise vend 20 milliers d'euros chaque tonne d'engrais produite.

On note *r(x)* la recette mensuelle, en millier d'euros, de *x* tonnes d'engrais vendues.

Exprimer *r(x)* en fonction de *x*, puis représenter la fonction *r* dans le même repère.

**3. a/** Résoudre graphiquement l'équation *r(x) = p(x)*.

**b/** Résoudre graphiquement l'inéquation *r(x) > p(x)*.

**c/** Interpréter les deux résultats précédents pour l'entreprise.

**4.** On note *b(x)* le bénéfice mensuel, en millier d'euros, réalisé par la production et la vente de *x* tonnes d'engrais.

**a/** Vérifier que, pour tout réel $x \in$ [0 ; 13], $b(x) = -0,5x^3 + 7,5x^2 - 18x$.

**b/** À l'aide d'un traceur de courbe, déterminer graphiquement le signe de la fonction *b* sur [0 ; 13], et dresser le tableau de signes de *b*. Quels résultats des questions précédentes retrouve-t-on ?

**c/** Toujours à partir du graphique, estimer la quantité (à un quintal près) que doit produire l'entreprise pour que ce le bénéfice soit maximal ; préciser ce bénéfice maximal.

图 9 – 19　FR – EDB Maths 2ᵉ 中关于"收益最大化"的习题

**译文**　　51 收益最大化

某公司每月生产并销售农用化肥 *x* 吨（不超过 13 吨）。

1. 每月的生产成本（以千欧元为单位）是 $p(x) = 0.5x^3 - 7.5x^2 + 38x$。

　　**a/** 假定函数 *p* 在 [0;13] 上增加，具体描述月生产成本，并把 *p* 值列表。

　　**b/** 在直角坐标系中画出表示函数 *p* 的曲线 𝒞（画图时横坐标轴上 1 cm 表示一个单位，纵坐标上 1 cm 表示 25 个单位）。

2. 公司按每吨 20 千欧元价格销售所生产的化肥。令 *r(x)* 为月度销售 *x* 吨化肥得到的销售收入，以千欧元为单位。把 *r(x)* 表为 *x* 的函数，并在同一坐标系中表示出函数 *r*。

3. **a/** 从图像求解方程 *r(x) = p(x)*。

　　**b/** 从图像求解不等式 *r(x) > p(x)*。

　　**c/** 针对公司情况对前面两个结果做出解释。

4. 令 *b(x)* 为月度生产和销售 *x* 吨化肥所得到的收益，以千欧元为单位。

　　**a/** 验证：对任何 $x \in$ [0;13]，$b(x) = -0.5x^3 + 7.5x^2 - 18x$。

　　**b/** 用图形计算器，确定在 [0;13] 各点上函数 *b* 的符号，并画出 *b* 的符号表。这些结果的含义是什么？

　　**c/** 再从图像上估算出公司一个月该生产多少产品（精确到百公斤）才使收益最大。算出其最大收益。

**39** On sait que la masse moléculaire de la vitamine C de formule $C_6H_8O_6$ est M = 176 g·mol$^{-1}$.
On souhaite connaître la quantité *n* (en mol) de vitamine C contenue dans un échantillon de masse *m* donnée (en g), sachant que l'on a la relation *m* = *n*M.
**a/** Quelle est l'expression de la fonction associée à cette situation (on précisera la variable utilisée ici) ?
**b/** Si l'on dresse un tableau de résultats de cette situation donnant *n* en fonction de *m*, que met-on dans la 1$^{re}$ ligne (ou colonne) du tableau ? Et dans la 2$^e$ ?

图 9 - 20　FR - EDB Maths 2$^e$ 中关于维生素 C 的习题

**译文**　**39** 已知分子式为 $C_6H_8O_6$ 的维生素 C 的分子量是 M = 176 g·mol$^{-1}$。

想知道一个质量为 *m* (单位为 g) 的样本中所含维生素的量 *n*（以 mol 为单位），已知有关系式 *m* = *n*M。

a/ 这一情景下函数表达式应该是什么（要指明变量）？

b/ 如果我们要画 *n* 作为 *m* 函数的表格，表的第一行（或列）是什么？第二行（或列）呢？

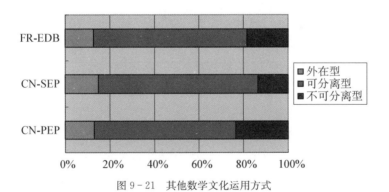

图 9 - 21　其他数学文化运用方式

　　三套教材中，其他数学文化的运用方式较类似，可分离型占了 60％以上，说明大多数数学文化是与数学知识可分离的，数学文化只是数学知识或数学问题的一层外衣，去掉后并没有任何影响。CN - PEP 中，不可分离型占比较其他两套教材略多，说明这套教材中数学文化与数学知识的关联度更高一些。CN - SEP 中，外在型运用方式占比略高于其他两版教材，而不可分离型占比略低于其他两版教材，说明 CN - SEP 数学文化的运用方式整体低于另两版教材。

### 9.4.4 多元文化比较

随着世界全球化步伐的加速,现代公民越来越需要拥有国际视野,需要对其他各国的文化有更广泛的了解。此外,越来越多的国际学生在中国求学,许多中学都已开设国际部,因此教材中的多元文化比以往显得更加重要。本节考察三套教材中的多元文化特性,主要以教材中有国家属性的数学文化作为研究对象,特别是数学史、数学与人文艺术的多元文化特点。将三套教材中含有国家属性的数学文化分为三类:本国数学文化、外国数学文化、多国数学文化(既有本国的,也有外国的)。统计结果见图9-22。

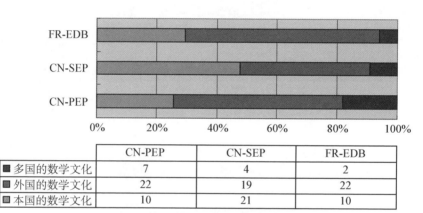

| | CN-PEP | CN-SEP | FR-EDB |
|---|---|---|---|
| ■ 多国的数学文化 | 7 | 4 | 2 |
| ■ 外国的数学文化 | 22 | 19 | 22 |
| ■ 本国的数学文化 | 10 | 21 | 10 |

图9-22 数学文化的国家属性统计图

从图9-22可知,CN-SEP中本国数学文化最多,中国的数学文化占了总数的48%,其次是FR-EDB中,法国的数学文化占了总数的29%,CN-PEP中的本国数学文化最少,只占总数的26%。所以CN-SEP的数学文化中,中国的元素很多,特别是介绍中国数学家和古代中算的内容,占了有国家属性的数学文化的一半左右,一方面说明CN-SEP很注重学生对中国数学和中国数学家的了解,以培养爱国主义精神,但另一方面也说明它的多元文化特征相对于另两套教材不够明显。FR-EDB和CN-PEP中,并没有将笔墨重点放在本国的数学文化中,主要介绍世界各国的数学文化,其多元文化特征较为明显。

FR-EDB涉及法国、巴比伦、古埃及、古希腊、德国、俄罗斯、比利时、荷兰、芬兰、瑞士、西班牙、意大利、美国、巴西等国家的数学文化。CN-PEP涉及古埃及、古希腊、巴比伦、阿拉伯、中国、法国、德国、美国、瑞士、意大利、英国等国家的数学文化。CN‐SEP 涉及古希腊、古印度、中国、德国、法国、瑞士、意大利、美国、波兰等国家的数学文化。由于近代数学的贡献主要来自于西方,而且大多数现代艺术作品也来自于西方,所以大多数数学文化集中于西方发达国家,发展中国家的数学文化非常少。三套教材都介绍了古代文明中的数学文化及近代西方的数学文化内容,而且三套教材中数学文化的国家属性分布较广,虽然 CN‐SEP 中本国数学文化占比很大,但是从数学文化的国家属性分布来说,三套教材的多元文化特征都较为显著。

## 9.5  结论与启示

### 9.5.1  研究结论

如何更好地将数学文化融入到数学教材中仍然是一个艰巨的任务。本文从数学文化栏目分布、内容分布、运用方式这几个维度比较了中法两套教材,了解了两套教材在数学文化的呈现形式、内容分布、运用层次方面的异同,从而为我国教材编写提供参照和资源。

(1)在数学文化总量上,CN‐PEP 最多,达到 500 多处,是 CN‐SEP 和 FR‐EDB 的两倍左右,说明人教版的数学文化内容相对另两套教材更加充实。三套教材中数学文化的分布较类似,最多的都是数学与现实生活中的数学文化,而数学史、数学与科学技术、数学与人文艺术等数学文化内容都较少。中法两国数学教材对现实生活中数学文化的关注度已经很高,教材非常重视数学的应用价值,但对数学的科学价值、人文价值关注还不够。

(2)数学文化在栏目分布方面,三套教材主要集中在习题部分,如 CN‐PEP 和 FR‐EDB,习题中的数学文化数量都占了总数的 50% 以上,而其他栏目中的数学文化占总数的比例较低,CN‐SEP 数学文化内容在各个栏目中的数量比较均衡。

(3)在数学史方面,三套教材都有一个显著的特点,就是大多将数学史内容设置在非正文部分,如 CN‐PEP 一般将数学史内容设置在阅读材料中,CN‐

SEP 将数学史内容设置在旁白中,FR－EDB 教材多将数学史设置在章头。三套教材中的数学史内容大多数是数学家的简介、数学概念的介绍、数学家肖像等,运用层次也大多停留在点缀式或附加式等直接运用的方式。此外,CN－PEP 更多的是对数学概念的历史背景或一些古代数学方法的介绍,CN－SEP 主要是数学家的简介,而 FR－EDB 中的数学史内容较多样。

(4) 数学与现实生活方面,三套教材都最关注社会生活,最不关注的是职业生活,对学校生活的关注也不够。此外,FR－EDB 较关注娱乐生活,对经济生活的关注相对较少,CN－PEP 较关注经济生活,CN－SEP 对经济生活和娱乐生活关注都不多。按照学生的经验距离和接受程度来说,日常生活和学校生活是学生最易接触的,社会生活、经济生活、职业生活是较少接触的,而娱乐生活可能是学生最感兴趣的。三套教材的个人生活内容都少于公共的生活内容,FR－EDB 处理得稍微均衡些。

(5) 数学与科学技术方面,三套教材中主要集中在物理学,但是当今社会,数学已渗透到社会的方方面面,并且通过在社会各领域的应用与传播,促进人类社会的发展,改进和完善人们的思维方式和行为观念。数学不仅普遍运用于物理、化学,而且社会学、地理学、生物学中也越来越多的使用数学,如生物统计学等。

(6) 数学与人文艺术方面,我国教材在这方面明显欠缺,而 FR－EDB 中几乎每个章节都有人文艺术的数学文化内容。一般在每个章节的章头都有数学史或人文艺术的内容,很注重培养学生对艺术的鉴赏能力,如经常插入世界各地著名的绘画和建筑作品。

(7) 从整体上看,中法两国数学教材中相应的数学文化内容绝大部分处于可分离型,即脱离相应的文化问题情境,该数学问题仍是一道完整的问题,仅需要数学知识就能解决。

### 9.5.2　启示

基于以上研究结论,本文给出如下建议。

(1) 在编写教材时,应该增加数学史、数学与科学技术、数学与人文艺术等数学文化,对于我国教材来说,人文艺术亟需增加到教材中,在这一方面应该学习法国教材，在数学教材中介绍世界各地与数学有关的绘画、建筑等艺术作品，还有文学和音乐中的数学文化也应增加到教材中来，以此引起更多学生对数学的兴趣，让偏爱文科的学生认识到数学的作用，偏爱理科的学生能受到艺术与数学美的熏陶。

（2）在编写教材时，应该学习上教版的处理方式，各栏目的数学文化总量尽可能均衡。此外，教材编写者还可以借鉴法国教材的处理办法，法国教材在数学文化出现时会清晰地标注出来，如数学与物理、数学与音乐、数学与生活等等，这样师生可以一目了然。

（3）在为教材编写有关数学史内容时，除了介绍数学家的生平外，照搬数学史上的学术史料，未作任何加工，这种原汁原味的数学史料显然难以引发学生的兴趣，教师在教学中也不易把握，容易出现"课后阅读"或者"跳过不读"的现象。教材中融入数学史，是深厚的数学文化底蕴的直接反映。因此，数学史料不应仅仅局限于以阅读材料呈现的附加式，而应采用更高水平的运用方式，将其融入数学教材中，使之成为适应现代课题的数学文化，而不是硬生生地直接加到教材中。

（4）国内教材对社会生活、经济生活、日常生活的关注度已经很高，在编写教材时，应该加强对校园生活和娱乐生活的关注力度，此外应该尽可能增加一些学生易接触到或对他们今后生活有用的数学文化例子，如一些社会常识，适当减少一些既枯燥又远离学生生活的数学文化例子，如零部件生产等。

（5）在编写教材时，应该加强数学与其他学科的联系，特别是一些与数学相关的生物统计学、计算机等新兴学科应该要加入数学教材中，让学生感受到数学的科学价值，时代在进步，而我们的教材也应该与时俱进。

（6）教材需要提供更高运用方式的文化内容，使之成为数学问题的一个有机组成部分，反映数学的应用价值。应力求使学生体验数学与其他学科的联系、数学的人文价值，通过对具体的文化背景进行推理、判断，促进学生逐步形成数学意识，提高实践能力，解决实际问题。如法国教材中每一章最后都会有一组拓展题，其中有不少需要学生参与解决的数学文化问题，这是编写教材时可以借鉴的方法。

教材中的数学文化直接影响到学生对数学价值的认识，虽然国内教材已经越来越重视现实生活中的数学文化,但仍需编者注入更新更丰富的数学文化内容,使之与新课标中的要求相匹配,让学生感受到数学文化的应用价值、科学价值、人文价值、美学价值等。此外,数学文化不应该只充当数学知识与问题的情境,也需要有更多可以让学生自己去解决和探索的数学文化问题。

## 参考文献

鲍建生(2002). 中英两国初中数学期望课程综合难度的比较研究[D]. 上海:华东师范大学.

方延明(2001). 关于数学文化的学术思考[J]. 自然杂志,23(1):51 - 58.

顾沛(2008). 数学文化[M]. 北京:高等教育出版社.

黄秦安(1999). 数学哲学与数学文化[M]. 西安:陕西师范大学出版社.

贾金平(2008). 新课标初中数学教材中数学文化内容的对比研究[D]. 重庆:重庆师范大学.

课程教材研究所(2003). 数学文化[M]. 北京:人民教育出版社.

刘洁民(2010). 数学文化:是什么和为什么[J]. 数学通报,49(11):11 - 18.

王青建,陈洪鹏(2009).《数学课程标准》中的数学史及数学文化[J]. 大连教育学院学报,25(4):40 - 42.

汪晓勤(2011a). 主要国家高中数学教材中的数学文化[J]. 中学数学月刊,(5):4.

汪晓勤(2012). 法国初中数学教材中的数学史[J]. 数学教学,51(3):16 - 20.

汪晓勤,王苗(2011b). 法国数学教材中的勾股定理:文化视角[J]. 中学数学教学参考,(1):128 - 130.

汪晓勤,张力蔚(2011c). 法国数学教材中的"不等式、序与运算":文化视角[J]. 中学数学月刊,(4):7 - 9.

徐斌,汪晓勤(2011). 法国数学教材中的"平方根":文化视角[J]. 数学教学,(6):5 - 8.

张奠宙,宋乃庆(2004). 数学教育概论[M]. 北京:高等教育出版社.

张同道(2009). 艺术理论教程[M]. 北京:北京师范大学出版社.

张维忠(2011). 国外数学课程与教材中的数学文化[J]. 外国中小学教育,(7):57 - 60.

郑毓信(2001). 数学文化学[M]. 成都:四川教育出版社.

中华人民共和国教育部(2010). 国家中长期教育改革和发展规划纲要(2010—2020 年)[R/OL]. 参看 http://www.gov.cn/jrzg/2010-07/29/content_1667143.htm.

中华人民共和国教育部(2003). 普通高中数学课程标准(实验)[S]. 北京:人民教育出版社.

Ancel-Lepesqueur C. et al. (2007). *Maths $4^e$* [T]. Paris:Editions Belin.

Claude Deschamps et al. (2010). *Maths $2^e$* [T]. Paris:Editions Belin.

Cuaz L. et al. (2008). *Maths $3^e$* [T]. Paris:Editions Belin.

Lange J. D. (1995). Assessment：No change without problems [A]. In T. A. Romberg (ed.), *Reform in school mathematics and authentic assessment*. New York：SUNY Press，87－172.

Howson G. (1995). *Mathematics Textbooks：A Comparative Study of Grade 8 Textbooks* [M]. Vancouver：Pacific Educational Press.

Jacob N. et al. (2010). *Maths* $5^e$ [T]. Paris：Editions Belin.

Jankvist, U. T. (2009). A categorization of the "whys" and "hows" of using history in mathematics education [J]. *Educational Studies in Mathematics*：71：235－261.

Li Y. (2000). A Comparison of Problems that Follow Selected Content Presentations in American and Chinese Mathematics Textbooks [J]. *Journal for Research in Mathematics Education*：31(2)，234－241.

Li Y., Chen X. and An S. (2009). Conceptualizing and Organizing Content for Teaching and Learning in Selected Chinese, Japanese and US Mathematics Textbooks：The Case of Fraction Division [J]. *ZDM：The International Journal on Mathematics Education*，41(4)：809－826.

Michèle Nouvet et al. (2005). *Maths* $1^{re}$ S [T]. Paris：Editions Belin.

OECD (2000). *Knowledge and Skills for Life：First Results from the OECD Programme of International Student Assessment* (*PISA*) 2000 [R/OL]. Retrieve from http：//www. pisa. oecd. org/.

OECD (2003). *Learning for Tomorrow's World：First Results from the OECD Programme of International Student Assessment* (*PISA*) 2003 [R/OL]. Retrieve from http：//www. pisa. oecd. org/.

OECD (2006). *Science Competencies for Tomorrow's World：First Results from the OECD Programme of International Student Assessment* (*PISA*) 2006 [R/OL]. Retrieve from http：//www. pisa. oecd. org/.

OECD (2009). *What Students Know and Can Do：First Results from the OECD Programme of International Student Assessment* (*PISA*) 2009 [R/OL]. Retrieve from http：//www. pisa. oecd. org/.

Park，K. and Leung F. K. S. (2006). A Comparison of the Mathematics Textbooks in China, Hong Kong, Japan, Korea, United Kingdom, and the United States? [A]. Chapter 2－5 in F. K. S. Leung, K. D. Graf and F. J. Lopez－Real (eds.). *Mathematics Education in Different Cultural Traditions：A Comparative Study of East Asia and the West*，The 13th ICMI Study. New York：Springer. 227－238.

Tzanakis, C. and Arcavi, A (2000). Integrating history of mathematics in the classroom：An analytic survey [A]. In J. Fauvel and J. van Maanen (eds). *History in Mathematics Education*. Dordrecht：Kluwer Academic Publishers. 201－240.

Valverde G. A. (2002). *According to the Book：Using TIMSS to Investigate the Translation of Policy into Practice in the World of Textbooks* [M]. Dordrecht：

Kluwer Academic Publishers.

Wilder R. L. (1981). *Mathematics as a Cultural System* [M]. New York: Pergamon Press.

Zhu Y. and Fan L. (2006). Focus on the representation of problem types in intended curriculum: A comparison of selected mathematics textbooks from Mainland China and the United States [J]. *International Journal of Science and Mathematics Education*: 4(4): 609 – 626.

# 第 10 章

高中数学教材中的技术运用

在各国中学数学课程标准或大纲中,一般都将技术的运用作为基本的课程理念或原则。但在实施过程中,各国高中数学教材中技术运用的手段各异、运用领域参差不齐,效果也不尽人意。

在学术研究方面,技术一直是国际数学教育大会(ICME)关注的一个主题。从 1985 年国际数学教育委员会(International Commission on Mathematical Instruction,简称 ICMI)研究 1"计算机和信息科学对数学和数学教学的影响",到 2006 年 ICMI 研究 17"数字技术与数学教学:对技术的再思考",均反映出对这一话题的持续关注。但这些研究主要聚焦于数学的教与学,针对教材中技术运用的相关研究尤其是跨国比较研究的不多。

本研究主要对美国、英国、澳大利亚、新加坡和日本的主流高中数学教材与国内广泛使用的人教版高中数学教材进行比较,以期为高中数学课程中技术运用的设计和编写提供借鉴或启示。

## 10.1　研究的问题及意义

研究的问题主要包括:

(1)建立高中数学教材中技术运用的分析框架及指标体系,以便从定量和定性两个方面展开研究。

(2)根据指标体系梳理主要国家高中数学教材中代数、几何、概率统计、微积分、数学探究中技术运用的情况和典型案例。

(3)主要国家高中数学教材如何引领教师或指导学生有效地使用信息技

术？（技术资源的开发、利用和评价）

研究意义包括两个方面：

（1）从理论上构建教材技术运用的分析框架，确立主要的分析维度，以及各维度下的二级指标，为教材技术运用的比较研究提供理论分析框架。

（2）在实践上搭建具有中国特色的技术与数学课程整合的平台，为我国高中数学课程、教材和教学中合理运用信息技术提供依据或指导。

## 10.2 相关研究综述

技术或信息与通讯技术（Information and Communication Technology，简称ICT）一直是 ICME 关注的一个主题，如 2008 年 ICME-11 的大会报告之一"技术与数学教育"（P7：Technology and mathematics education），主题研究组"数学教与学中的新技术"（TSG22：New technologies in the teaching and learning of mathematics），以及讨论组"远程教与学中的问题与挑战"（DG25：Current problems and challenges in distance teaching and learning）。2012 年 ICME-12 将技术在数学教与学中的应用分为两个主题组："技术在数学教学中的使用分析"（TSG18：Analysis of uses of technology in the teaching of mathematics）和"技术在数学学习中的使用分析"（TSG19：Analysis of uses of technology in the learning of mathematics），并有两个讨论组探讨技术的使用："利用技术将几何与代数整合到函数的学习中"（DG9：Using Technology to Integrate Geometry and Algebra in the Study of Functions）和"开发数学教与学的动态软件的新挑战"（DG 10：New Challenges in Developing Dynamic Software for Teaching and Learning Mathematics）。通过这些可以看出，近年来国际数学教育界对技术在数学教与学中应用的重视，但针对教材的技术运用的研究依然鲜见。

在 2011 年 TIMSS 的评价框架（Ina V. S. Mullis et al.，2009）中，其背景框架（contextual framework）包括国家背景、学校背景、课堂背景以及学生特点和态度这四个方面。其中，课堂背景包括教师教育和发展、教师特点、课堂特征、教学材料和技术、课程主题、教学活动、评价。在"教学材料和技术"（instructional materials and technology）中指出，计算机和互联网为学生提供了深入探索概念、激发学习热情和动机的途径,使学生能够按自己的步调进行学习,并为学生提供了获得大量信息资源的机会。TIMSS 2011 International Results in Mathematics 的"数学课中的计算机活动"(computer activities during mathematics lessons)调查表明,在计算机使用方面,八年级与四年级的情况类似,平均来说有三分之一的学生在数学课堂中能够使用计算机;在课堂上有机会使用计算机的学生的成绩稍高于在课堂中没有机会使用计算机的学生(Ina V. S. Mullis et al. , 2012)。尽管有关课堂中的技术是否有效的研究似乎尚无定论,但有证据表明有机会使用计算机对学生的成绩有积极的影响(Laffey,Espinosa,Moore & Lodree,2003)。有研究对 25 个元分析(meta-analyses)进行了总结,确认课堂中使用计算机对所有学科及所有年级的学生成绩有显著的正向影响(Tamim,Bernard,Borokhovski,Abrami & Schmid,2011)。这些研究与 TIMSS 2011 的结果基本是一致的。TIMSS 虽然从国家、学校、课堂包括教师层面对使用技术的情况进行了调查,也有对期望课程中计算机或计算器使用规定的调查,但对各国教材中技术使用情况的调查仍是空白。

亚洲数学技术会议(Asian Technology Conference in Mathematics,简称 ATCM)是一个由学术界自动发起的国际性学术交流活动,起因于计算机(器)、软件以及网络技术在数学及其教学中的大量运用。目前已发展为国际上最具影响力的数学技术与数学教育研究领域的国际盛会。根据 ATCM 的宗旨,历届年会研讨的具体论题各有侧重,1995 年在新加坡国立教育大学召开的首届年会重点研讨了"数学研究和教学中软件的开发与运用",后续的年会分别将网络学习、多媒体技术、手持技术、图形计算器、数学实验、软件等专题列为年会研讨的主要论题。通过持续地对现代数学技术、教育技术与数学教学整合等相关问题进行研讨,形成了以下几点基本共识:(1)数学不仅是科学也是一种技术,而且是一种关键性的、普遍的、能够实行的技术;(2)数学技术的应用离不开应用数学软件解决、优化计算,建立数学模型;(3)以计算机为代表的现代技术已经改变了数学研究方式、数学教学方式、数学学习方式;(4)恰当使用现代技术有助于学生更好地学习数学、理解数学和运用数学(曹一鸣,2010)。

但是,于 2014 年 11 月在印尼日惹召开的 ACTM,主题为"将创新及技术引进数学教育",在其众多感兴趣的话题"通过技术与数学科学与工程中的应用程序链接;通过技术增加数学知识;通过使用创新的技术工具来探讨数学建模;使用信息技术来探讨数学教育;使用互联网技术来探讨数学;动态几何软件的应用;计算机代数系统(Computer Algebra System,简称 CAS)的应用;图形计算器的应用;使用动态统计软件来探讨统计;结合计算机代数系统的应用程序与动态几何的探讨;科技与数学教育实施的评估;使用技术于数学教学、学习的评估;使用技术来探讨数学研究;使用多媒体来学习数学;用数学来创造技术;使用信息技术来探讨数学应用和数学建模;使用信息技术来探讨数学教育的研究;信息通信技术在数学教师专业发展中的作用;从小学至大学的数学网络学习和教育;自动解题、推理证明软件系统的研究与应用;网络智能学习环境的研究与应用"中,我们仍然看不到针对各国教材中技术运用的探讨或研究这样的话题。

总之,从 ICME 的大会报告、主题研究组和讨论组所提交的文章,到 ICMI 的系列研究,从 TIMSS 到 ACTM,技术被关注的重点是数学的教与学,涉及课程设计中技术运用的研究极少,探讨数学教材中技术运用的比较研究更是凤毛麟角。

随着我国 2001 年义务教育课程改革和 2003 年高中课程改革的实施,以及教材编写由"统编"到"放开",由"一纲一本"变为"一标多本",国内关于教材的比较研究逐渐多了起来。有关探讨教材中技术运用的比较研究主要有:

袁智强(2008)对六套普通高中课程标准实验教材·数学(人教 A 版、人教 B 版、北师大版、苏教版、湘教版和鄂教版)以必修 1 为例,就信息技术与高中数学教材的整合从使用信息技术的类型、整合的模式、整合的频率以及整合点等方面进行了比较。作者将使用信息技术的类型分为"几何画板、Excel、科学计算器、图形计算器、Z+Z 超级画板以及 Scilab"六种;将信息技术与教材整合的模式分为"与正文整合、加旁注和设置专栏"三种。对信息技术与教材整合的频率做了定量分析(若用 $N$ 表示教材中建议或要求使用信息技术的页数,$P$ 表示教材总页数,则定义信息技术与教材整合的频率 $F=\dfrac{N}{P}$ )。

刘超、王志军(2011)选取人教 A 版、北师大版、苏教版三套高中课标数学教材,对使用信息技术的功能(函数作图与分析、几何绘图、计算机符号代数、电子表格与数据处理、程序设计、整合的网页浏览)及类型、信息技术与教材整合的模式(信息技术与教材正文整合、正文中加旁注融合信息技术、设置专栏整合信息技术)及整合点方面进行了比较,发现三个版本的教材都注重信息技术在数学中的应用,人教 A 版和北师大版都设置了"信息技术应用"栏目,对信息技术的使用进行介绍,苏教版设置了"阅读""思考"和"链接"专栏,将信息技术运用于创设问题情境中,人教 A 版和北师大版的不足是有多处信息技术应用栏目的内容没有指出所用数学软件名称,操作步骤介绍较为粗略,可操作性和指导性不强。而苏教版应用软件较为单一。

张维忠、李芳奇(2009)认为新加坡数学教材(New Mathematics Counts)以追求信息技术与数学课程的整合为特色,教材中的许多地方都涉及信息技术的运用,为学生提供了丰富的学习环境和资源,使学生能更简洁直观地理解所学内容,突破了数学学习在时间与空间上的限制,学生可通过局域网或互联网随时随地进行数学学习和实践。

赵小平、姚雪(2010)对上海与新加坡中学概率统计教材的学习主题进行了比较,分析了新加坡教材的特点,其中"现代技术的普遍应用"认为:概率统计的计算量有时是相当大的,上海的课程标准虽然鼓励使用计算机、计算器,但是在教材中并没有相应的演示,教材所选用的例题数据都比较简单。而新加坡教材中计算器用得非常多。在所比较的新加坡教材中选用 TI – 84 图形计算器,概率统计所需的各种功能齐全。教材中运算工具的使用已经成为教学内容的组成部分,特别是概率统计部分,几乎每页都有计算器的画面。

可以看出,国内针对教材中技术运用的比较研究较零散,缺少清晰而系统的分析框架,同质性研究较多,跨文化或跨国的比较研究较少。

从运用技术的理念来看,国外侧重于学生的学,国内侧重于教师的教。如:英美教材中更多地使用图形计算器等手持技术[2010 年 *ZDM Mathematics Education* 第 42 卷第 7 期的主题是"数学课堂中的手持技术——理论与实践"(handheld technology in the mathematics classroom-theory and practice)],技术使用的主体是学生,呈现方式通常是融入式的;而我国高中数学教材(如人教 A 版)中技术的使用则更多的是为教师所设计和准备的,通常以专题(可剥离)的形式出现。课外的情形也是如此,如美国的 Prentice Hall 数学教材,几乎每节都有课外视频指导,学生可随时上网学习;而我国高中数学教材(如人教 A 版)也有丰富的网上资源,但视频主要是"教材培训"或"教学课例",受益对象主要是教师(徐稼红,2011)。

总体来看,国内外针对教材中技术运用的系统研究不多,本研究旨在构建教材中技术运用的分析框架,从定性和定量的角度考察主要国家高中数学教材中技术运用的情况。

## 10.3 研究设计

本节先给出本研究所选教材及其代码的列表,以便下文引述。然后着重介绍研究取向及指标体系的建构,并给出相关术语的操作性定义。

### 10.3.1 所选教材列表

表 10 - 1 本研究所选教材及代码

| 国别 | 代码 | 出版社及教材 | 出版时间 |
|------|------|------------|---------|
| 中国 | CN - PEP | 人民教育出版社:普通高中课程标准实验教材数学A 版:必修 1~5,选修 2 | 2007 |
| | CN - JEP | 江苏教育出版社:普通高中课程标准实验教材数学:必修 1~5,选修 2 | 2007 |
| 美国 | US - PHM | Pearson Education: Prentice Hall Mathematics PreAlgebra, Algebra 1, Algebra 2, Geometry | 2009 |
| | US - SMP | Wright Group/McGraw-Hill: UCSMP (The University of Chicago School Mathematics Project) 系列: Algebra, Geometry (Third Edition) | 2007 |
| 日本 | JP - SKS | 数研出版社: 数学基础,新编数学Ⅰ,新编数学Ⅱ,新编数学Ⅲ, 新编数学 A,新编数学 B,新编数学 C | 2007 |
| 英国 | UK - SMP | Cambridge University Press: SMP AS/A2 Mathematics Statistics 1, Statistics 2 | 2004—2005 |
| 新加坡 | SG - PEH | Panpac Education: H2 Mathematics, Volume 1 & Volume 2 | 2008 |
| 澳大利亚 | AU - IBD | IBID Press: Mathematics Higher Level Core (3$^{rd}$ edition) | 2007 |

### 10.3.2　研究思路和方法

本研究的路径为定量—定性取向,采用定量为主定性为辅的混合研究方法(QUAN→qual),可视模型如图 10-1。

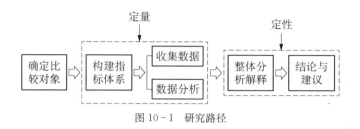

图 10-1　研究路径

定量研究的前期工作是确定教材中技术运用的量化标准,构建指标体系,为后续数据的收集与分析比较提供框架。

分析既存在于定量研究(描述性和推断性数据分析)之中,也出现在定性研究(叙述性和文本分析)之中,前者主要基于比较框架展开,后者侧重整体的分析,考察教材中技术运用在促进学生知识的理解、问题解决、元认知能力的提升,以及信念形成等方面的作用。

### 10.3.3　指标体系及编码

指标体系基于"技术工具、呈现方式、内容环节、应用形式、知识领域"这五个维度,各维度下的二级指标如表 10-2。

表 10-2　指标体系

| | A | B | C | D | E | F | G | H | I | J | K | L | M | N | O | P | Q | R | S | T | U |
|---|---|---|---|---|---|---|---|---|---|---|---|---|---|---|---|---|---|---|---|---|---|
| 1 | 章节 | | 技术工具 | | | | 呈现方式 | | | 内容环节 | | | | | 应用形式 | | | 知识领域 | | | |
| 2 | 序号 | 标题 | 计算器 | 计算机 | 互联网 | 其他 | 融合 | 专题 | 旁白 | 引入新知 | 探索新知 | 例题 | 练习 | 拓展 | 工具 | 问题解决 | 编程 | 代数 | 几何 | 概率统计 | 微积分 |

五个维度界定如下:

(1) 技术工具

对信息技术工具或手段的分类,已有很好的研究工作,如 Leung(2008)的分类(表 10 - 3)。

表 10 - 3  技术的分类

| 硬 件 | 软 件 |
|---|---|
| ● 处理器<br>  ○ 计算机<br>  ○ 计算器<br>  ○ 其他手持设备<br>● 输入/出设备<br>  ○ 输入<br>    ■ 数据记录仪<br>    ■ 互联网<br>    ■ 数字相机等<br>  ○ 输出(全班演示)<br>    ■ 交互式电子白板<br>    ■ 投影仪等 | ● 通用软件<br>  ○ 电子表格<br>● 编程软件<br>  ○ LOGO 语言<br>  ○ 计算器 BASIC<br>● 数学软件<br>  ○ 计算机代数系统(CAS)<br>  ○ 动态几何软件(DGS)<br>  ○ 画图软件(GPS,运行在计算机计算器上)<br>  ○ 数据处理软件(DHS)<br>● 其他特定软件 |

本研究在定量统计时主要从硬件角度来考虑,侧重于(图形)计算器、计算机和互联网的运用,软件的使用情况将在定性比较时按表 10 - 3 中的视角单独进行分析(统计时,在"其他"中分别用 1、2、4 表示通用软件、编程软件和数学软件。若同时兼用多种软件,则用相应的和表示。如同时介绍运用 Excel 和几何画板画函数的图象,可用 5 来表示)。

(2) 呈现方式

信息技术的呈现方式主要包括融合、专题和旁白三种。

**融合**  信息技术的运用出现在引入新知、探索新知或知识应用(例题、练习)这三个环节中,构成教材内容的有机组成部分。

**专题**  信息技术的运用以相对独立和完整的方式出现在教材中,但缺之无妨。

**旁白**  针对教材正文内容的解释性说明,且与技术的运用有关。

(3) 内容环节

包括引入新知、探索新知、例题、练习(习题)、拓展。

**引入新知**  新知识的引入或背景的呈现中出现的信息技术。

**探索新知**  利用信息技术进行探索,发现规律、性质或定理。

**拓展**　"专题"中的技术运用,或在习题、复习题拓展要求中的技术运用(主要针对 CN‑PEP B 组题、CN‑JEP"探究·拓展"题以及 JP‑SKS 章末问题 B)。

(4) 应用形式

主要包括工具性应用、问题解决和编程(程序设计)。

**工具**　指工具性应用,直接运用信息技术的机械操作,如进行简单的计算或作图,不需要或极少需要数学思维活动。

**问题解决**　在运用信息技术解决问题的过程中,要有一定的数学思维活动才能顺利解决问题。

**编程**　通过程序语言(包括伪代码)编写程序解决问题。

(5) 知识领域

包括代数、几何、概率统计和微积分 4 个领域,在该统计指标的右侧注明页码及具体知识点。

**说明**　(1) 进行统计分析时,利用 Excel 收集数据(表 10‑2)。除"技术工具/其他"外,符合要求的就填 1,否则置空(练习或习题部分多次符合则进行累计)。

(2) 技术运用的水平只考察"融合"时的情况,对应"应用形式"为"工具""问题解决"和"编程"分别为水平 1、水平 2 和水平 3.统计时用 Excel 中"IF"函数进行统计,如"=IF(AND(G3 =1, O3 =1), 1, "")"的结果为 1,表示对第三行统计的技术运用为水平 1;"=IF(AND(G3 =1, P3 =1), 1, "")"的结果为 1,表示水平 2;"=IF(AND(G3 =1, Q3 =1), 1, "")"的结果为 1,表示水平 3。

## 10.4　研究结果及分析

为保证不同研究人员对同一研究对象的研究结果的一致性,在上述分析框架、指标体系和运用水平划分确定后,选择 3 人对 US‑PHM Algebra 2 中的第 3 章进行试研究,并对研究结果用 SPSS 软件进行 Kappa 一致性检验。结果表明 3 人构成三组 Kappa 的值都大于 0.75,一致性较好。

各国教材比较研究的分工为徐稼红——日本(JP‑SKS),周超——美国(US‑SMP),吴颖康——英国(UK‑SMP),卢伟玲——新加坡(SG‑PEH),林迪迪——澳大利亚（AU - IBD），周妹妹——美国（US - PHM）。

### 10.4.1　中日高中数学教材中技术运用的比较

所考察的 JP - SKS，是数研出版社根据 1999 年《要领》编写并从 2003 起使用的高中数学教材。2002 年为第 1 版，本研究比较的是 2007 年版。该套教材共七册，见表 10 - 1。

我国根据《课程标准 2003》编写的高中数学教材共有 6 套，本研究分别选择人民教育出版社和江苏教育出版社出版的《普通高中课程标准实验教材·数学》CN - PEP 与 CN - JEP，均选用必修 1～5 和选修 2 系列 3 本。

#### 10.4.1.1　总体情况

CN - PEP 和 CN - JEP 均为大 16 开印刷，双色套印，但 CN - PEP 的色调各册冷暖不同，CN - JEP 则均为蓝色调，各册风格基本一致。JP - SKS 为 32 开本，彩色印刷，除新增的《数学基础》色彩较丰富外，其他各册用色较简单，主色调为蓝色。

三套教材的统计数据汇总如表 10 - 4。

表 10 - 4　统计数据汇总

| 教材 | 技术工具 | | | 呈现方式 | | | 内容环节 | | | | | 应用形式 | | | 知识领域 | | | | 水平 | | |
|---|---|---|---|---|---|---|---|---|---|---|---|---|---|---|---|---|---|---|---|---|---|
| | 计算器 | 计算机 | 互联网 | 融合 | 专题 | 旁白 | 引入新知 | 探索新知 | 例题 | 练习 | 拓展 | 工具 | 问题解决 | 编程 | 代数 | 几何 | 概率统计 | 微积分 | 1 | 2 | 3 |
| CN - PEP | 36 | 58 | 0 | 52 | 15 | 11 | 10 | 7 | 27 | 41 | 21 | 32 | 20 | 24 | 62 | 11 | 13 | 4 | 25 | 7 | 19 |
| CN - JEP | 12 | 53 | 6 | 45 | 33 | 7 | 11 | 5 | 17 | 29 | 43 | 41 | 37 | 5 | 62 | 7 | 23 | 6 | 20 | 24 | 1 |
| JP - SKS | 10 | 73 | 0 | 91 | 6 | 6 | 1 | 17 | 26 | 50 | 13 | 38 | 47 | 16 | 55 | 9 | 21 | 4 | 28 | 47 | 15 |

从内容环节来看，分别涉及 106、105 和 107 处技术运用，大致相当。但三套教材的技术运用在各册分布上明显呈现出峰谷现象。技术运用主要集中在统计与算法部分，CN - PEP 和 CN - JEP 在必修 3（包括"算法初步""统计"和"概率"3 章）一册中运用技术占去近半（分别为 44.34% 和 48.57%），而 JP - SKS 数学 B（包括"平面向量""空间向量""数列""统计与计算机"和"数值计算与计算机"5 章）一册中运用技术（主要是最后两章）超八成（82.24%）。相比之

下,CN‐PEP 和 CN‐JEP 在必修 2(立体几何初步和平面解析几何初步)一册中运用技术极少(分别为 0.94%和 1.90%),JP‐SKS 新编数学Ⅱ、新编数学Ⅲ和新编数学 A 则几乎没有技术的运用。

从技术运用水平来看,CN‐JEP 对编程的要求即水平 3 最低(图 10‐2)。若不考虑算法部分,则三套教材对编程都没有要求(图 10‐3)。从总体运用水平分布来看,JP‐SKS 在技术运用方面梯度较合适,CN‐PEP 有"深一脚浅一脚"之嫌,CN‐JEP 则以水平 1 和水平 2 为主。

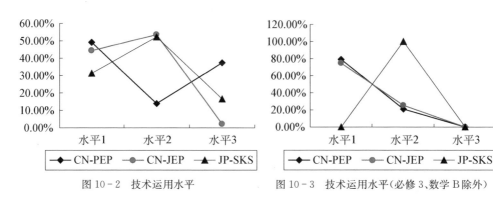

图 10‐2　技术运用水平　　　　　图 10‐3　技术运用水平(必修 3、数学 B 除外)

### 10.4.1.2　技术工具

三套教材在硬件选择上以计算机为主(图 10‐4),计算器次之,互联网最少(仅 CN‐JEP 有 6 处)。软件运用情况,按通用/编程/数学软件计次,CN‐PEP 为 6/24/10,CN‐JEP 为 45/17/8,JP‐SKS 为 19/64/0,三种软件运用所占比例如图 10‐5。

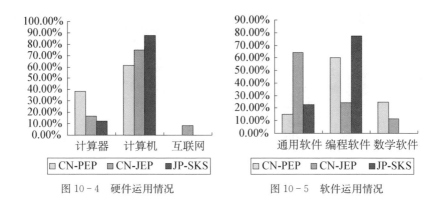

图 10‐4　硬件运用情况　　　　　图 10‐5　软件运用情况

可以看到,CN‐JEP 运用通用软件(Excel)频率最高,JP‐SKS 以运用编辑软件(BASIC)为主,CN‐PEP 所用软件相对均衡,通用软件用得较少,数学软件(几何画板)用得较多。

若将必修 3 和数学 B 排除在外,仍按通用/编程/数学软件计次,则 CN‐PEP 2/3/10,CN‐JEP 32/0/8,JP‐SKS 0/0/0,可以看出编程软件几乎无用武之地,而通用软件似乎只受到 CN‐JEP 的青睐。

### 10.4.1.3　呈现方式

三套教材的呈现方式,融合所占比例分别为 66.67%、52.94% 和 88.35%。从图 10‐6 可以发现,JP‐SKS 的融合程度最高,CN‐JEP 以专题形式介绍技术的较多。但若不考虑必修 3 和数学 B,则三套教材的融合频数由 52、45、91 锐减到 24、24 和 9,可见在其他各册融合的情况并不理想。

### 10.4.1.4　内容环节

CN‐PEP、CN‐JEP 和 JP‐SKS 在内容环节分别涉及 106、105 和 107 处技术运用,数量相当,可直接画出统计图。从图 10‐7 可直观地看出,练习和例题占去大半。JP‐SKS 通常在每一个例题下面配一个练习,节后有"补充问题",每章结束后有"章末问题(A、B 组)"。如数学 B 第 154 页的例 19:写出输入两个自然数,用欧几里得辗转相除法求这两个数的最大公约数的算法。紧接

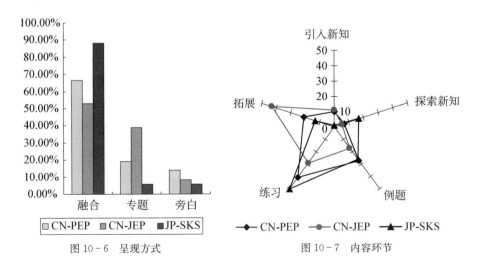

图 10‐6　呈现方式　　　　　　　图 10‐7　内容环节

着便是练习：运行如上的程序，求出以下两组自然数的最大公约数（图 10 - 8）。这种编排方式一定程度上降低了学习的难度。

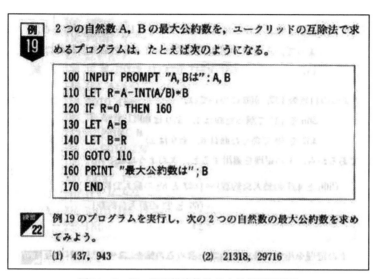

图 10 - 8　JP - SKS 新编数学 B 中的例题及联系

译文

例 19　用欧几里得辗转相除法求 2 个自然数 A、B 的最大公约数，程序如下。

（程序截图略）

练习 22　使用例 19 的程序，试求如下两个自然数的最大公约数。

　（1）　437，943　　　　　　　　（2）　21318，29716

CN - JEP 技术的运用较多地出现在拓展环节——专题中（41％），引入部分主要以静态呈现为主（图 10 - 7）。如必修 1 第 49 页“2.2.2 指数函数”，用 Excel 描点作图的方式呈现了三个指数函数的图象（图 10 - 9），教师可用多媒体现场演示描点作图过程，没有条件的不用计算机也不影响正常教学。

### 10.4.1.5　应用形式

工具性、问题解决和编程这三种应用形式所占的比例如图 10 - 10。若不考虑 CN - PEP 和 CN - JEP 必修 3 和 JP - SKS 新编数学 B 中的统计与算法内容，

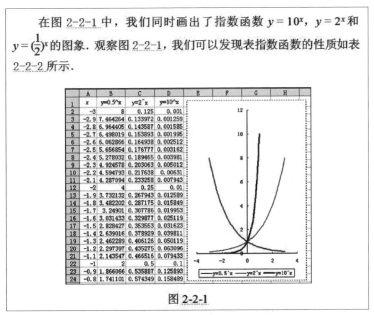

图 10-9 CN-JEP 中指数函数的图象与性质引入

则编程极少,应用形式主要以工具性和问题解决形式居多。以计算器为工具的运用大多是解决复杂计算的工具性应用。

算法一章是信息技术运用的理想场所,三套教材在"应用形式"方面的统计数据见表 10-5。

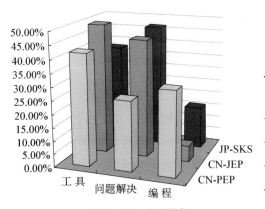

图 10-10 应用形式

表 10-5 算法部分统计数据

|  | 工具 | 问题解决 | 编程 |
| --- | --- | --- | --- |
| CN-PEP | 0 | 0 | 22 |
| CN-JEP | 0 | 17 | 5 |
| JP-SKS | 15 | 33 | 17 |

三套教材的风格互异,侧重点也不同。CN‐PEP 在基本算法语句部分较完整规范地使用程序语言(BASIC)描述算法,对教与学的要求较高。CN‐JEP 采用伪代码的方式表征算法,将重心放在用算法解决问题上,教学难度降低了。JP‐SKS 则兼备了 CN‐PEP 和 CN‐JEP 的优点,一是采取例题一般化,练习具体化、工具化来处理算法;二是淡化结构化语言,用 GOTO 语句代替当型 While 语句或直到型 Until 语句,使问题解决的思路更容易转化为程序,一定程度上消解了学生理解循环语句的困难,且不影响上机运行程序。

### 10.4.1.6　知识领域

从图 10‐11 可以看出,三套教材的信息技术运用领域集中在代数部分,所占比超过六成,其次是概率统计部分,约占两成。三套书在各领域运用情况差异不大。

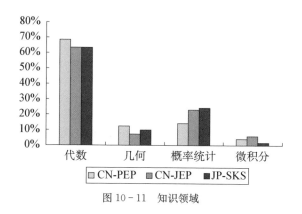

图 10‐11　知识领域

### 10.4.1.7　结论

三套教材中技术运用在概率统计和算法内容部分融合度高,能充分体现信息技术的优势。在其他内容中技术运用大都扮演锦上添花的角色,融入程度较弱。技术运用的作用主要是工具性应用——解决繁杂的计算,或问题解决——借助技术可以解决的问题,后者对于 CN‐PEP 和 CN‐JEP 而言,主要出现在拓展环节,在引入新知和探究新知环节鲜见;但对 JP‐SKS 来说,问题解决出现在探究新知环节则较常见。

编程的处理 JP‐SKS 较可取,灵活处理了算法与程序语言的关系,便于教与学。CN‐PEP 对编程与案例的处理稍猛,教师难以驾驭;CN‐JEP 则有"戏说"之嫌,加上江苏省的高考考试说明,算法内容已成鸡肋。JP‐SKS对此部分的处理可以借鉴。

技术工具的软硬件应用单一是三套书的共同问题。相比而言,CN‐PEP要稍好些,涉及计算机、(图形)计算器,使用了几何画板和Excel软件;苏教版主要运用了Excel,当时设计的想法是作为促进概率统计教学的一种手段而予以重点推荐。对几何画板,鉴于我国教师相对较熟悉,未做较多的设计。JP‐SKS较"纯",多数内容信息技术一般不介入,该用时则着力处理(如数学B专设"统计与计算机"和"数值计算与计算机"两章)。

互联网没有充分利用是三套教材的软肋,CN‐JEP做了一点尝试,但主要是为教师提供课件,学生无法从中受益。这方面US‐PHM数学教材的做法是可取的,该套教材每册均提供一个代码供上网登录之用,学生可以课后上网找到所需的学习内容,包括针对重点概念的微课(众多教师参与,以5~10钟的讲解为主)及其他帮助,这有助于提高学生数学学习的元认知水平。

### 10.4.2　中澳高中数学教材中技术运用的比较

#### 10.4.2.1　概况

所比较的澳大利亚教材(AU‐IBD)由IBID出版社2007年出版,属于国际学士学位课程(International Baccalaureate Diploma Program,简称IBDP)系列教材。此套数学教材经澳大利亚维多利亚州教育质量与评估委员会(Victorian Curriculum and Assessment Authority,简称VCAA)审定通过,教材借鉴参考了维多利亚注册教师协会(Incorporated Association of Registered Teachers of Victoria)的十月考试试题(October Examination Papers)。因此,本套数学教材不仅体现了当前澳大利亚数学教材的现状,又不失国际水准,保持着国际数学教材的一贯风格。作为对比的国内教材为CN‐PEP。

指标体系及其界定同上,但减少了知识领域这一维度,统计数据汇总如表10‐6。

这里需要说明的是,本研究中的问题解决是相对于工具型应用来说的,强调的是在技术使用过程中有大量心智参与。在技术工具定量统计时,与徐稼红(2012a,2012b)稍有不同,涉及软件使用时,则按计算机计数。

表 10 - 6　统计数据汇总

| 教材 | 技术工具 | | | | 呈现方式 | | | 内容环节 | | | | | 应用形式 | | | 水平 | | | |
|---|---|---|---|---|---|---|---|---|---|---|---|---|---|---|---|---|---|---|---|
| | 计算器 | 计算机 | 互联网 | 其他 | 融合 | 专题 | 旁白 | 引入新知 | 探索新知 | 例题 | 练习 | 拓展 | 工具 | 问题解决 | 编程 | 1 | 2 | 3 | 4 |
| CN - PEP | 25 | 36 | 0 | 0 | 23 | 13 | 9 | 6 | 8 | 12 | 5 | 14 | 15 | 28 | 2 | 20 | 7 | 8 | 10 |
| AU - IBD | 171 | 0 | 0 | 0 | 152 | 13 | 6 | 1 | 55 | 109 | 6 | 0 | 56 | 115 | 0 | 60 | 7 | 104 | 0 |

根据中澳教材特色,对其中的技术水平划分,做以下调整,具体见表 10 - 7。

表 10 - 7　水平等级划分

| 水平等级 | 划 分 依 据 |
|---|---|
| 水平 1 | 呈现方式为旁白或者应用形式为工具型应用 |
| 水平 2 | 呈现方式为融合或者专题,内容环节为引入新知或者是练习,应用形式为问题解决 |
| 水平 3 | 呈现方式为融合或者专题,内容环节为探索新知或者是例题,应用形式为问题解决 |
| 水平 4 | 应用形式为编程或者呈现方式为专题,内容环节为拓展,应用形式为问题解决 |

### 10.4.2.2　结果

(1) 技术工具

AU - IBD 技术工具运用比较单一,只有图形计算器 TI - 83。而 CN - PEP 中运用的技术工具比较丰富,包括计算器、计算机(Excel、Word、几何画板)。中澳教材中都没有利用网络资源。

在 AU - IBD 中运用技术工具 TI - 83 时,都会把操作步骤以及运算结果通过截图的形式呈现在教材中,如第 38 页介绍用 TI - 83 解二元一次方程组 $\begin{cases} y = -x + 7, \\ y = 2x + 1 \end{cases}$ 时,其过程和操作步骤如图 10 - 12 所示。这样,学生会很清楚地看到 TI - 83 的操作过程以及运算结果,不仅有利于学生的学习和操作,也有利于学生课后的自学,更有利于教师的教学。而在 CN - PEP 中,大多只是简单地提一下使用何种软件来帮助学习,通常也会通过截图的方式呈现操作结果,而对其操作过程则是通过语言文字的叙述，具体操作介绍并不多，使数学教材中技术运用只是停留在形式上。

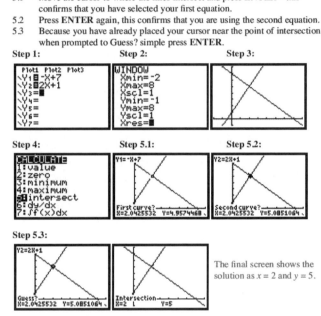

| Step 1: | Enter both equations in the required form, i.e., $y = \ldots$ |
|---|---|
| Step 2: | Choose an appropriate window setting, in this case we have [–2,8] by [–1,8]. |
| Step 3: | Sketch the straight lines using the **GRAPH** key. |
| Step 4: | Call up the **CALC** menu (i.e., press **2nd TRACE**) and choose option **5: intersect**. |
| Step 5: | 5.1 Move the cursor to where the lines intersect and press **ENTER** – this confirms that you have selected your first equation. |
| | 5.2 Press **ENTER** again, this confirms that you are using the second equation. |
| | 5.3 Because you have already placed your cursor near the point of intersection, when prompted to Guess? simple press **ENTER**. |

The final screen shows the solution as $x = 2$ and $y = 5$.

图 10-12　用 TI-83 解二元一次方程组

---

**译文**

步骤 1：　按要求的方式键入两个方程，即 $y = \cdots$。

步骤 2：　选择适当的视窗设定，本例中我们选用[–2,8]乘[–1,8]。

步骤 3：　用 GRAPH 键画出两条直线。

步骤 4：　调出 CALC 菜单（即点击 2nd TRACE），选择选项 5: Intersect。

步骤 5：　5.1　把光标移到两直线交点处，按回车键 —— 这确认了你选定了第一个方程。

　　　　　5.2　再按回车键，这确认了你选定了第二个方程。

　　　　　5.3　因为你已经把光标置于交点附近，当提示"Guess?"出现后，按回车键即可。

（图略）

最后一个屏幕显示方程组的解是 $x = 2, y = 5$。

（2）呈现方式与内容环节

从图 10-13 可以看出，CN-PEP 中技术的呈现方式比较均衡，融合占了 51% 的比例，其中专题为 29%，旁白为 20%。而在 AU-IBD 中技术的呈现方式绝大部分为融合，占了 89%，专题和旁白占的分量不多。

在内容环节上，CN-PEP 与 AU-IBD 相差较大。CN-PEP 主要集中在拓展和应用数学这两方面，而 AU-IBD 中内容环节在拓展和引入新知这两方面几乎没有，主要集中在应用数学。可以看出 AU-IBD 注重技术在数学中的运用，尤其是图形计算器数据处理功能和图象功能，这样学生得以从繁重的数学计算中解脱出来。而 CN-PEP 设置的"拓展"环节很有特色，而且技术运用水平很高，依赖于教师和学生对技术工具的熟练掌握。两版本教材中技术运用内容环节分布如图 10-14 所示。

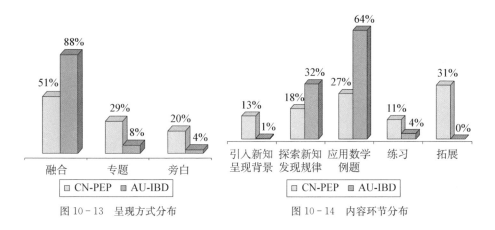

图 10-13　呈现方式分布　　　　　图 10-14　内容环节分布

研究发现，AU-IBD 中练习部分的技术运用和 CN-PEP 有区别。它是在用传统数学方法解决数学问题之后，再要求使用 TI-83 来检验计算结果。这也从另一个侧面反应出 AU-IBD 没有忽视利用传统数学来解决问题，同时又提倡运用技术解决，兼顾到"纸笔"运算和传统数学，把握两者之间的平衡。

（3）呈现内容

据统计，AU-IBD 技术运用 171 处，分布在 20 个数学知识内容中，而 CN-PEP 技术运用 45 处，涉及 14 个知识内容。在一定程度上，AU-IBD 技术运用分布更广，且涵盖了很多高等数学内容，如微分、二阶导数、矩阵等等。

（4）应用形式

中澳教材技术的应用形式都以问题解决为主,工具型应用次之。从图 10-15 中可看出 CN-PEP 技术应用的一个特色就是编程,是技术在算法中的应用。难度较大,技术应用水平高,对教师和学生都是一大挑战。

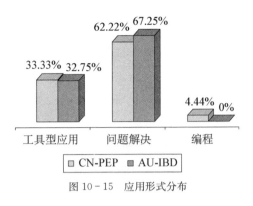

图 10-15 应用形式分布

（5）运用水平

两套教材技术运用水平如图 10-16 所示,从图中我们可以看到,CN-PEP 技术运用水平 1 占最多,为 44%,水平 2、水平 3、水平 4 大体差不多,分别为 16%、18%、22%。AU-IBD 中技术运用水平 3 占最多,高达 61%,而水平 4 为 0%。但是我们不能因此就下结论说,哪个版本数学教材中技术运用水平高,我们关注的只是各个技术运用水平高低的分布。纵观两版本数学教材,CN-PEP 水平运用分布比较均衡,而 AU-IBD 分布较离散。

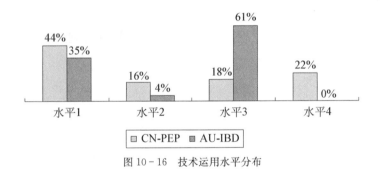

图 10-16 技术运用水平分布

### 10.4.2.3 启示与建议

（1）改进数学教育评价方式

在澳大利亚,技术是必须掌握的内容,各级考试都允许使用图形计算器,因此教师和学生的积极性都很高。而我国绝大部分省市的高考都不允许使用计算器。由于技术工具(如科学型计算器)无法进入我国的高考考场,直接导致了技术在教材中的运用变成了虚设。

（2）提高教师运用技术的能力

在澳大利亚，教师必须要运用技术手段，这一点是没有选择的。澳大利亚各州都制定了相关教师信息技术能力标准。我国教师技术运用能力普遍较低，即使是在经济发达的沿海省市，硬件设备建设是到位了，真正在课堂上讲授技术应用的教师却屈指可数。因此，提高教师运用技术的能力迫在眉睫。

（3）合理使用信息技术

信息技术是一把双刃剑。不能过分地依赖信息技术从而束缚人脑思维，使得人们的想象力受到限制，我们应该把握好传统数学与技术运用之间的平衡。在 AU‐IBD 中，在提倡使用 TI‐83 的同时，并没有忽视"纸笔"运算，在两者之间找到一个平衡点，同时兼顾到传统数学与信息技术，没有忽视常规训练，如口头交流和书面表达的训练，以及计算和证明的练习。

（4）教材编写的建议

我国教育资源不均衡，因此在教材编写时，首先应确定教材的主要使用地区，以适应不同地区的具体情况。教材编写时，应该尽量使用当地教师和学生习惯使用的或者易学易用的技术工具（如操作系统和软件等），避免因为教材中选用技术工具不合适而成为教师教学的"技术门槛儿"。鼓励选用国产的技术工具，如"智能教育平台——超级画板"。

### 10.4.3　中新高中数学教材中技术运用的比较

2006 年起，新加坡教育部联合剑桥大学考试中心和新加坡考试评估局发布了新的 A 水准教学大纲。新加坡课程中的数学属于理科范畴，数学课程又分为H1、H2、H3 三种课程。本研究所选的教材 SG‐PEH 是 Panpac Education 出版社根据 H2 课程大纲编写出版的两卷本的教材，其中卷 1 为纯数学内容，卷 2 为概率统计内容。

作为对比的我国教材选用人民教育出版社出版的 CN‐PEP，包括必修的 5册和选修系列 1 的 2 册。

#### 10.4.3.1　总体情况

指标体系及其界定同徐稼红（2012a，2012b），技术运用的水平只考察"融合"时的情况，表 10‐8 是根据相应的指标体系和编码，对 SG‐PEH 和 CN‐

PEP 中技术运用的统计数据。

表 10 - 8　统计数据汇总

| 教材 | 技术工具 | | | 呈现方式 | | | 内容环节 | | | | | 应用形式 | | | 知识领域 | | | | 水平 | | |
|---|---|---|---|---|---|---|---|---|---|---|---|---|---|---|---|---|---|---|---|---|---|
| | 计算器 | 计算机 | 互联网 | 融合 | 专题 | 旁白 | 引入新知 | 探索新知 | 例题 | 练习 | 拓展 | 工具 | 问题解决 | 编程 | 代数 | 几何 | 概率统计 | 微积分 | 1 | 2 | 3 |
| SG - PEH | 129 | 0 | 0 | 115 | 1 | 13 | 1 | 24 | 101 | 1 | 2 | 12 | 117 | 0 | 53 | 6 | 53 | 17 | 8 | 107 | 0 |
| CN - PEP | 25 | 36 | 0 | 23 | 13 | 9 | 6 | 8 | 12 | 5 | 14 | 15 | 28 | 2 | 21 | 12 | 9 | 3 | 7 | 15 | 1 |

#### 10.4.3.2　结果与分析

（1）技术工具

SG - PEH 中技术工具运用比较单一,只有图形计算器 TI - 84plus。但新加坡教育部明确规定考试携带的图形计算器不能带有 CAS 软件。这样学生在平时的学习中就不能过分依赖图形计算器,以免降低学生的思维水平。可以看出新加坡教育东西方兼收并蓄的特点。CN - PEP 中所运用的技术工具则比较丰富。包括计算器、计算机等,同时也介绍了"几何画板"这种专门的数学教学软件。

（2）呈现方式

SG - PEH 中共运用技术 129 处(其中 SG - PEH 附录中有关运用信息技术进行数学探究的专题不予统计,下文我们将单独讨论),而 CN - PEP 运用技术 45 处,从量上侧面反映出我国与新加坡在技术运用的程度上有较大区别。

图 10 - 17 是 SG - PEH 与 CN - PEP 技术运用的呈现方式的分布图。可以看出,SG - PEH 中技术运用的呈现方式绝大部分(89%)是融入式,可见融合程度非常高;而 CN - PEP 的专题和旁白占了将近 50% 的比例。CN - PEP 通过专设"信息技术应用"栏目,对信息技术的使用进行介绍,新加坡教材中几乎没有"专题"的呈现方式。

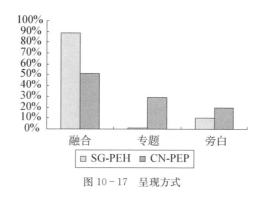

图 10 - 17　呈现方式

（3）知识领域和内容环节

SG－PEH 中运用了大量的信息技术，尤其是代数和概率统计两个领域的技术运用最多；CN－PEP 在代数、概率统计、微积分知识领域中的技术运用明显低于新加坡，其中以概率统计最为突出（图 10－18）。在具体内容环节方面，SG－PEH 由于融合多，因此技术运用主要集中在探索新知和

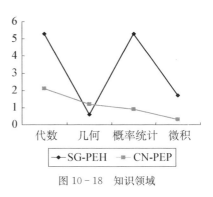

图 10－18　知识领域

例题部分，教材编排上通常在每一个例题下面配不少练习，学生模仿例题中的技术示范，完成对应的练习作业。CN－PEP 除了在探索新知和例题部分，还设专题介绍信息技术的使用。

（4）应用形式

SG－PEH 中技术的应用形式主要是"问题解决"，工具型应用只占很少一部分比例；而 CN－PEP 技术的应用形式对于学生来说更多的是简单的工具型应用。对于编程，SG－PEH 中没有体现，CN－PEP 中出现了，这对教师提出了很高的要求。

从图 10－19 可以看出，"问题解决"这个核心目标在 SG－PEH 中的确得到了体现，特别值得一提的是，SG－PEH 的附录中有关于运用技术进行问题解决的数学探究专题，其在新加坡信息技术中已成为数学探究的重要工具和途径。

（5）运用水平

从图 10－20 看出，SG－PEH 主要是水平 2 的层次，只有少量水平 1；这表

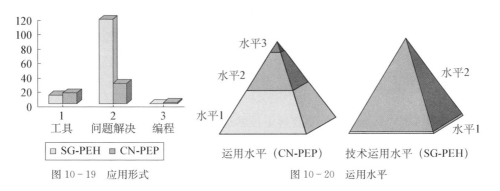

图 10－19　应用形式　　　　图 10－20　运用水平

明 SG‐PEH 中技术运用已不再是简单的工具型运用,而是上升到问题解决这种层次更高的水平。CN‐PEP 水平 1、水平 2 分布相对均衡,但整体使用技术不多,不过个别内容达到了水平 3 的运用层次(编程)。

通过以上的定量和定性分析,我们可以给 CN‐PEP 和 SG‐PEH 技术运用一个整体评价:虽然两套教材都把信息技术与数学课程整合作为基本理念,但从教材中技术运用的具体情况看,CN‐PEP 还处于运用信息技术"教"数学的阶段,而 SG‐PEH 则是运用信息技术"做"数学。

### 10.4.3.3 启示

SG‐PEH 充分发挥出信息技术在数学内容呈现方面的功能,经常是大篇幅的信息技术运用以及图形计算器的屏幕截图,使教材在内容呈现上更加贴近学生的认知规律,促进学生的认知发展;CN‐PEP 在内容呈现方面多是大量的文字,缺乏图文并茂、丰富多彩性,信息技术或许可以弥补这方面的缺陷。

SG‐PEH 附录中都有用图形计算器进行数学探究的数学活动(这些问题通常是开放性的和实际性的问题),正是充分发挥技术的"脚手架"功能,通过技术的运用,扩充学生的课外活动,使学生的课内课外学习有机整合,培养学生的高层次数学能力。这种借助信息技术发挥数学探究在培养学生的高层次数学思维能力方面的作用的做法值得借鉴。

新加坡考试与评价局规定在考试时要使用图形计算器,并对图形计算器技术的运用给出特别的交代,新加坡高中数学大纲(Mattematics Syllabus Pre-University H2 Mathematics)对于需要技术处理的内容以及要达到的水平给予了详细的说明。这种政策本身就是一种技术运用的引领,随之而来的是,新加坡的考核制度必然会反过来影响教材中的技术运用以及相应的教材编写,进一步会影响到教师、学生、课堂教学中的技术运用。我国可适当发挥中考、高考指挥棒的功能,尤其在目前不少省份或地区取得单独命题的资格后,可以允许有条件的省份或地区尝试试点研究,在此基础上再逐步推广。

## 10.4.4 中美高中数学教材中技术运用的比较

### 10.4.4.1 CN‐PEP 与 US‐PHM 的比较

美国教材选取了 Pearson Education 出版社 2009 年版高中学段的教材

Prentice Hall(US–PHM),包括预备代数(Pre-Algebra)、代数 1、代数 2、几何,是典型的美国课程(2 个代数课程,1 个几何课程)。中国教材为 CN–PEP。

　　指标体系及其界定参考徐稼红(2012a,2012b),结合中美两国教材实际作了相应调整,如表 10 - 9。

表 10 - 9　指标体系

| 技术工具 | | | | 呈现方式 | | | 内容环节 | | | | | 知识点 | 页次 | 应用形式 | | | |
|---|---|---|---|---|---|---|---|---|---|---|---|---|---|---|---|---|---|
| 图形计算器 | 计算机 | 网络 | 其他 | 融合 | 专题 | 旁白 | 引入 | 新知 | 例题 | 练习 | 拓展 | | | 工具性应用 | 问题解决 | 模拟 | 编程 | 课外指导 |

　　其中,模拟指运用相关软件展示动态的过程或者模拟一些试验,目的在于让学生更好地理解学习内容。如用图形计算器或计算机内置的 random 函数模拟随机数组等。课外指导指教材中给出的一些网络课件、资源或技术使用指导,供学生课外酌情选用。

　　由于中美教材的厚度差异非常大,仅凭统计的数值无法对中美技术运用横向比较,故拟参考袁智强(2008)提及的公式 $F = \dfrac{N}{P}$,这里 $F$ 表示教材中运用某类型技术的平均频率,$N$ 表示教材中建议或要求使用某类型技术的平均次数,$P$ 表示教材平均页数(US–PHM 的 $P$ =753,不包括附录,CN–PEP 的 $P$ =142)。

　　(1)定量分析

　　1)技术工具

　　比较发现,中美两国在技术工具的运用上有很大差异(图 10 - 21)。US–PHM 运用的技术工具为计算器(25%)和网络(75%)。CN–PEP 运用的技术工具有计算器(39%)、计算机(56%)和其他(5%),这里的计算器主要指科学型计算器。两国教材在技术运用

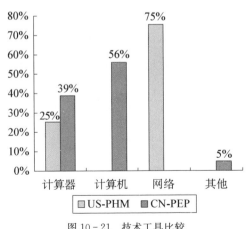

图 10 - 21　技术工具比较

的频率上的差异也十分显著(US-PHM 53.52%, CN-PEP 6.38%)。其中 US-PHM 四本教材中运用图形计算器从 44 到 206 次,平均 101 次,频率是 13.41%。运用网络从 255 到 322 次,平均 302 次,频率是 40.11%。CN-PEP 七本教材中运用科学型计算器从 0 到 10 次,平均 3.5 次,频率是 2.46%。运用计算机从 1 到 12 次,平均 5 次,频率是 3.62%。运用其他技术工具从 0 次到 2 次,平均 0.43 次,频率是 0.30%。显然,CN-PEP 中技术工具运用的频率远远低于 US-PHM。

2) 呈现方式

两国教材中技术呈现方式也相差很大(图 10-22)。US-PHM 呈现的主要方式是旁白,其次是融入,专题最少。CN-PEP 中技术呈现的方式由多到少依次是融入、专题和旁白,呈现方式比较均衡。

US-PHM 几本教材融入次数相差很大,代数 2 出现融入环节最多(158 次),预备代数最少(11 次),融入频率为 8.43%。四本书共出现 68 次专题,频率为 2.26%。旁白在四本书中出现较均衡,从 269 到 369 次,频率为 42.80%。

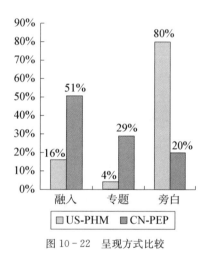

图 10-22 呈现方式比较

CN-PEP 中必修 3 出现融入环节最多(10 次),必修 1 次之(8 次),其余均只有 1 到 2 次,融入频率为 2.31%。七本书共出现 13 次专题,频率为 1.31%。CN-PEP 中旁白运用较少,一共出现 9 次,主要出现在必修 3 与必修 4,频率为 0.91%。

因此,US-PHM 旁白部分技术运用频率远远高于 CN-PEP,融入部分次之,而两国教材在专题方面相差不大。

3) 内容环节

US-PHM 中技术主要运用于练习(63%)、例题(26%)、拓展(9%)环节,引入和新知部分运用较少(各占 1%)。CN-PEP 中技术没有运用于新知部分,其余各部分相差不大(引入 20%、例题 32%、练习 16%、拓展 32%),如图 10-22。

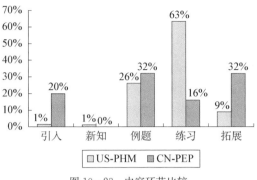

图 10-23 内容环节比较

US-PHM 除了预备代数中技术运用未出现在引入环节,其余每册平均出现 4 到 5 次,出现频率 0.46%。在新知部分出现次数从预备代数的 1 次到几何的 12 次,出现频率为 0.70%。技术运用于代数 2 的例题环节多达 147 次,出现频率为 13.45%。技术运用于习题方面则比较均衡,从 208 到 270 次,频率为 31.64%。技术在拓展方面平均出现 36.5 次,出现频率为 4.85%。

CN-PEP 引入部分的技术运用主要出现在必修 3、选修 1-1,出现频率为 0.50%。例题、练习、拓展部分出现次数均较少,出现频率分别为 0.80%、0.50%、0.80%。

US-PHM 的技术运用部分在例题和习题部分占了很大比例,教材鼓励学生利用计算器解决问题。

4)运用水平

如图 10-24,US-PHM 中技术运用水平只有水平 1 和水平 2,且水平 1 占了近 $\frac{2}{3}$。其中水平 1 共出现 82 次,水平 2 共出现 47 次。CN-PEP 中技术运用 3 种水平都有,且所占比重逐渐减少,水平 1 占了近一半。水平 1 出现 10 次,水平 2 出现 7 次,水平 3 出现 2 次。US-PHM 中水平 1 和水平 2 更侧重于学生动手。CN-PEP 中水平 2 大部分是算法语句,在实际教学时更多是教师演示,水平 3(编程)对大部分教师而言也是一种挑战。

(2)定性分析

中美两国各自的技术与课程整合的理念,导致中美两国在数学教材中技术运用方面存在着相当大的差异。US-PHM 教材中网络资源占了 $\frac{3}{4}$,注重学生

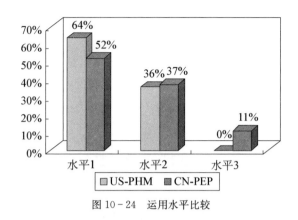

图 10-24 运用水平比较

的课后学习,呈现方式上旁白部分占了绝大部分(80%),构建了可供学生自主学习的网络平台。CN-PEP 则缺少教师指引下的学生自主学习的环节,没有供学生课后自主学习的网络部分。

对于技术,美国教育界希望学生通过技术"体验数学",为学习数学而用计算器。US-PHM 中涉及图形计算器的部分,约 $\frac{2}{3}$ 为水平 1, $\frac{1}{3}$ 为水平 2。水平 1 所有学生都能操作,水平 2 在教师的指导下学生也没有太大障碍。在此理念指引下,该书中超过一半的技术运用出现在习题环节。CN-PEP 植入技术时则重视教师的主导作用,在水平 2 处理上更多地体现为面向教师,由教师二次加工处理,呈现给学生。

中国特色的数学教育重视"双基",计算能力是中学生必备的能力,在各种学业评价中会出现大量复杂的计算。这些只允许学生通过纸笔计算来完成。因此 CN-PEP 习题部分要求使用技术较少(16%),学生的主体性只能在课堂上通过教师对教材的二次加工得以实现,这并不利于学生自主学习及动手实践能力的培养。

(3)借鉴与启示

我国课改理念也提倡学生主动参与、乐于探究、勤于动手,培养学生收集和处理信息的能力、获取新知识的能力。但在实际操作中,高中数学习题的布置仍以传统的纸笔计算为主。在教学呈现环节,则以教师"演示"技术为主,学生缺乏亲身感知技术运用于数学的机会。信息技术是一把"双刃剑",教师必须慎重决定是否、何时、怎样使用技术。美国学生的创新实践能力较强,演绎计算能力较弱,中国学生则反之。这与两国教育中的技术运用不无关系。

计算器介入评价能真正体现数学的应用性。以往为了简化计算,我们在考试中编拟的应用型问题常常为了避免数据的复杂而随意改变它的值,从而削弱了问题的真实性。在评价中引入计算器,则可以让数学更贴近学生现实。ACT和 SAT 中每一道都是计算器中性问题,部分题甚至最好不要用计算器解决。AP 考试中则会出现计算器有效型问题,此时计算器仍是发挥辅助工具的作用。所以,如果处理得当,计算器介入评价并不会影响对学生计算技能的评价。只要在试题的选择上精心设计,计算器介入中高考完全可行。

构建供学生自主学习的网络平台既是大势所趋,也符合我国新课改理念的要求。新课改理念要求开展自主学习、合作学习、探究学习等多种学习方式,网络教育平台的建设也为这些学习的展开提供了一个全新的模式。它加强了师生、生生的互动,并为学生创造思维的发展提供了广阔的空间。

在数学教材中架构信息社会与基础数学教育的桥梁显得尤为重要。US-PHM 的做法值得借鉴,它在"Math/Algebra/Geometry at Work"这一栏目介绍了很多与数学相关的工作,涉及方方面面,如医学(放射科医师)、艺术(舞蹈指导)、经济学(证券)……基本上每章后都附有"DK"(活动实验室),介绍了一些生活中常见的东西与数学相联系的部分,如自行车、吉他……这些介绍使数学"真实"起来。学生能深刻地感受到数学的发展史以及数学是如何支撑起现代社会的。

### 10.4.4.2　CN-PEP 与 US-SMP 的比较

US-SMP 是美国芝加哥大学 School Mathematics Project 下编写的数学教材,我们选用其中的代数(Algebra)与几何(Geometry)两本教材,其中《代数》卷共 13 章,内容涵盖代数式、有理数、二次方程、函数、不等式、抛物线、线性方程组、矩阵等;《几何》卷共 14 章,内容包括点、线、面、体、曲线及其度量和变换,还有证明。

CN-PEP 代数和几何部分分布在必修 1～5 以及选修系列 1～2 中,内容包括集合、函数、三角函数、数列、不等式、导数,以及点、线、面、体及其度量与相互关系等。

在本研究中,沿用徐稼红(2012a,2012b)的研究框架及其意义,只是在知识领域中限定为代数和几何两个分支。

(1)比较分析结果

1)整体对比

US-SMP《代数》几乎所有章节都使用信息通信技术(Information and Communications Technology,简称ICT),《几何》则每章都使用ICT。《代数》中所用的ICT包括科学计算器、图形计算器和电子表格软件以及计算机代数系统(Computer Algebra System,简称CAS);《几何》中则使用动态几何系统(Dynamic Geometry System,简称DGS)这个计算机软件。CH-PEP的代数与几何内容只是集中在少数章节中使用ICT。整体而言,两套教材都利用ICT,但技术工具多为计算器和计算机,没有互联网。

2)呈现方式

由表10-10可以看出,US-SMP中以融入的形式出现的ICT是以专题形式出现的两倍多,而且从内容上来说,在介绍技术的同时会在正文中明确说明技术在这部分内容中的作用,以及学生应该关注的方面。

表10-10 ICT呈现方式的统计结果

| 教材 | 呈现形式 | | |
|---|---|---|---|
| | 融入 | 专题 | 旁白 |
| CN-PEP | 40.7% | 37.0% | 22.2% |
| US-SMP | 66.0% | 30.9% | 3.2% |

比如,US-SMP《代数》第1章第5节,专门讲用图形计算器画二次函数的图象,但在引入部分就明确指出,介绍图形计算器是因为它能快速地进行计算和描点、画图,这样就可以让使用者集中注意力关注所显示的图表中的数学关系(图10-25)。US-SMP《几何》第1章第7节专门介绍了该教材中大量使用的DGS软件。

US-SMP使用技术完成该节的主要内容之后,会指出技术在这方面还有哪些用途,这样就给了学生更加开阔的思路去使用技术。例如用图形计算器画代数表达式的图象是第1章第5节的主要内容,但是教材还会介绍用图形计算器制表、比较表达式的大小、画散点图等。而 CN‐PEP 使用融入方式较使用专题方式的比例略大一些，而且在使用 ICT 时集中关注该技术对于该数学内容的作用，在解决完该数学内容之后偶尔会在"阅读与思考"或专门的"信息技术应用"中对技术进行拓展延伸。

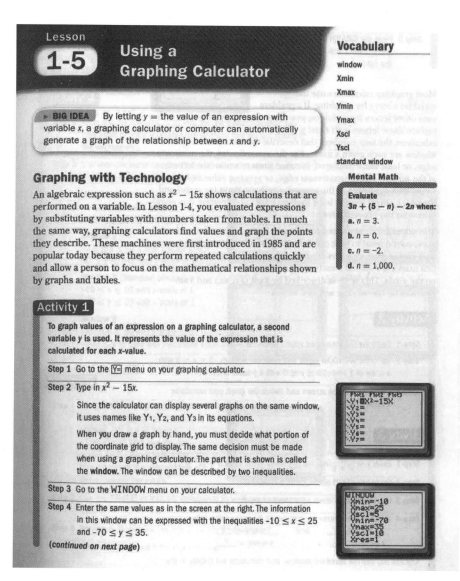

图 10‐25　使用图形计算器

译文 第 1-5 课 使用图形计算器

**重要思想** 设定 $y=$ 关于变量 $x$ 的一个代数式的值,图形计算器或者计算机可以自动生成 $x$ 与 $y$ 的这一关系的图像。

词汇表
(略)

**借助技术画图**

一个代数式,如 $x^2-15$,表示了依赖于一个变量的算式。在第 1-4 课中,你把表中的数值代入就求出代数式的值了。用几乎同样的方法,图形计算器求出代数式的值并描出相应的点。1985 年首次出现的这种计算器如今已是随处可见,因为它们可以快速地进行重复性计算,使人们可以关注于图像或表格所展示的数学关系。

心算题
(略)

活动 1

要在图形计算器上描画一个代数式的值,要引入第二个变量 $y$,它表示对每个 x 的值所对应的代数式的值。

第一步 在图形计算器上进入 Y= 菜单。

第二步 键入 $x^2-15$。

因为计算器可以在同一个视窗下显示多个图像,它在方程用 $Y_1$、$Y_2$ 与 $Y_3$ 等不同命名。

当你手绘图像时,你要决定坐标网格的哪一部分要显示出来。使用图形计算器时也要做同样的决定。要显示的部分称为 window(视窗),它由两个不等式刻画。

键入代数式的
界面图
(略)

第三步 在图形计算器上进入 WINDOW 菜单。

第四步 键入右图屏幕所示的数值。这个 window 的设置可以用两个不等式 $-10 \le x \le 25$ 与 $-70 \le y \le 35$ 表示。

WINDOW 设定
的界面图
(略)

3)内容环节

由表 10-11 可以看出,US-SMP 使用技术在内容环节方面分布得较为合理。虽然两个版本的教材在各个内容环节中都有使用 ICT,但 CN-PEP 有很大一部分比例是在"拓展"环节中,该环节的使用率相对前四个基本环节而言本来就少,而将 ICT 的使用置于其中,其效果就可想而知。而 US - SMP 使用 ICT 则绝大部分集中在引入新知、探索新知、例题和练习这前四个基本环节,对于 ICT 以及数学课程中的 ICT 自然就能引起学生和教师的重视。

表 10 - 11　ICT 使用所处内容环节的统计结果

| 教材 | 内 容 环 节 | | | | |
|---|---|---|---|---|---|
| | 引入新知 | 探索新知 | 例题 | 练习 | 拓展 |
| CN - PEP | 10.71% | 10.71% | 28.57% | 14.27% | 35.71% |
| US - SMP | 25.68% | 29.73% | 19.60% | 15.54% | 9.46% |

在前四个基本环节中,CN - PEP 中 ICT 的使用频率最高的是在例题环节,引入和探索阶段相当,是前者的三分之一左右,因此可以说是教师使用为主;而 US - SMP 则是在"探索新知"阶段,其后是引入与例题阶段,所以是以学生探索发现规律为主。

4) 应用形式

由图 10 - 26 可以看出,两套教材使用 ICT 的共同特点是:都有不少将 ICT 作为工具来使用,大部分的 ICT 是用于问题解决的,很少用于纯粹的编程。

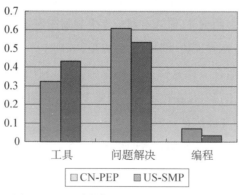

图 10 - 26　两套教材 ICT 应用形式的统计结果

但在涉及具体的数学内容时,US - SMP 在使用 ICT 时能不断变化问题的背景,使得学生不仅使用了 ICT,而且也增长了数学的应用意识和应用技能,可以推知的是也同时提升了对于数学的情感。而在这一点上,CN－PEP 做得略有欠缺。

另外,US－SMP 更倾向于为学生指出在用 ICT 解决问题过程中可能会出现的情况以及处理的方法。例如,US－SMP 在用 3 个例子示范了用图形计算器画出函数图象之后,指出"可能在画图的时候发现没有图象出现",同时指出"可能是因为窗口的设置与函数解析式不配,所以在画图时要时刻考虑这个问题"(第 35 页)。

在 US－SMP 教材中,技术用于检验逻辑思维结果的地方比较多,即在检验结论的准确性时也会使用 ICT。例如,在 US－SMP《代数》第 92 页,需要完成的教学内容是检验两个表达式是否等价,其中一个例子是用计算器进行代数式值的计算,以检查 $4n+2n(n-1)$ 是否等于 $n(n+1+n+1)$。这样的地方还有第 8 章第 2 节的例 2,第 3 节的例 2,第 9 章第 6 节的例 3,等等。而相应的内容在 CN－PEP 中大部分是以逻辑思维的方式进行检验的,从而可以推知 CN－PEP 更加注重用逻辑思维检验用技术推断出的结果。

US－SMP 在《几何》中有更多的情形让学生用 ICT 探索出现的规律,而 CN－PEP 中这样的机会则相对较少。

(2)结论与建议

US－SMP 将 ICT 的使用作为数学课程中不可或缺的一个工具,而 CN－PEP 虽然使用了较多的 ICT,但并不利于学生清晰而有条理地学习数学以及学习技术的使用,甚至模糊了数学与技术的界限,不利于学生形成正确的数学观。ICT 与数学课程的整合应该是以数学本身为核心,利用 ICT 解决非技术所不能、非技术所不优的问题,且在技术融入课堂上也应该有所拓展,为学生增长技术使用技能、形成和发展信息意识提供机会。

US－SMP 中学生自己使用技术的机会比 CN－PEP 中的机会要多,且 US－SMP 中有明显的文字表明技术是必须让学生使用的,CN－PEP 中则没有这样的说明,且数学课堂教学的实践中也是教师使用 ICT 提出课题、提示方向、验证结果,学生没有动手实践的机会,课后习题和拓展中则更加少。

ICT 与数学课程整合不应仅仅反映在数学教材上,更应该真实地发生在课堂中,所以数学教师才是担当整合重任的主要人物。

### 10.4.5　中英高中数学教材中技术运用的比较

本研究是比较中、英两套教材中统计学内容中的信息技术的使用,所选用的英国高中数学教材是英国资格评估与认证联合会(Assessment and Qualifications Alliance,简称 AQA)指定的由剑桥大学出版社分别在 2004 年和 2005 年出版的数学教材中的两本统计教材 Statistics 1(统计 1)和 Statistics 2 (统计 2)(以 UK‐SMP 记之)。

Statistics 1 偏重于数据的收集、整理、分析和估计,其主要内容包括复习已学的收集处理数据的方法(实验法、抽样法、平均数、百分数)、一组数据的方差和标准差的计算和变化、简单随机分布(二项式分布)和连续随机分布(正态分布)、由样本估计总体(估计、置信区间和线性回归)和两组数据之间的相关性。Statistics 2 偏重于推断统计学,其主要内容包括离散型随机变量、泊松分布、连续型随机变量、正态分布、假设检验和卡方检验。可见,这两本统计教材的特点是起点较低但循环提高较快。Statistics 2 中重复出现了 Statistics 1 中的部分内容,但程度上有所加深。

我国高中教材选用了 CN‐PEP,其中必修 3 第 2 章统计和第 3 章概率以及选修 2‐3 第 2 章随机变量及其分布和第 3 章统计案例涉及统计内容为具体的比较对象。必修 3 包括随机抽样、用样本估计总体、变量间的相关关系、随机事件的概率、古典概型和几何概型等内容,选修 2‐3 包括离散型随机变量及其分布列、二项分布及其应用、离散型随机变量的均值与方差、正态分布、回归分析和独立性检验的基本思想等内容。

从两国统计内容来看,UK‐SMP 的广度和难度要明显高于 CN‐PEP。虽然两国教材的页面大小基本一致,但 UK‐SMP 的统计内容的容量明显多于 CN‐PEP,在对比较结果进行解读时需谨慎。

#### 10.4.5.1　分析框架

本研究从五个维度对信息技术在中英高中统计内容中的运用进行分析。这五个维度分别是所用技术的类别、呈现方式、涉及的内容环节、应用形式和功能。前三个维度的具体含义参考徐稼红(2012a,2012b)。至于应用形式和功能,简单地说,应用形式分析的是教材运用信息技术具体做了什么,而功能分析的是教材运用信息技术的目的所在。这两个维度的具体解释如下。

(1) 应用形式

指计算、图表绘制、数据收集、拓展阅读和程序设计五个方面。

**计算** 指利用计算机或计算器获得运算结果。

**图表绘制** 指利用技术绘制统计图表。

**数据收集** 指利用计算器或电子数据表随机或模拟数据的生成。

**拓展阅读** 指对技术在数学问题解决中的应用的集中介绍,例如展示计算器计算平均数、方差和标准差的操作过程等。

**程序设计** 指用图形计算器、数据电子表和一些简单的程序软件进行编程从而解决数学问题。

(2) 技术的功能

指探究、模拟、解决问题和多种表征等四个方面。

**探究** 指利用技术探索数学问题,显示技术用于展示或体验数学思想方法的过程性功能。

**模拟** 指与概率统计相关的现实数据的模拟,如模拟掷硬币实验中出现正反面的结果。

**解决问题** 指利用技术得出具体运算或作图结果,偏重于结果的获得。

**多种表征** 指利用技术将数学概念以多种表征形式表现出来,帮助具有不同认知风格的学生从不同认知角度理解数学(Tamin et al. , 2011)。如利用数学软件生成各种初等函数的图象,通过跟踪功能、自动列表功能、动画显示功能等多种表示方式呈现变量之间的相依关系,真实地再现函数图象的生成过程,加深学生对函数图象特征、函数概念本质及其性质的理解,同一函数关系可以用四种不同的表征方式——列表、文字描述、图象、解析表达式来刻画。

#### 10.4.5.2 结果与分析

表 10 - 12 汇总了 CN - PEP 与 UK - SMP 统计内容中信息技术的运用情况。

表 10‐12　CN‐PEP 与 UK‐SMP 统计内容中信息技术的使用情况汇总

| 教材 | 信息技术类别 | | 呈现方式 | | | 内容环节 | | | | | 应用形式 | | | | 技术功能 | | | |
|---|---|---|---|---|---|---|---|---|---|---|---|---|---|---|---|---|---|---|
| | 硬件 | 软件 | 融合 | 专题 | 旁白 | 引入新知 | 探索新知 | 例题 | 练习 | 拓展 | 计算 | 绘制图形 | 数据收集 | 拓展阅读 | 程序设计 | 探究 | 模拟 | 解决问题 | 多种表征 |
| CN‐PEP | 20 | 5 | 19 | 2 | 4 | 1 | 8 | 8 | 3 | 5 | 6 | 4 | 12 | 3 | 0 | 2 | 10 | 11 | 2 |
| UK‐SMP | 16 | 14 | 29 | 1 | 0 | 2 | 19 | 4 | 4 | 1 | 16 | 5 | 6 | 3 | 0 | 8 | 3 | 17 | 2 |

（1）总体情况

从总体上看，CN‐PEP 和 UK‐SMP 统计内容中使用信息技术的次数大致相当。从涉及的具体内容来看，UK‐SMP 的信息技术使用集中出现在统计内容上（占 97%），仅一次出现在概率内容上（占 3%）；而 CN‐PEP 的信息技术使用出现在统计内容和概率内容上的百分比相对均衡，分别为 44% 和 56%。这其中的原因可能在于 CN‐PEP 的概率内容相对比较基础，涉及随机数的产生、概率的定义等内容，因而 CN‐PEP 多次利用信息技术模拟随机数的产生以及模拟试验结果解释概率的频率式定义等；UK‐SMP 的概率内容相对比较深入，包括条件概率、独立事件、各种概率分布、离散型和连续型随机变量等内容，因而更注重理论体系和逻辑结构。此外，UK‐SMP 中还专门介绍了 Excel 软件中与统计相关的许多函数，这充分体现了 UK‐SMP 对 Excel 在统计学习中的重视程度。

此外，CN‐PEP 和 UK‐SMP 都出现了信息技术集中在其中一本教材中的现象。CN‐PEP 必修 3 统计内容中信息技术的使用出现 22 次，占总次数的 88%，而选修 2‐3 仅占 12%；与此类似，UK‐SMP 的 Statistics 1 中信息技术的使用出现 28 次，占总次数的 93%，而 Statistics 2 仅占 7%。这可能与教材中统计内容的难易程度有关。相对而言，CN‐PEP 的选修 2‐3 要比必修 3 难，UK‐SMP 的 Statistics 2 也要比 Statistics 1 难。难度越大，意味着对理论体系和逻辑结构的要求就越高，技术的使用相对就会少一些。

（2）技术类别

从图 10‐27 来看，CN‐PEP 提及硬件的次数（20 次，80%）远高于软件（5

次,20%),而 UK - SMP 中硬件(16 次,53%)和软件(14 次,47%)的提及次数基本相当。具体来看,CN - PEP 中提到的硬件包括计算器(12 次)、计算机(4 次)、计算器或计算机(4 次),UK - SMP 中提到的硬件主要是指计算器(共 16 次),其中明确提到科学计算器 4 次,图形计算器 2 次。从使用的软件来看,CN - PEP 提到 Excel 软件 4 次,几何画板 1 次,UK - SMP 提到电子表格(spreadsheet)12 次(其中明确指出用 Excel 的有 3 次),绘图工具软件 2 次。可见,UK - SMP 中提及的硬件和软件类别要比 CN - PEP 略显丰富。此外,在提及要运用的技术工具时,UK - SMP 要比 CN - PEP 更为细致。UK - SMP 会讲解使用技术的每一具体步骤,而 CN - PEP 很多时候以"可以用计算机或计算器"来提示使用信息技术。

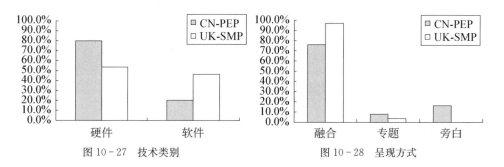

图 10 - 27　技术类别　　　　　　　　　图 10 - 28　呈现方式

（3）呈现方式

从图 10 - 28 来看,CN - PEP 和 UK - SMP 出现融合、专题和旁白的次数分别 19 次(76%)和 29 次(97%)、2 次(8%)和 1 次(3%),以及 4 次(16%)和 0 次。这一方面表明 UK - SMP 中技术的使用与统计内容的结合可能更为紧密,另一方面也暗示着两国教材编写体系的不同。CN - PEP 正文边上有旁白,对正文内容进行解释,而 UK - SMP 并不存在旁白。

（4）内容环节

从图 10 - 29 来看,CN - PEP 相对集中在探索新知(8 次,32%)和例题(8 次,32%)上,而 UK - SMP 则主要集中在探索新知环节上(19 次,63%)。例如,CN - PEP 在必修 3 第 90 页上详细叙述了利用计算器求线性回归方程的过程并指出线性回归方程蕴含的统计思想,然后在紧接着给出的例题中再次使用计算

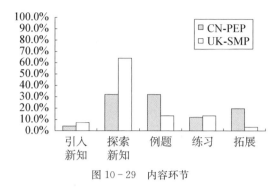

图 10 - 29　内容环节

器得到所求的回归方程。UK - SMP 在 Statistics 1 第 17 页上介绍了 $n$ 个数据的平均数的计算公式,随后指出当调整至计算器的统计模式后只需输入这 $n$ 个数据就可以获得这 $n$ 个数据之和及其平均数 $\bar{x}$ 。

（5）应用形式

图 10 - 30 概括了 CN - PEP 和 UK - SMP 技术的应用形式。两版教材在绘制图形、拓展阅读上的使用频数基本相当,且均没有涉及程序设计。CN - PEP 最为常见的应用形式是数据收集（12 次,48%）,而 UK - SMP 最为频繁的应用形式是计算（16 次,53%）。CN - PEP 中技术的数据收集集中在必修 3 的第 3 章概率,一般是用计算器或计算机生成指定范围内的随机数,以模拟试验结果。UK - SMP 中技术的计算相对分散,涉及多个具体内容,包括平均数、方差和标准差、二项分布、估计、线性回归、相关性等。技术用于计算有两个目的:第一是为了迅速准确地得到计算结果,让学生更关注概念本身;第二是为了深入探究。这将在技术功能中具体展开。

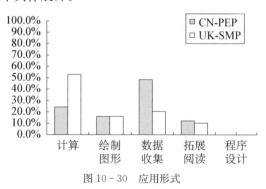

图 10 - 30　应用形式

(6) 技术功能

从图 10-31 所示的技术功能来看,如果按使用频率的降序排列,CN-PEP 是解决问题(11 次,占 44%)、模拟(10 次,40%)、探究和多种表征(各 2 次,各占 8%),而 UK-SMP 是解决问题(17 次,57%)、探究(8 次,27%)、模拟(3 次,占 10%)和多种表征(2 次,占 6%)。两版教材统计内容中技术在解决问题上的使用最为频繁。这可能和统计的教学目标和要求有关。统计教学更需要从统计思维的角度进行,不能仅仅停留在统计方法的数学实现上。因而,如果有技术工具来实现诸如计算统计量、绘制统计图等认知水平较低要求的工作,就能让学生把精力集中在认知水平较高的教学活动上去。

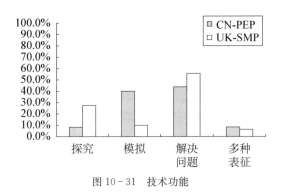

图 10-31 技术功能

CN-PEP 还比较重视技术的模拟功能,在探索新知、例题和习题等内容环节都会运用计算器或计算机产生随机数以模拟试验结果。如必修 3 第 110 页介绍随机事件的概率时,设计了利用计算机模拟掷硬币试验的活动以帮助学生理解概率与频率之间的关系。UK-SMP 则较为重视技术的探究功能。如图 10-32 所示,UK-SMP 在置信区间的学习中设计了一个利用 Excel 的探究活动。首先,教材详细介绍了如何利用 Excel 获取总体均值为 7.3 和总体标准差为 0.5 的满足正态分布的容量为 5 的样本,然后利用 Excel 的计算功能求该样本的均值、标准差、95% 置信区间的两个端点,接着用 Excel 的逻辑判断语言判断总体的均值是否落在该置信区间内,这样重复 100 次,观察总体的均值落在所得置信区间内的频数,从而帮助理解 95% 置信区间的含义。除此之外,教材还进一步建议通过改变正态分布的均值和标准差以及获取样本的容量,来探

**Investigating with a spreadsheet**

It is possible in Excel to generate random numbers to fit a particular distribution.

In *Tools → Data Analysis*, choose *Random Number Generation*. (Check that the add-in Data Analysis Tool is installed.)

In the pop-up box, set up the spreadsheet to create 100 samples of size 5 from a normal distribution with mean 7.3 and standard deviation 0.5.

Now use the spreadsheet to do this.

- Find the mean (AVERAGE(range of cells) in Excel) of each sample of 5.
- Calculate the upper and lower values of a 95% confidence interval.
- Use a logical statement such as IF(AND(I3<7.3,J3>7.3),"√","X") to identify which sets of limits actually contain the population mean value.

The resulting spreadsheet should look something like this.

The following diagram was produced from a spreadsheet and shows the confidence intervals created by 100 samples where $X \sim N(7.3, 0.5^2)$. Each vertical line represents a confidence interval and the horizontal line represents the population mean.

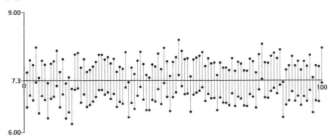

For this set of results, 93 out of the 100 confidence intervals created include the population mean and 7% do not. This is close to the 95% of intervals that we would expect to contain the true population value.

By resetting the random number generator, this experiment can be repeated several times quickly, or a larger number of trials can be used. By making small changes other variations can be investigated.

- By altering the parameters of the randomly generated population, that is using different values of $\mu$ and $\sigma$, find confidence intervals for other normal distributions.
- Investigate what happens if different size samples are used with the same population.

图 10 - 32　UK - SMP 利用电子数据表(Excel)进行有关置信区间的探究活动

译文  使用电子表格进行分析研究

"随机数生成"
弹框截图（略）

使用 Excel 可以生成拟合特定分布的一组随机数。

进入工具→数据分析，选择随机数生成。（确定已经安装了数据分析工具库。）

在弹框中，设定产生样本大小为 5 的 100 个样本，样本来自于均值为 7.3、标准差为 0.5 的正态分布。

然后对工作簿进行以下操作：

- 使用 Excel 函数 AVERAGE(单元格范围)，计算每个样本中 5 个数据的平均值。
- 计算 95%置信区间的上下限。
- 使用逻辑语句，例如 (IF(AND(I3<7.3,J3>7.3), " √ " "X"), 判断哪组置信区间包含了总体均值。

最终产生类似如下的表格。

（表格略）

下图由电子表格生成，它展示了 100 个正态分布 $X \sim N(7.3, 0.5^2)$ 样本的置信区间。每一条垂直线代表一个置信区间，水平线代表了总体均值。

（图略）

在这组结果中，所生成的 100 个置信区间中 93 个包含总体均值，7%不包含。这和 95%包含实际总体均值的预期接近。

重置随机数生成，可以快速重复多次该实验，或者生成更大规模的试验。 还可以作一些小调整，对随之变化的实验进行研究。

- 调整生成随机数的分布的参数 $\mu$ 和 $\sigma$，生成其他正态分布的置信区间。
- 研究在同样总体下使用不同样本大小会产生什么不同效果。

究由此引发的变化。

### 10.4.5.3 结论与启示

（1）三点结论

第一，CN‐PEP 和 UK‐SMP 都非常重视技术在教材统计内容中的运用，均体现了数学课程与信息技术有机融合的理念。

第二，CN‐PEP 和 UK‐SMP 在统计内容的技术运用上呈现出一些共同的特色。概括地说，在技术运用上都以融合为主要的呈现方式，以探索新知和例题为主要的内容环节，且都偏重于技术的解决问题功能。

第三，CN‐PEP 和 UK‐SMP 在统计内容的技术运用上也表现出一些差异。

CN‑PEP 更多提及硬件的使用,更多地利用技术模拟数据的生成,而 UK‑SMP 提及的硬件和软件的类别要略多于 CN‑PEP,对技术的使用也作了更为详细的说明,让技术比较多地介入统计量等的计算,且更为凸显技术的探究功能。

(2) 三点启示

第一,对技术的具体使用需要有更为清晰细致的说明,以便于学生自主操作。CN‑PEP 中很多时候信息技术的使用不够清晰,而 UK‑SMP 中的技术使用说明较为详细(如图 10‑32 所示的技术使用说明),应该借鉴。

第二,要重视技术的探究功能。除了图 10‑32 所示的关于置信区间的例子之外,这里再举一例。最小二乘法是 CN‑PEP 和 UK‑SMP 均涉及的教学内容。UK‑SMP 设计了利用技术工具的探究活动,让学生通过具体的操作活动对不同系数进行尝试,从而体会回归方程中回归系数的由来和最小二乘法的原理,然后再在此基础上给出用最小二乘法计算回归系数的公式。CN‑PEP 则先分析最小二乘法的思想方法,然后给出计算回归方程的公式,接着介绍如何利用计算器或计算机求出回归方程。CN‑PEP 和 UK‑SMP 在这一内容上都运用了技术,但是其处理方式和目的却不相同。CN‑PEP 技术的运用是为了迅速得到回归方程,而 UK‑SMP 是为了解释回归方程的由来和意义。技术使用上的这一差异势必会影响学生对最小二乘法和回归方程的理解程度。这里 UK‑SMP 中技术的运用方式无疑值得学习。

第三,考虑适当增加技术的类别,尤其是图形计算器应该出现在我国高中统计内容的教学中。图形计算器是计算器和计算机技术的混合体(Oldknow,2010),它除了能进行数值运算外,还具备作图、统计、符号运算以及程序功能。但在 CN‑PEP 中还鲜有使用。

## 10.5　结论与建议

本研究构建了“技术工具”“呈现方式”“内容环节”“应用形式”“知识领域”五个维度以及各维度下的二级指标体系(表 10‑2),为教材技术运用的比较研究提供了理论分析框架。通过中国与美、英、日、新、澳高中数学教材中技术运用的比较,揭示了中外教材技术运用在五个维度上的特点,展示各国教材成功运用技术的典型案例,为改进和完善我国高中数学教材技术的运用提供新的视角和途径,以提升教材的质量。

● 技术运用的理念构成连续体的两极

中外高中数学教材技术运用的理念存在明显的差别。UK－SMP、US－PHM 等教材中更多地使用图形计算器等手持技术,技术使用的主体是学生,呈现方式通常是融入式的;而我国 CN－PEP 和 CN－JEP 高中数学教材中技术运用更多的是为教师所设计和准备的,且多以专题的形式和以计算机为平台出现,技术运用的主体是教师。实际上,教材技术运用在分别以学生为主体和教师为主体的两极构成的连续统一体中,还有更为丰富的适合不同内容、不同师生条件和不同教学环境的呈现形式。另外,没有为学生充分利用和开发网络资源是我国各版本高中数学教材技术运用的通病。

● 教材技术运用要体现本国的特色

教材中外比较的主要目的是借鉴,而不是简单地模仿照搬。近年来我国数学教育研究已渐渐融入世界数学教育研究中,而在数学课程与信息技术整合方面,张景中院士的 Z＋Z 平台无疑走在世界的前列。基于 Z＋Z 平台是为中学数学量身打造的集统计、几何动态软件(DGS)和计算机代数系统(CAS)于一身的民族软件,建议高中数学教材修订时,优先考虑将 Z＋Z 作为技术运用的首选软件。

● 技术运用落到实处需要突破"评价"这一瓶颈

"评价"是一个令人纠结却又无法回避的问题。在苏教版 2004 年版中,曾设计了近二十个计算器运用的内容,就像 Excel 一样嵌入在教材中。因为多数学生有计算器,能体现学生是学习的主体。但高考不考(上海除外),后来在修订时就将其"请"出了教材。新加坡在 GCE A－Level 的考试中允许学生使用图形计算器(不带 CAS),美国的学术能力评估测试(Scholastic Assessment Test,简称 SAT)考试也允许考生使用图形计算器,日本大学入学考试"数学Ⅱ·数学 B"科目考试中有编程试题(选做题之一)。这些都为教材中技术运用提供了很好的导向。我们期待普通高中数学课程标准修订时,在"评价建议"中有所作为。

● 技术运用的细节亟待丰富和完善

英美等国教材中对技术的具体使用有清晰细致的说明,以便学生自主操作。

但我国 CN‐PEP 中不少技术的运用使用如"由计算机或计算器可以得到……"这样的语句,缺乏对学生实际使用技术的可操作性的指导,不利于学生自主使用技术。UK‐SMP《统计》中的技术使用方法值得借鉴。可以看出,我国高中数学课程标准中技术运用更多地停留在理念层面,同样缺少生动具体的技术运用案例,美国《学校数学教育的原则与标准(2000 年)》是一面镜子。

● 搭建合理的技术与数学课程整合的平台

从目前中学实际教学情况以及国内外运用现代信息技术的现状来看,在几何教学中使用"几何画板"、Z+Z 或 GeoGebra 都是不错的选择;在符号运算、自动推理方面可以选择 Z+Z 或 GeoGebra;在概率统计教学中,使用 Excel 则更方便些。

进一步研究的建议:

(1) 因语言问题,俄、德、法三国教材中技术运用的比较尚未展开,有兴趣的读者可参考本研究的分析框架及结论进行比较研究。

(2) 分析框架的一致性问题尚需进一步探讨。对美(US‐SMP)、新(SG‐PEH)、日(JP‐SKS)采用表 10‐2 的框架(技术工具、呈现方式、内容环节、应用形式、知识领域),美(US‐PHM)、澳(AU‐IBD)少了"知识领域"维度,中(CN‐PEP)英(UK‐SMP)比较则按"技术类别、呈现方式、内容环节、应用形式和技术功能"框架进行分析(表 10‐12),如何进一步提高研究的一致性尚需探讨。

(3) 进一步展开横向综合的比较。目前横向比较主要是以 CN‐PEP 为基础的中外两国的比较,而多国之间的比较研究及综合分析尚待进一步地探索。

## 参考文献

曹一鸣(2010). 让技术成为学数学用数学的云梯[J]. 中国电化教育,280(5):78‐80.

刘超,王志军(2011). 信息技术与高中数学课标教材整合的比较研究——以人教 A 版、北师大版、苏教版为例[J]. 中国数学教育,(10):10‐12.

徐稼红(2011). 主要国家高中数学教科书中的技术运用的比较研究[J]. 中学数学月刊,(5):27.

徐稼红(2012a). 中日高中数学教科书中技术运用的比较研究[J]. 中学数学月刊,(7):38‐40.

徐稼红(2012b). 中日高中数学教科书中技术运用的比较研究*续[J]. 中学数学月刊,

(8):53 - 55.

袁智强(2008).信息技术与高中数学新课标教材整合的比较研究——以数学 1 为例[J].数学教育学报,17(3):88 - 90.

张维忠,李芳奇(2009).新加坡与中国数学教材的特色比较[J].外国中小学教育,(2):32 - 36.

赵小平,姚雪(2010).上海与新加坡中学概率统计教材的比较研究[J].数学教学,(2):9 - 11.

Laffey, J. M. , Espinosa, L. , Moore, J. and Lodree, A. (2003). Supporting learning and behavior of at-risk young children: Computers in urban education [J]. *Journal of Research on Technology in Education*, 35(4):423 - 440.

Leung, F. K. S. (2008). Information and communication technology in mathematics education [A]. In M. Niss (ed.), *ICME*-10 *Proceedings*. Copenhagen: IMFUFA, Department of Science, Systems and Models, RosKilde University, 228 - 243.

Mullis, I. V. S. , Martin, M. O. , Ruddock, G. J. , Sullivan, C. Y. and Preuschoff, C. (2009). *TIMSS* 2011 *Assessment Frameworks* [R]. TIMSS & PIRLS International Study Center Lynch School of Education. Boston: Boston College, 110.

Mullis, I. V. S. , Martin, M. O. , Ruddock, G. J. , Sullivan, C. Y. and Preuschoff, C. (2012). *TIMSS* 2011 *International Results in Mathematics* [R]. TIMSS & PIRLS International Study Center Lynch School of Education. Boston: Boston College, 397 - 402.

Oldknow, A. , Taylor, R. and Tetlow, L. (2010). *Teaching Mathematics Using ICT* [M]. London: Continuum International Publishing Group.

Tamim, R. M. , Bernard, R. M. , Borokhovski, E. , Abrami, P. C. and Schmid, R. F. (2011). What forty years of research says about the impact of technology on learning: A second-order meta-analysis and validation study [J]. *Review of Educational Research*, 81(1),4 - 28.

# 附录 样本教材代码表

| 国别 | 代码 | 样本教材* | 出版年代** |
|---|---|---|---|
| 中国 | CN－PEP | 人民教育出版社:基于 2003 版国家课标普通高中课程标准实验教材数学 A 版<br>➢ 必修 1～5<br>➢ 选修 2 系列 | 2009 |
| | CN－SEP | 上海教育出版社:基于 2004 版上海市课标上海新课标教材高中数学<br>➢ 必修(共 5 册)<br>➢ 理科拓展 | 2007 |
| | CN－JEP | 江苏教育出版社:基于 2003 版国家课标普通高中课程标准实验教材数学<br>➢ 必修 1～5<br>➢ 选修 2 系列 | 2007 |
| 美国 | US－PHM | Pearson Education：Prentice Hall Mathematics：<br>➢ PreAlgebra<br>➢ Algebra 1，Algebra 2<br>➢ Geometry | 2009 |
| | US－SMP | Wright Group/McGraw-Hill：UCSMP (The University of Chicago School Mathematics Project) 系列：<br>➢ Algebra<br>➢ Advanced Algebra<br>➢ Geometry<br>➢ Functions，Statistics，and Trigonometry | 2010 |
| | US－MDL | McDougal Littell<br>➢ Georgia High School Mathematics 1—3 | 2007 |
| 法国 | FR－EDB | Editions Belin：<br>➢ Math1$^{\text{re}}$S，Maths2$^{\text{e}}$ | 2010 |
| | FR－HLT | Hachette Livre：<br>➢ Déclic Maths Terminale S | 2010 |

续　表

| 国别 | 代码 | 样本教材* | 出版年代** |
|------|------|----------|-----------|
| 法国 | FR - HET | Hachette Education：<br>➢ Décuc Maths Terminal S Enseignement Obligatoire | 2004 |
| 日本 | JP - SKS | 数研出版社：<br>➢ 数学基础<br>➢ 新编数学Ⅰ,新编数学Ⅱ,新编数学Ⅲ<br>➢ 新编数学 A,新编数学 B,新编数学 C | 2006—2007 |
| 英国 | UK - SMP | Cambridge University Press：SMP AS/A2 Mathematics<br>➢ Core 1—4 for AQA，<br>➢ Statistics 1 & 2 | 2010 |
| 新加坡 | SG - PPE | Panpac Education<br>➢ New Express Mathematics Mathematics 4A & 4B | 2008 |
| | SG - PEH | Panpac Education：<br>➢ H2 Mathematics，Volume 1 & Volume 2 | 2006 |
| 德国 | DE - LBS | Ernst Klett Verlag：<br>➢ Lambacher Schweizer Mathematik für Gymnasien，10—12 | 2008—2010 |
| | DE - EDM | Schroedel Verlag：<br>➢ Elements der Mathematik，10，11—12 | 2010 |
| 俄罗斯 | RU - MGU | Просвещение Издательство：МГУ—Школа<br>➢ Алгебра и начала анализа，класс 10，класс 11<br>➢ Геометрия，классы 10—11 | 2006 |
| | RU - DRF | Издательский Дом《Дрофа》：<br>➢ Алгебра и начала анализа，классы 10—11<br>➢ Геометрия，классы 10—11 | 2004/1999 |
| 澳大利亚 | AU - IBM | Haese & Harris Publications：International Baccalaureate Diploma Programme，Mathematics for the International Student<br>➢ Mathematical Studies SL & HL | 2004 |
| | AU - IBD | IBID Press：<br>Mathematics Higher Level Core（3rd edition） | 2007 |

＊不同主题的研究选用的教材有差别。

＊＊不同主题研究使用的教材版本也可能有差别。